Managementwissen für Studium und Praxis

Herausgegeben von

Professor Dr. Dietmar Dorn und
Professor Dr. Rainer Fischbach

Bisher erschienene Werke:

Bontrup, Volkswirtschaftslehre
Bradtke, Mathematische Grundlagen für Ökonomen
Busse, Betriebliche Finanzwirtschaft, 4. Auflage
Clausius, Betriebswirtschaftslehre I
Dorn · Fischbach, Volkswirtschaftslehre II, 2. Auflage
Fank, Informationsmanagement
Fiedler, Einführung in das Controlling
Fischbach, Volkswirtschaftslehre I, 10. Auflage
Frodl, Dienstleistungslogistik
Hardt, Kostenmanagement
Koch, Marktforschung, 2. Auflage
Koch, Gesundheitsökonomie: Kosten- und Leistungsrechnung
Kreis, Betriebswirtschaftslehre, Band I, 5. Auflage
Kreis, Betriebswirtschaftslehre, Band II, 5. Auflage
Kreis, Betriebswirtschaftslehre, Band III, 5. Auflage
Lebefromm, Controlling – Einführung mit Beispielen aus SAP®/R3®
Lebefromm, Produktionsmanagement, 3. Auflage
Mensch, Kosten-Controlling
Piontek, Controlling
Piontek, Global Sourcing
Scharnbacher · Kiefer, Kundenzufriedenheit
Steger, Kosten- und Leistungsrechnung

Einführung in das Controlling

Methoden, Instrumente und DV-Unterstützung

Mit über 100 Aufgaben und Lösungen, 272 Abbildungen und Fallbeispielen aus der Unternehmenspraxis

Von
Professor
Dr. Rudolf Fiedler

R. Oldenbourg Verlag München Wien

Die Deutsche Bibliothek - CIP-Einheitsaufnahme

Fiedler, Rudolf:
Einführung in das Controlling : Methoden, Instrumente und DV-Unterstützung ; mit über 100 Aufgaben und Lösungen, Fallbeispielen aus der Unternehmenspraxis / von Rudolf Fiedler. – München ; Wien : Oldenbourg, 1998
(Managementwissen für Studium und Praxis)
ISBN 3-486-24266-0

Rosenheimer Straße 145, D-81671 München
Telefon: (089) 45051-0, Internet: http://www.oldenbourg.de

Gedruckt auf säure- und chlorfreiem Papier
Gesamtherstellung: Hofmann-Druck Augsburg GmbH, Augsburg

ISBN 3-486-24266-0

Vorwort

Die **Bedeutung des Controllings** für die Unternehmensführung hat in den letzten Jahren durch die intensive, weltweite Wettbewerbssituation weiter zugenommen. Controllingwissen benötigt nicht mehr nur der Controller, sondern im besonderen Maße auch die Führungskraft. Grundkenntnisse des Controllings sind ebenso für viele Ingenieure und Naturwissenschaftler zur Voraussetzung für die erfolgreiche Bewältigung ihrer Aufgaben geworden. Vor allem in den Entwicklungsabteilungen werden mittlerweile die Methoden des Projektcontrollings sehr intensiv genutzt, um Entwicklungszeiten zu verkürzen und die Kosten zu verringern. Der Erfolg wird durch Beispiele wie dem SMART-Auto deutlich. Dessen Time-to-Market konnte die Daimler Benz AG von den bisher üblichen sieben Jahren auf vier Jahre reduzieren.

Mit dem vorliegenden Buch wird das **Ziel** verfolgt, Studenten sowie den oben genannten Mitarbeitern der Unternehmen eine zugleich theorieorientierte und praxisfundierte Beschreibung der wesentlichen Controllinggebiete anzubieten. Sie sollen Anregungen für die Lösung betrieblicher Controllingprobleme erhalten. Es wurde großer Wert auf eine leicht verständliche Darstellung gelegt. Viele Abbildungen, Kontrollfragen mit Lösungen und Praxisbeispiele tragen dazu bei, daß der Leser einen raschen Lernerfolg erzielen kann.

Das Lehrbuch ist so **aufgebaut**, daß zunächst ein Überblick über das heute vorherrschende Controllingverständnis, die Controllingorganisation und die wesentlichen Inhalte des strategischen Controllings gegeben wird. Kapitel 4 behandelt intensiv das operative Controlling mit Schwerpunkt auf der Budgetierung und den Methoden der Plankostenrechnung. Zum besseren Verständnis wird der gesamte Abrechnungsfluß der Planung und Kontrolle schrittweise nachvollzogen und mit Beispielen untermauert.

Kap. 5 beschreibt fortschrittliche Methoden des Controllings: die vielbeachtete Prozeßkostenrechnung, Target Costing und Benchmarking.

Da viele Aufgaben aufgrund ihrer Komplexität in Form von interdisziplinären Projekten abgewickelt werden müssen, in denen auch der Controller als Moderator und Koordinator mitwirkt, widmet sich ein eigenes Kap. 6 dem Projektcontrolling.

Zunehmend wird das Controlling auch in die Optimierung von Geschäftsprozessen miteingebunden. Deshalb werden in Kap. 7 die für den Controller interessanten Methoden und Techniken der Gestaltung von Geschäftsprozessen vorgestellt.

Den Abschluß des Buches bildet Kap. 8 mit einem Überblick über die Möglichkeiten der DV-Unterstützung des Controllings. Im besonderen werden neuere Entwicklungen wie Data Warehouse, Managementinformationssysteme, OLAP oder Data Mining behandelt. Beispiele konkreter Softwareprodukte verdeutlichen die theoretischen Ausführungen.

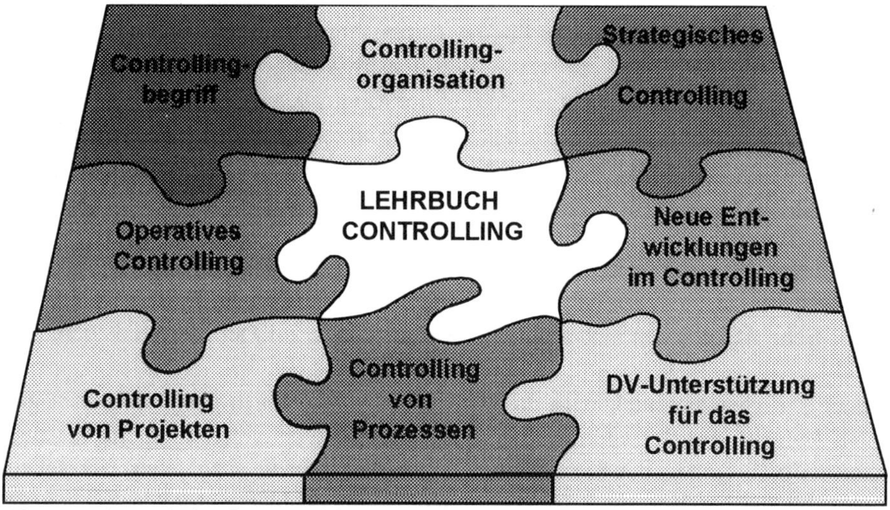

Themen des Lehrbuchs „Einführung in das Controlling"

In das vorliegende Lehrbuch flossen Anregungen vieler Personen ein, die auf diese Weise zum Gelingen beitrugen. Ihnen allen möchte ich danken, ohne sie namentlich zu nennen. Wertvoll für den Autor waren vor allem die Diskussionen mit Studenten und Praktikern im Rahmen der Durchführung von Controlling-Seminaren und Projekten Auch das jährlich stattfindende Würzburger-Controlling-Forum und der Würzburger Controlling-Arbeitskreis boten eine hervorragende Plattform des Erfahrungsaustausches. Für weitere Verbesserungsvorschläge ist der Autor immer dankbar. Anregungen können über die E-Mail-Kennung *fiedler@mail.fh-wuerzburg.de* weitergegeben werden.

Der interessierte Leser kann Informationen über Controlling-Lehrveranstaltungen, Diplomarbeiten zum Thema Controlling, Praxisprojekte und das Würzburger-Controlling-Forum unter der Adresse *http://www.fh-wuerzburg.de/professoren/bwl/fiedler* im Internet abrufen.

Würzburg Rudolf Fiedler

Inhaltsverzeichnis

Abbildungsverzeichnis

1 Controllingbegriff

LERNZIELE

- Sie lernen die wesentlichen Aspekte des Controllings kennen.
- Sie können den Begriff Controlling definieren und zu verwandten Bereichen abgrenzen.
- Sie erhalten einen Überblick über die Instrumente des Controllings.
- Sie wissen über Anforderungen an den Controller Bescheid.

Controlling ist ein vielschichtiger Begriff, der im folgenden unter **funktionalen, institutionalen und instrumentalen Aspekten** erläutert wird. Betrachtet werden auch die **zeitliche Differenzierung des Controllings** und die **Abgrenzung zur internen Revision und zu Treasuring**. Da man Controlling als Funktion vom Controller als Aufgabenträger unterscheiden sollte, wird zusätzlich der **Beruf des Controllers** als Träger von Planungs-, Kontroll- und Informationsaufgaben behandelt.

Funktionaler Controllingbegriff

Controlling hat die Aufgabe, das Management bei der Steuerung des Unternehmens durch Planung und Kontrolle umfassend zu unterstützen. Dazu gehören auch die Informationsversorgung und die Koordination (vgl. Abb. 1 und 2).

Aufgabe	Controlling unterstützt bei:	Kapitel im Buch
Planung	◆ Zielplanung ◆ Erarbeitung von Maßnahmen ◆ Entscheidung über die gültigen Pläne	3.1, 4.1, 5, 6.1, 7
Koordination	Abstimmung unterschiedlicher Teilpläne	3.1, 4.1
Steuerung und Kontrolle	◆ Durchsetzung der Planung ◆ Erfassung der Ist-Daten ◆ Soll-Ist-Vergleich ◆ Abweichungsanalyse	3.2, 4.2, 5, 6.2
Informationsversorgung	Beschaffung und Aufbereitung aller für das Controlling nötigen Informationen	8

Abb. 1: Aufgaben des Controllings

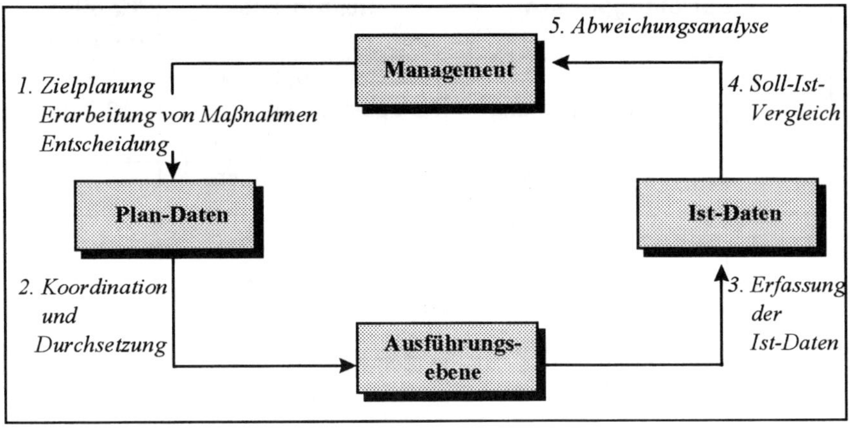

Abb. 2: Controlling-Regelkreis

Institutionaler Controllingbegriff

Hierbei geht es um die Zuordnung der Controllingaufgaben zu organisatorischen Einheiten und deren aufbauorganisatorischer Eingliederung. Außerdem ist im Sinne der Ablauforganisation der Controllingprozeß zeitlich zu koordinieren. Dabei wird z.B. festgelegt, daß die Controllingabteilung der Geschäftsführung eine monatliche Eilmeldung über Umsätze, Vorräte und Personal bis zum 5. Arbeitstag, 12.00 Uhr vorlegen muß. Die genauen Daten sind in Form eines monatlichen Geschäftsberichts bis zum 15. Arbeitstag zu ermitteln.

Instrumentaler Controllingbegriff

Dem Controlling steht eine Reihe von Instrumenten zur Verfügung, die problemadäquat einzusetzen sind. Wichtige und in der Praxis häufig verwendete Instrumente sind der folgenden Abb. 3 zu entnehmen.

Zeitliche Differenzierung des Controllings

Controlling wird in **strategisches und operatives Controlling** eingeteilt. Strategisches Controlling beschäftigt sich mit der langfristigen Entwicklung des Unternehmens. Der Zeithorizont beträgt **zwischen fünf und zehn Jahre**. Gegenstand solch langfristiger Betrachtungen ist z.B. die Einführung neuer Produkte oder die Erschließung zusätzlicher Märkte.

<table>
<tr><th colspan="3">Controllingphasen</th><th>Instrumente</th><th>Kapitel im Buch</th></tr>
<tr><td rowspan="5">Planung</td><td></td><td>Zielplanung</td><td>Kennzahlensysteme,
Netzplantechnik</td><td>4.2.2
6.2.2</td></tr>
<tr><td rowspan="3">Maßnahmenplanung</td><td>Erhebung und Analyse</td><td>Erhebungstechniken,
Gemeinkostenwert-
analysen,
Zero-Base-Budgeting,
Wertanalysen</td><td>7.4.2</td></tr>
<tr><td>Alternativen-
suche</td><td>Kreativitätstechniken</td><td>7.4.3</td></tr>
<tr><td>Bewertung</td><td rowspan="2">Prognosetechniken,
Kosten-, Erlös-
und Ergebnisrech-
nungsverfahren,
Simulationstechniken,
Sensitivitätsanalysen,
Nutzschwellenanalysen,
Nutzwertanalyse,
Kosten-Nutzen-Analyse,
ABC-Analyse,
Investitionsrechnungen,</td><td rowspan="2">
4.1.3
4.1.4
4.1.5

7.4.4
7.4.1</td></tr>
<tr><td colspan="2">Entscheidung</td></tr>
<tr><td colspan="3">Steuerung</td><td></td><td></td></tr>
<tr><td colspan="3">Kontrolle</td><td>Kosten-, Erlös- und
Ergebnisrechnungs-
verfahren, Kennzahlen-
systeme, Prognose-
verfahren</td><td>4.2</td></tr>
</table>

Abb. 3: Ausgewählte Instrumente des Controllings

Das operative Controlling umfaßt einen Zeitraum **bis zu fünf Jahren** und beinhaltet das taktische Controlling (bis zu einem Jahr). Im Mittelpunkt stehen Maßnahmen, die zur Erreichung der strategischen Ziele geeignet sind (beispielsweise die Planung von größeren Investitionen).

Abgrenzung zu den verwandten Bereichen interne Revision und Treasuring

Während Controlling aktiv den Regelkreisprozeß (vgl. Abb. 2) begleitet, ist die **interne Revision** eine vergangenheitsorientierte und prozeßunabhängige Überwachung. Der internen Revision obliegen z.B. folgende Aufgaben:

- Sicherheits- und Zweckmäßigkeitsprüfungen
- Überprüfung der internen Kontrollen
- Prüfung der Ordnungsmäßigkeit
- Systemprüfungen in der EDV
- Internal Control

Unter **Internal Control** versteht man die Gesamtheit aller innerbetrieblichen Kontrollen. Es wird nicht festgestellt, ob Anweisungen, Pläne usw. zweckmäßig sind, sondern ob diese befolgt werden. Häufig wird die interne Kontrolle durch ablauforganisatorische Maßnahmen in den Abteilungen geregelt, so daß dafür keine eigenen Stellen gebildet werden.

Treasuring umfaßt vor allem finanzorientierte Aufgaben:

- Gewährleistung einer permanenten Liquidität
- Anlage von Kapital und Liquiditätsüberschüssen
- Beobachtung der Kapitalmärkte
- Kapitalbeschaffung
- Allgemeine Vermögensverwaltung
- Betreuung der Versicherungsangelegenheiten

Das Financial Executive Institute (FEI), der Berufsverband der US-amerikanischen Controller, hat im Jahre 1962 die Aufgaben von Controlling und Treasuring veröffentlicht (siehe Abb. 4) [1, 2]. Im deutschen Controlling stehen Planung, Berichterstattung und Interpretation sowie Bewertung und Beratung im Vordergrund, während die restlichen Aufgaben in Abb. 4 regelmäßig von anderen Abteilungen geleistet werden.

---

[1] Horváth, P., Das Controllingkonzept, München 1991, S. 31.

Controlling	Treasuring
Planung • Gewinnpläne • Absatzpläne • Kostenpläne • Programme für Investitionen	**Kapitalbeschaffung** • Programme und Verhandlungen für die Kapitalbeschaffung • Aufrechterhaltung der finanziellen Verbindungen
Berichterstattung und Interpretation • Soll-Ist-Vergleich • Abweichungsanalyse • Formulierung von Richtlinien • Koordinierung • Sonderauswertungen	**Verbindung zu Investoren** • Schaffung und Pflege eines Marktes für die Wertpapiere des Unternehmens • Unterhaltung von Kontakten zu Banken, Finanzexperten und Aktionären
Bewertung und Beratung • Zielerreichung • Wirksamkeit der Richtlinien • Aufbauorganisation • Ablauforganisation	**Kurzfristige Finanzierung** • Beschaffung kurzfristiger Mittel • Erhaltung der Quellen für kurzfristige Mittel
Sonstige in Deutschland kaum wahrgenommene Aufgaben des Controlling • Steuerangelegenheiten • Berichte an staatliche Stellen • Sicherung des Vermögens • Volkswirtschaftliche Analysen	**Bankverbindungen u. Aufsicht** • Aufrechterhalten der Bankverbindungen • Aufsicht über Firmengelder und Wertpapiere • Anlage liquider Mittel • Immobiliengeschäfte
	Kredite und Forderungseinzug • Überwachung von Kundenkrediten • Gewährung von Kundenkrediten • Einzug fälliger Forderungen • Kontrolle von Ratenzahlungen, Mietplänen u.a.
	Kapitalanlage
	Versicherungen

Abb. 4: Aufgaben von Controlling und Treasuring

Berufsbild des Controllers

Die meisten Controllingaufgaben werden der speziellen Stelle des Controllers übertragen. Dessen Hauptaufgabe ist es, das Management mit solchen Informationen zu versorgen, die für Planung, Steuerung und Kontrolle des Unternehmens erforderlich sind.
Der Controller leistet für die Unternehmensführung einen Service und Lotsendienst und sorgt dabei für die fachlichen Unterlagen. Der Controller soll auch betriebswirtschaftlicher Berater sein[3].
Vom Controller werden laut Controller-Leitbild der International Group of Controlling (IGC) vor allem die Aufgaben laut Abb. 5 wahrgenommen[4]:

Controller leisten begleitenden betriebswirtschaftlichen Service für das Management zur zielorientierten Planung und Steuerung

Das heißt:
- Controller sorgen für Ergebnis-, Finanz-, Prozeß- und Strategietransparenz und tragen somit zu höherer Wirtschaftlichkeit bei.
- Controller koordinieren Teilziele und Teilpläne ganzheitlich und organisieren unternehmensübergreifend zukunftsorientiertes Berichtswesen.
- Controller moderieren den Controlling-Prozeß so, daß jeder Entscheidungsträger zielorientiert handeln kann .
- Controller sichern die dazu erforderliche Daten- und Informationsversorgung.
- Controller gestalten und pflegen die Controllingsysteme.

Controller sind interne betriebswirtschaftliche Berater aller Entscheidungsträger und wirken als Navigator zur Zielerreichung.

Abb. 5: Aktuelles Controller-Leitbild

Die folgende Abb. 6 zeigt persönliche und fachliche Anforderungen, wie man sie vielfach den Stellenannoncen für Controller entnehmen kann.
Die Anforderungen an den Controller entsprechen denjenigen, die an einen Manager gestellt werden. Häufig ist die erfolgreiche Controllingarbeit eine hervorragende Voraussetzung für eine Karriere im Management.

---

[3] Deyhle, A., Controller-Praxis. Führung durch Ziele, Planung und Controlling,

Persönliche Anforderungen	Fachliche Anforderungen
Persönliches Engagement	Betriebswirtschaftliches Studium
Teamfähigkeit	Studienschwerpunkt Rechnungswesen und Controlling
Analytische Fähigkeiten	Beherrschung der Controllinginstrumente (vgl. Kap. 3 bis 8)
Selbständiges Arbeiten	Kenntnisse der Datenverarbeitung (vgl. Kap. 8)
Kommunikationsfähigkeit	Kenntnisse der Gestaltung von Geschäftsprozessen (vgl. Kap. 7)
Durchsetzungsvermögen	Kenntnisse des Projektmanagements (vgl. Kap. 6)
Führungsfähigkeit	Erfahrung in Aufbau, Pflege und Weiterentwicklung von Informationssystemen (vgl. Kap. 8)
	Fremdsprachenkenntnisse
	Berufserfahrung

Abb. 6: Anforderungen an den Controller

2 Controllingorganisation

LERNZIELE

- Sie kennen verschiedene Möglichkeiten, Controlling in die betriebliche Organisation einzugliedern.
- Sie wissen über Alternativen der Ausgestaltung von Weisungsbefugnissen innerhalb der Controllinghierarchie Bescheid.
- Erhalten Sie einen Überblick über die Realisierung des Controllings bei unterschiedlicher Unternehmensgröße, in funktional und divisional gegliederten Unternehmen.
- Erfahren Sie den Zentralisationsgrad von wichtigen Controllingaufgaben in deutschen Großunternehmen.

2.1 Integration des Controllings in die Aufbauorganisation

Unternehmen stehen bei der Einrichtung des Controllings vor folgenden Fragen:

- Wie soll das Controlling in die **Unternehmenshierarchie** eingegliedert werden?
- Welche **Weisungsbefugnisse** soll das Controlling besitzen?
- Wie ist das **Controlling bei unterschiedlichen Unternehmensgrößen** zu verankern?
- Wie sieht das **Controlling bei funktional und divisional** gegliederten Unternehmen aus?
- Welche Controllingaufgaben werden **zentral**, welche eher dezentral wahrgenommen?

Hierarchische Eingliederung des Controllings

Das Controlling im Großbetrieb kann in der ersten (Controller ist Mitglied der Geschäftsführung) oder in der zweiten Führungsebene etabliert werden. In der Praxis ist das zentrale Controlling häufig direkt dem Finanzvorstand unterstellt. Bei dieser Lösung werden Konfliktsituationen, die bei der ersten Alternative aufgrund der Abhängigkeiten innerhalb der Geschäftsführung auftreten könnten, vermieden. Manche Autoren präferieren eine Lösung, bei der das Controlling als ressorneutraler zentraler Stab direkt der Geschäftsführung zugeordnet wird[5]. Dadurch wird die Unabhängigkeit dieser Stelle noch stärker betont, ein Informationsmonopol des Bereichs Finanzen vermieden. Auf jeden Fall ist man sich einig**, daß eine hohe hierarchische Einstufung notwendig ist**.

Weisungsbefugnis des Controllings

Controlling ist eine **unterstützende Funktion, die Dienstleistungen erbringt und beratend tätig ist**. Damit werden die Anforderungen an eine Stabsstelle erfüllt. Stabsstellen haben jedoch keine Anordnungs- und Weisungsbefugnisse. Die Informationsrechte des Stabs reichen nicht, um die Aufgaben des Controllings gegenüber den Linienstellen zu erfüllen. Als Lösung bietet sich eine Erweiterung der Befugnisse an (vgl. Abb. 7):

[5] Vgl. z.B. Matschke, M., Kolf, J., Historische Entwicklung, Begriff und organisatorische Probleme des Controlling, DB, 33 (1980), S. 601 ff.

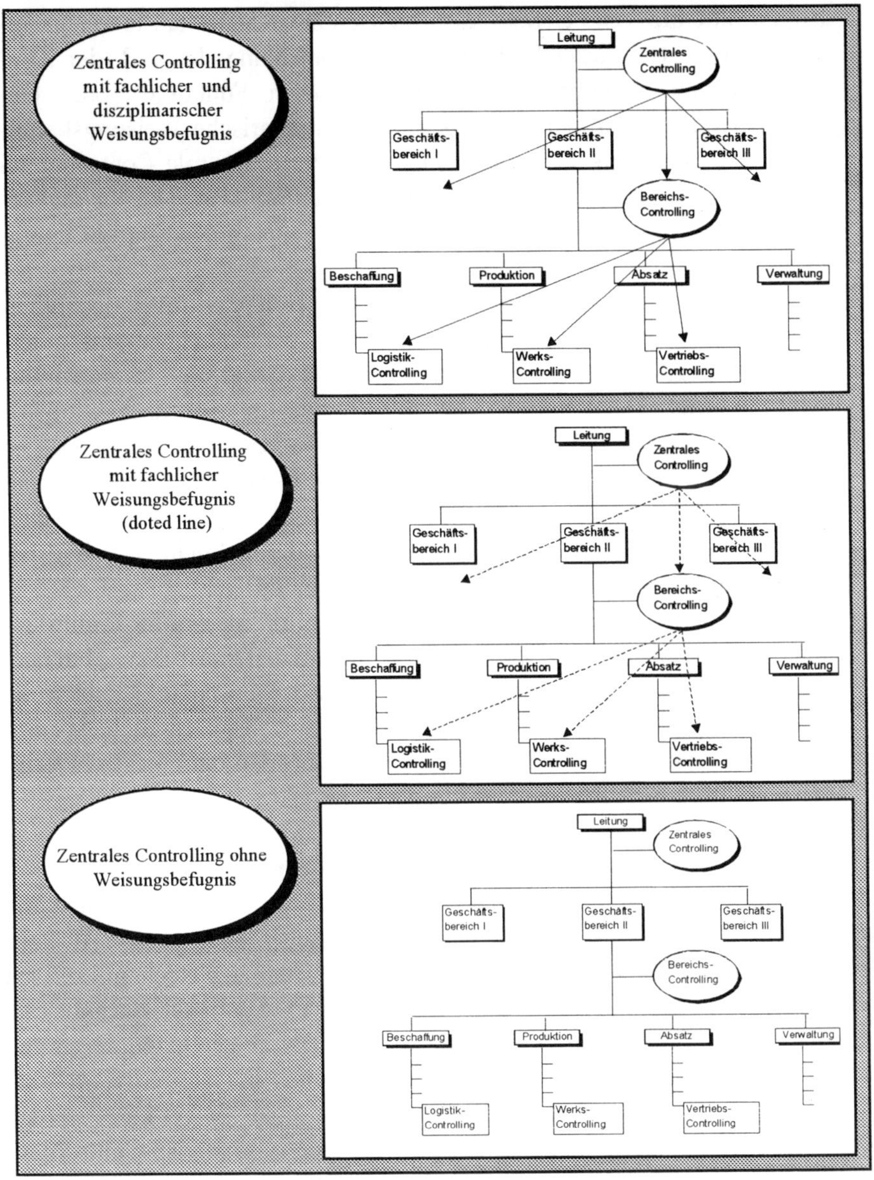

Abb. 7: Weisungsbefugnis in der Controllinghierarchie

- Innerhalb der Controllinghierarchie bestehen uneingeschränkte fachliche (das „WIE“ der Aufgabenerfüllung wird bestimmt) und disziplinarische (das „WAS“ und „WANN“ wird vorgeschrieben) Anordnungs- und Weisungsbefugnisse. Gegenüber den anderen Linienstellen hat das Controlling nur fachliche Befugnisse. Dadurch entsteht formal eine Matrixorganisation. Bei dieser Einordnung des Controllings hat z.B. der Konzerncontroller gegenüber dem untergeordneten Funktions- oder Geschäftsbereichscontroller fachliche und disziplinarische Weisungsbefugnis. Dieses Konzept birgt die Gefahr, daß der dezentrale Controller im eigenen Geschäftsbereich als Fremdkörper empfunden und bei divisionaler Organisation das Prinzip der Eigenständigkeit der Sparten durchbrochen wird.

- Eine Alternative besteht darin, daß der dezentrale Controller disziplinarisch dem Leiter des Geschäftsbereichs bzw. des Fachbereichs untersteht. Zu begründen wäre dies damit, daß der Leiter die Gesamtverantwortung trägt. Dazu müssen ihm alle Stellen untergeordnet sein. Die fachliche Weisungsbefugnis bleibt beim vorgesetzten Controller. Das ist auch notwendig, damit die Einheitlichkeit des Controllings im Unternehmen gewährleistet ist. Diese Alternative wird auch als „doted-line-Prinzip“ bezeichnet (in Organigrammen wird die fachliche Weisungsbefugnis häufig mit einer gestrichelten Linie skizziert).
- Desweiteren ist die Regelung anzutreffen, daß der dezentrale Controller fachlich und disziplinarisch seinem Geschäftsbereichs- bzw. Fachbereichsleiter untersteht. In diesem Fall besitzt der Geschäftsbereich volle Souveränität. Mit dem zentralen Controlling erfolgen lediglich Abstimmungsgespräche. Allerdings besteht die Gefahr, daß ein objektives Controlling durch Ressoregoismus verhindert wird.

Controlling bei unterschiedlicher Unternehmensgröße

In kleinen Betrieben übernimmt der Leiter des Unternehmens selbst die Controllingaufgaben. Bei größeren mittelständischen Betrieben wird Controlling vom kaufmännischen Leiter oder dem Leiter des Rechnungswesen mit ausgeführt, während bei Großunternehmen in der Regel spezialisierte Stellen für das Controlling eingerichtet werden. Das folgende Organigramm (Abb. 8) zeigt, wie auch in kleineren Unternehmen mit vertretbarem Aufwand das Controlling effektiv installiert werden kann. Eingerichtet werden ein Controlling-Entscheidungsausschuß und eine zusätzliche Controllingstelle, die man in Form eines Stabs direkt der Geschäftsführung zuordnet. Wichtige grundlegende Controllingfragen werden vom Controlling-Entscheidungsausschuß bearbeitet, dem neben dem Controller Mitglieder der Geschäftsführung und die Leiter der Funktionsbereiche angehören[6].

[6] Bramsemann, R., Handbuch Controlling, 2. Aufl., München, Wien 1990, S. 99 f.

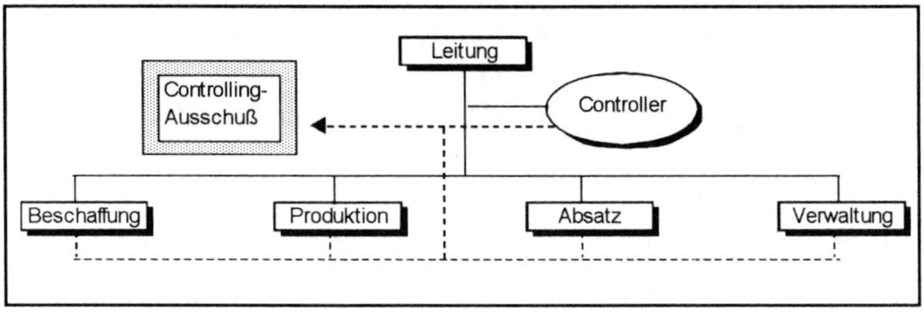

Abb. 8: Controlling in einem mittelständischen Unternehmen

Controlling in funktional gegliederten Unternehmen

In größeren funktional gegliederten Unternehmen können neben dem zentralen Controlling auch Funktionsbereichs- und Werkscontroller vorhanden sein.

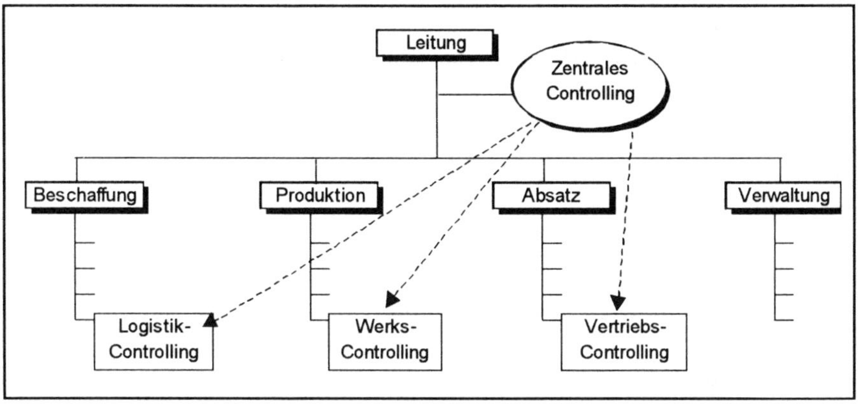

Abb. 9: Controlling in der Funktionalorganisation

Controlling in divisional gegliederten Unternehmen

Große Unternehmen sind schon aufgrund ihres heterogenen Produktprogramms gezwungen, sich divisional zu strukturieren. Die zweite Hierarchieebene ist dann nicht nach Funktionen, sondern nach Objekten gegliedert. Im konkreten Fall können das Produktgruppen oder Regionen sein. Das zentrale Controlling hat aufgrund der weitgehenden Unabhängigkeit der Divisionen (man spricht von „kleinen Unternehmen im Unternehmen") deren Koordinierung im Sinne des Gesamtunternehmensziels zu unterstützen. Die Controllinghierarchie ist oft dreistufig (vgl. Abb. 7): Zentrales Controlling,

Geschäftsbereichscontrolling, Funktions- und Werkscontrolling. Das Zentralcontrolling ist für die bereichsübergreifende und konzernweite Planung und Kontrolle verantwortlich, während Geschäftsbereichs-, Funktions- und Werkscontrolling die Steuerung der Aktivitäten in den operativen Einheiten unterstützen.

Zentralisationsgrad des Controllings in deutschen Unternehmen

In einer Untersuchung von zwölf Großbetrieben wurden die folgenden **drei Hauptaufgaben des zentralen Controllings** daraufhin analysiert, inwieweit diese zentral bzw. dezentral wahrgenommen werden[7]:

1. **Gestaltung und Weiterentwicklung des Planungs- und Kontrollsystems (PuK)**. Dazu gehören z.B. die Einführung einheitlicher Controllinginstrumente sowie einheitlicher Grundsätze für die Informationsbereitstellung der einzelnen Geschäftsbreiche und Tochtergesellschaften (Termine, Datenstruktur, Berichtsaufbau).

2. **Koordination der laufenden Planungs- und Kontrollprozesse** eines vorgegebenen PuK (Bestimmung von Abläufen, Terminen und Verantwortlichen).

3. **Ermittlung und Analyse unternehmensbereichsbezogener Abweichungen**.

Es wurde deutlich, daß die Konzeption des Planungs- und Kontrollsystems sowie die Koordination (Aufgabengruppe 1 und 2) sehr zentral wahrgenommen werden, während Abweichungsanalysen bei den meisten Großunternehmen eher Aufgabe des dezentralen Controllings sind.

2.2 Interne Struktur des Controllings

In deutschen Unternehmen findet man in vielen Fällen eine der beiden folgenden Varianten der internen Controllingstruktur:

1. Trennung des Finanzbereichs in betriebsinterne und -externe Aufgaben

---

[7] Krüger, W., v. Werder, A., Zentralbereiche als Auslaufmodell?, zfo 1 (1995), S. 6 ff.

2. Wie Punkt eins, jedoch werden Buchhaltung, Datenverarbeitung, Steuern und Versicherungen, wie aus der folgenden Abbildung ersichtlich, ausgelagert.

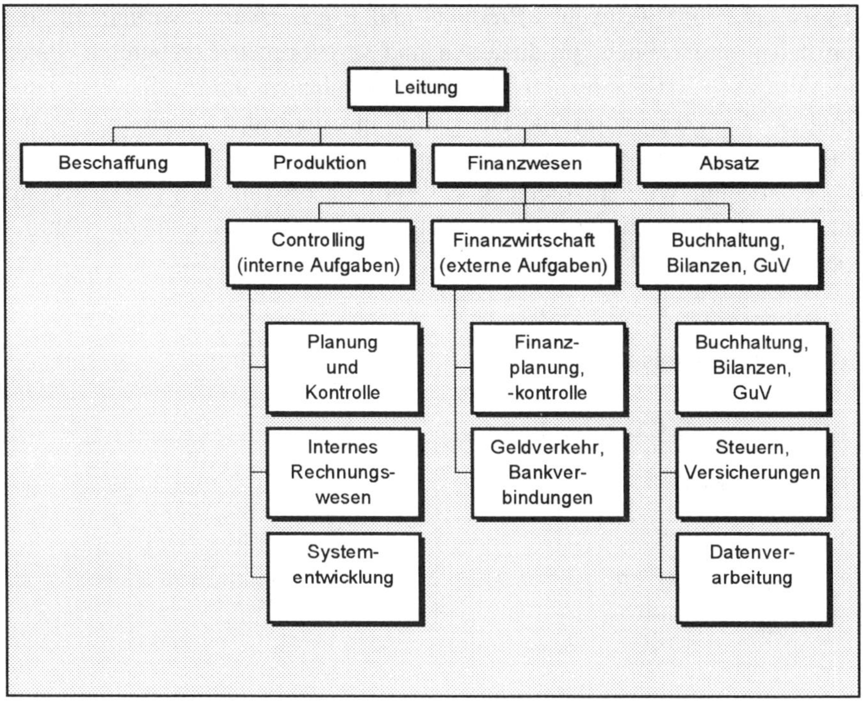

Abb. 10: Interne Struktur des Controllings

2.3 Fallbeispiel: Organisation des Controllings in einem großen Unternehmen[8]

Die Robert Bosch GmbH ist ein multinationales Unternehmen, das am Umsatz gemessen zu den zehn größten Industrieunternehmen in Deutschland gehört. Die Bosch-Gruppe gilt weltweit als größter unabhängiger Hersteller für Kraftfahrzeugausrüstung. Darüber hinaus ist das Unternehmen auch auf anderen Erzeugnisgebieten tätig.

---

[8] Fiedler, R., Gackstatter, U., DV-gestütztes Geschäftsbereichs-Controlling in einem Unternehmen der Kfz-Zulieferindustrie, Wirtschaftsinformatik, 37 (1995) 4, S. 355 ff.

Der Unternehmensbereich Kraftfahrzeugausrüstung ist der größte Unternehmensbereich der Bosch-Gruppe mit knapp 50 Prozent Anteil am Gesamtumsatz. Er ist nach Produktgruppen organisiert und in zehn Geschäftsbereiche (GB) gegliedert. Die Geschäftsbereiche selbst sind eigenständige Profit-Center mit weltweiter Produkt- und Ergebnisverantwortung für die von ihnen entwickelten, produzierten und vertriebenen Erzeugnisse. Ihnen sind Werke (Cost-Center) als Produktionseinheiten unterstellt. Der hohe Grad an Dezentralisation und Delegation innerhalb der Bosch-Gruppe bedingt einen beträchtlichen Koordinationsaufwand.
Das Controlling wird entsprechend der Führungsorganisation von Bosch auf unterschiedlichen Ebenen von speziellen Controllingabteilungen wahrgenommen (vgl. Abb. 11 und 12):

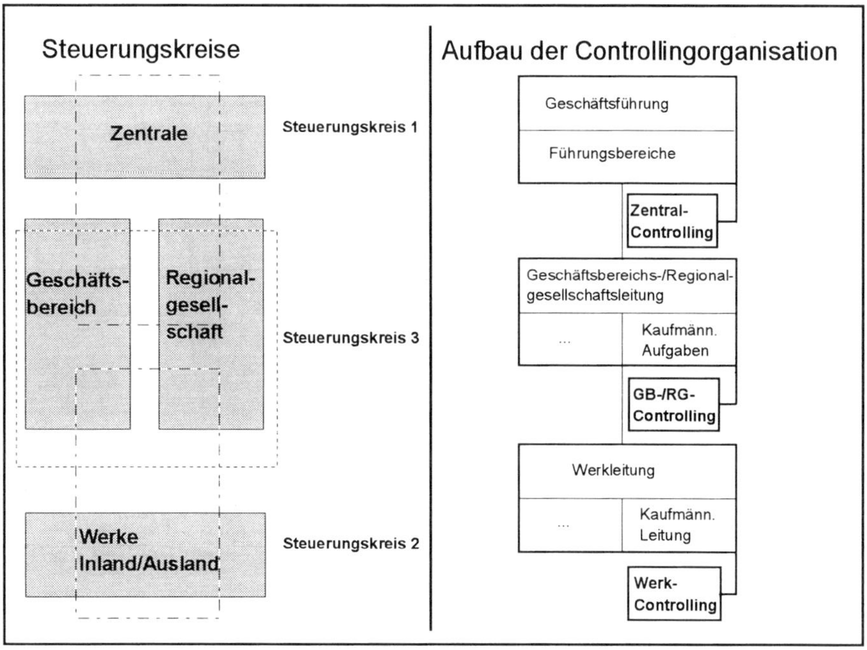

Abb. 11: Controllinghierarchie bei der Robert Bosch GmbH

- Auf der Ebene der Geschäftsführung als Zentralcontrolling, das der Bosch-Geschäftsführung zugeordnet sind.
- Bei den Geschäftsbereichen und Regionalgesellschaften durch Controllingabteilungen, die der Leitung des Geschäftsbereichs bzw. der Regionalgesellschaft unterstehen.

- In den Werken durch die Abteilung Wirtschaftlichkeit und Rechnungswesen (=Werkcontrolling), die der kaufmännischen Werkleitung unterstellt ist.

Das zentrale Controlling besitzt Richtlinienbefugnisse bezüglich der nachgeordneten Controllingabteilungen. Die Controlling-Stelle auf jeder der drei Ebenen versorgt die nächsthöhere Stufe bzw. die Entscheidungsträger mit den jeweils notwendigen Informationen. Man unterscheidet drei Steuerungskreise (vgl. Abb. 11, linke Hälfte). Sie verdeutlichen die Aufgabenverteilung innerhalb der Controllinghierarchie.

1. Steuerungskreis zur **Koordination von Geschäftsführung und Geschäftsbereich**. Ihn gestaltet das zentrale Controlling wesentlich mit.
2. Steuerungskreis zur **Koordination von Geschäftsbereichen und Werken**
3. Steuerungskreis für die **Koordination der Geschäftsbereiche und der ausländischen Regionalgesellschaften**. Er resultiert aus der weltweiten Ergebnisverantwortung der Geschäftsbereiche, die mit der regionalen Marktverantwortung konkurriert.

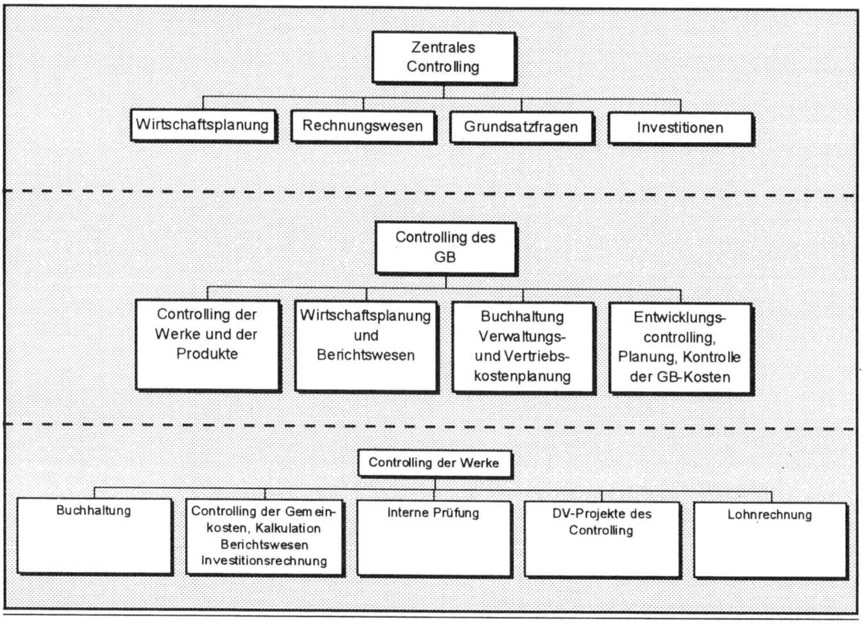

Abb. 12: Interne Controllingstruktur bei der Robert Bosch GmbH

2.4 Aufgaben und Kontrollfragen zu Kapitel 1 und 2

Aufgabe 1:
Was versteht man unter dem Begriff Controlling?

Aufgabe 2:
Grenzen Sie Controlling von interner Revision und Treasuring ab!

Aufgabe 3:
Wie kann das Controlling in die Organisation eines Unternehmens eingegliedert werden?

Aufgabe 4:
Welche Controllingaufgaben werden in deutschen Großunternehmen eher zentral und welche eher dezentral wahrgenommen?

Aufgabe 5:
Zeigen Sie, wie in einem divisional gegliederten Unternehmen Controlling implementiert werden kann!

Aufgabe 6:
Wie kann Controlling in einem mittelständischen Unternehmen aufbauorganisatorisch verankert werden?

2.5 Lösungen zu Kapitel 1 und 2

Aufgabe 1:
Controlling kann unter ***funktionalen, institutionalen und instrumentalen Aspekten*** *gesehen werden.*
Controlling hat die Aufgabe, das Management bei der Steuerung des Unternehmens durch Planung und Kontrolle umfassend zu unterstützen. Dazu gehören auch die Informationsversorgung und die Koordination (funktionaler Controllingbegriff). Beim institutionalen Controllingbegriff geht es um die Zuordnung der Controllingaufgaben zu organisatorischen Einheiten und um deren aufbauorganisatorische Eingliederung. Außerdem ist im Sinne der Ablauforganisation der Controllingprozeß zeitlich zu koordinieren. Der instrumentale Controllingbegriff umfaßt die für Controllingaufgaben zur Verfügung stehenden Instrumente.

Aufgabe 2:
Während Controlling aktiv den Regelkreisprozeß (Planung, Kontrolle, Steuerung) begleitet, ist die ***interne Revision*** *eine vergangenheitsorientierte und prozeßunabhängige Überwachung.* ***Treasuring*** *umfaßt vor allem finanzorientierte Aufgaben.*

Aufgabe 3:
Das Controlling im Großbetrieb kann in der ersten (Controller ist Mitglied der Geschäftsführung) oder in der zweiten Führungsebene etabliert werden. In der Praxis ist das zentrale Controlling häufig direkt dem Finanzvorstand unterstellt. Bei dieser Lösung werden Konfliktsituationen, die bei der ersten Alternative aufgrund der Abhängigkeiten innerhalb der Geschäftsführung auftreten könnten, vermieden. Allerdings präferieren manche Autoren eine Lösung, bei der das Controlling als ressorneutraler zentraler Stab direkt der Geschäftsführung zugeordnet wird. Dadurch wird die Unabhängigkeit dieser Stelle noch stärker betont, ein Informationsmonopol des Bereichs Finanzen vermieden. Auf jeden Fall ist man sich einig, ***daß eine hohe hierarchische Einstufung notwendig ist****.*

Aufgabe 4:
Die Konzeption des Planungs- und Kontrollsystems sowie die Koordination werden sehr zentral wahrgenommen, während Abweichungsanalysen bei den meisten Großunternehmen eher Aufgabe des dezentralen Controllings sind.

Aufgabe 5:

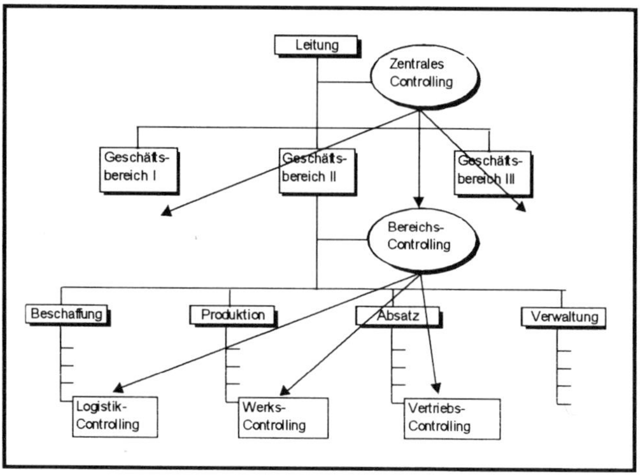

Aufgabe 6:

Bei mittleren Betrieben wird Controlling oft vom kaufmännischen Leiter oder dem Leiter des Rechnungswesen mit ausgeführt. Ein Alternative besteht in der Einrichtung eines Controlling-Entscheidungsausschusses und einer zusätzlichen Controllingstelle, die in Form eines Stabs direkt der Geschäftsführung zugeordnet wird. Wichtige grundlegende Controllingfragen werden vom Controlling-Entscheidungsausschuß bearbeitet, dem neben dem Controller Mitglieder der Geschäftsführung und die Leiter der Funktionsbereiche angehören.

3 Strategisches Controlling

LERNZIELE

- Sie lernen die wichtigen Aspekte des strategischen Controllings kennen.
- Sie können den Begriff strategisches Controlling definieren und zu verwandten Bereichen abgrenzen.
- Erhalten Sie einen Überblick über die einzelnen Schritte des strategischen Controllings.
- Sie wissen über die Stellung der strategischen Planung Bescheid.
- Sehen Sie, wie man Strategische Bilanzen, Portfolio- und Produktlebenszyklusanalysen als wesentliche Instrumente der strategischen Planung einsetzt.
- Sie erkennen die Bedeutung der strategischen Kontrolle.

Das strategische Controlling übt eine Servicefunktion für die strategische Unternehmensführung aus, die vor allem folgende Aufgaben hat:[9]

- Formulierung grundlegender Ziele und Verhaltensweisen des Unternehmens
- Aufbau von Erfolgspotentialen (Produkt-/Marktkombinationen mit Wettbewerbsvorteilen gegenüber der Konkurrenz)

Die strategische Unternehmensführung und damit auch die unterstützende Funktion des strategischen Controllings gliedern sich in sechs Phasen (siehe Abb. 13)[10]:

Zunächst ist die **strategische Analyse** durchzuführen. Sie besitzt eine externe und eine interne Komponente. Extern werden volkswirtschaftliche Rahmenbedingungen, politische, gesellschaftliche und technologische Entwicklungen, Wettbewerber oder Marktpotentiale untersucht (Umweltanalyse). Intern geht es vor allem um die Beurteilung der eigenen Geschäftseinheiten. Man betrachtet deren Stärken und Schwächen (Unternehmensanalyse).

In der zweiten Phase werden sinnvolle **Strategiealternativen** entwickelt. Die Unternehmensführung überlegt sich qualitative Ziele, die ihren Niederschlag in einer Unternehmensphilosophie finden, und quantitative Ziele, wie die anzustrebende Rentabilität oder Marktanteile.

Durch die **Bewertung der Zielalternativen** sollen diejenigen Strategien bestimmt werden, die den größten Erfolg versprechen. Strategische Programme sollen im abschließenden Planungsschritt einen Rahmen für die Umsetzung der Strategien vorgeben. Man erarbeitet Maßnahmen für die **Realisierung** in Phase fünf.

---

9 Gälweiler, A., Zur Kontrolle strategischer Pläne, in: Steinmann, H. (Hrsg.), Planung und Kontrolle, München 1991, S. 385.

10 Steinmann, H., Schreyögg, G., Management. Grundlagen der Unternehmensführung, 3. Aufl., Wiesbaden 1993, S. 151 ff.

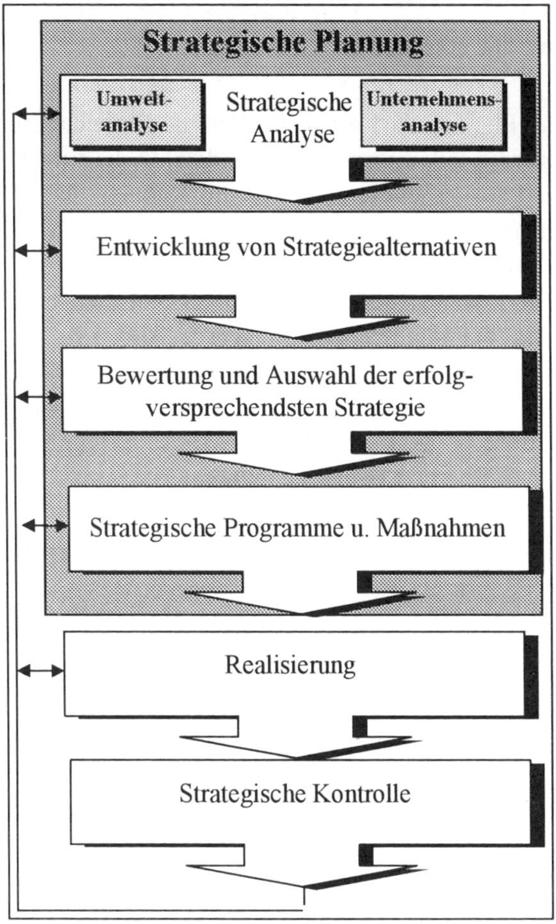

Abb. 13: Phasen des strategischen Controllings

Die letzte Phase bildet die **strategische Kontrolle**. Es ist zu beachten, daß die strategische Kontrolle nicht ein einmaliger Vorgang am Ende des Managementprozesses ist, sondern begleitend bereits ab der ersten Phase aktiviert werden muß, um Fehlentwicklungen der Planung rechtzeitig aufzudecken.

In den folgenden Kap. 3.1 und 3.2 werden die strategische Planung und die strategische Kontrolle näher betrachtet.

3.1 Strategische Planung

3.1.1 Stellung der strategischen Planung

Der Begriff der Planung darf **nicht mit Prognose gleichgesetzt** werden. Bei der Planung werden zukünftige Sollzustände aktiv bestimmt. Hierin ist auch der Unterschied zur Prognose zu sehen. Im Rahmen der Prognose schreibt man lediglich gegenwärtige Situationen fort. Damit ist die Prognose ein wichtiger Bestandteil der Planung.
Die strategische Planung muß von operativer und taktischer Planung sowie von der Budgetierung abgegrenzt werden (vgl. Abb. 14).

Abb. 14: Konkretisierung der Planung

Auf der Grundlage des **Unternehmensleitbilds**, das die Ziele des Unternehmens, seine Stellung in der Gesellschaft, Führungsgrundsätze und Regeln des Geschäftsverkehrs formuliert und damit die Basis aller Planungsaktivitäten bildet, wird im Rahmen der **strategischen Planung** nur relativ grob geplant. Diese Vorgaben müssen durch die **operative Planung** konkretisiert werden.
Die strategischen Planung ist mit der operativen Planung zu verzahnen (vgl. Abb. 15). Es werden z.B. Informationen über zukünftige Marktanteile, neue Produkte oder neue Produktionswerke bereitgestellt, welche die Grundlage für die mittelfristig anzustrebenden Absatzmengen bilden.

Während operatives Controlling zum großen Teil auf der Grundlage monetärer Größen wie Kosten und Erlösen stattfindet, überwiegen im strategischen Bereich eher qualitative und verbale Darstellungen. Hier steht die Frage *„How to do the right things?"* im Mittelpunkt, während im kurz- und mittelfristigen Bereich die Frage *„How to do the things right"* zu beantworten ist.

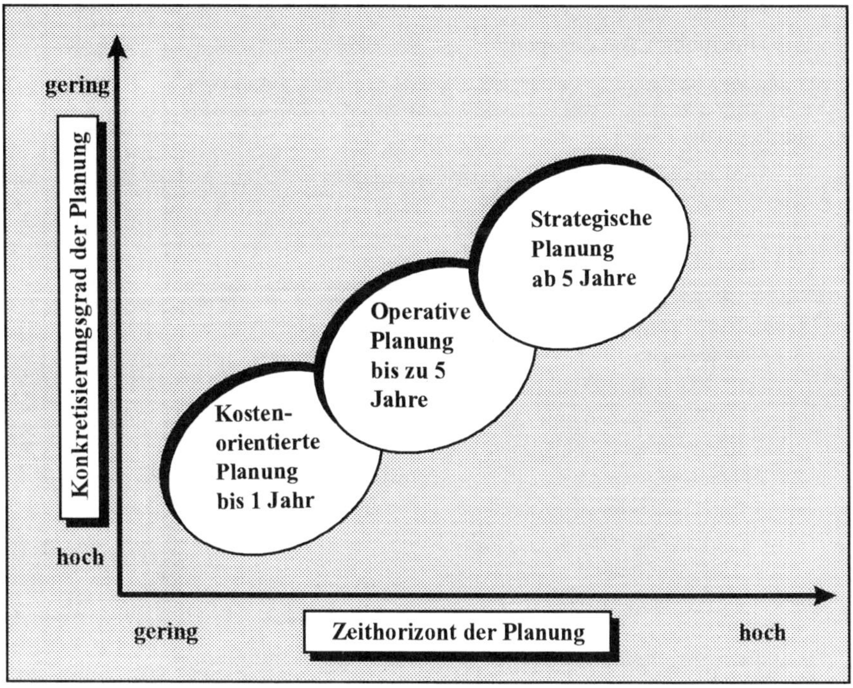

Abb. 15: Ebenen der Planung

Die operativen Planung ist wiederum mit der unterjährige Kostenplanung zu verbinden. Die unterjährige Kostenplanung, auch **taktische Planung** genannt, bricht Sollwerte bis auf die einzelnen Kostenstellen herunter. Informationen der operativen Planung wie z.B. Absatzentwicklungen fließen in die Festlegung der Beschäftigung des Planjahres oder Investitionsvorhaben ein. Die mengen- und wertmäßige Durchrechnung der operativ geplanten Maßnahmen wird auch als **Budgetierung** bezeichnet. Beispielsweise resultiert aus Verkaufsförderungsmaßnahmen für ein Produkt eine höhere Absatzmenge, die im Rahmen der Budgetierung auch in entsprechende Umsatzzahlen umgerechnet wird.

In jedem Wirtschaftsjahr müssen die genannten Pläne überarbeitet werden. Das Ergebnis wird im Wirtschaftsplan dokumentiert. Er faßt die aktuellen strategischen, operativen und taktischen Planungen zusammen und kann z.B. wie in Abb. 16 gegliedert sein[11].

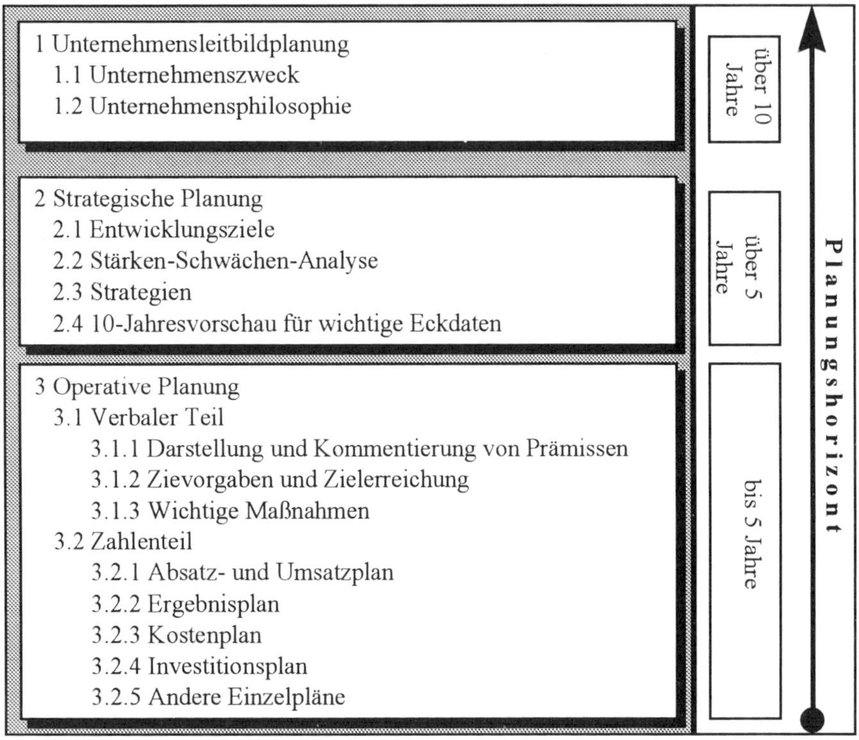

Abb. 16: Gliederung der Planung

Der Zahlenteil wird vielfach für einen Zeithorizont von fünf Jahren rollierend geplant. Z.B. enthält ein Wirtschaftsplan die Jahre 1998 bis 2002. Im nächsten Planungszyklus werden die Jahre 1999 bis 2002 aktualisiert und das Jahr 2003 zusätzlich geplant. Dafür entfällt das Jahr 1998. Die Genauigkeit nimmt mit zunehmendem Planungshorizont ab.

[11] Scheffler, H. E., Strategische Planung im Konzern, in: Jacob, H. (Hrsg.), Strategisches Management 2, Schriften zur Unternehmensführung, Band 30, Wiesbaden 1983, S. 23.

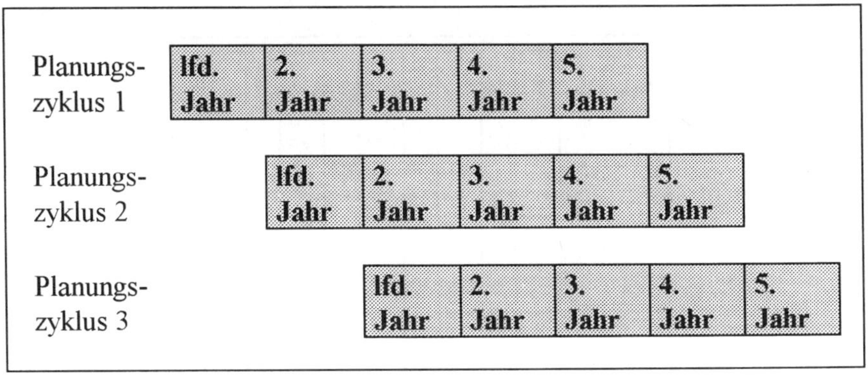

Abb. 17: Rollierende Planung

3.1.2 Instrumente der strategischen Planung

Im folgenden werden ausgewählte Instrumente der strategischen Planung dargestellt. Mit Ausnahme der Produklebenszyklusanalyse, die man bereits bei der Umweltanalyse einsetzen kann, verwendet man die übrigen Instrumente schwerpunktmäßig für die Entwicklung alternativer Unternehmensstrategien.

3.1.2.1 Strategische Bilanz

Die strategische Bilanz verdeutlicht die Stärken und Schwächen eines Unternehmens gegenüber seiner Umwelt. Es werden fünf Faktoren betrachtet:

- Material
- Kapital
- Personal
- Absatz
- Know How

Jeder Faktor wird differenziert bewertet und in eine Skala, die von 0 bis 100 reicht (Aktiva), und eine gegenüberliegende, die ebenfalls 0 bis 100 Punkte (Passiva) mißt, eingeordnet. 100 Punkte auf der Aktivseite der Bilanz bedeuten sehr hohe Attraktivität, 100 Punkte auf der Passivseite dagegen vollständige Abhängigkeit des Unternehmens. Abstände unter 100 Punkte zwischen den Skalenmarkierungen machen **strategische Engpässe** deutlich, weil in diesem Fall eine im Verhältnis zur Unternehmensabhängigkeit geringe Attraktivität vorhanden ist.

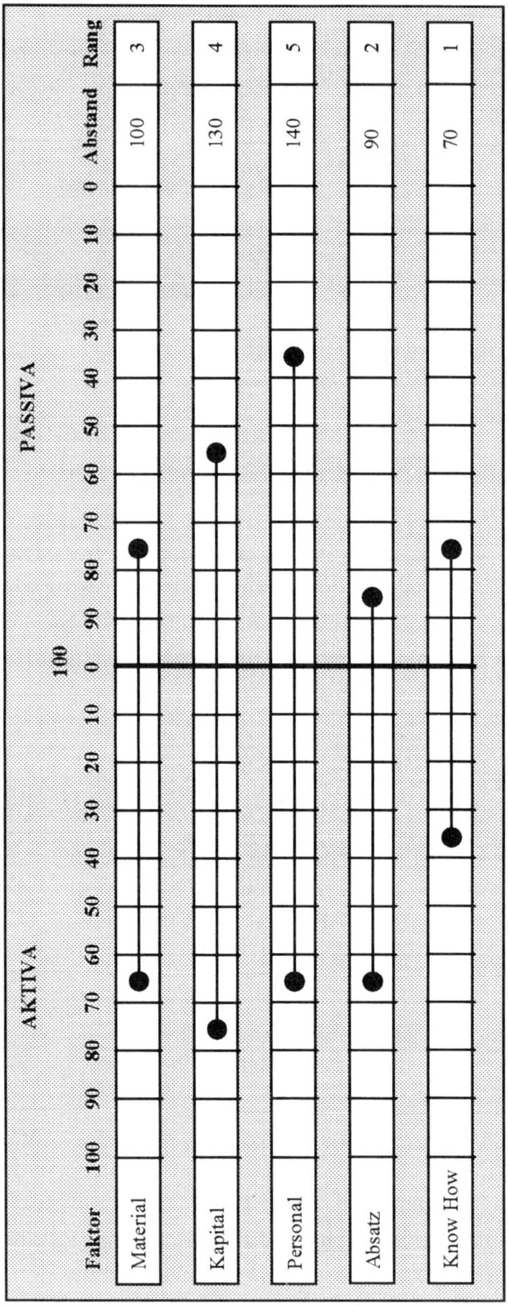

Abb. 18: Strategische Bilanz

In der Abb. 18 trifft dies auf die Faktoren Absatz und Know How zu. Die Summe aller Abstandspunkte läßt erkennen, wie wettbewerbsfähig das Unternehmen ist. Punktsummen unter 500 sind kritisch zu beurteilen.

3.1.2.2 Portfolioanalyse

Unternehmen, welche die Strategie der Differenzierung verfolgen, können mit der Portfolio-Methode

- unterschiedliche Geschäfte miteinander vergleichen,
- eine zusammenfassende Beschreibung der strategischen Situation erstellen,
- den Beitrag der einzelnen Geschäftseinheiten zum Unternehmenserfolg erkennen und
- Strategien für die einzelnen Geschäftsbereiche erarbeiten[12].

Im Rahmen der **Differenzierungsstrategie** versucht man, einen Wettbewerbsvorteil dadurch zu erzielen, daß sich die Produkte durch besondere Eigenschaften deutlich von denjenigen der Konkurrenz abheben. Dies könnte z.B. durch ein ausgeprägtes Qualitätsimage einer Marke realisiert werden. Demgegenüber steht die Strategie der **Kostenführerschaft**, bei der ein Wettbewerbsvorteil durch vergleichsweise niedrige Kosten und die damit möglichen geringen Produktpreise angestrebt wird.
Portfolios gibt es in unterschiedlicher Ausprägung[13]. Bekannt sind z.B.:

- Marktwachstums-Marktanteils-Protfolio
- Marktattraktivität-Wettbewerbsvorteil-Portfolio
- Technologie-Portfolio
- Markt-Produktlebenszyklus-Portfolio und
- Geschäftsfeld-Ressourcen-Portfolio.

Im folgenden soll das Marktwachstums-Marktanteils-Portfolio beschrieben werden. Es ist das wohl bekannteste Portfolio und wurde Anfang der 70er Jahre von der Boston Consulting Group entwickelt.
In diesem Portfolio wird das Marktwachstum auf der Ordinate abgetragen, die Abszisse stellt den relativen Marktanteil dar, der die Stärken und Schwächen einer Geschäftseinheit ausdrücken soll (vgl. Abb. 19 und 20).

---

[12] Steinmann, H., Schreyögg, G., Management. Grundlagen der Unternehmensführung, 3. Aufl., Wiesbaden 1993, S. 198.

[13] Roventa, P., Portfolio-Analyse und strategisches Management, München 1997, S. 175.

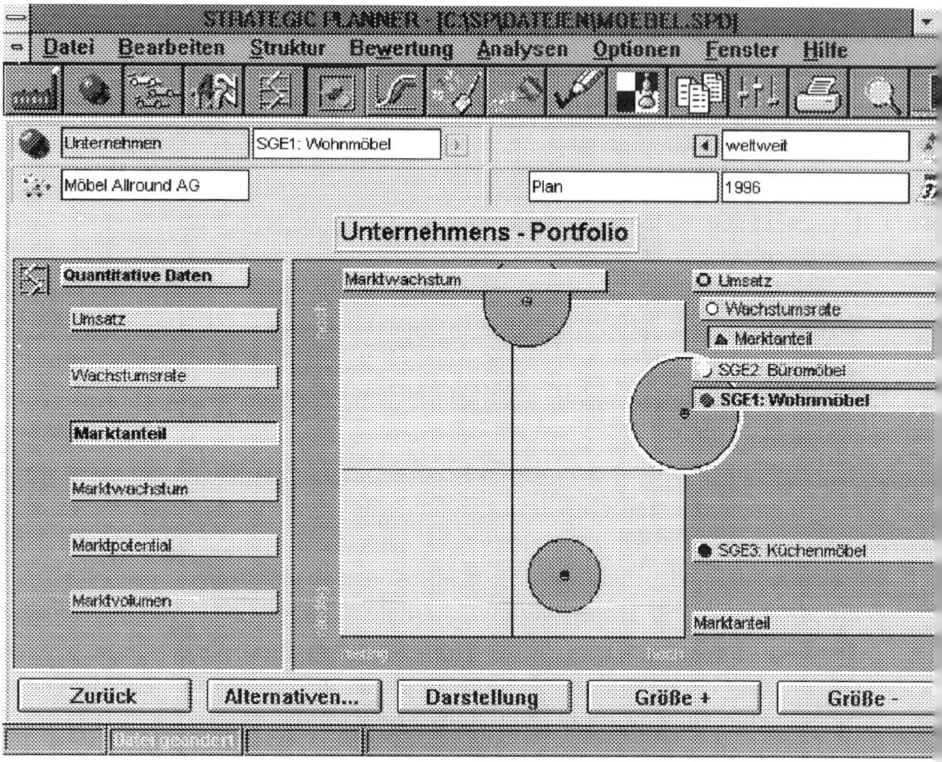

Abb. 19: Marktwachstums-Marktanteils-Protfolio[14].

Der relative Marktanteil ist definiert als:

$$\frac{\textbf{Umsatz der Geschäftseinheit}}{\textbf{Umsatz des stärksten Konkurrenten}}$$

Ein Wert von vier sagt z.B. aus, daß der Umsatz der eigenen Geschäftseinheit viermal so groß wie der des stärksten Konkurrenten ist.
Die Marktwachstumsrate kann z.B. als fünfjähriger Durchschnitt des vergangenen oder prognostizierten Marktwachstums errechnet werden. Die Trennlinie zwischen hohem und niedrigem Marktwachstum wird oft bei 10 % gezogen.

[14] CP Corporate Planning GmbH (Hrsg.), Strategic Planner: Strategisches Planungs- und Informationssystem (Handbuch), Hamburg 1996.

Die zu analysierenden Geschäftseinheiten müssen nun im Koordinatensystem als Kreise positioniert werden. Die Kreisgröße korrespondiert mit dem getätigten Umsatz[15].
Entsprechend der Eingruppierung werden unterschiedliche Strategien empfohlen, die auf den Normstrategien Wachsen, Halten, Schrumpfen aufbauen (vgl. Abb. 20):

Abb. 20: Kategorien des Marktwachstums-Marktanteils-Portfolios

Fragezeichen
Hohes Marktwachstum bei gleichzeitig geringem Marktanteil ist ein Indikator für ungenutzte Chancen. Die Geschäftsführung sollte die erfolgversprechendsten Fragezeichen-Produkte auswählen und durch Investitionen deren Marktanteil ausweiten. U.U. muß man sich auch aus Geschäften dieses Bereichs zurückziehen.

[15] Carl, N., Kiesel, M., Unternehmensführung, Landsberg 1996, S. 113 ff.

Stars
Die Geschäftsfelder in diesem Quadranten besitzen einen hohen relativen Marktanteil in einem schnell wachsenden Markt. Die Empfehlung lautet bei dieser günstigen Situation: Wettbewerbsposition stabilisieren durch Reinvestition der hohen Erträge.

Cash Cows
Cash Cows befinden sich in gesättigten Märkten ohne nennenswertes Wachstum. Die Wettbewerbsposition ist gut. Aufgrund des beschränkten Wachstumspotentials sollte nicht weiter investiert werden. Die Strategie lautet vielmehr: Melken der Cash Cows.

Poor Dogs
Poor Dogs besitzen eine schlechte Positionierung in einem unattraktiven Markt. Sie stellen damit die ungünstigste Situation dar. Auf keinen Fall sollte in diese Produkte investiert werden. Vielmehr wird empfohlen, vorhandene Potentiale abzuschöpfen und bei geringer Rentabilität die Produkte aufzugeben.

Das Portfolio der Boston Consulting Group wird wegen der geringen Flexibilität und den sehr vereinfachenden Normstrategien vielfach kritisiert. Die anderen bereits erwähnten Portfolios, insbesondere das von McKinsey entwickelte Marktattraktivität-Wettbewerbsvorteil-Portfolio, sind weniger statisch, empfehlen jedoch ähnliche Normstrategien.

3.1.2.3 Produktlebenszyklusanalyse

Die Lebenszyklusanalyse kann dazu beitragen, Strategien zu entwickeln, um neue Produkte einzuführen oder alte vom Markt zu nehmen. Der Lebenszyklus eines Produktes durchläuft idealtypisch die Phasen

- Einführung
- Wachstum
- Reife und
- Sättigung

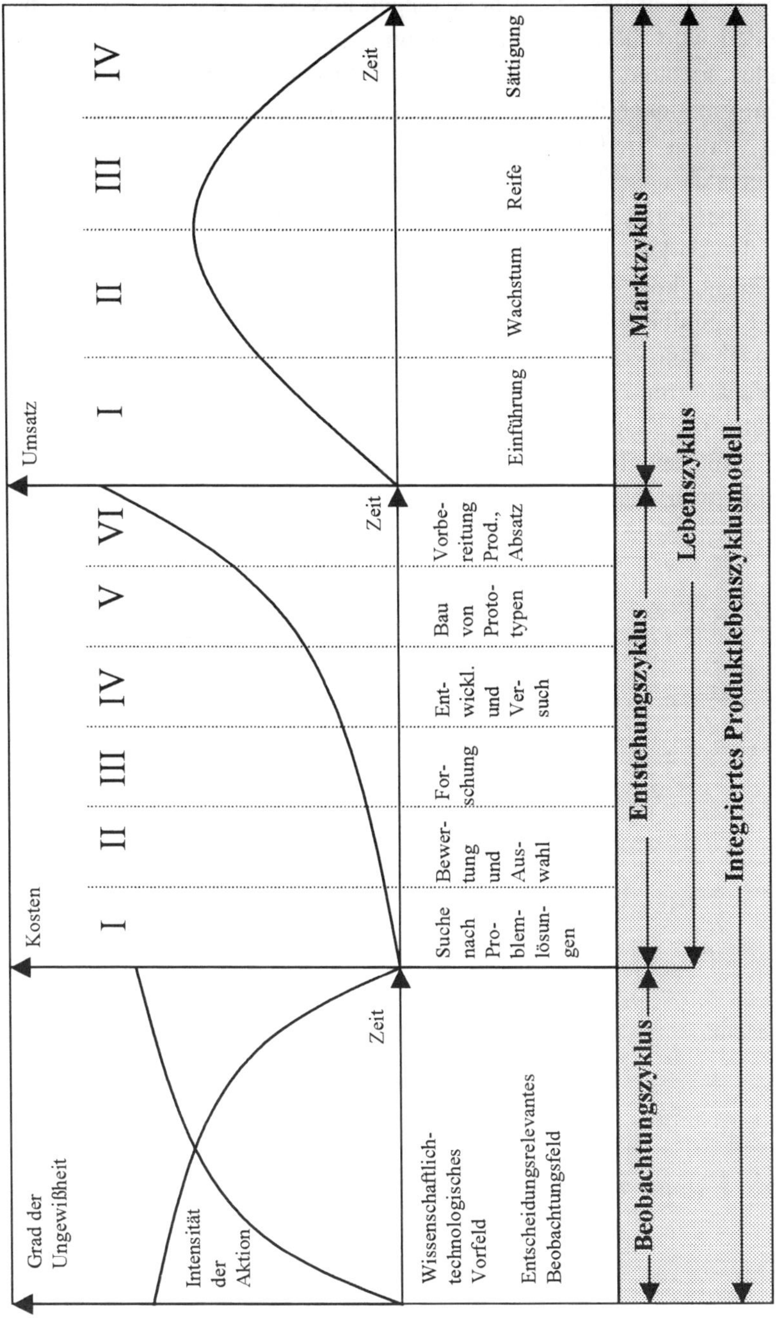

Abb. 21: Integriertes Produktlebenszyklusmodell

Im besonders für strategische Überlegungen geeigneten erweiterten Lebenszyklusmodell wird dieser Marktzyklus um den Beobachtungs- und Entstehungszyklus erweitert (vgl. Abb. 21)[16]. Im Vorfeld der Produktentwicklung müssen Informationen der Umwelt systematisch gesammelt, aufbereitet und analysiert werden. Sie führen zur Entscheidung, ein neues Produkt zu realisieren. Der sich anschließende Entstehungszyklus umfaßt alle Aktivitäten bis zur Vorbereitung der Produktion und des Absatzes. Hier fallen bereits beträchtliche Vorleistungskosten an. Der Marktzyklus ist dadurch geprägt, daß der Umsatz kontinuierlich bis zur Reifephase ansteigt, um dann zu sinken. Der Kapitalbedarf ist während der Markteinführung am größten und reduziert sich dann erheblich. Während der Deckungsbeitrag in der Einführungsphase aufgrund erheblicher Kosten für die Produkteinführung meist noch negativ ist, steigt er danach an, um in der Reifephase seinen Höhepunkt zu erreichen. In immer mehr Branchen, insbesondere im DV- und Elektronikbereich, hat sich der Marktzyklus dramatisch verändert (vgl. Abb. 22).

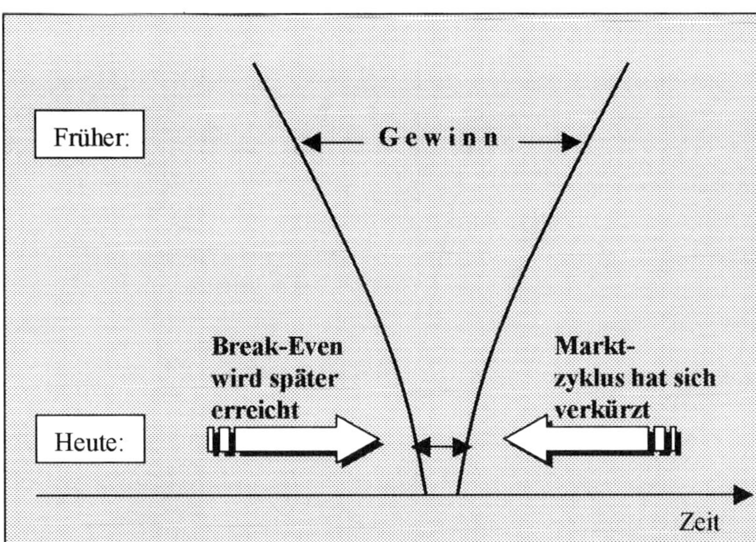

Abb. 22: Änderung des Produktlebenszyklus

[16] Pfeiffer, W., Bischoff, P., Produktlebenszyklus - Instrument jeder strategischen Produktionsplanung, in: Steinmann, H. (Hrsg.), Planung und Kontrolle, München 1981, S. 136.
Vgl. auch Back-Hock, A., Lebenszyklusorientiertes Produktcontrolling, Berlin, Heidelberg, New York 1988, S. 22 ff.

Während das Erreichen der Gewinnschwelle aufgrund hoher Investitionen immer länger dauert, verkürzt sich zunehmend der Produktlebenszyklus und damit die Zeit, in der Gewinne erwirtschaftet werden können. Dies bedeutet für solche Unternehmen, die ihr Produkt verspätet auf den Markt bringen, erheblich geringere Gewinnchancen bzw. Verluste.

Die strategische Planung kann durch Software unterstützt werden. Es existieren dazu auch PC-Programme. Der Vorteil solcher Systeme liegt im besonderen darin, daß die verschiedenen Instrumente verknüpft werden können. Simulationen sind schnell durchzuführen. Die Abb. 23 zeigt Portfolio- und Produktlebenszyklusdaten im Vergleich zweier strategischer Geschäftseinheiten (SGE), die von Strategic Planner generiert wurden.

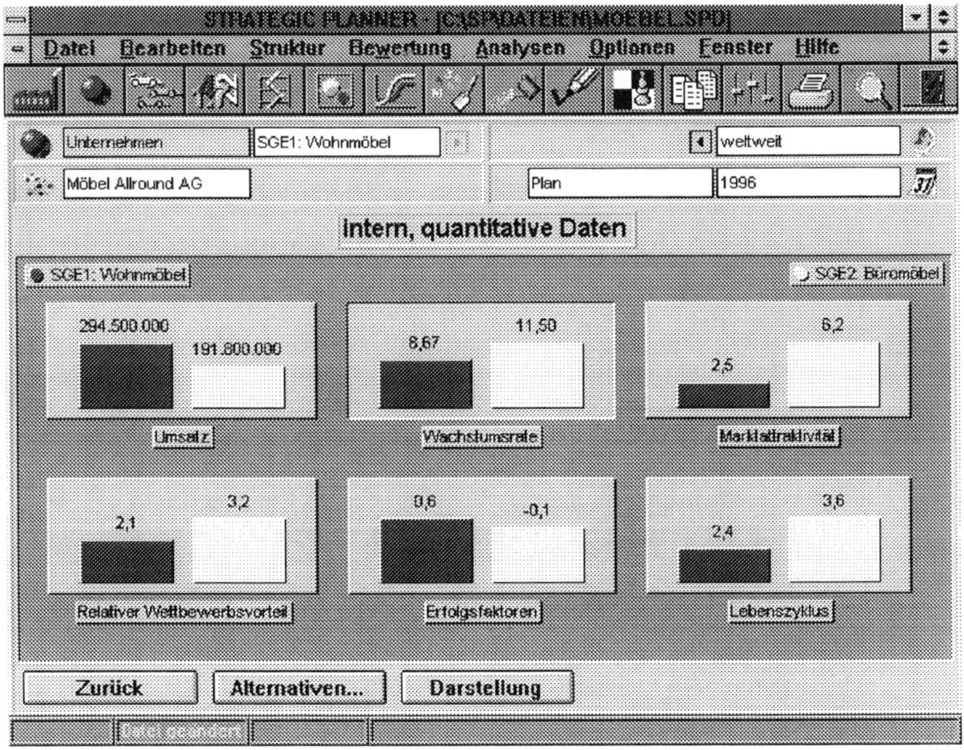

Abb. 23: Strategische Portfolio- und Lebenszyklusdaten

3.2 Strategische Kontrolle

Steinmann/Schreyögg unterscheiden drei unterschiedliche Arten strategischer Kontrolle[17]:

- Prämissenkontrolle
- Durchführungskontrolle und
- Strategische Überwachung

Die **Prämissenkontrolle** greift kurz nach der Strategieformulierung zum Zeitpunkt t_1 (vgl. Abb. 24). Sie untersucht die für eine Strategie zugrundegelegten Annahmen.

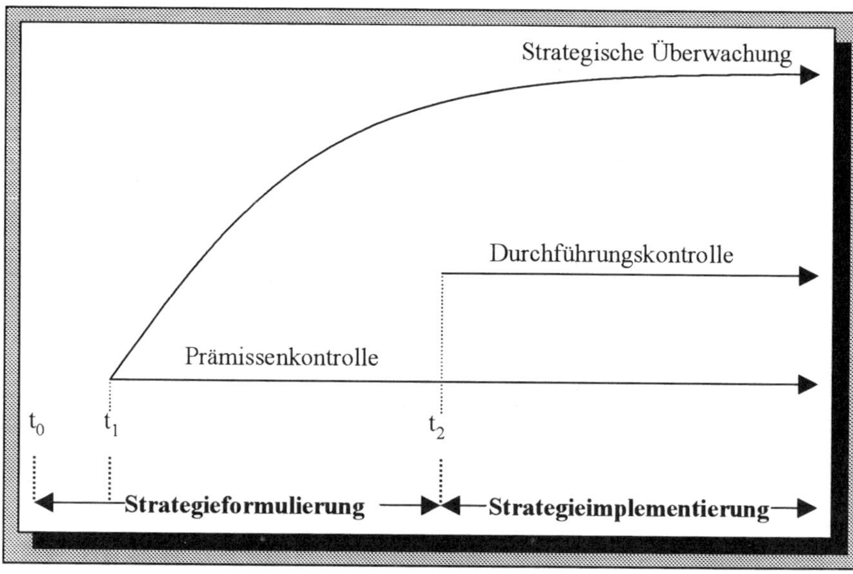

Abb. 24: Arten der strategischen Kontrolle

Das Computerunternehmen IBM setzte beispielsweise in den siebziger und achtziger Jahren die strategische Prämisse, daß sich im kommerziellen Anwendungsbereich der Großrechner gegenüber dem PC behaupten würde. Heute ist bekannt, daß dies eine schwerwiegende Fehleinschätzung war, die durch eine sorgfältige Prämissenkontrolle vor der Realisierung dieser Strategie hätte korrigiert werden müssen.

[17] Steinmann, H., Schreyögg, G., Management. Grundlagen der Unternehmensführung, 3. Aufl., Wiesbaden 1993, S. 221 ff.

Die **Durchführungskontrolle** setzt mit der Umsetzung der Strategie zum Zeitpunkt t_2 laut Abb. 24 ein. Dafür werden meßbare Zwischenziele (Meilensteine) definiert, deren Ist-Ergebnisse man mit der ursprünglichen Zielsetzung vergleicht. Bei signifikanten Abweichungen sind Gegenmaßnahmen einzuleiten. Grundlage ist ein Berichtswesen, das die relevante Daten des Controllings aufbereitet. Sinnvoll ist es, für die Kontrolle nicht erst die tatsächlichen Ist-Daten abzuwarten, sondern frühzeitig Prognosedaten zu generieren, um einen vorausschauenden Soll-Ist-Vergleich durchführen zu können. Damit ist man in der Lage, mögliche Abweichungen bereits im Vorfeld zu vermeiden.

Es gibt Fehlentwicklungen, die weder von der Prämissen- noch von der Durchführungskontrolle erfaßt werden. In diesem Fall greift die **strategische Überwachung**. Sie ergänzt die beiden erstgenannten Kontrollen.

Von der strategischen Überwachung sind **Frühwarnsysteme** abzugrenzen. Ihnen liegen definierte Beobachtungsfelder zugrunde, während die strategische Überwachung ungerichtet, vergleichbar einem Radar, arbeitet. Die folgende Abb. 25 zeigt einige Indikatoren für Frühwarnsysteme[18].

Beobachtungsbereich	Indikator
Konjunkturelle Entwicklung	Auftragsentwicklung der Branche
Absatzmarkt	Auftragseingänge des Unternehmens
Technologische Entwicklung	Änderung der Verfahrens- oder Produkttechnologie
Kunden	Nachfrage wichtiger Kunden
Konkurrenten	Preis- und Programmpolitik
Kapitalmarkt	Zinsen, Wechselkurse
Produktprogramm	Anteil von erfolgreichen und problematischen Produkten
Mitarbeiter	Fehlzeiten, Fluktuation
Ergebnis- und Finanzsituation	Rentabilität, Cash-Flow, Anteil DB am Umsatz, Liquidität
Forschung und Entwicklung	Entwicklungszeiten, -kosten im Vergleich zur Konkurrenz
Produktion und Beschaffung	Lagerbestände, Durchlaufzeiten, Ausschuß, Fixkostenanteil, Beschaffungskonditionen im Vergleich zur Konkurrenz

Abb. 25: Frühwarnindikatoren

[18] Peemöller, V., Controlling. Grundlagen und Einsatzgebiete, 2. Aufl., Herne, Berlin 1992, S. 136.

Die strategische Kontrolle ist besonders schwierig. Wesentliche Probleme sind[19]:

- Strategische Ziele können oft nur unzureichend überprüft werden, weil sie qualitativer Natur und damit schlecht meßbar sind.
- Die strategische Planung ist Aufgabe der Unternehmensführung. Eine Kontrolle auf dieser Ebene ist naturgemäß heikel. Man würde ja u.U. die Kompetenz des Managements in Frage stellen.
- Strategische Planung ist langfristig angelegt. Planung und Kontrolle sind deshalb zwangsläufig großen Unsicherheiten unterworfen.

3.3 Aufgaben und Kontrollfragen zu Kapitel 3

Aufgabe 7:
Beschreiben Sie den Unterschied zwischen operativem und strategischem Controlling!

Aufgabe 8:
In welche Phasen gliedert sich das strategische Controlling?

Aufgabe 9:
Grenzen Sie strategische, operative und taktische Planung ab!

Aufgabe 10:
Was versteht man unter einer rollierenden Planung?

Aufgabe 11:
Wie kann ein Wirtschaftsplan gegliedert sein?

Aufgabe 12:
Welche Arten der strategischen Kontrolle können unterschieden werden?

Aufgabe 13:
Beschreiben Sie drei Instrumente der strategischen Planung!

[19] Serfling, K., Controlling, 2. Aufl., Stuttgart, Berlin, Köln 1992, S. 342.

3.4 Lösungen zu Kapitel 3

Aufgabe 7:

Strategisches Controlling beschäftigt sich mit der langfristigen Entwicklung des Unternehmens. Der Zeithorizont beträgt zwischen fünf und zehn Jahre. Gegenstand solch langfristiger Betrachtungen ist z.B. die Einführung neuer Produkte oder die Erschließung zusätzlicher Märkte. Das operative Controlling umfaßt einen Zeitraum bis zu fünf Jahre und beinhaltet das taktische Controlling (bis zu einem Jahr). Im Mittelpunkt stehen Maßnahmen, die zur Erreichung der strategischen Ziele geeignet sind.

Während operatives Controlling zum großen Teil auf der Grundlage monetärer Größen wie Kosten und Erlöse stattfindet, muß strategisches Controlling auch auf verbale, häufig nicht quantifizierbare Beschreibungen zurückgreifen. Beim strategischen Controlling sollen mögliche Planungsdifferenzen so rechtzeitig antizipiert werden, daß noch Gegenmaßnahmen eingeleitet werden können und damit erst gar keine operativen Abweichungen auftreten.

Aufgabe 8:

Strategische Analyse (intern und extern), Entwicklung sinnvoller Strategiealternativen, Bewertung und Auswahl der erfolgversprechendsten Strategie, Konzeption strategischer Programme und Maßnahmen, Realisierung und strategische Kontrolle.

Aufgabe 9:

Auf der Grundlage des ***Unternehmensleitbilds****, das die Ziele des Unternehmens, seine Stellung in der Gesellschaft, Führungsgrundsätze und Regeln des Geschäftsverkehrs formuliert und damit die Basis aller Planungsaktivitäten bildet, wird im Rahmen der* ***strategischen Planung*** *nur relativ grob geplant. Diese Vorgaben müssen durch die* ***operative Planung*** *konkretisiert werden. Die unterjährige Kostenplanung, auch* ***taktische Planung*** *genannt, bricht schließlich Sollwerte bis auf die einzelnen Kostenstellen herunter. Die mengen- und wertmäßige Durchrechnung der operativ geplanten Maßnahmen wird auch als* ***Budgetierung*** *bezeichnet.*

Aufgabe 10:

Die Planung wird jährlich überlappend fortgeschrieben. Z.B. enthält ein Wirtschaftsplan die Jahre 1998 bis 2002. Im nächsten Planungszyklus werden die Jahre 1999 bis 2002 aktualisiert und das Jahr 2003 zusätzlich geplant. Dafür entfällt das Jahr 1998.

Aufgabe 11:

- *Unternehmensleitbildplanung mit Unternehmenszweck und Unternehmensphilosophie.*
- *Strategische Planung mit Entwicklungszielen, Stärken-Schwächen-Analyse, Strategien und 10-Jahresvorschau für wichtige Eckdaten.*
- *Operative Planung mit einem verbalen Teil (Darstellung und Kommentierung von Prämissen, Zielvorgaben und Zielerreichung, wichtige Maßnahmen) und einem Zahlenteil (Absatz- und Umsatzplan, Ergebnisplan, Kostenplan, Investitionsplan und andere Einzelpläne).*

Aufgabe 12:

Die ***strategische Bilanz*** *verdeutlicht die Stärken und Schwächen eines Unternehmens gegenüber seiner Umwelt. Es werden fünf Faktoren betrachtet: Material, Kapital, Personal, Absatz, Know-How.*

Unternehmen, welche die Strategie der Differenzierung verfolgen, können mit der ***Portfolio-Methode***

- *unterschiedliche Geschäfte miteinander vergleichen,*
- *eine zusammenfassende Beschreibung der strategischen Situation erstellen,*
- *den Beitrag der einzelnen Geschäftseinheiten zum Unternehmenserfolg erkennen und Strategien für die einzelnen Geschäftsbereiche empfehlen.*

Es gibt unterschiedliche Portfolios. Bekannt ist vor allem das Marktwachstums-Marktanteils-Portfolio der Boston Consulting-Group. In diesem Portfolio wird das Marktwachstum auf der Ordinate abgetragen, die Abszisse stellt den relativen Marktanteil dar, der die Stärken und Schwächen einer Geschäftseinheit ausdrücken soll.

Die ***Lebenszyklusanalyse*** *kann dazu beitragen, Strategien zu entwickeln, um neue Produkte einzuführen oder alte vom Markt zu nehmen. Im Vorfeld der Produktentwicklung müssen Informationen der Umwelt systematisch gesammelt, aufbereitet und analysiert werden. Sie führen zur Entscheidung, ein neues Produkt zu realisieren (Beobachtungszyklus).*

Der sich anschließende Entstehungszyklus umfaßt alle Aktivitäten bis zur Vorbereitung der Produktion und des Absatzes. Der Marktzyklus besteht aus Einführung, Wachstum, Reife und Sättigung.

Aufgabe 13:

Man unterscheidet folgende Arten strategischer Kontrolle:

Prämissenkontrolle, Durchführungskontrolle und Strategische Überwachung.

4 Operatives Controlling

LERNZIELE

- Sie erhalten einen Überblick über die operative Planung und Kontrolle im Unternehmen.
- Sie lernen die wichtigsten Planungsinstrumente kennen.
- Sie können den Ablauf der Planung nachvollziehen.
- Sie wissen über die wesentlichen Aspekte der Kosten-, Erlös- und Erfolgsplanung Bescheid.
- Erhalten Sie einen Einblick in die Kostenrechnungssysteme.
- Sie sind in der Lage, Planabweichungen zu ermitteln und zu analysieren.
- Sie kennen Kennzahlensysteme und deren Anwendbarkeit.

Operatives Controlling läuft wie das strategische Controlling in mehreren Schritten ab (siehe Abb. 26)[20]:

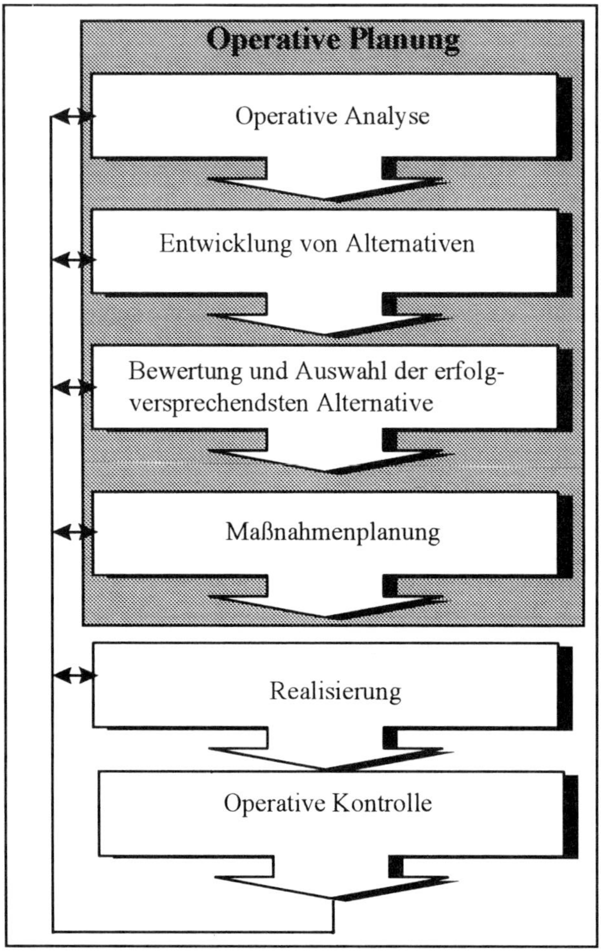

Abb. 26: Phasen des operativen Controlling

[20] Egger, A., Winterheller, M., Kurzfristige Unternehmensplanung, 7. Aufl., Wien 1993, S. 23 ff.

Im Rahmen der **operativen Analyse** müssen alle relevanten Daten, wie z.B. Marktanteile, Preisentwicklung der Fremdbezugsteile oder Zinsentwicklungen, erfaßt und analysiert werden. Dies ist die Voraussetzung für die Suche nach geeigneten **Zielalternativen.** Liegen verschiedene Alternativen vor, so müssen diese **bewertet** werden, um die geeignetste Alternative **auswählen zu können**. Anschließend erfolgt die **Planung der Maßnahmen** für die Zielerfüllung. Dafür bestimmt man zuerst, welchen Zustand das Unternehmen am Ende der Planperiode erreicht haben wird, wenn die bisherigen Maßnahmen unverändert weiter gelten. Meist wird eine Abweichung zwischen der prognostizierten Situation und dem Ziel erkennbar sein. Dann sind zusätzliche Maßnahmen zu planen, um diese Lücke zu vermeiden (vgl. Abb. 27). Z.B. geht der Leiter des Vertriebs davon aus, daß bei Aufrechterhaltung der bisher eingeleiteten Verkaufsförderungsmaßnahmen Verkäufer A 120.000 Stück absetzen kann. Da jedoch zur Erreichung seines Gesamtumsatzziels 150.000 Stück verkauft werden müssen, sind zusätzliche Maßnahmen (Werbung, zusätzlicher Verkäufer u.a.) einzuleiten.

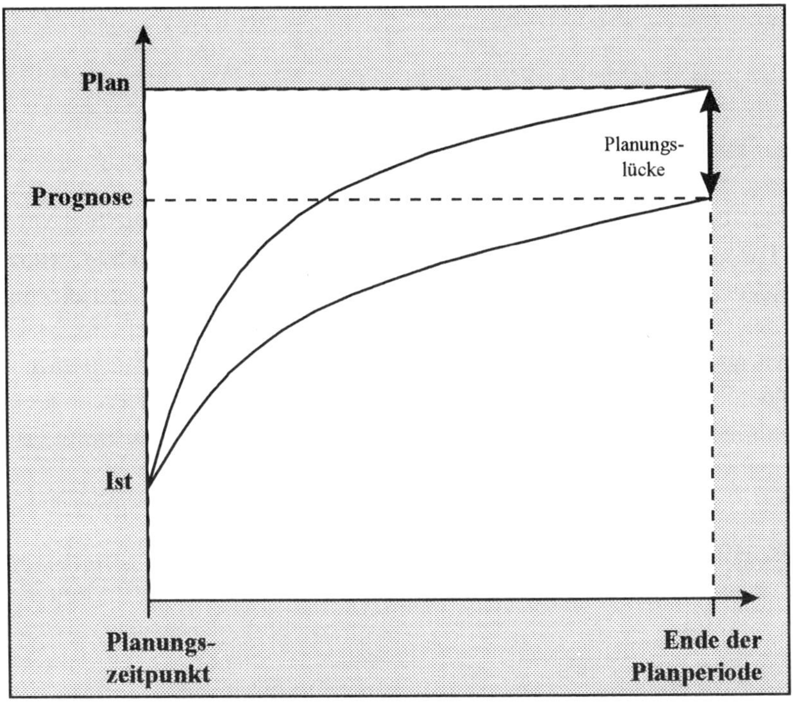

Abb. 27: Maßnahmenplanung

An die Realisierung der Maßnahmen schließt sich deren Kontrolle an. U.U. muß man den gesamten Ziel- und Maßnahmenprozeß oder Teile davon mehrmals durchlaufen.
In den folgenden Kap. 4.1 und 4.2 werden operative Planung und operative Kontrolle näher beleuchtet.

4.1 Operative Planung

Kap. 4.1 beinhaltet zunächst einen Überblick über den Planungsblauf und die wichtigsten Teilpläne. Danach konzentrieren sich die Abhandlungen auf die Budgetierung. Breiten Raum nimmt dabei die Kostenplanung ein, die vor allem in Großbetrieben sehr differenziert durchgeführt wird. Besprochen werden die wichtigsten Kostenrechnungsmethoden, der Vollständigkeit halber auch Istkostenrechnungsverfahren, und die Planung der Einzel-, Gemein- und Herstellkosten. Anschließend folgt die Erlösplanung. Auf dieser Grundlage kann gezeigt werden, wie das Betriebsergebnis im Plan zustande kommt.

4.1.1 Planungsablauf

Die Planung erfolgt sinnvollerweise im **Gegenstromverfahren** (vgl. Abb. 28). Top down werden Ziele durch vorgesetzte Stellen an untergeordnete weitergegeben. Nach unten hin werden die Ziele zunehmend konkreter und differenzierter. Auf jeder Stufe wird die Machbarkeit der Ziele analysiert. Bottom up werden die erreichbaren Ziele an die vorgesetzte Stelle zurückgemeldet. Stimmen die top down- und bottom up-Pläne nicht überein, ist ein Abstimmungsprozeß erforderlich[21].

---

[21] Da in der Praxis in den meisten Fällen im Gegenstromverfahren geplant wird, soll auf eine ausführliche Diskussion der Vor- und Nachteile von Top-Down- und Bottom-up-Planung verzichtet werden. Vgl. hierzu z.B. Preißler, P., Controlling, 8. Aufl., München 1996, S. 82 ff.

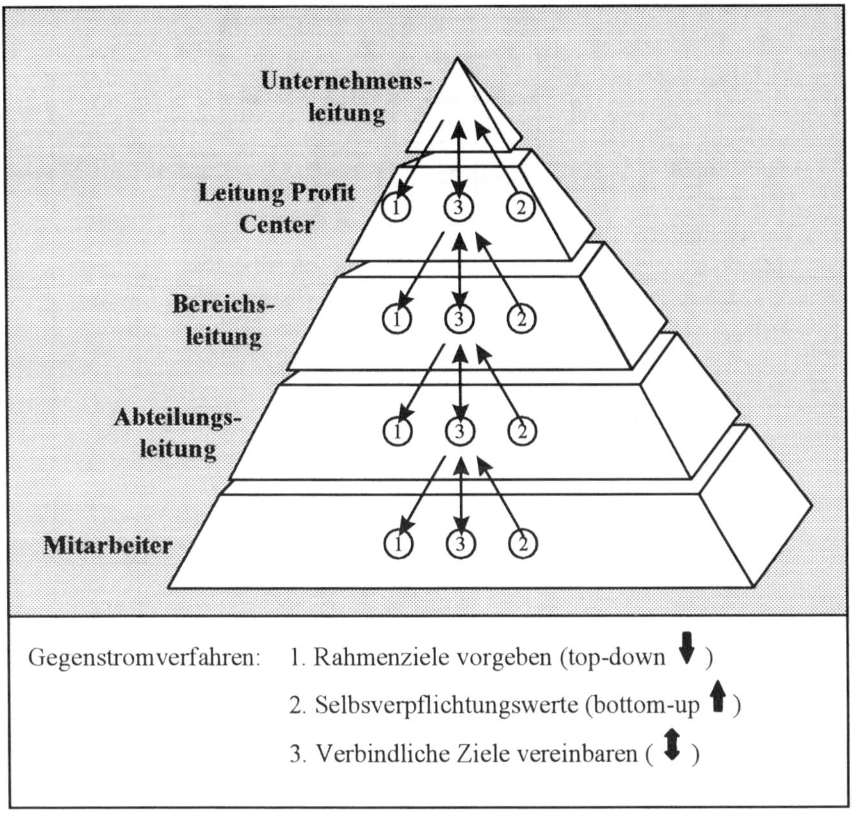

Abb. 28: Zielvereinbarung im Gegenstromverfahren

Auf jeder Ebene müssen die Ziele in Maßnahmen umgesetzt werden, die gleichzeitig wieder in Ziele für eine untergeordnete Ebene münden (vgl. Abb. 29). Auch der zeitliche Ablauf der Planung muß festgelegt werden. Dazu gehört insbesondere die Aufstellung eines **Planungskalenders**. Meist wird die strategische Planung in der ersten Jahreshälfte abgeschlossen, während die operative Planung möglichst spät in die zweite Hälfte des Jahres gelegt wird, um noch möglichst viele Daten über den aktuellen Geschäftsverlauf berücksichtigen zu können. Abb. 30 zeigt stark vereinfacht den Planungsablauf in Form eines Planungskalenders[22].

[22] Gackstatter, U., Computergestütztes Planungsmodell. Versuch einer situationsadäquaten Gestaltung eines integrierten Controllinginstrumentariums zur Planungskoordination. Dargestellt am Beispiel eines Profit-Centers einer multinationalen Unternehmung. Diss., Univ. Hohenheim 1994, S. 100.

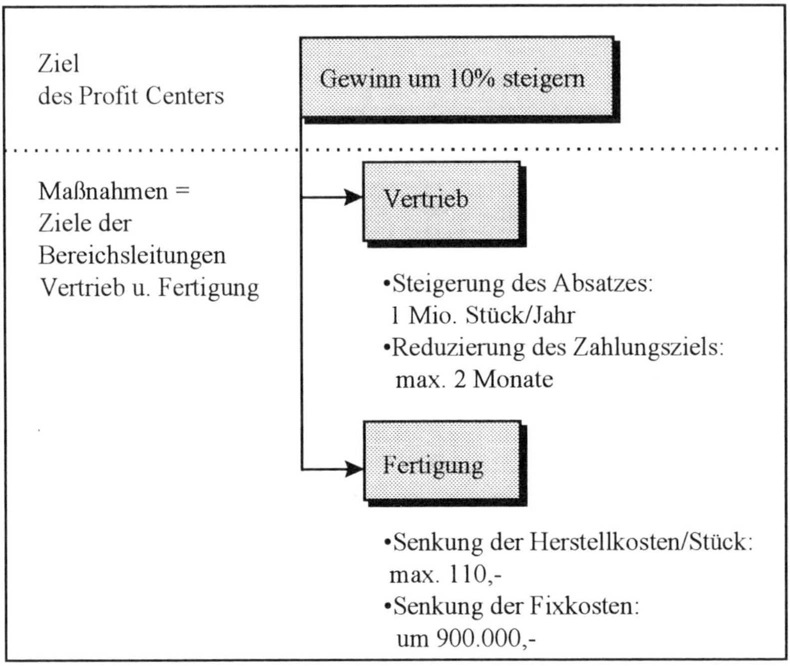

Abb. 29: Beispiel für die Umsetzung eines Ziels in Maßnahmen

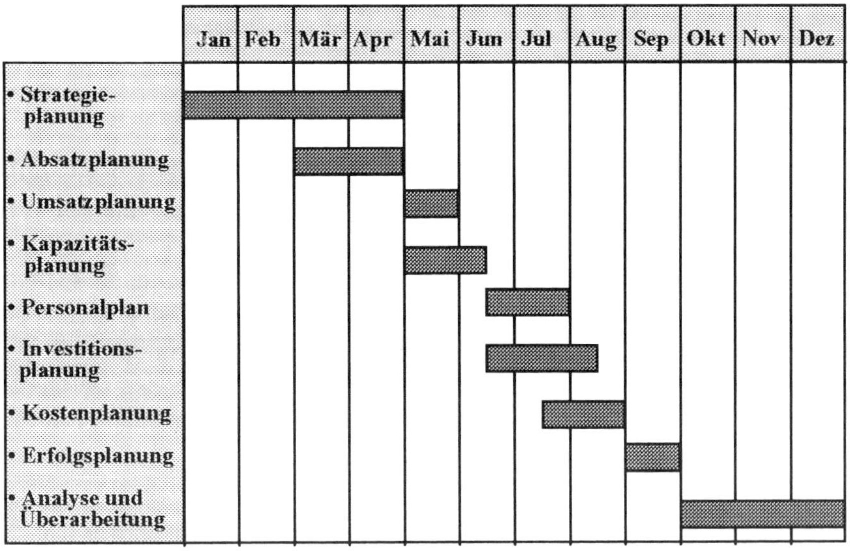

Abb. 30: Planungskalender

4.1.2 Teilpläne

Die gleichzeitige Planung aller betrieblichen Bereiche im Sinne einer Simultanplanung wäre wohl aufgrund der gegenseitigen Abhängigkeit wünschenswert, sie ist jedoch wegen der nicht beherrschbaren Komplexität des dann notwendigen Planungsmodells in der Praxis keinesfalls realisierbar. Deswegen erfolgt die Planung sukzessive für einzelne Teilgebiete (Sukzessivplanung). Die so entstehenden Teilpläne werden zu einem Gesamtplan zusammengefaßt. Das Zusammenwirken der wichtigsten Teilpläne wird im folgenden dargestellt (vgl. auch Abb. 31 und 32).

Produktprogrammplanung
Ausgangspunkt ist das Ergebnis der strategischen Planung. Sie gibt ein zu realisierendes Produkt-Markt-Konzept vor, aus dem das **Produktprogramm** abgeleitet wird. Es ist Ausgangsbasis der originären Pläne für Absatz, Produktion und Beschaffung. Aus diesen werden weitere Pläne generiert, insbesondere Forschungs- und Entwicklungsplan (F+E-Plan), Personalplan, Investitionsplan, Verwaltungsplan, Kosten- und Ergebnisplan sowie Erfolgs- und Finanzplan incl. Planbilanz.

Absatzplanung
Auf der Grundlage des Produktionsprogramms erfolgt die **Absatzplanung**. Da der Absatz häufig den wesentlichen Engpaß im Unternehmen darstellt, kommt ihr auch eine dominante Rolle zu. Insbesondere sind Absatzmenge und Preis festzulegen. Beide Größen sind voneinander abhängig und können nicht isoliert geplant werden. Der Absatz ist immer auf der Basis eines bestimmten Preises zu prognostizieren. Um den Absatz vorherzusagen, stützt man sich in der Praxis auf Erfahrungswerte, Absatzzahlen der vergangenen Jahre, Prognosen oder Befragungen von Experten. Die Absatzplanung umfaßt darüber hinaus auch die Bestimmung der anderen Instrumente des Marketing-Mix, wie z.B. der Konditionen, des Service, der Werbepolitik oder der Absatzkanäle. Durch Bewertung der Absatzmenge mit dem Preis erhält man den Umsatz. Die Umsatzplanung kann durch verschiedene Instrumente, wie Break-Even-Analysen, Isodeckungsbeitragskurven und die Berechnung relativer Deckungsbeiträge unterstützt werden (vgl. Kap. 4.1.4).

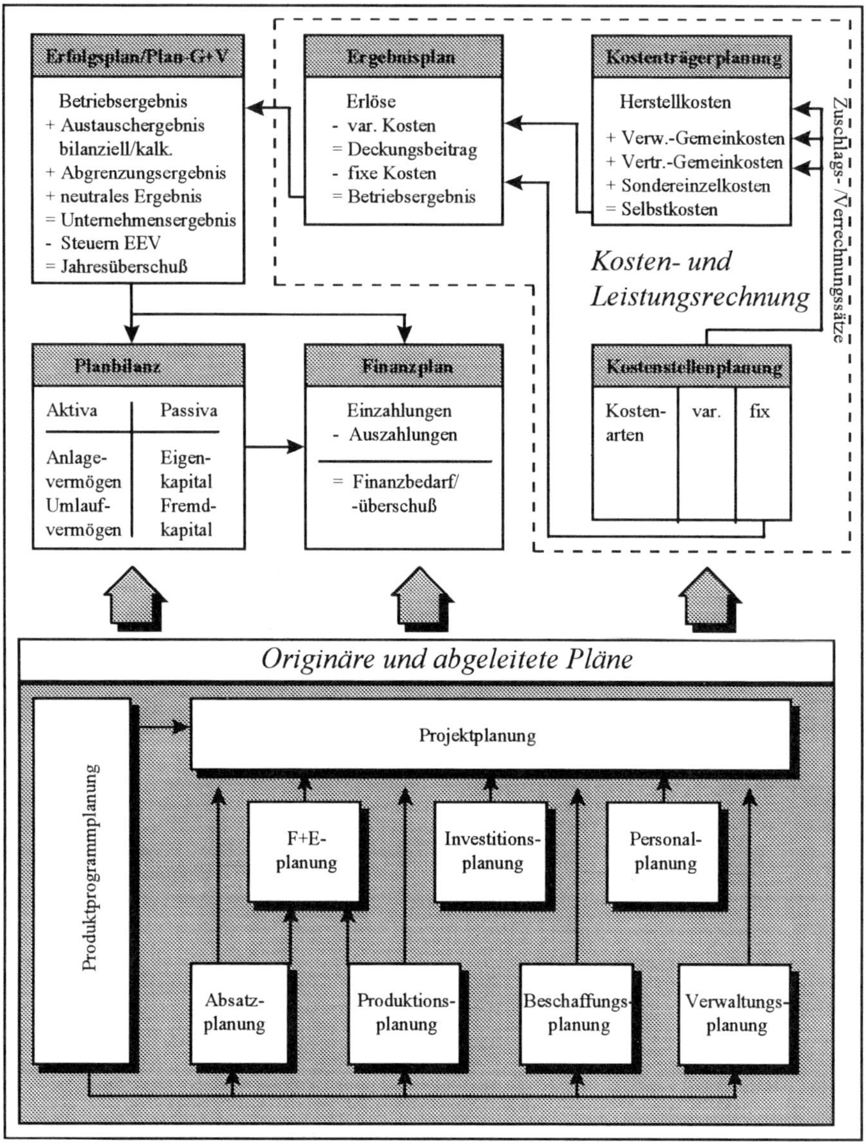

Abb. 31: Überblick über die operativen Teilpläne[23]

[23] Erstellt in Anlehnung an Hahn, D., Planungs- und Kontrollrechnung, 5. Aufl., Wiesbaden 1996, S. 104a und Eichhübl, G., Kunesch, H., Operative Unternehmensplanung, in: Eschenbach, R. (Hrsg.), Controlling, Stuttgart 1995, S. 406.

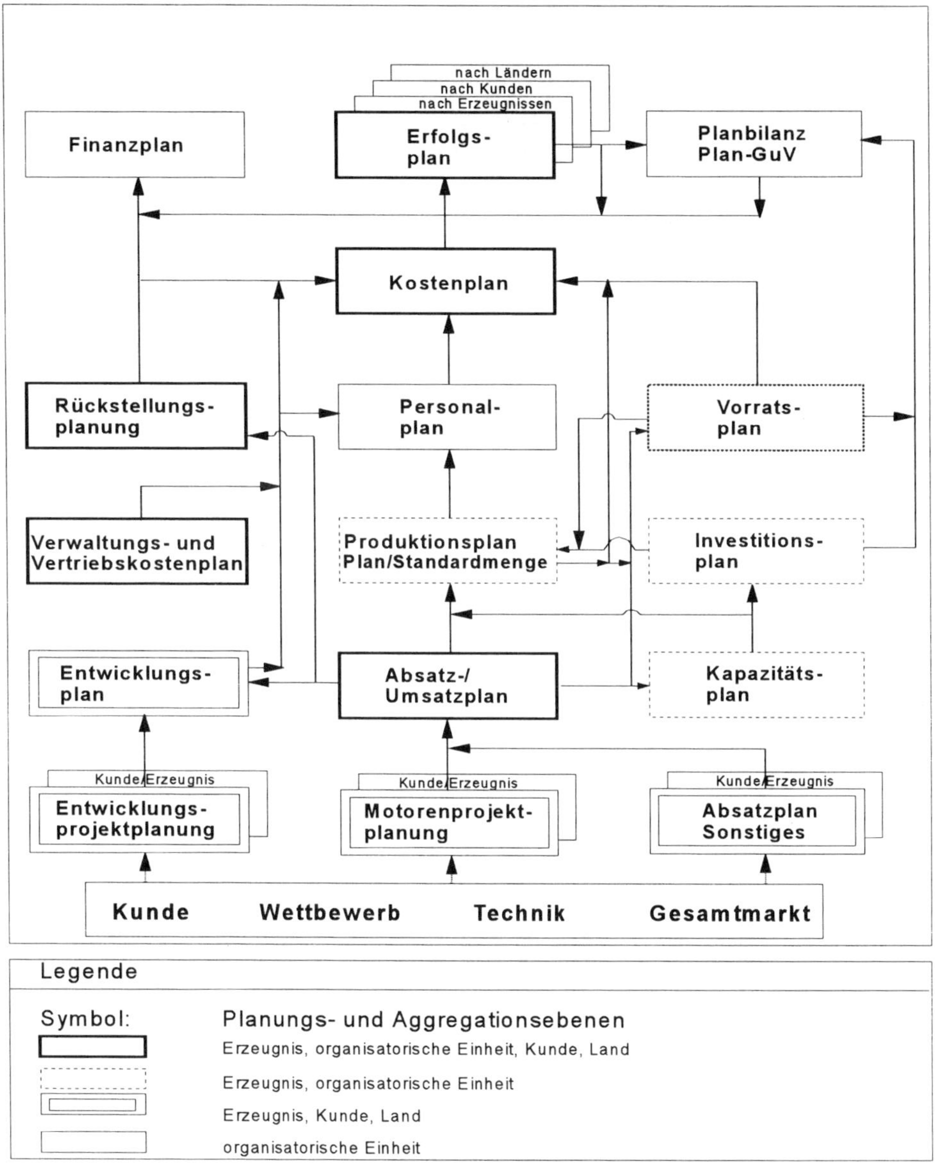

Abb. 32: Operative Planung bei der Robert Bosch GmbH[24]

[24] Gackstatter, U., Computergestütztes Planungsmodell. Versuch einer situationsadäquaten Gestaltung eines integrierten Controllinginstrumentariums zur Planungskoordination. Dargestellt am Beispiel eines Profit-Centers einer multinationalen Unternehmung., Diss., Univ. Hohenheim 1994, S. 98.

Produktionsplanung
Ausgehend von den Mengen im Absatzplan muß unter Berücksichtigung der Vorräteentwicklung der **Produktionsplan** aufgestellt werden. Zu bestimmen sind u.a. die Produktionsverfahren, der Fertigungsablauf und die optimalen Losgrößen. Weiterhin sind die für die Produktion notwendigen **Kapazitäten** zu ermitteln.

Beschaffungsplanung
Auf der Basis der Mengen im Absatzplan müssen unter Berücksichtigung der Zielbestände die Roh-, Hilfs- und Betriebsstoffe geplant werden. Wesentlich ist dabei die Festlegung der Beschaffungspreise und -konditionen. In der Praxis spielt die Ermittlung der optimalen Bestellmengen eine wichtige Rolle. Einerseits möchte man geringe Kapitalbindungskosten und damit verbunden niedrige Lagerbestände. Andererseits soll auch eine kurzfristige Lieferfähigkeit gewährleistet sein, was wiederum höhere Lagerbestände bedingt.

Verwaltungsplanung
Auch die erforderlichen Verwaltungsleistungen sind zu planen. Insbesondere ist die Verarbeitung der anfallenden Daten und Informationen zu bestimmen. Auch die Beziehungen des Unternehmens zur Umwelt müssen geregelt werden.

Forschungs- und Entwicklungs- sowie Projektplanung
Die strategische Planung gibt Impulse für die Weiter- und Neuentwicklung von Produkten (Entwicklungsprojektplanung). Darüber hinaus sind im Rahmen der Projektplanung Vorhaben, wie z.B. Änderungen der Aufbau- und Ablauforganisation oder die Gründung neuer Auslandsgesellschaften, zu planen (vgl. zum Thema Projektplanung und -steuerung Kap. 6).

Personalplanung
Nachdem auch der Entwicklungs- und der Produktionsplan bekannt sind, kann daraus das erforderliche Personal abgeleitet werden. Der Personalplan enthält Daten über die Veränderung des Personalbedarfs, Maßnahmen zur Sicherung und Betreuung des Personalbestands sowie die Planung der Aus- und Weiterbildung.

Investitionsplanung
Aufgrund der geplanten Produktion und der damit bekannten Kapazitätsbedarfe können die erforderlichen Investitionen bestimmt werden.

Kosten- und Ergebnisplanung
Zu planen sind zum einen die Material- und Fertigungslohneinzelkosten. Zum anderen müssen die Gemeinkosten differenziert nach Kostenarten und Kostenstellen festgelegt werden (Gemeinkostenmaterial, -löhne, kalkulatorische Kosten, Verwaltungs- und Vertriebsgemeinkosten). Diese Kostendaten fließen in die Plankalkulation ein. Durch Zusammenfassung aller geplanten Kosten erhält man das gesamte Kostenbudget (vgl. Kap. 4.1.3). Aus der Gegenüberstellung der geplanten Kosten mit den geplanten Erlösen resultiert der Ergebnisplan (vgl. Kap. 4.1.4 und 4.1.5).

Erfolgs- und Finanzplanung, Planbilanz
Als Ergebnis der oben aufgeführten Teilpläne, die in der Regel jeweils für ein Jahr erstellt werden, ergeben sich drei große, miteinander verknüpfte und voneinander gegenseitig abhängige Pläne:

1. Erfolgsplan
2. Finanzplan
3. Planbilanz

Der Schwerpunkt der weiteren Ausführungen zur operativen Unternehmensplanung liegt bei der **integrierten Kosten- und Erfolgsplanung**. Dabei soll die Ermittlung der wesentlichen Positionen, die zum kalkulatorischen Betriebsergebnis führen, gezeigt werden (vgl. Abb. 33).
Das Betriebsergebnis, ergänzt um das Austauschergebnis zwischen kalkulatorischen und bilanziellen Ansätzen, dem Abgrenzungsergebnis für periodenfremde Vorgänge und dem neutralen Ergebnis, in das die Gewinne und Verluste aller anderen unternehmensbedingten Aktivitäten einfließen, führt zum Unternehmensergebnis. Es entspricht etwa dem Jahresüberschuß ohne Berücksichtigung der Steuern vom Einkommen, vom Ertrag und vom Vermögen. Für das Management ist das Betriebsergebnis die entscheidende Größe, da sich darin die typische Unternehmensleistung widerspiegelt.

Der **Finanzplan** stellt dem Mittelbedarf für die vorgesehenen Maßnahmen (Mittelverwendung) die verfügbaren Mittel (Mittelherkunft) differenziert nach Betrag und Fälligkeit gegenüber. Diese zusätzliche Rechnung ist notwendig, weil die Erfolgsrechnung keine Aussagen über die Zahlungsströme zuläßt. Wesentliche Unterschiede zwischen Betriebsergebnis- und Finanzrechnung zeigt Abb. 34.

	Position	Bereich
	Bruttoerlös	
-	Erlösschmälerungen	
	Provisionen	
	Skonti und sonstige Nachlässe	
=	Nettoerlös	
-	Variable Kosten	
	Fertigungsmaterialkosten	
	Fertigungslohnkosten	Kalkulatorisches Betriebsergebnis
	Materialgemeinkosten	
	Fertigungsgemeinkosten	
	Sonstige variable Kosten	
=	Deckungsbeitrag	
-	Fixkosten	
=	**Betriebsergebnis**	
+/-	Verrechnung der kalkulatorischen Kosten	
	Abschreibungen	
	Zinsen	Austauschergebnis bil./kalk.
	Wagnisse	
	Unternehmerlohn	
	Wertberichtigungen	
+/-	Periodenfremde Vorgänge	Abgrenzungsergebnis
+/-	Außerordentliche und betriebsfremde Positionen	Neutrales Ergebnis
=	**Unternehmensergebnis**	Plan-G+V
-	EEV-Steuern	
=	**Jahresüberschuß/-fehlbetrag**	
-	Verlustvortrag aus dem Vorjahr	
+	Gewinnvortrag aus dem Vorjahr	
+	Entnahmen aus offenen Rücklagen	Plan-Bilanz
-	Einstellungen aus dem Jahresüberschuß	
=	**Bilanzgewinn/-verlust**	

Abb. 33: Rechenschema für die integrierte Erfolgsplanung[25]

[25] In Anlehnung an Klenger, F., Operatives Controlling, 4. Aufl., München, Wien 1997, S. 157 ff.

	Betriebsergebnis-rechnung	Finanzrechnung
Rechnungstyp	kalkulatorisch	pagatorisch
Rechnungsziele	Planung und Steuerung des Leistungsprozesses	Prognose des Liquiditätssaldos
Maße	Kosten und Leistungen	Ein-/Auszahlungen Einnahmen/Ausgaben
Erfaßte Gütermengen	sachzielbezogener Güterverbrauch	Zahlungsbewegungen und -bestände

Abb. 34: Unterschiede zwischen Betriebsergebnis- und Finanzrechnung

Das finanzielle Gleichgewicht zwischen notwendigen und verfügbaren Finanzmitteln ist nicht nur am Periodenende, sondern während der gesamten Periode zu gewährleisten. Das Unternehmen muß zu jedem Zeitpunkt die Zahlungsverpflichtungen erfüllen können, also liquide sein. Eine differenzierte Finanzierungs- und Liquiditätsplanung ist deshalb für interne Zwecke unerläßlich (vgl. Abb. 35).
Für externe Analytiker ist der Cash-Flow interessant, um die Finanzierungskraft eines Unternehmens schnell vom Jahresüberschuß der GuV abzuleiten. Der Cash-Flow wird wie folgt ermittelt:

Jahresüberschuß
\+ nicht auszahlungswirksame Aufwendungen
\- nicht einzahlungswirksame Erträge
= Cash-Flow

Allerdings ist dieses Verfahren problematisch. Beispielsweise wird nicht überprüft, welche Umsätze überhaupt zu Einzahlungen in der Periode führen.

4.1.3 Kostenplanung

Die Kosten- und Leistungsrechnung bildet die wesentliche Informationsgrundlage für das operative Controlling. Bevor in den folgenden Kapiteln die Planung der Einzel-, Gemein- und Herstellkosten behandelt wird, soll zunächst ein Überblick über die verschiedenen Teilbereiche der Kostenrechnung und die Kostenrechnungsverfahren gegeben werden.

Finanzplan

Flitzer AG	Jahr 1997	1. Quartal 1997	2. Quartal 1997	3. Quartal 1997	4. Quartal 1997
I. CASH FLOW					
Ergebnis n Steuern	199.844	42.895	61.686	57.848	37.415
+ Afa	400.000	100.000	100.000	100.000	100.000
- Zuschreibungen	0	0	0	0	0
+/- Steuer-RSt	234.789	50.395	72.473	67.963	43.957
+/- So Rückstellungen	0	0	0	0	0
+/- Rücklagen	0	0	0	0	0
+ NZW Aufwand	30.000	0	0	0	30.000
- NZW Erträge	0	0	0	0	0
Saldo Cash Flow	864.633	193.290	234.159	225.811	211.373
II. KURZFRISTBEREICH					
+/- Forderungen WLL	-80.360	-80.360	-73.775	-43.521	117.296
+/- Verbindlichkeiten WLL	24.066	- 256.150	404.417	- 156.017	31.817
+/- Warenlager	75.330	-60.334	97.999	-60.334	97.999
+/- H/F-Lager	0	0	0	0	0
+/- So Ford Ertrag	-94.800	- 118.550	7.550	-5.400	21.600
+/- So Verb Aufwand	164.411	197.745	8.135	38.271	-79.739
+/- So Ford Kredite	0	0	0	0	0
+/- So Verb Kredite	0	0	0	0	0
+/- So Umlaufvermögen	0	0	0	0	0
+/- ARA	- 120.000	-30.000	-30.000	-30.000	-30.000
+/- PRA	0	0	0	0	0
Saldo Kurzfristbereich	-31.352	- 347.650	414.326	- 257.000	158.972
III. LANGFRISTBEREICH					
+/- Investitionen	- 200.000	- 200.000	0	0	0
+/- Darlehen	- 240.000	-60.000	-60.000	-60.000	-60.000
Saldo Langfristbereich	- 440.000	- 260.000	-60.000	-60.000	-60.000
IV. PRIVATBEREICH					
+/- Privat	0	0	0	0	0
Saldo Privatbereich	0	0	0	0	0
Bedarf/Überschuß	393.281	- 414.359	588.484	-91.189	310.345
Sollzinsen BKK	5.452	4.710	742	0	0
Habenzinsen BKK	3.333	88	581	1.339	1.325
Bankkontokorrent	593.281	- 214.359	374.125	282.936	593.281

Abb. 35: Finanzplan (erstellt mit Professional Planner)

4.1.3.1 Teilbereiche der Kostenrechnung

Kostenrechnung hat wichtige Funktionen, wie die Kontrolle der Wirtschaftlichkeit, die Kalkulation von Produktkosten und die Bestandsbewertung. Es müssen außerdem vielfältige Informationen für Entscheidungen bereitgestellt werden. Grundlage ist die Gliederung der Kostenrechnung in die Kostenarten-, Kostenstellen- und Kostenträgerrechnung:

Kostenartenrechnung
- Erfassung der Kosten
- Gruppierung der Kosten
- Grundlage für Kostenstellenrechnung

Kostenstellenrechnung
- Verrechnung der Kosten, die den Kostenträgern nicht direkt zugeordnet werden können.
- Kostenkontrolle der Kostenstellen
- Bindeglied zur Kostenträgerrechnung

Kostenträgerrechnung
- Aufbauend auf der Kostenstellenrechnung soll die Frage beantwortet werden: Wofür sind die Kosten angefallen?
- Zu unterscheiden sind:
  Kostenträgerstückrechnung (= Kalkulation)
  Kostenträgerzeitrechnung

Den Zusammenhang zwischen den Teilgebieten der Kostenrechnung und der Betriebsergebnisrechnung, in der die Kosten einer Periode den Erlösen gegenübergestellt werden, zeigt Abb. 36.

4.1.3.2 Verfahren der Kostenrechnung

Die Entwicklungslinien der Kostenrechnung sind in Abb. 37 dargestellt. Es wird deutlich, daß sich die Verfahren in Ist- und Plankostenrechnungen sowie in Voll- und Teilkostenrechnungen einteilen lassen. Den Ursprung bildet die Vollkostenrechnung auf Basis der Ist- oder Normal-Beschäftigung (die Normal-Beschäftigung ist als durchschnittliche Ist-Beschäftigung früherer Abrechnungsperioden definiert), die man vor allem für die Ermittlung von Angebotspreisen einsetzte. Ergänzend wurden später auch Plankostenrechnungen auf der Grundlage von Vollkosten konzipiert. Nach dem 2. Weltkrieg verbreitete sich das Konzept des Direct Costing, ursprünglich in den USA entwickelt, als einfache Teilkostenrechnung auch in Deutschland. In den folgenden Jahren wurde die Teilkostenrechnung in Form der stufenweisen Fixkostendeckungsrechnung, der Einzelkosten- und Deckungsbeitragsrechnung nach Riebel sowie der Grenzplankostenrechnung nach Kilger und Plaut ausgebaut und verfeinert. Bis heute herrscht ein Methodenstreit darüber, welches das aussagefähigste Verfahren sei. Unbestritten ist jedoch, daß die reine Vollkostenrechnung den heutigen Anforderungen nicht mehr gerecht wird.

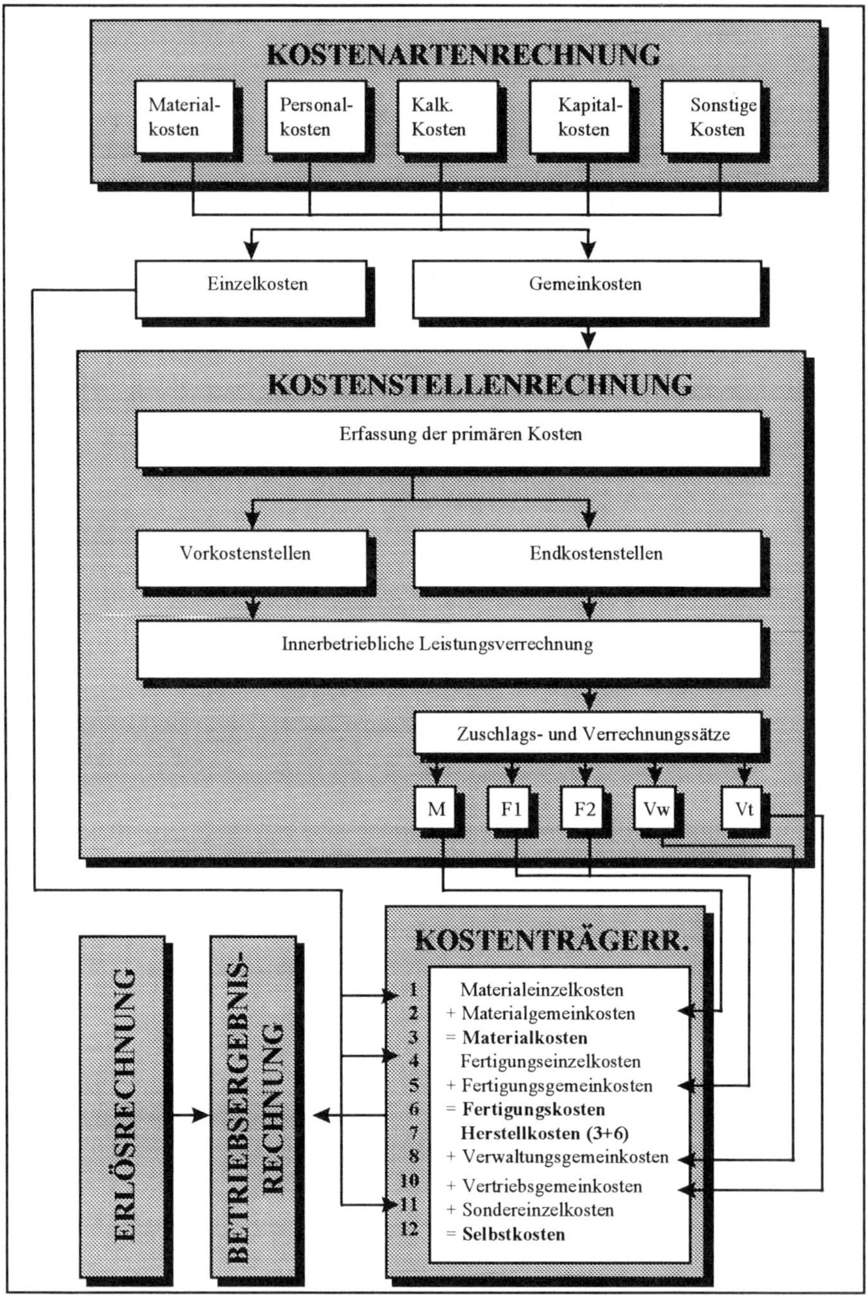

Abb. 36: Zusammenhang zwischen d. Teilgebieten der Kostenrechnung.

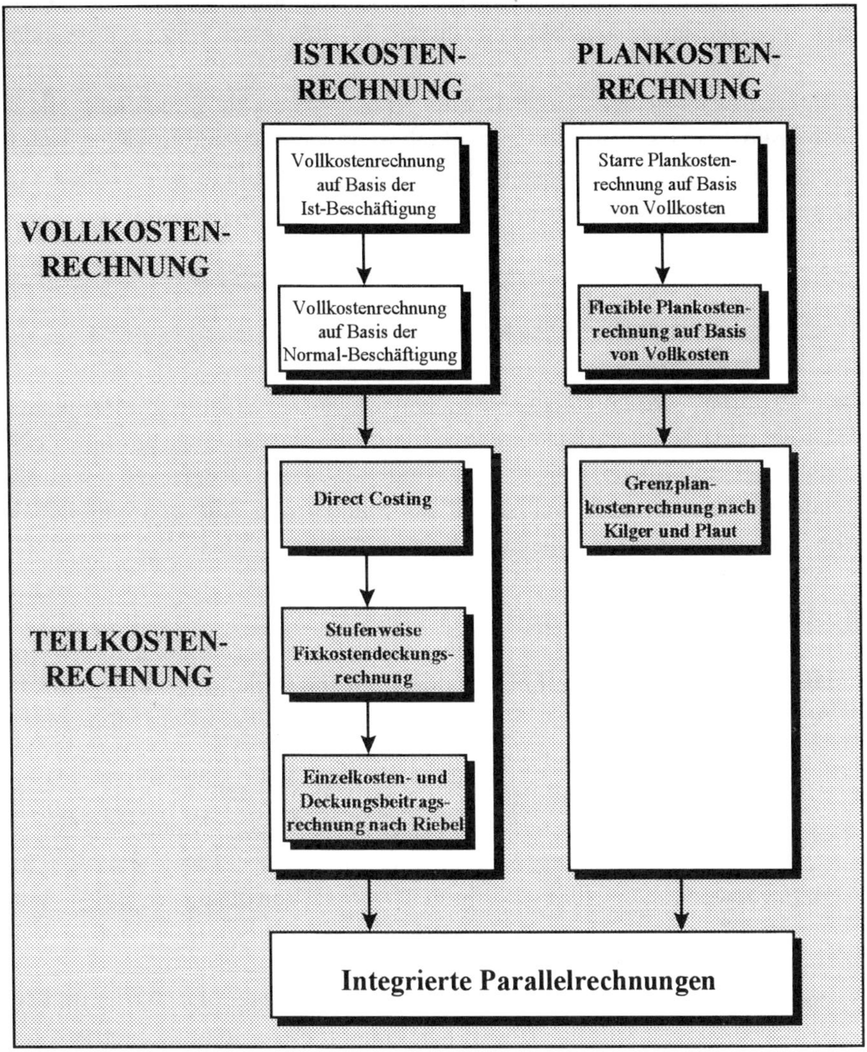

Abb. 37: Entwicklungslinien der Kostenrechnungsverfahren[26]

Es wird vielfach empfohlen, neben der Vollkostenrechnung, die für verschiedene Zwecke wie der Preisermittlung für öffentliche Aufträge notwendig sein kann, parallel auch Teikostenrechnungssysteme zu verwenden. Standardsoftware für das Rechnungswesen bietet problemlos die Möglich-

[26] Männel, W., Kostenrechnung als Instrument der Unternehmensführung, in: Scheer, A.-W. (Hrsg.), Grenzplankostenrechnung, Wiesbaden 1990, S. 23.

keit, verschiedene Kostenrechnungsverfahren kombiniert einzusetzen. Damit kann man die jeweiligen Stärken nutzen. Im folgenden werden ausgehend von den Mängeln der Vollkostenrechnung die in Abb. 37 grau hinterlegten Verfahren beschrieben. Direct Costing, Fixkostendeckungsrechnung, flexible Plankostenrechnung und Grenzplankostenrechnung sind in vielen Unternehmen im Einsatz. Die Einzelkosten- und Deckungsbeitragsrechnung von Riebel hat sich bisher in der Praxis nicht durchsetzen können.

4.1.3.2.1 Istkostenrechnung auf Vollkostenbasis

Das Verfahren wird an einem Beispielunternehmen verdeutlicht, das auch in den folgenden Kapiteln Verwendung findet. Es handelt sich um das Fahrradunternehmen Flitzer AG, das die Mountainbikes Gelände und Scott, die Rennräder Straße und Ulrich sowie das Standardrad Allround anbietet. In Abb. 38 sind die Kostenstellen und Kostenarten aufgeführt.

Kostenanfall:

1. *Fertigungslöhne*: Die Lohnscheine weisen eine Gesamtlohnsumme von 40.000,- auf. Davon entfallen 9.000,- auf das Bohren, 10.000,- auf die Veredelung, 6.000 auf die Vormontage und 15.000,- auf die Montage.
2. *Fertigungsmaterial:* 18.000,-
3. *Hilfslöhne*: Hausverwaltung 2.000,-; Arbeitsvorbereitung 1.500,-; Bohren 2.500,-; Veredelung 6.000,-; Vormontage 3.500,-; Montage 4.500,-
4. *Gehälter*: Instandhaltung 2.500,-; Einkauf 3.000,-; Lager 3.500,-; Arbeitsvorbereitung 3.000,-; Bohren 2.000,-; Veredelung 3.500,-; Vormontage 2.500,-; Montage 6.000,-, Verwaltungsbereich 9.000,-; Vertriebsbereich 9.000,-
5. *Sozialleistungen*: Hausverwaltung 600,-; Instandhaltung 750,-; Einkauf 900,-; Lager 1.050,-; Arbeitsvorbereitung 1.350,-; Bohren 4.050,-; Veredelung 5.850,-; Vormontage 3.600,-; Montage 7.650,-, Verwaltungsbereich 2.700,-; Vertriebsbereich 2.700,-
6. *Hilfsmaterial:* Laut der Entnahmescheine fallen die Kosten wie folgt an: Arbeitsvorbereitung 600,-; Bohren 400,-; Veredelung 2.500,-; Vormontage 1.500,-; Montage 1.500,-
7. *Kalkulatorische Zinsen*: Hausverwaltung 100,-; Instandhaltung 50,-; Einkauf 60,-; Lager 700,-; Arbeitsvorbereitung 60,-; Bohren 1.400,-; Veredelung 1.800,-; Vormontage 200,-; Montage 200,-, Verwaltungsbereich 150,-; Vertriebsbereich 200,-

8. *Kalkulatorische Abschreibungen*: Hausverwaltung 70,-; Instandhaltung 80,-; Einkauf 100,-; Lager 400,-; Arbeitsvorbereitung 40,-; Bohren 2.500,-; Veredelung 3.500,-; Vormontage 700,-; Montage 1.300,-, Verwaltungsbereich 500,-; Vertriebsbereich 400,-
9. *Mieten*: Hausverwaltung 100,-; Instandhaltung 100,-; Einkauf 150,-; Lager 800,-; Arbeitsvorbereitung 100,-; Bohren 1.000,-; Veredelung 700,-; Vormontage 400,-; Montage 500,-, Verwaltungsbereich 400,-; Vertriebsbereich 200,-
10. *Energie*: Hausverwaltung 70,-; Instandhaltung 50,-; Einkauf 250,-; Lager 500,-; Arbeitsvorbereitung 100,-; Bohren 1.300,-; Veredelung 1.700,-; Vormontage 800,-; Montage 700,-, Verwaltungsbereich 500,-; Vertriebsbereich 500,-

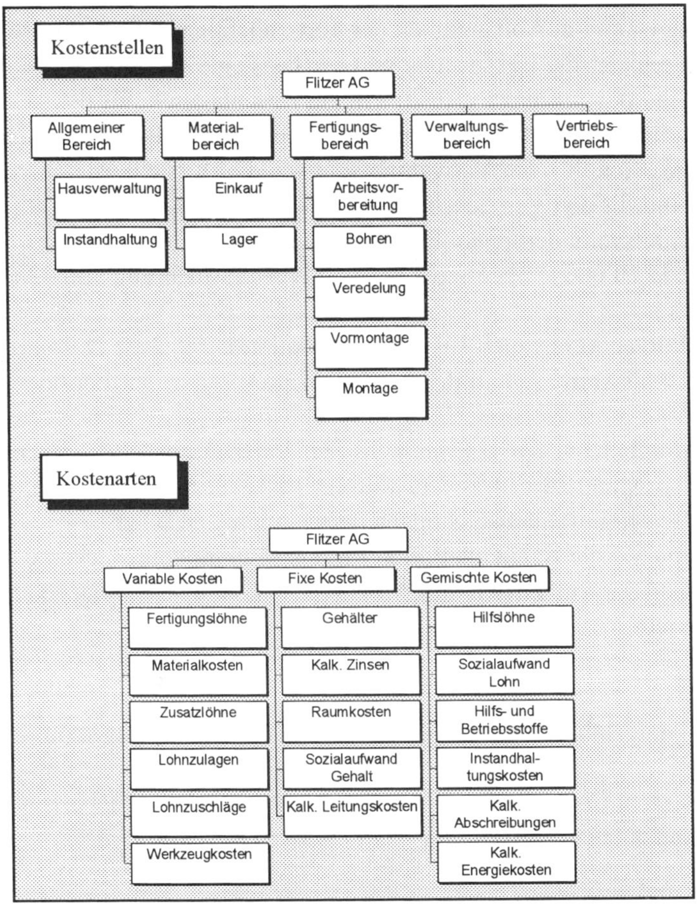

Abb. 38: Kostenstellen- und Kostenarten der Flitzer AG

Aufgaben:

1. Erstellen Sie den Betriebsabrechnungsbogen (BAB) für die Flitzer AG. Berücksichtigen Sie bei der innerbetrieblichen Leistungsverrechnung folgende Daten:
   Die Umlage der Hausverwaltungskosten soll nach folgenden Flächenzahlen erfolgen:
   Instandhaltung 50 qm, Einkauf 40 qm, Lager 200 qm, Arbeitsvorbereitung 40 qm, Bohren 60 qm, Veredelung 200 qm, Vormontage 250 qm, Montage 150 qm, Verwaltung 80 qm, Vertrieb 50 qm.
   Die Umlage der Instandhaltungskostenstelle beruht auf den in Anspruch genommenen Instandhaltungsstunden:
   Lager 30 Std., Veredelung 60 Std., Bohren 30 Std., Verwaltung 20 Std.
   Die Umlage der Arbeitsvorbereitung an die Hauptkostenstellen der Fertigung erfolgt in Abhängigkeit der dort angefallenen Fertigungslöhne.
2. Ermitteln Sie die Ist-Zuschlagssätze. Basis sind für den Materialbereich die Materialeinzelkosten (es reicht ein Zuschlagssatz für den gesamten Materialbereich), für die Fertigungshauptkostenstellen die Fertigungseinzelkosten, für den Verwaltungsbereich die Herstellkosten der Produktion und für den Vertriebsbereich die Herstellkosten des Umsatzes (Bestandsveränderungen: Bestandsminderung bei *Gelände* betrug in der Periode 20.000,-; bei *Straße* lag eine Bestandsmehrung von 42.000,- vor).
3. Die Flitzer AG benutzt für die Vorkalkulation folgende Normalzuschläge, die als Durchschnitt der Ist-Zuschläge vergangener Perioden gebildet werden:
   Materialbereich 70 %, Bohren 180 %, Veredelung 300 %, Vormontage 250 %, Montage 170 %, Verwaltung 10 %, Vertrieb 8%. Ermitteln Sie die Gemeinkostenabweichungen der Hauptkostenstellen.
4. Führen Sie die Nachkalkulation für das Mountainbike Gelände durch. Anhand der Stücklisten und Arbeitspläne konnten Sie folgende Daten ermitteln:
   Fertigungsmaterial: Rahmen 120,-; Räder 40,-; Bremsen 30,-; Zubehör 50,-
   Fertigungslöhne: Bohren 30,-; Veredeln 50,-; Vormontage 60,-; Montage 120,-
   Außerdem fielen Sondereinzelkosten des Vertriebs in Höhe von 25,- (Verpackungsmaterial) und 125,- (Vertreterprovision) an.

Antwort für die Aufgaben 1-3: siehe BAB in Abb. 39.

	Betrag	Allg. Bereich		Materialbereich		Fertigung					Verwal-tungs-bereich	Ver-triebs-bereich
		Hausver-waltung	Instand-haltung	Einkauf	Lager	Arbeits-vorb.	Bohren	Verede-lung	Vor-montage	Montage		
Fertigungslöhne	40000						9000	10000	6000	15000		
Fertigungsmaterial	18000											
Hilfslöhne	20000	2000				1500	2500	6000	3500	4500		
Gehälter	44000		2500	3000	3500	3000	2000	3500	2500	6000	9000	9000
Sozialleistungen	31200	600	750	900	1050	1350	4050	5850	3600	7650	2700	2700
Hilfsstoffe	6500					600	400	2500	1500	1500		
Kalk. Zinsen	4920	100	50	60	700	60	1400	1800	200	200	150	200
Kalk. Abschr.	9590	70	80	100	400	40	2500	3500	700	1300	500	400
Raumkosten	4450	100	100	150	800	100	1000	700	400	500	400	200
Energie	6470	70	50	250	500	100	1300	1700	800	700	500	500
Summe primäre GK	127130	2940	3530	4460	6950	6750	15150	25550	13200	22350	13250	13000
Umlage Hausverw.	2940		131	105	525	105	158	525	656	394	210	131
Umlage Instandhalt.	3661				785		785	1569			523	
Summe	127130			4565	8260	6855	16092	27644	13856	22744	13983	13131
Umlage Arbeitsvorb.	6855						1542	1714	1028	2571		
Summe Ist-GK	127130			4565	8260		17634	29358	14885	25314	13983	13131
Ist-Zuschlagssatz in %				71			196	294	248	169	8,85	9,65
Normalzuschläge in %				70			180	300	250	170	10	8
Verrechnete GK				12600			16200	30000	15000	25500	15730	11444
GK-Abweichung				-225			-1434	642	116	186	1747	-1687

Abb. 39: Betriebsabrechnungsbogen (BAB) der Flitzer AG

Fertigungsmaterial	18000
+ Material-GK	12825
+ Fertigungslöhne	40000
+ Fertigungs-GK	87191
= Herstellkosten d. Produktion	**158016**
- Bestandsmehrung	42000
+ Bestandsminderung	20000
= Herstellkosten d. Umsatzes	**136016**

Abb. 40: Ermittlung der Herstellkosten

Antwort für Aufgabe 4:

Materialeinzelkosten			
	Rahmen	120,00	
	Räder	40,00	
	Bremsen	30,00	
	Zubehör	50,00	
			240,00
Material-GK (71%)			170,99
Materialkosten			**410,99**
Fertigungseinzelkosten			
	Bohren	30	
	Veredeln	50	
	Vormontage	60	
	Montage	120	260,00
Fertigungs-GK			556,93
Sondereinzelkosten der Fertigung			0
Fertigungskosten			**816,93**
Herstellkosten			**1227,92**
Verwaltungs-GK (8,85%)			108,66
Vertriebs-GK (9,65 %)			118,55
Sondereinzelkosten des Vertriebs			150,00
Selbstkosten			**1605,13**

Abb. 41: Nachkalkulation

(Anm.: die angegebenen Zuschlagssätze sind gerundet. Alle Berechnungen erfolgten mit den exakten Zuschlägen incl. aller Nachkommastellen).

Wie das Fallbeispiel zeigt, erfolgt bei der Vollkostenrechnung **kein differenzierter Ausweis von fixen und variablen Kosten**. Außerdem werden über mehrere Abrechnungsebenen hinweg **Gemeinkosten geschlüsselt** (vgl. Abb. 42)[27]:

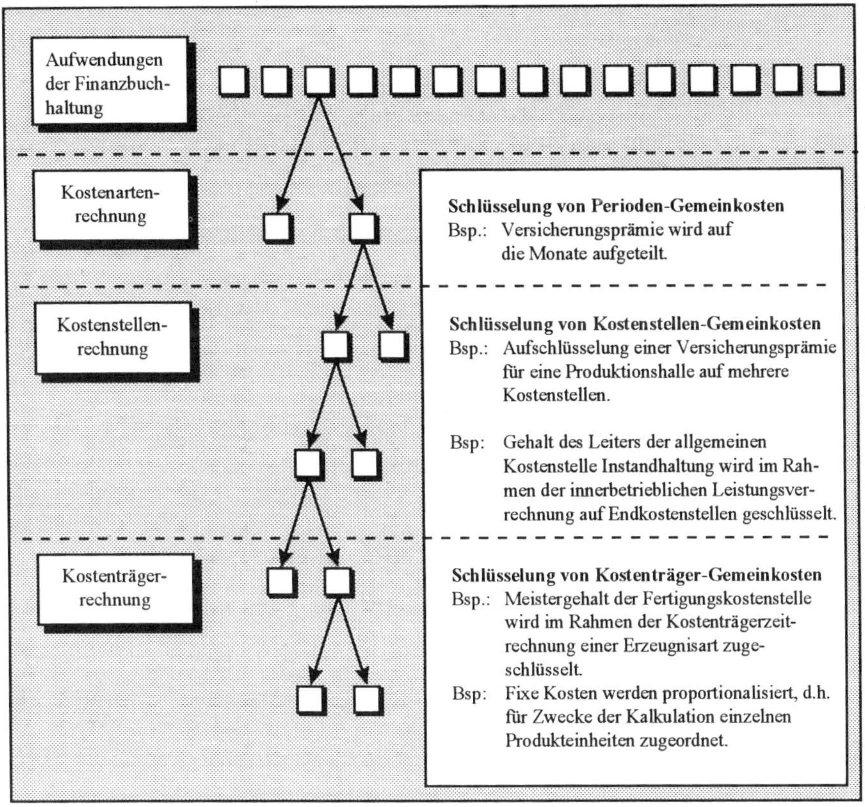

Abb. 42: Schlüsselung von Gemeinkosten

Die fehlende Entscheidungsorientierung der Vollkostenrechnung resultiert im wesentlichen aus der Proportionalisierung fixer Kosten. Durch die Schlüsselung fixer Gemeinkosten auf einzelne Kostenträgereinheiten werden zeitabhängige Kosten in Stückkosten umgewandelt. Man unterstellt, daß alle Kosten beschäftigungsabhängig seien. Zwangsläufig werden dann, wenn die tatsächliche Beschäftigung oberhalb oder unterhalb der kalkulierten Beschäftigung liegt, zuviel bzw. zuwenig Fixkosten verrechnet. Daraus ergeben sich fehlerhafte Informationen für Entscheidungen bei der:

[27] Männel, W., Kosten-, Erlös- und Ergebnisrechnung, Hallstadt o.J., S. 34.

- Erfolgsplanung und -prognose
- Preiskalkulation und -politik
- Auswahl kostengünstiger Produktionsverfahren
- Wahl zwischen Eigenfertigung und Fremdbezug
- Programmplanung und -analyse

Fehlentscheidungen bei der Erfolgsplanung und -prognose

Abb. 43 verdeutlicht die eingeschränkte Aussagekraft der Vollkostenrechnung für die Erfolgsplanung und -prognose.

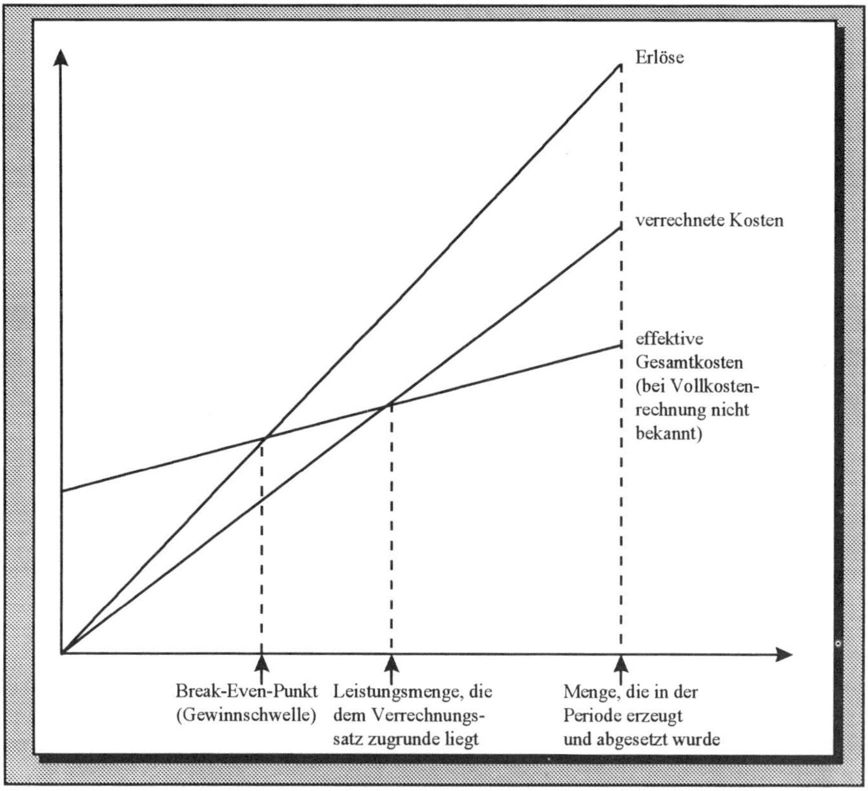

Abb. 43: Erfolgsplanung bei Vollkostenrechnung

Der Vollkostenrechner vergleicht die der jeweiligen Menge zugrunde liegenden Erlöse und die verrechneten Kosten. Dabei besteht die Gefahr von Fehlinterpretationen:

- Scheinbar entsteht bereits ab der ersten Mengeneinheit ein Gewinn, tatsächlich ist dies erst ab dem Break-Even-Punkt (Gewinnschwelle) der Fall (die Break-Even-Analyse wird in Kap. 4.1.4 behandelt).
- Der effektive Break-Even-Punkt ist nicht bekannt, da keine Informationen über den Verlauf der variablen Kosten bzw. der Gesamtkosten vorliegen.
- Der Zusatzgewinn bei einer Absatzausweitung wird unterschätzt.

Fehler bei der Preiskalkulation und -politik

Die Vollkostenrechnung liefert keine realistische Grundlage für die Preiskalkulation, da die effektiven Kosten nicht bekannt sind. Bei Absatzmengen, die größer oder gleich der dem Verrechnungssatz zugrunde liegenden Leistungsmenge sind, stimmen die vorkalkulierten Kosten nicht mit den effektiv anfallenden Kosten überein. Es besteht die Gefahr, daß man sich **aus dem Markt kalkuliert**. Gezeigt wird dies am Beispiel der Kalkulation für das Mountainbike Gelände der Flitzer AG in Abb. 44.

Ursprüngliche Preiskalkulation

Absatz- und Produktionsmenge:	200
Fixe Kosten:	120.000
Variable Kosten pro Stück:	900
Gewinnzuschlag in Prozent:	10
Rechnerischer Preis bei Vollkostenrechnung:	1.650 (330.000:200)

Preiskalkulation nach einem Absatzrückgang

Absatz- und Produktionsmenge:	100
Fixe Kosten:	120.000
Variable Kosten pro Stück:	900
Gewinnzuschlag in Prozent:	10
Rechnerischer Preis bei Vollkostenrechnung:	2.310 (231.000:100)

Abb. 44: Preiskalkulation bei Vollkostenrechnung

Durch die Proportionalisierung fixer Kosten erscheinen bei einem Absatz- und Produktionsrückgang die Kosten pro Stück höher als in der Ausgangssituation zu sein. Die Informationsgrundlage für die Preispolitik ist damit fehlerhaft.

Fehler bei der Auswahl kostengünstiger Produktionsverfahren

Die Vollkostenrechnung liefert auch keine korrekten Informationen, um das kostengünstigste Produktionsverfahren auszuwählen, wie der folgende Fall zeigt:

Fall:

In der Bohrerei stehen drei Bohrmaschinen zur Verfügung. Maschine A und B sind ältere, lohnintensive Anlagen, die bereits seit einigen Jahren abgeschrieben sind. Maschine C ist eine moderne CNC-Maschine, die erst vor einem Monat angeschafft wurde. Die Vollkostensätze betragen für die Maschine A 1,20 ,-/Min., für die Maschine B 1,00,-/Min. und für die Maschine C 1,90,-/Min.
Alternativ sind auch die Teilkostensätze bekannt: Maschine A 0,90 ,-/Min., Maschine B 0,70,-/Min. und Maschine C 0,70,-/Min.

Aufgabe:

Für das Anbringen der Bohrungen am Mountainbike Gelände können alle drei Maschinen eingesetzt werden. Die Bearbeitungszeit bei Maschine A beträgt 15 Min./St., bei Maschine B 12 Min./St. und bei Maschine C 10 Min./St. Alle drei Maschinen sind unterbeschäftigt. Für welche Maschine entscheidet man sich bei Verwendung der Vollkosten-, für welche bei Teilkostenrechnung?

Antwort:

Die Vollkostenrechnung würde folgende Kosteninformationen für die beschriebene Entscheidungssituation bereitstellen und entsprechend Maschine B mit den niedrigsten Kosten wählen:

Kosten Maschine A	Kosten Maschine B	Kosten Maschine C
18,00	**12,00**	19,00

Die Teilkostenrechnung liefert jedoch ein anderes Ergebnis. Am kostengünstigsten ist Maschine C.

Kosten Maschine A	Kosten Maschine B	Kosten Maschine C
13,50	8,40	**7,00**

Bei einer Entscheidung analog der Empfehlung des Vollkostenrechners entstehen pro Stück Mehrkosten von 1,40,- (Kostenunterschied zwischen Maschine B und C laut Teilkostenrechnung). Die Fehlentscheidung basiert auf der Berücksichtigung entscheidungsirrelevanter fixer Kosten. Die moderne Hochleistungsmaschine verursacht hohe Abschreibungen (=Fixkosten). Obwohl die Produktivität dieser Maschine am höchsten ist, wird sie deswegen nicht ausgewählt. Die Situation verschärft sich bei rückläufiger Beschäftigung. Fixkostenintensive Anlagen werden im Vergleich mit den älteren Maschinen anscheinend teurer und damit **leerkalkuliert**.

Fehler bei der Wahl zwischen Eigenfertigung und Fremdbezug

Fall:
Die Rahmen für die Fahrräder der Flitzer AG wurden bisher in einem Tochterunternehmen produziert, das seit einiger Zeit nicht mehr ausgelastet ist. Laut Vollkostenrechnung kostet die Herstellung eines Rahmens für das Fahrrad Gelände bei einer Losgröße von 20 Stück 720,-/St. Bei einem Marktvergleich kam heraus, daß der gleiche Rahmen für nur 370,-/St. von außen einzukaufen wäre. Das Management trägt sich deswegen mit dem Gedanken, das Tochterunternehmen zu schließen und die Rahmen zukünftig fremdzubeziehen. Da der Controller der Flitzer AG Zweifel an der Richtigkeit dieses Beschlusses hat, läßt er die variablen Herstellkosten ermitteln. Sie betragen 190,-/St.

Aufgabe:
Welche Überlegungen sind für die richtige Entscheidung anzustellen?

Antwort:
Würde man das Tochterunternehmen schließen, so führte dies bei Fremdbezug kurzfristig zu Verlusten in Höhe von:

370,-/St.	Fremdbezugskosten
+ 530,-/St.	kurzfristig nicht abbaubare fixe Kosten
- 720,-/St.	Kosten der Eigenproduktion
= 180,-/St.	

Da der Maschinenpark anderweitig nicht verwendbar ist, Miet- und Leasingverträge ebenfalls nur längerfristig disponierbar sind und die Umsetzung der Gehaltsempfänger in der Regel länger dauert, können die fixen Kosten nur langsam reduziert werden. Deswegen müßte in der geschilderten Situation die Abbaufähigkeit der Fixkosten genau analysiert werden, um eine endgültige Entscheidung zu treffen.

Fehler bei der Programmplanung und -analyse

Fall:

Die Flitzer AG hat im Monat Mai fünf verschiedene Fahrräder hergestellt. Eine Erhöhung der Absatzmengen ist nicht möglich. Folgende Daten sind bekannt:

Produkt	Menge	Preis/St.	Gesamtkosten	Variable Kosten
Gelände	200	1.650	300.000	225.000
Straße	120	2.300	300.000	250.000
Ulrich	300	3.000	750.000	560.000
Scott	80	1.100	100.000	80.000
Allround	250	1.000	200.000	140.000
Summe	950		1.650.000	1.255.000

Aufgabe:

1. Ermitteln Sie das optimale Produktionsprogramm und den Gewinn für Monat Juni nach Vollkostenrechnung.
2. Ermitteln Sie das optimale Produktionsprogramm und den Gewinn für Monat Juni nach Teilkostenrechnung.
3. Vergleichen Sie die beiden Ergebnisse und begründen Sie etwaige Unterschiede.

Antwort:

Bei Vollkostenrechnung ergibt die Ermittlung des Gewinns für Mai, daß die Fahrräder Straße und Scott Verluste bringen (vgl. Abb. 45). Bei einer Entscheidung auf Grundlage der Ergebnisse des Vollkostenrechners würde man die beiden Produkte aus dem Programm nehmen. Für Juni würde sich dann ein verbesserter Gesamtgewinn in Höhe von 230.000,- ergeben.
Die Teilkostenrechnung liefert ein anderes Ergebnis, da die fixen Kosten nicht berücksichtigt werden. Die Entscheidung erfolgt aufgrund des Dekkungsbeitrags (DB) und dieser ist bei allen Fahrrädern positiv. Das Produktionsprogramm müßte nicht geändert werden. Für Mai und Juni ergibt

sich unter dieser Prämisse jeweils ein Gewinn von 194.000,-. Bei einer Entscheidung auf Grundlage der Vollkostenrechnung würde man 34.000,- weniger Gewinn erzielen (der DB von 26.000,- für das Fahrrad Straße und der in Höhe von 8.000 für das Produkt Scott würden nicht erwirtschaftet). Trägt sich das Management langfristig mit der Bereinigung des Produktionsprogramms, müßte auch in diesem Fall die Abbaubarkeit der Fixkosten analysiert werden.

1. Gewinn für Mai nach Vollkostenrechnung (Grundlage für die Optimierung des Produktionsprogramms)

Produkt	Menge	Preis/St.	Kosten/St.	Gewinn/St.	Gewinn
Gelände	200	1.650	1.500	150	30.000
Straße	120	2.300	2.500	-200	-24.000
Ulrich	300	3.000	2.500	500	150.000
Scott	80	1.100	1.250	-150	-12.000
Allround	250	1.000	800	200	50.000
Gewinn					194.000

2. Gewinn für das optimale Produktionsprogramm nach Vollkostenrechnung im Juni

Produkt	Menge	Preis/St.	Kosten/St.	Gewinn/St.	Gewinn
Gelände	200	1.650	1.500	150	30.000
Ulrich	300	3.000	2.500	500	150.000
Allround	250	1.000	800	200	50.000
Gewinn					230.000

3. Gewinn für das optimale Produktionsprogramm nach Teilkostenrechnung im Juni

Produkt	Menge	Preis/St.	Variable Kosten/St.	DB/St.	DB
Gelände	200	1.650	1.125	525	105.000
Straße	120	2.300	2.083	217	26.000
Ulrich	300	3.000	1.867	1.133	340.000
Scott	80	1.100	1.000	100	8.000
Allround	250	1.000	560	440	110.000
DB					589.000
Fixkosten					395.000
Gewinn					194.000

Abb. 45: Ermittlung des optimalen Produktionsprogramms

4.1.3.2.2 Einstufige Deckungsbeitragsrechnung

Die einstufige DB-Rechnung, auch Direct-Costing genannt, soll durch die Trennung von variablen und fixen Kosten die Nachteile einer Vollkostenrechnung, insbesondere die Proportionalisierung fixer Kosten, verhindern. Folgende Merkmale kennzeichnen das Direct-Costing (vgl. Abb. 46):

		Mountainbikes		Rennräder		Standardrad
		Gelände	Scott	Ulrich	Straße	Allround
	Leistungsmenge	200	80	300	120	250
	Erlöse	330.000	88.000	900.000	276.000	250.000
	Var. Kosten der Fertigung	205.000	73.000	515.100	224.900	129.000
	Bestandsveränderungen	0	0	0	0	0
-	Var. Kosten d. abgesetzten Leistung	205.000	73.000	515.100	224.900	129.000
-	Var. Kosten des Vertriebs	20.000	7.000	45.000	25.000	11.000
=	Bruttogewinn (Brutto-DB) d. Erzeugnisart	105.000	8.000	339.900	26.100	110.000
	Bruttogewinn (Brutto-DB) d. Erzeugnisgruppe	113.000		366.000		110.000
	Bruttogewinn (Brutto-DB) des Unternehmens	589.000				
-	Fixe Kosten gesamt	395.000				
=	**Nettogewinn**	**194.000**				

Abb. 46: Einstufige Deckungsbeitragsrechnung

- Variable (proportionale) und fixe Kosten werden unterschieden.
- In die Kalkulation fließen neben den Einzelkosten nur die variablen Gemeinkosten ein (Prinzip der Kostenverursachung). Damit erübrigt sich auch die Umlage fixer Gemeinkosten bei der innerbetrieblichen Leistungsverrechnung. Um dennoch auch die fixen Kosten bei der Preisbildung zu berücksichtigen, bildet man Soll-Deckungsbeiträge, die den Gewinnanteil und die geschätzten Fixkosten enthalten. Addiert man dazu die variablen Gesamtkosten und dividiert man das Ergebnis durch die Menge, so erhält man einen Anhaltspunkt für den Preis.
- Lagerbestände werden mit variablen Herstellkosten bewertet.
- Das Betriebsergebnis wird ermittelt, indem man von den Erlösen zunächst alle variablen Kosten subtrahiert. Vom so errechneten DB (Bruttogewinn) werden in der Folge die fixen Kosten abgezogen.
- Die fixen Kosten werden nicht weiter differenziert.
- Hauptanwendungsgebiete sind:
    - Erfolgsplanung und -prognose
    - Preiskalkulation und -politik
    - Auswahl kostengünstiger Produktionsverfahren
    - Wahl zwischen Eigenfertigung und Fremdbezug
    - Programmplanung und -analyse

Hauptkritikpunkte betreffen die unzureichende Differenzierung der fixen Kosten, die weder nach ihrer sachlichen Zugehörigkeit noch nach ihrer Disponierbarkeit analysiert werden, und die fehlenden Vollkosteninformationen für die Bestandsbewertung oder die Kalkulation öffentlicher Aufträge.

4.1.3.2.3 Mehrstufige Deckungsbeitragsrechnung

Der wesentliche Unterschied zwischen der einstufigen und mehrstufigen DB-Rechnung, auch Fixkostendeckungsrechnung genannt, liegt darin, daß die Fixkosten differenziert werden (vgl. Abb. 47).

		Mountainbikes		Rennräder		Standardrad
		Gelände	Scott	Ulrich	Straße	Allround
	Leistungsmenge	200	80	300	120	250
	Erlöse	330.000	88.000	900.000	276.000	250.000
	Var. Kosten der Fertigung	205.000	73.000	515.100	224.900	129.000
	Bestandsveränderungen	0	0	0	0	0
=	Var. Kosten der abgesetzten	205.000	73.000	515.100	224.900	129.000
-	Var. Kosten des Vertriebs	20.000	7.000	45.000	25.000	11.000
=	DB I	105.000	8.000	339.900	26.100	110.000
-	Erzeugnisfixkosten	50.000	12.000	140.000	35.000	55.000
=	DB II	55.000	-4.000	199.900	-8.900	55.000
	Summe DB II	51.000		191.000		55.000
-	Erzeugnisgruppenfixkosten	20.000		45.000		
=	DB III	31.000		146.000		55.000
	Summe DB III	177.000				55.000
-	Bereichsfixkosten	30.000				
=	DB IV	147.000				55.000
	Summe DB IV	202.000				
-	Unternehmensfixkosten	8.000				
=	**DB V (Betriebsergebnis)**	**194.000**				

Abb. 47: Mehrstufige Deckungsbeitragsrechnung

Folgende Merkmale kennzeichnen die mehrstufige Deckungsbeitragsrechnung:

- Die Fixkosten werden differenziert ausgewiesen:
  - Erzeugnisfixkosten (z.B. Entwicklungskosten für ein bestimmtes Produkt, Kosten für Spezialwerkzeuge)
  - Erzeugnisgruppenfixkosten (z.B. Entwicklungskosten oder Kosten einer Spezialmaschine für mehrere Produktarten innerhalb einer Produktgruppe)
  - Bereichsfixkosten (z.B. Gehalt des Bereichsleiters)
  - Fixkosten der Gesamtunternehmung (z.B. Gehälter der Geschäftsführung).

- Zusätzlich kann eine Trennung in ausgabenwirksame und nicht ausgabenwirksame Kosten durchgeführt werden. Dies kann z.B. für die Preisuntergrenzenbestimmung sinnvoll sein. Kurzfristig reicht es in manchen Fällen, nur die ausgabenwirksamen Kosten zu decken.

- Die Kostenstellen sollten erzeugnisbezogen gebildet werden.

- Die Kalkulation kann im Gegensatz zum Direct Costing retrograd oder progressiv auch zu Vollkosten erfolgen (vgl. Abb. 48). Bei der retrograden Ermittlung werden die Fixkosten in Prozent der verschiedenen Deckungsbeiträge errechnet. Dies entspricht dem Tragfähigkeitsprinzip. Kalkuliert man progressiv, werden die Fixkosten in Prozent der variablen Kosten zugeschlüsselt (Proportionalitätsprinzip).

Fall:
Die Flitzer AG ermittelt ihr Betriebsergebnis auf der Grundlage der einstufigen Deckungsbeitragsrechnung. Die Unternehmensleitung hält allerdings den globalen Ausweis der Fixkosten für unzureichend. Sie beauftragt den Leiter des Controllings, den Fixkostenblock zu analysieren, um eine bessere Grundlage für Entscheidungen zu erhalten. Beispielsweise soll damit die Frage geklärt werden, welche Fixkosten langfristig entfallen, wenn ein Produkt nicht mehr produziert wird. Für die Flitzer AG sind die folgenden Istdaten bekannt (Preise und variable Stückkosten gelten für die Perioden 1 und 2):

Retrograde Kalkulation	**Progressive Kalkulation**
Nettoerlös/Stück	Variable Kosten
- Variable Kosten	+ Erzeugnisfixkosten (in % der variablen Kosten)
= **Deckungsbeitrag I**	+ Erzeugnisgruppenfixkosten (in % der variablen Kosten)
- Erzeugnisfixkosten (in % vom DB I)	+ Bereichsfixkosten (in % der variablen Kosten)
= **Deckungsbeitrag II**	+ Unternehmensfixkosten (in % der variablen Kosten)
- Erzeugnisgruppenfixkosten (in % vom DB II)	= **Selbstkosten**
= **Deckungsbeitrag III**	+ **Stückgewinn**
- Bereichsfixkosten (in % vom DB III)	= **Nettoerlös/Stück**
= **Deckungsbeitrag IV**	
- Unternehmensfixkosten (in % vom DB IV)	
= **Stückgewinn**	

Abb. 48: Retrograde und progressive Kalkulation[28]

[28] Olfert, K., Kostenrechnung, 9. Aufl., Ludwigshafen 1994, S. 333 f.

Produkt	Periode 1		Periode 2	
	Menge Prod.	Menge Absatz	Menge Prod.	Menge Absatz
Gelände	200	180	200	220
Scott	80	80	80	60
Ulrich	300	270	300	330
Straße	120	110	120	130
Allround	250	210	250	260

Produkt	Var. Kosten/St. gesamt	Var. Kosten/St. Produktion	Var. Kosten/St. Absatz	Preis
Gelände	1.125	1.000	125	1.650
Scott	1.000	800	200	1.100
Ulrich	1.867	1.700	167	3.000
Straße	2.083	1.800	283	2.300
Allround	560	400	160	1.000

	Mountainbikes		Rennräder		Standardrad
	Gelände	Scott	Ulrich	Straße	Allround
Erzeugnis-fixkosten	50.000	12.000	140.000	35.000	55.000
Erzeugnis-gruppenfixk.	20.000		45.000		
Bereichsfix-kosten	30.000				
Unternehmens-fixkosten	8.000				

Abb. 49: Istdaten

Aufgaben:

1. Ermitteln Sie das Betriebsergebnis nach der einstufigen Deckungsbeitragsrechnung.
2. Ermitteln Sie das Betriebsergebnis nach der Fixkostendeckungsrechnung.
3. Wie müßte man das Produktionsprogramm auf der Grundlage der Daten von Periode 1 nach Direct Costing und Fixkostendeckungsrechnung ändern?
4. Führen Sie für die fünf Produkte und Periode 2 eine Vollkostenkalkulation progressiv und retrograd nach der Fixkostendeckungsrechnung durch.

Antwort zu Aufgabe 1:

	Periode 1				
	Gelände	Scott	Ulrich	Straße	Allround
Nettoerlös	297.000	88.000	810.000	253.000	210.000
Var. HK d. prod. Menge	200.000	64.000	510.000	216.000	100.000
Bestandsminderungen/ Bestandsmehrungen	-20.000	0	-51.000	-18.000	-16.000
- Var. Hk. d. abg. Menge	180.000	64.000	459.000	198.000	84.000
- Var. Vertriebskosten	22.500	16.000	45.090	31.130	33.600
= **Deckungsbeitrag**	94.500	8.000	305.910	23.870	92.400
- Fixe Kosten gesamt	395.000				
= Betriebsergebnis	**129.680**				

	Periode 2				
	Gelände	Scott	Ulrich	Straße	Allround
Nettoerlös	363.000	66.000	990.000	299.000	260.000
Var. HK d. prod. Menge	200.000	64.000	510.000	216.000	100.000
Bestandsminderungen/ Bestandsmehrungen	20.000	-16.000	51.000	18.000	4.000
- Var. Hk. d. abg. Menge	220.000	48.000	561.000	234.000	104.000
- Var. Vertriebskosten	27.500	12.000	55.110	36.790	41.600
= **Deckungsbeitrag**	115.500	6.000	373.890	28.210	114.400
- Fixe Kosten gesamt	395.000				
= Betriebsergebnis	**243.000**				

Abb. 50: Betriebsergebnis nach einstufiger Deckungsbeitragsrechnung

Antwort zu Aufgabe 2:

	Periode 1				
	Mountainbikes		Rennräder		Standardrad
	Gelände	Scott	Ulrich	Straße	Allround
Nettoerlös	297.000	88.000	810.000	253.000	210.000
Var. HK d. prod. Menge	200.000	64.000	510.000	216.000	100.000
Bestandsminderungen/ Bestandsmehrungen	-20.000	0	-51.000	-18.000	-16.000
- Var. Hk. d. abg. Menge	180.000	64.000	459.000	198.000	84.000
- Var. Vertriebskosten	22.500	16.000	45.090	31.130	33.600
= **Deckungsbeitrag I**	94.500	8.000	305.910	23.870	92.400
- Erzeugnisfixkosten	50.000	12.000	140.000	35.000	55.000
(in % vom DB)	52,91	150,00	45,77	146,63	59,52
(in % der variablen Kosten)	24,69	15,00	27,77	15,28	46,77
= **Deckungsbeitrag II**	44.500	-4.000	165.910	-11.130	37.400
- Erzeugnisgruppenfixkosten	20.000		45.000		
(in % vom DB)	49,38		29,07		
(in % der variablen Kosten)	7,08		6,14		
= **Deckungsbeitrag III**	20.500		109.780		37.400
- Bereichsfixkosten	30.000				
(in % vom DB)	23,03				
(in % der variablen Kosten)	2,95				
= **Deckungsbeitrag IV**	100.280				37.400
- Unternehmensfixkosten	8.000				
(in % vom DB)	5,81				
(in % der variablen Kosten)	0,71				
= **Betriebsergebnis**	**129.680**				

Abb. 51: Betriebsergebnis nach Fixkostendeckungsrechnung (Periode 1)

	Periode 2				
	Mountainbikes		Rennräder		Standardrad
	Gelände	Scott	Ulrich	Straße	Allround
Nettoerlös	363.000	66.000	990.000	299.000	260.000
Var. HK d. prod. Menge	200.000	64.000	510.000	216.000	100.000
Bestandsminderungen/ Bestandsmehrungen	20.000	-16.000	51.000	18.000	4.000
- Var. Hk. d. abg. Menge	220.000	48.000	561.000	234.000	104.000
- Var. Vertriebskosten	27.500	12.000	55.110	36.790	41.600
= **Deckungsbeitrag**	115.500	6.000	373.890	28.210	114.400
- Erzeugnisfixkosten	50.000	12.000	140.000	35.000	55.000
(in % vom DB)	43,29	200,00	37,44	124,07	48,08
(in % der variablen Kosten)	20,20	20,00	22,72	12,93	37,77
= **Deckungsbeitrag II**	65.500	-6.000	233.890	-6.790	59.400
- Erzeugnisgruppenfixkosten	20.000		45.000		
(in % vom DB)	33,61		19,82		
(in % der variablen Kosten)	6,50		5,07		
= **Deckungsbeitrag III**	39.500		182.100		59.400
- Bereichsfixkosten	30.000				
(in % vom DB)	13,54				
(in % der variablen Kosten)	2,51				
= **Deckungsbeitrag IV**	191.600				59.400
- Unternehmensfixkosten	8.000				
(in % vom DB)	3,19				
(in % der variablen Kosten)	0,60				
= **Betriebsergebnis**	**243.000**				

Abb. 52: Betriebsergebnis nach Fixkostendeckungsrechnung (Periode 2)

Antwort zu Aufgabe 3:

Da die Deckungsbeiträge aller Produkte bei der einstufigen Deckungsbeitragsrechnung positiv sind, würde man das Produktionsprogramm nicht ändern. Dagegen liefert die Fixkostendeckungsrechnung ein differenzierteres Ergebnis. Unter Berücksichtigung der den Produkten direkt zuordenbaren Fixkosten weisen die Fahrräder Scott und Straße einen negativen Deckungsbeitrag II auf. Deswegen muß man überlegen, ob diese beiden Produkte mittelfristig nicht vom Markt genommen werden sollen. Die Abbaubarkeit der Fixkosten ist auch hier zu prüfen.

Das Beispiel zeigt, daß das Direct Costing nur Entscheidungen kurzfristiger Natur bei gegebenen Kapazitäten unterstützt; denn nur in diesem Fall sind ausschließlich die variablen Kosten in eine Entscheidungsrechnung einzubeziehen.

Antwort zu Aufgabe 4:

Retrograde Vollkostenkalkulation

	Mountainbikes		Rennräder		Standardrad
	Gelände	Scott	Ulrich	Straße	Allround
Nettoerlös	1.650,00	1.100,00	3.000,00	2.300,00	1.000,00
- Variable Kosten	1.125,00	1.000,00	1.867,00	2.083,00	560,00
= **Deckungsbeitrag I**	525,00	100,00	1.133,00	217,00	440,00
- Erzeugnisfixkosten	227,27	200,00	424,24	269,23	211,54
= **Deckungsbeitrag II**	297,73	-100,00	708,76	-52,23	228,46
- Erzeugnisgruppenfixkosten	100,08	-33,61	140,44	-10,35	0,00
= **Deckungsbeitrag III**	197,65	-66,39	568,32	-41,88	228,46
- Bereichsfixkosten	26,76	-8,99	76,94	-5,67	0,00
= **Deckungsbeitrag IV**	170,89	-57,40	491,38	-36,21	228,46
- Unternehmensfixkosten	5,45	-1,83	15,66	-1,15	7,28
= **Stückgewinn**	**165,45**	**-55,57**	**475,72**	**-35,06**	**221,18**
Gewinn je Erzeugnis in Per. 2	36.398	-3.334	156.987	-4.557	57.507
Betriebsergebnis	243.000				

Progressive Vollkostenkalkulation

	Mountainbikes		Rennräder		Standardrad
	Gelände	Scott	Ulrich	Straße	Allround
Variable Kosten	1.125,00	1.000,00	1.867,00	2.083,00	560,00
+ Erzeugnisartenfixkosten	227,27	200,00	424,24	269,23	211,54
+ Erzeugnisgruppenfixkosten	73,17	65,04	94,73	105,69	0,00
+ Bereichsfixkosten	28,26	25,12	46,89	52,32	0,00
+ Unternehmensfixkosten	6,72	5,97	11,15	12,44	3,34
= **Selbstkosten**	**1.460,42**	**1.296,13**	**2.444,01**	**2.522,67**	**774,88**
+ **Stückgewinn**	**189,58**	**-196,13**	**555,99**	**-222,67**	**225,12**
= Nettoerlös	1.650,00	1.100,00	3.000,00	2.300,00	1.000,00
Gewinn je Erzeugnis in Per. 2	41.708	-11.768	183.476	-28.948	58.531
Betriebsergebnis	243.000				

Abb. 53: Retrograde und progressive Vollkostenkalkulation

4.1.3.2.4 Deckungsbeitragsrechnung mit relativen Einzelkosten

Die Deckungsbeitragsrechnung nach Riebel ist konsequent entscheidungsorientiert aufgebaut. Dies äußert sich z.B. darin, daß auf jegliche Schlüsselung von Gemeinkosten verzichtet wird. Selbst variable Gemeinkosten, wie beispielsweise Transportkosten, werden nicht auf die einzelnen Produkte verteilt. Im Mittelpunkt des Konzepts steht die Definition des Begriffs Deckungsbeitrag:

- **Deckungsbeiträge** werden relativ, d.h. für ein bestimmtes Bezugsobjekt ermittelt. Deshalb ist zunächst der Aufbau mehrstufiger Bezugsobjekthierarchien notwendig (vgl. Abb. 54).

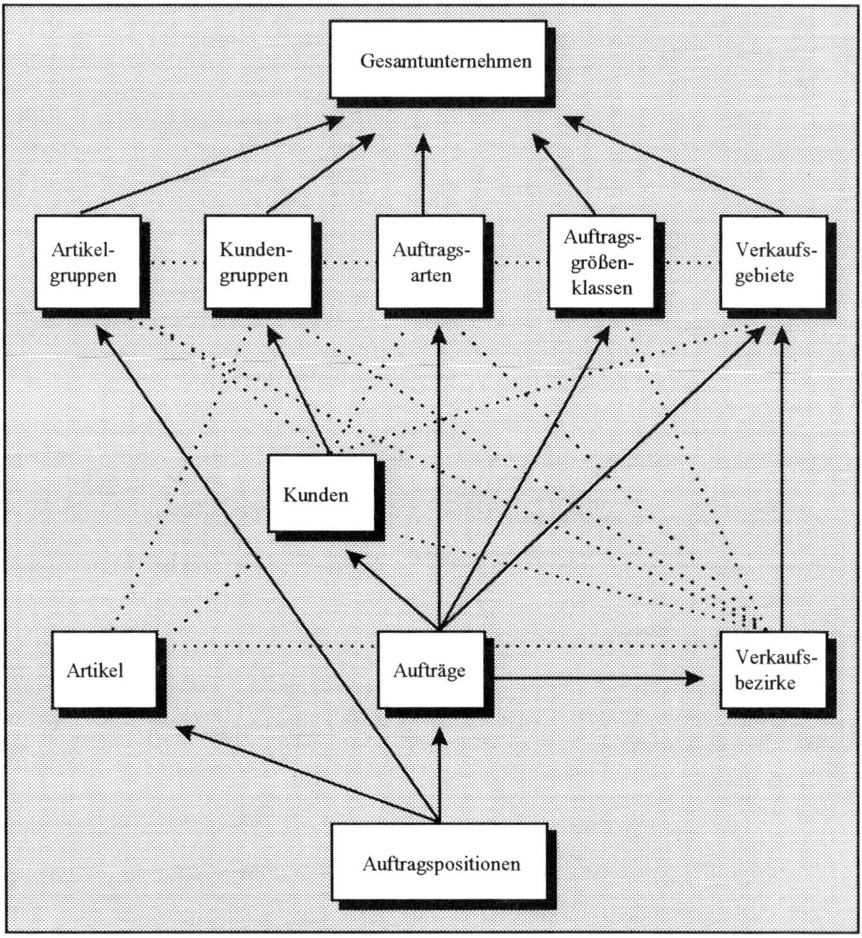

Abb. 54: Mehrstufige Bezugsobjekthierarchien[29]

[29] Riebel, P., Sinzig, W., Zur Realisierung der Einzelkosten- und Deckungsbeitragsrechnung mit einer relationalen Datenbank, Zeitschrift für betriebswirtschaftliche Forschung, 33 (1981) 6, S. 467.

Solche Hierarchien können sich als Kombination verschiedener Leistungsarten (Aufträge, Artikel, -gruppen), Leistungsstellen (Profit Center, Teilkonzerne), Leistungsempfänger (Kunden, Kundengruppen) oder Absatzregionen (Gebiete, Bezirke) zusammensetzen.
- Die Deckungsbeiträge werden stufenweise entsprechend der Zurechnungshierarchie zusammengefaßt.
- Die Zurechnung von Kosten und Erlösen auf ein Objekt erfolgt nach dem **Marginalprinzip**. Dies bedeutet, daß z.B. einem Produkt nur jene Kosten zugerechnet werden, die durch dessen Herstellung **zusätzlich ausgelöst werden**, die also beim Verzicht auf die Herstellung nicht angefallen wären.
- Um den Deckungsbeitrag zu ermitteln, werden nur diejenigen Kosten und Erlöse gegenübergestellt, die auf dieselbe Entscheidung zurückzuführen sind wie die Existenz des betreffenden Zurechnungsobjekts selbst.

Alle Kosten und Erlöse werden in einer Grundrechnung (z.B. als relationale Datenbank realisiert) gesammelt. Dabei werden die **Leistungskosten** (entsprechen den variablen Kosten) nicht automatisch als proportional zugrunde gelegt. Möglich sind auch progressive oder degressive Verläufe.
Die **Bereitschaftskosten** (entsprechen den fixen Kosten) unterteilt man nach ihrer Bindungsdauer in Periodeneinzelkosten. So werden z.B. Versicherungsprämien nicht auf die einzelnen Monate eines Jahres verteilt, sondern nur dem gesamten Jahr zugerechnet. Sämtliche Kosten werden in der Grundrechnung als Einzelkosten, also ohne Schlüsselung von Gemeinkosten, differenziert nach Kostenstellen, Kostenträgern und verschiedenen Kostenkategorien gespeichert. Die zweckneutralen Daten der Grundrechnung werden mit Sonderrechnungen ausgewertet, welche die Informationen für Entscheidungen aufbereiten:

- Festlegung von Preisen
- Planung des Produktionsprogramms
- Planung und Kontrolle des Erfolgs
- Wahl des optimalen Produktionsverfahrens
- Wahl zwischen Eigenfertigung und Fremdbezug
- Planung und Prognose des Erfolgs

Die Deckungsbeitragsrechnung nach Riebel hat sich bisher in der Praxis nicht durchsetzen können, obwohl fortschrittliche Standardsoftware (z.B.

SAP R/3[30]) viele Funktionen, die eine solche Rechnung unterstützen, bereitstellt. Dies liegt u.a. daran, daß das Konzept von Riebel recht komplex ist. Außerdem werden nicht mehr, wie dies die Praxis verlangt, alle variablen Kosten auf Kostenstellen und Kostenträger zugerechnet. Variable Gemeinkosten ordnet man nur einem übergeordneten Bezugsobjekt (Kostenbereich) als Einzelkosten zu, auch wenn eine Schlüsselung aufgrund von Verbrauchsanalysen direkt bei einer Kostenstelle möglich wäre.

4.1.3.2.5 Flexible Plankostenrechnung

Die Plankostenrechnung unterstützt durch ihre Zukunftsorientierung die Steuerung des Betriebes, sie ermöglicht die Kostenkontrolle durch Soll-Ist-Vergleiche und stellt bei konsequenter Trennung von fixen und variablen Kosten wertvolle Informationen für Managemententscheidungen bereit.
Bei der **starren Plankostenrechnung** erfolgt keine Aufteilung in fixe und variable Kosten. Die Planung wird starr, d.h. für eine Planbeschäftigung durchgeführt. Damit ist ein sinnvoller Soll-Ist-Vergleich nicht möglich. Wie bei den anderen Vollkostenrechnungsverfahren werden fixe Kosten proportionalisiert, die Ermittlung kurzfristiger Preisuntergrenzen ist ausgeschlossen. Wegen der beschriebenen Mängel spielt die starre Plankostenrechnung in der Praxis nur eine untergeordnete Rolle. Verbreitet ist dagegen die **flexible Plankostenrechnung**. Sie besitzt folgende Kennzeichen:

- Ermittlung fixer und variabler Gemeinkosten.
- Effektiver Soll-Ist-Vergleich durch Ausweis von Verbrauchs- und Beschäftigungsabweichungen (vgl. Abb. 55).
- Vollkostenkalkulation in der Kostenträgerrechnung.

Die gesamte Abweichung zwischen geplanten Kosten und Istkosten wird in Beschäftigungs- und Verbrauchsabweichungen aufgegliedert. Während die **Beschäftigungsabweichung** Verrechnungsdifferenzen wiedergibt, die der Kostenstellenleiter nicht zu verantworten hat, ist die **Verbrauchsabweichung** die eigentliche Controllinggröße. Sie muß näher untersucht werden, um bestimmen zu können, welche Ursachen sie hat und wer dafür verantwortlich ist. Durch den separaten Ausweis von Beschäftigungs- und Verbrauchsabweichung ist eine wirksame Kostenkontrolle möglich. Da weiter-

[30] Riebel, P. u.a., Fortschritte bei der Realisierung der Einzelkostenrechnung mit dem SAP-System, Controlling, (1992) 2, S. 100 ff.

hin mit Vollkosten kalkuliert wird, kann man jedoch die kurzfristige Preisuntergrenze nicht erkennen.

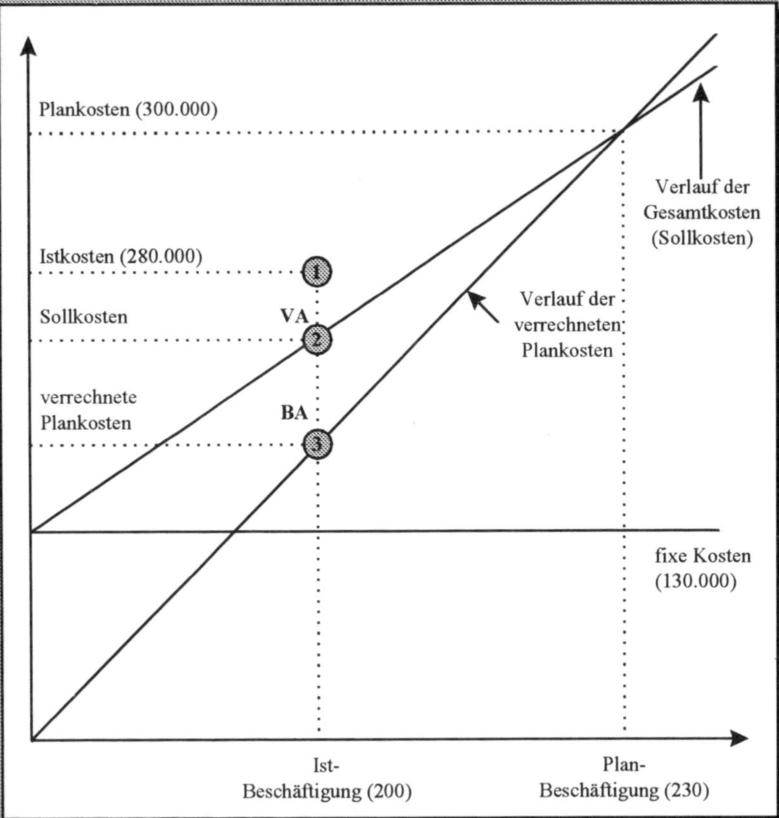

Berechnungsformeln:
Sollkosten = fixe Plankosten + var. Plankostenverrechnungssatz * Ist-Beschäftigung
Verrechnete Plankosten = Plankostenverrechnungssatz * Ist-Beschäftigung
Beschäftigungsabweichung (BA) = Sollkosten - verrechnete Plankosten (2 - 3)
Verbrauchsabweichung (VA) = Istkosten - Sollkosten (1 - 2)
Gesamtabweichung (GA) = BA + VA bzw. Istkosten - Verrechnete Plankosten (1 - 3)

Beispiel:
Sollkosten = 130.000 + 170.000/230 * 200 = 277.826
Verrechnete Plankosten = 300.000/230 * 200 = 260.870
BA = 277.826 - 260.870 = 16.956; VA = 280.000 - 277.826 = 2.174; GA = 19.130

Abb. 55: Flexible Plankostenrechnung

4.1.3.2.6 Grenzplankostenrechnung

Das methodisch fundierteste Plankostenrechnungsverfahren ist die Grenzplankostenrechnung. Wesentliche Merkmale gegenüber den anderen Verfahren sind:

- Sowohl in der Kostenstellenrechnung als auch in der Kostenträgerrechnung erfolgt eine strikte Trennung in fixe und variable Kosten (vgl. Abb. 56).

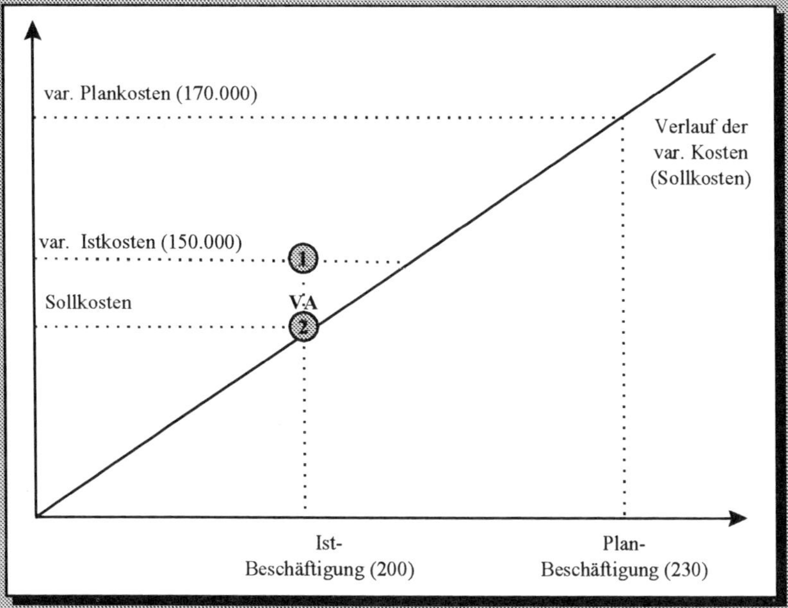

Berechnungsformeln:
Sollkosten = var. Plankostenverrechnungssatz * Ist-Beschäftigung
Verbrauchsabweichung (VA) = var. Istkosten - Sollkosten (1 - 2)

Beispiel:
Sollkosten = 170.000/230 * 200 = 147.826
VA = 150.000 - 147.826 = 2.174

Abb. 56: Grenzplankostenrechnung

- Es existiert nur noch eine Abweichungsart: die Verbrauchsabweichung.
- Die fixen Kosten werden gesammelt und als Block direkt in das Betriebsergebnis gebucht.

Die Grenzplankostenrechnung ermöglicht wie die flexible Plankostenrechnung eine wirksame Kostenkontrolle. Darüber hinaus werden Entscheidungen wie z.B. die Preisbestimmung durch den Ausweis von Preisuntergrenzen unterstützt. Möglich wird dies durch die separate Abrechnung variabler und fixer Kostenbestandteile bis in die Betriebsergebnisrechnung. In der Praxis hat es sich als vorteilhaft erwiesen, parallel zur Grenzplankostenrechnung die Vollkosten weiterhin zu ermitteln, da diese für bestimmte Zwecke, wie die Kalkulation öffentlicher Aufträge oder die steuerliche Bewertung der Bestände, bekannt sein müssen.

4.1.3.3 Preis- und Mengenkomponenten der Plankostenrechnung

In der Plankostenrechnung werden feste Planpreise zugrunde gelegt, um Preisschwankungen zu neutralisieren. Dadurch wird die Plankostenrechnung zu einer **preisfixierten Mengenrechnung**. Die Wirtschaftlichkeit innerbetrieblicher Vorgänge kann besser beurteilt werden. Die Abb. 57 verdeutlicht die Verwendung des Planpreises in der Plankostenrechnung und die dadurch mögliche getrennte Analyse von Mengen- und Preisabweichungen[31].

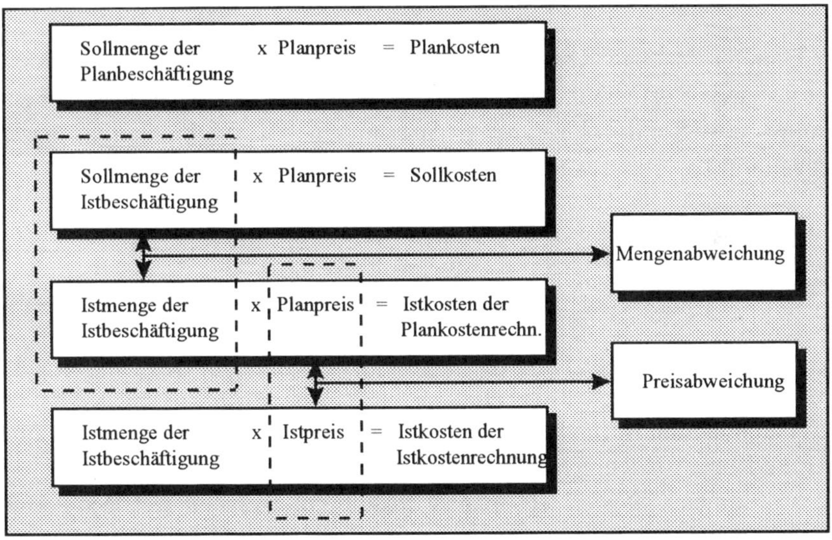

Abb. 57: Preis- und Mengenkomponenten der Plankostenrechnung

[31] Vormbaum, H., Rautenberg, H., Plankostenrechnung, Baden-Baden, Bad Homburg 1985, S. 119.

Fall:
Die Kostenstelle Bohren plant, im Februar 100 Fahrradrahmen zu fertigen (Planbeschäftigung). Laut Arbeitsplan benötigt man für die Bohrungen aller Löcher pro Rahmen 10 Minuten (Sollmenge). Der Kostenstellenplan weist die Bohrminute mit 5,- aus (Planpreis).
Anfang März stellt man fest, daß lediglich ein Auftrag über 80 Fahrradrahmen zu bearbeiten war (Istbeschäftigung). Pro Rahmen benötigte man nicht wie geplant 10, sondern 12 Minuten (Istmenge). Außerdem verursachte eine Bohrminute 6,- (Istpreis).

Aufgabe:
Wie hoch sind Plankosten, Sollkosten, Istkosten laut Plankostenrechnung und Istkosten laut Istkostenrechnung?

Antwort:
Plankosten = 5.000,-; Sollkosten = 4.000,-; Istkosten laut Plankostenrechnung = 4.800,-; Istkosten laut Istkostenrechnung = 5.760,-.

4.1.3.4 Einzelkostenplanung

Die Planung der dem Kostenträger nach dem Verursachungsprinzip direkt zuordenbaren Kosten hat zum **Ziel, Mengenstandards für Material-, Fertigungs- und Sondereinzelkosten** zu ermitteln. Die Multiplikation dieser Mengen mit fixierten Planpreisen ergibt die Plankosten.

4.1.3.4.1 Materialeinzelkosten

Geplant werden Rohstoffe, Zwischenprodukte der Fertigung und Fremdbezugsteile. Hilfsstoffe, die eigentlich auch Einzelkosten darstellen, werden aus Vereinfachungsgründen oft als unechte Gemeinkosten behandelt und über die Kostenstellenrechnung kontrolliert und verrechnet.
Die Materialeinzelkosten legt man je Kostenträger-Einheit fest. Sie setzen sich aus den Komponenten laut Abb. 58 zusammen. Mehrverbräuche entstehen z.B. durch Verschnitt oder andere Abfälle, die beim Drehen oder Zerspanen anfallen. Sie sollten einzeln ermittelt werden, um ihre Bedeutung abzuschätzen.

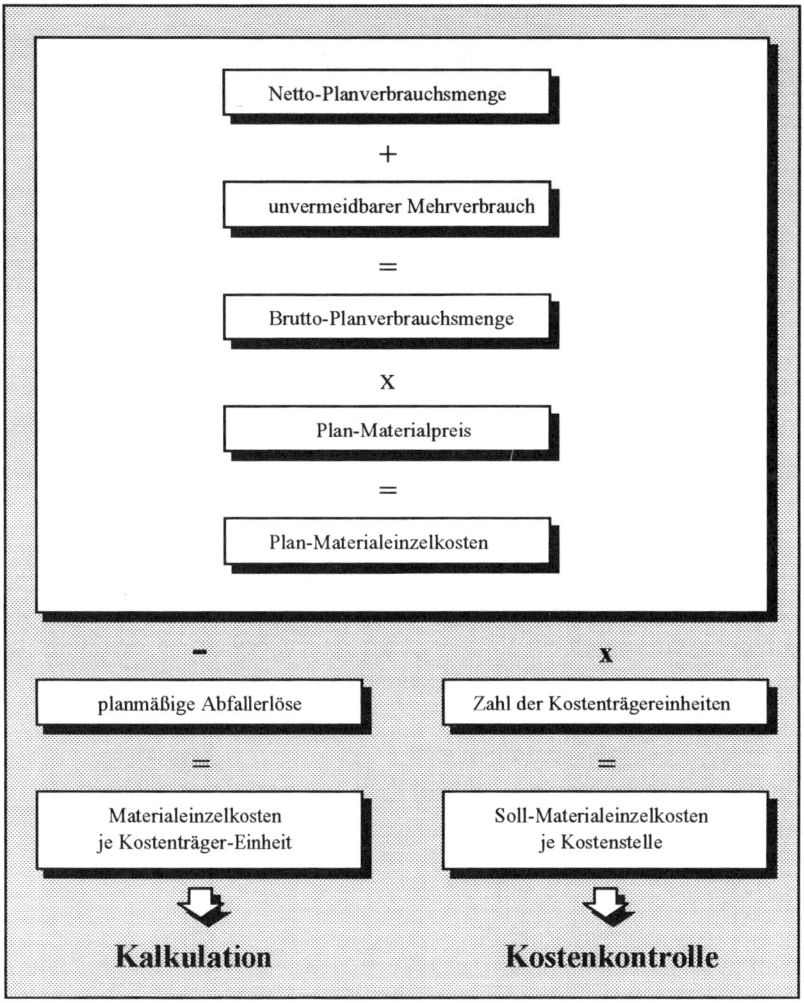

Abb. 58: Planung der Materialeinzelkosten[32]

Die Planpreise bildet man in der Praxis so, daß sie die voraussichtlichen jährlichen Durchschnittspreise widerspiegeln. Erfahrung und genaue Kenntnis der Beschaffungsmärkte sind dafür notwendig.
Die Höhe des angesetzten Preises richtet sich in der Praxis nach dem Einstandspreis. Die Bewertung mit Planpreisen sollte bereits beim Eingang der Güter erfolgen. Die Bestandskonten werden dann mit Planpreisen geführt.

---

[32] Vormbaum, H., Rautenberg, H., Plankostenrechnung, Baden-Baden, Bad Homburg 1985, S. 138.

Brutto-Einkaufspreis
- Rabatte, Boni, Skonti
- Untermengenzuschläge
Nettoeinkaufspreis
+ Bezugsnebenkosten
Einstandspreis

4.1.3.4.2 Fertigungseinzelkosten

Auch bei der Planung der Lohnkosten ist zwischen der Mengen- und Preiskomponente zu unterscheiden. Bestimmt werden müssen die **Lohnsätze** und die **Arbeitszeit**.

Planung der Lohnsätze

Der Lohnsatz wird durch ein Verfahren der Arbeitsbewertung bestimmt. Es existieren dazu verschiedene Möglichkeiten[33]:

	Summarisch	Analytisch
Reihung	Rangfolgeverfahren	Rangreihenverfahren
Stufung	Lohngruppenverfahren	Stufenwertzahlverfahren

Abb. 59: Verfahren der Arbeitsbewertung

Während man bei den summarischen Verfahren eine Tätitgkeit als Ganzes bewertet, wird bei den analytischen Verfahren der Anteil einzelner Anforderungsarten an der Gesamtanforderung einer Tätigkeit festgestellt. Daraufhin addiert man die einzelnen Anforderungswerte. Die Summe ergibt den Arbeitswert der Tätigkeit. **Anforderungsarten nach REFA** sind:

1. Kenntnisse (Ausbildung, Erfahrung, Denkfähigkeit)
2. Geistige Belastung (Aufmerksamkeit, Denktätigkeit)
3. Geschicklichkeit (Handfertigkeit, Körpergewandtheit)
4. Muskelmäßige Belastung (dynamische Muskelarbeit, statische Muskelarbeit, einseitige Muskelarbeit)

[33] REFA (Hrsg.), Anforderungsermittlung (Arbeitsbewertung), 2. Auflage, München 1991, S. 64 ff.

5. Verantwortung (für die eigene Person, für andere Personen, für Funktion, Struktur oder Prozeß)
6. Umweltbedingungen (Klima, Lärm, Beleuchtung, Schwingung, Staub, Öl, Nässe, Fett, Schmutz, Gase, Dämpfe, negatives Sozialprestige eines Berufs)

Ein weiteres Unterscheidungsmerkmal der Verfahren ist, ob zwischen den Tätigkeiten eine Rangfolge aufgestellt wird (Reihung) oder ob Schwierigkeitsklassen gebildet werden, in welche die einzelnen Tätigkeiten einzuordnen sind (Stufung).

Rangfolgeverfahren

Die Tätigkeiten werden durch paarweise Gegenüberstellung miteinander verglichen und nach der Arbeitsschwierigkeit in eine Rangfolge gebracht. Ein Beispiel soll die Vorgehensweise verdeutlichen. Folgende Tätigkeiten sind zu bewerten:

Bedienen einer Bohrmaschine, Arbeitsvorbereitung, Montage, Transportarbeit, Hausverwaltung, Werkzeugausgabe. Das Ergebnis zeigt Abb. 60 (1=höchster Schwierigkeitsgrad).

Rangfolge	Tätigkeit
1	Arbeitsvorbereitung
2	Montage
3	Bedienen einer Bohrmaschine
4	Werkzeugausgabe
5	Transportarbeiten
6	Hausverwaltung

Abb. 60: Rangfolgeverfahren

Lohngruppenverfahren

Ausgangspunkt ist eine bestimmte Anzahl von Lohngruppen, die unterschiedliche Arbeitsschwierigkeiten repräsentieren. Durch Richtbeispiele werden die einzelnen Gruppen näher erläutert. Die Lohngruppe 7 eines Lohnabkommens ist z.B. wie folgt definiert[34]:

[34] REFA (Hrsg.), Anforderungsermittlung (Arbeitsbewertung), 2. Aufl., München 1991, S. 14.

Arbeiten, deren Ausführung ein Können voraussetzt, das erreicht wird durch eine entsprechende ordnungsgemäße Berufslehre (Facharbeiten). Arbeiten, deren Ausführung Fertigkeiten und Kenntnisse erfordert, die Facharbeiten gleichzusetzen sind.

Die Zahl der Gruppen richtet sich nach dem angestrebten Genauigkeitsgrad. Die einzelnen Tätigkeiten werden den entsprechenden Gruppen zugeordnet.

Rangreihenverfahren

Beim Rangreihenverfahren werden die einzelnen Anforderungsarten differenziert bewertet (siehe Abb. 61).

	Kenntnisse	Geistige Belastung	Geschick-lichkeit	Muskelm. Belastung	Verant-wortung	Umweltbe-dingungen
Arbeitsvorbereitung	1	1	5	6	1	6
Montage	2	2	1	2	2	2
Bedienen einer Bohrmaschien	3	3	2	1	3	1
Werkzeugausgabe	4	5	4	4	5	4
Transportarbeiten	5	4	3	3	4	3
Hausverwaltung	6	6	6	5	6	5

	Kenntnisse	Geistige Belastung	Geschick-lichkeit	Muskelm. Belastung	Verant-wortung	Umweltbe-dingungen
Arbeitsvorbereitung	100	100	35	20	100	30
Montage	85	70	100	80	90	90
Bedienen einer Bohrmaschien	60	60	85	100	75	100
Werkzeugausgabe	50	35	40	50	60	60
Transportarbeiten	45	40	50	60	70	75
Hausverwaltung	30	20	20	40	50	55
Gewicht d. Anforderungsart	**30**	**15**	**10**	**10**	**30**	**5**

Anm.: Alle Angaben in Prozent

Abb. 61: Rangreihenverfahren

Das Verfahren ist mit der Nutzwertanalyse vergleichbar. Zunächst wird pro Anforderungsart zwischen den Tätigkeiten eine Reihenfolge gebildet. Um differenzierte Abstufungen zwischen den Tätigkeiten einfließen zu lassen, werden die Rangziffern in Prozentwerte umgerechnet. Die Platzziffer 1 entspricht 100 Prozent. Außerdem wird durch Gewichte bestimmt, wie stark eine Anforderungsart in die Bewertung einfließen soll. Im Beispiel werden die Anforderungen Kenntnisse und Verantwortung am stärksten berücksichtigt. Den Gesamtwert einer Tätigkeit erhält man durch Addition der

gewichteten Punktwerte. Für das Bedienen einer Bohrmaschine ergibt sich folgender Arbeitswert:
(60*30)/100 + (60*15)/100 + (85*10)/100 + (100*10)/100 + (75*30)/100 + (100*5)/100 = 73 von 100 möglichen Punkten.

Stufenwertzahlverfahren
Für jede Anforderungsart legt man Anforderungsstufen mit Punktzahlen (Wertzahlen) fest. Die einzelnen Stufen werden verbal erläutert, um die Zuordnung einer Tätigkeit zu erleichtern. Die Zahl der Stufen ergibt die erreichbare Punktzahl je Anforderungsart. Durch Addition der Punktzahlen gewinnt man den Arbeitswert einer Tätigkeit (im Beispiel 22 Punkte für die Bedienung einer Bohrmaschine).

	Anforderungsstufen									
Kenntisse	0	1	2	3	4	5	(6)	7	8	9
Geistige Belastung	0	1	(2)	3	4					
Geschicklichkeit	0	1	2	(3)						
Muskelm. Belastung	0	1	2	(3)						
Verantwortung	0	1	2	3	4	5	6	(7)	8	9
Umweltbedingungen	0	(1)								

Abb. 62: Stufenwertzahlverfahren

Planung der Arbeitszeit

Im Mittelpunkt steht die Ermittlung von Vorgabezeiten. Gebräuchliche Verfahren sind:

Rechnende Zeitstudie
Die Arbeitsvorgänge zerlegt man in elementare Bewegungen, denen normierte Zeittabellenwerte zugeordnet werden. Ein Beispiel ist die MTM-Studie[35].

[35] REFA (Hrsg.), Methodenlehre des Arbeitsstudiums, Teil 2: Datenermittlung, 7. Aufl., München 1992, S. 72 ff.

Orientierende Zeitstudie
Der Anteil der einzelnen Zeitarten an der Gesamtzeit wird auf statistischer Basis ermittelt. Man mißt Zeiten nicht direkt, sondern durch Stichproben. Dabei wird die relative Häufigkeit des Auftretens verschiedener Zeitarten festgehalten. Daraus kann man die absolute Dauer einer Tätigkeit ermitteln. Ein Beispiel ist die Multimomentstudie[36].

Messende Zeitstudie
Die Zeitermittlung erfolgt durch Messung und Beobachtung am Arbeitsplatz. Ein bekanntes Beispiel ist die REFA-Vorgabezeitermittlung, die im folgenden aufgrund ihrer Bedeutung kurz skizziert wird:
Geschulte Arbeitsstudienleute ermitteln am Arbeitsplatz die Vorgabezeit (=Sollzeit) nach der Formel:

$$\mathbf{t = L/100 * t_i}$$

L=Leistungsgrad, t_i = gemessene Istzeit

Besonders wichtig ist die Ermittlung des Leistungsgrads. Der Arbeitsstudienmann beobachtet dafür das Erscheinungsbild des Bewegungsablaufs eines Arbeiters. Durch Training besitzt er eine Vorstellung davon, wie die optimale Leistung bezüglich Geschwindigkeit und Beherrschung der Bewegungen aussehen müßte. Er ermittelt den Leistungsgrad, indem die beobachtete Istleistung auf die vorgestellte Idealleistung bezogen wird. Damit ist er in der Lage, Vorgabezeiten zu errechnen. Hat er beispielsweise einen Leistungsgrad von 80 Prozent festgestellt und als Istzeit für die Bearbeitung von 100 Stück 120 Minuten gemessen, so ergibt sich daraus eine Vorgabezeit von 96 Minuten pro 100 Stück.
Die Vorgabezeit für einen Auftrag setzt sich aus verschiedenen Zeitarten zusammen, deren jeweilige Sollzeit im Rahmen der Zeitstudie ermittelt wird (vgl. Abb. 63). Durch Aggregation der Teilvorgabezeiten erhält man die Vorgabezeit für den gesamten Auftrag.

---

[36] Schmidt, G., Methoden und Techniken der Organisation, Gießen 1994, S. 136 ff.

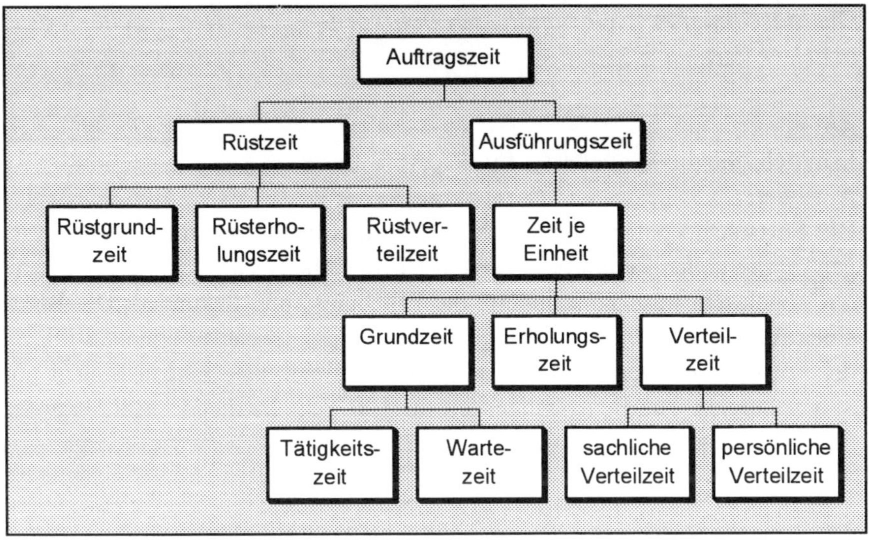

Abb. 63: Zeitarten nach REFA[37]

Fall:

Die Vorgabezeit für das Bohren von 100 Teilen soll ermittelt werden. Es wurde bereits eine Zeitaufnahme auf der Grundlage von fünf Beobachtungen durchgeführt.

	Z_y	1	2	3	4	5	ØL, Øt_i	t	Zeit-art
Aufnehmen, Einspannen	L	103	108	109	100	104	104,8		Tätig-
	t_i	87	80	81	93	85	85,2	89,3	keits-
	F	87	404	731	1060	1389			zeit
Bohren	L	-	-	-	-	-	-		War-
	t_i	181	185	183	184	183	183,2	183,2	tezeit
	F	268	589	914	1244	1572			
Ausspannen, Ablegen	L	110	107	111	103	106	107,4		Tätig-
	t_i	56	61	53	60	61	58,2	62,5	keits-
	F	324	650	967	1304	1633			zeit
							Σ t =	335,0	

t_i= Istzeit; t= Sollzeit; Z_y= Beobachtungszyklus
L= Leistungsgrad; F= Fortschrittszeit

Abb. 64: Beispiel einer Zeitaufnahme für den Menschen nach REFA

[37] REFA (Hrsg.), Methodenlehre des Arbeitsstudiums. Teil 2: Datenermittlung, 7. Aufl ., München 1992, S. 47.

Die Maschine führt selbständig den Bohrvorgang aus. Der Arbeiter wartet in dieser Zeit.

Aufgabe:
Ermitteln Sie die Vorgabezeit für den Auftrag.
Antwort:
Die Fortschrittszeit F (siehe Abb. 64) wird während der fünf Beobachtungen umfassenden Zeitaufnahme nach jedem Arbeitsschritt von einer Stoppuhr abgelesen. Insgesamt dauerte die Erhebung 1633 Sekunden. Die Istzeit eines Arbeitsschritts ermittelt man als Differenz zweier aufeinanderfolgender Fortschrittszeiten. Für das Beispiel ergibt sich eine Zeit je Einheit von 335 Sekunden. Die Bearbeitungszeit für 100 Teile beträgt 33.500 Sekunden oder 9,3 Stunden.

Planung einzelner Lohn- und Gehaltsarten

Fertigungslöhne
Trotzdem Fertigungslöhne Einzelkosten sind, wird empfohlen, sie in der Plankostenrechnung über die Kostenstellen zu planen und abzurechnen. Dies ermöglicht eine bessere Kontrolle. Abb. 65 zeigt am Beispiel einer Produktionsmenge von 250 Stück für das Fahrrad Allround die Vorgehensweise zur Ermittlung der Fertigungslöhne. Über die Stücklistenauflösung erhält man alle notwendigen Einzelteile und Baugruppen. Für jede Komponente einer Stückliste existiert ein Arbeitsplan, der die Arbeitsgänge mit dem jeweiligen Zeitbedarf (= Vorgabezeit) dokumentiert. Die Einzellohnkosten pro Kostenstelle ergeben sich bei Akkordlohn, indem die Vorgabezeit mit dem zugehörigen Planlohnsatz/Minute multipliziert wird. Durch Addition der Lohnkosten aller Fertigungsaufträge erhält man die gesamten Planlohnkosten der Kostenstelle. Wird im Zeitlohn gearbeitet, benutzt man die Formel:

Arbeitszeit/Arbeiter und Monat * Arbeiterzahl * Lohnsatz

Zusatzlöhne
Gründe für Zusatzlöhne sind z.B.
- Maschinenstörungen
- Störungen des Arbeitsablaufs
- schlechte Materialeigenschaften
- zu geringe Seriengrößen
- Anlernen neuer Arbeitskräfte

Da in gewissem Umfang die aufgeführten Störungen immer eintreten werden, berücksichtigt man dies schon bei der Planung durch Korrekturen der Fertigungslöhne, die drei Prozent nicht überschreiten sollten.

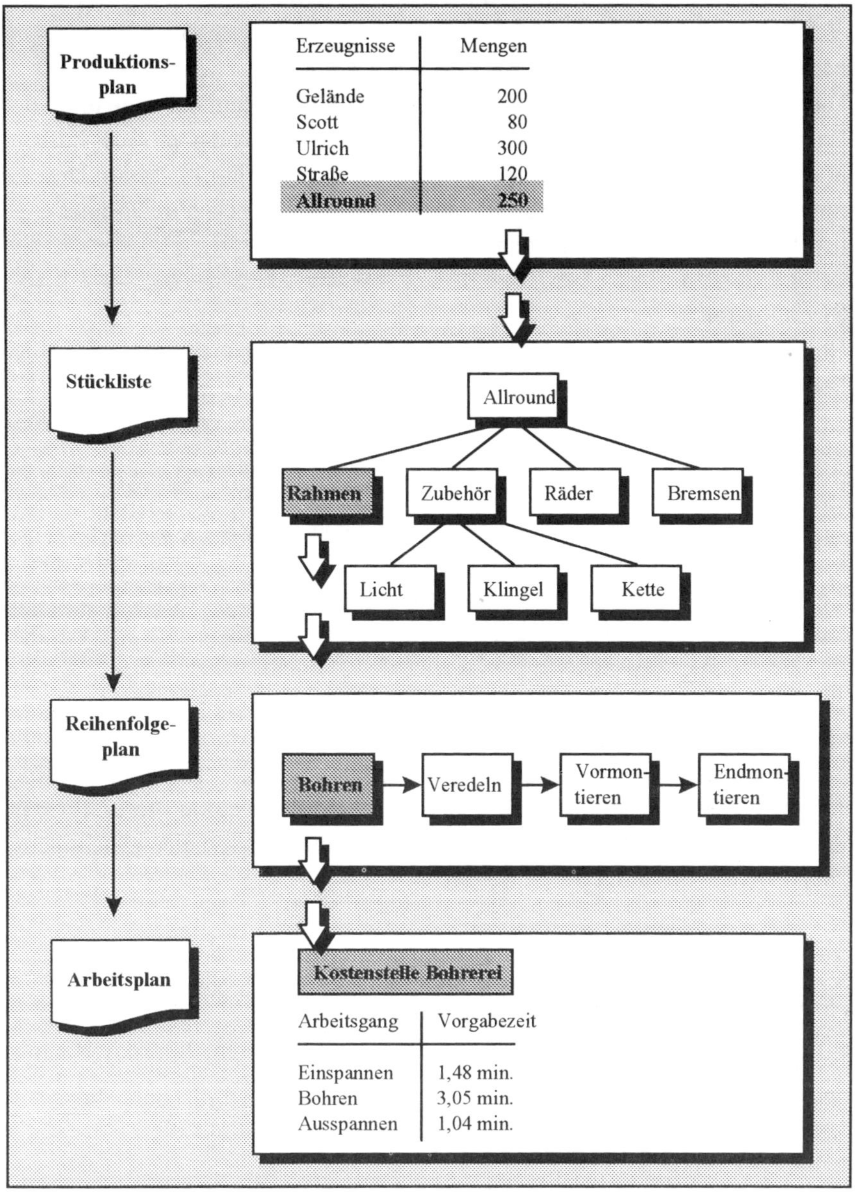

Abb. 65: Ermittlung der Arbeitszeit über Stückliste und Arbeitsplan

Hilfslöhne

Zu den Hilfslöhnen zählen z.B. Reinigungs-, Transport- oder Kontrollarbeiten. Häufig kann die anfallende Stundenzahl direkt aus der Beschäftigung der Kostenstelle abgeleitet werden (Beispiel: Transportarbeiten, die entsprechend der hergestellten Stückzahl anfallen).

Mehrarbeitszeit

Die Lohnkosten werden zunächst incl. der Mehrarbeit mit den normalen Lohnsätzen geplant. Anschließend erfolgt die Aufteilung in eine Position normale tarifliche Arbeitszeit und eine Position Mehrarbeitszeit. Dies ist notwendig, weil die Mehrarbeitskosten zu Kontrollzwecken unter einer eigenen Kostenart Lohnzuschläge ausgewiesen werden.

Sozialkosten

Bei der Planung der Lohn- und Gehaltskosten müssen auch die Sozialkosten berücksichtigt werden[38]:

Geplante Lohnsumme/Gehaltssumme
\+ Soziallöhne (Urlaubsgeld, Lohnfortzahlung)
\+ Gesetzliche Sozialabgaben (Arbeitgeberanteil)
\+ Sonstige freiwillige Sozialkosten (Pensionen, Weihnachtsgeld)
= Lohn- und Gehaltskosten

Sozialkosten werden soweit möglich getrennt nach Lohn- und Gehaltsempfängern geplant, da die Belastung mit gesetzlichen Aufwendungen unterschiedlich ist. Dazu wird ein kalkulatorischer Sozialkostenzuschlag ermittelt. Die Sozialkosten errechnen sich durch Multiplikation dieses Prozentsatzes mit den Lohn- bzw. Gehaltskosten. Damit ist auch eine gleichmäßige monatliche Verteilung gewährleistet.

$$\text{Kalkulatorischer Sozialkostenzuschlag} = \frac{\text{gesetzliche u. freiwillige Sozialkosten}}{\text{Geplante Lohnsumme/Gehaltssumme}} * 100$$

Sekundäre Sozialkosten wie die Kosten der Kantine können in den Sozialkostenzuschlag aufgenommen oder separat im Betriebsabrechnungsbogen als sekundäre Gemeinkosten verrechnet werden.

[38] Kilger, W., Flexible Plankosten- und Deckungsbeitragsrechnung, 10. Aufl., Wiesbaden 1993.

Sozialkosten für Lohn		
Geplante Lohnsumme 1998	50.000.000,-	
1. Soziallöhne	16.000.000,-	32%
2. Gesetzliche Sozialabgaben	13.000.000,-	26%
3. Sonstige freiwillige Sozialkosten	6.000.000,-	12%
Summe	35.000.000,-	**70%**

Sozialkosten für Gehalt		
Geplante Gehaltssumme 1998	30.000.000,-	
1. Gesetzliche Sozialabgaben	13.000.000,-	43%
2. Sonstige freiwillige Sozialkosten	9.500.000,-	32%
Summe	22.500.000,-	**75%**

Sozialkosten für Lohn und Gehalt		
Geplante Lohn- und Gehaltssumme 1998	80.000.000,-	
1. Sonstige freiwillige Sozialkosten	2.400.000,-	3,0%
2. Sozialkostenstellen (Kantine, Werksarzt)	1.600.000,-	2,0%
Summe	4.000.000,-	**5,0%**

Kalk. Sozialkostenzuschlag Lohn	**75,0%**
Kalk. Sozialkostenzuschlag Gehalt	**80,0%**

Abb. 66: Ermittlung der Sozialkosten

Sozialkosten werden in fixe und proportionale Bestandteile aufgeteilt.:

	Gesamt	Proportional	Fix
Fertigungslöhne	10.000	10.000	
Hilfslöhne	1.000	800	200
	11.000	10.800	200
Kalk. Sozialkosten (75%)	8.250	8.100	150

Die Differenz zwischen den tatsächlich angefallenen und verrechneten Sozialkosten wird am Ende des Jahres ins Betriebsergebnis überführt.
Streng genommen müßten Sozialkosten getrennt nach leitenden Angestellten, Angestellten und Arbeitern, verschiedenen Zweigwerken sowie weiblichen und männlichen Arbeitskräften ermittelt werden. Die Praxis verzichtet darauf.

Gehaltskosten
Der Planung der Gehaltskosten sollte eine Analyse der Arbeitsplätze, der Abläufe und Arbeitstechniken vorausgehen (siehe Kap. 7: Controlling von Geschäftsprozessen). Auf dieser Grundlage wird die Bearbeitung optimiert; es werden Doppelarbeiten und Medienbrüchen vermieden und effektivere Arbeitstechniken eingeführt.
Anschließend sind geeignete Maßgrößen festzulegen (z.B. Bestellungen pro Monat in einer Einkaufsabteilung). Außerdem sind Leistungsstandards für die Abteilungen zu ermitteln (z.B. beträgt die durchschnittliche Leistung 100 Bestellungen pro Monat und Person) und die zu erwartenden durchschnittlichen Volumina der Angestelltentätigkeit zu planen (z.B. 580 Bestellungen pro Monat). Schließlich kann nach der folgenden Berechnungsvorschrift der Bedarf an Angestellten festgestellt werden:

$$\text{Anzahl der Angestellten} = \frac{\varnothing \text{ Anzahl der Bearbeitungsfälle/Monat}}{\varnothing \text{ Anzahl der Bearbeitungsfälle/Person und Monat}}$$

$$\text{Z.B.: Anzahl der Einkäufer} = \frac{580}{100} = 5{,}8.$$

Mit prozentualen Zuschlägen auf das Ergebnis werden Verteilzeiten für nicht vorhersehbaren zeitlichen Mehrbedarf und notwendige Personalreserven berücksichtigt. Verteilzeit- und Personalreservezuschlag betragen im Beispiel zusammen 22 Prozent, so daß sich ein monatlicher Personalbedarf von 7 Einkäufern errechnet. Die Kostenplanung sieht dann wie folgt aus:

1,0 Abteilungsleiter	7.000,-
0,5 Bürohilfskraft	1.200,-
7,0 Einkäufer	35.000,-
	43.200,-

Gehaltskosten sind nicht grundsätzlich fix. Durch flexible Arbeitszeitlösungen (Gleitzeit, Teilzeit, Jahresarbeitszeit) können in gewissen Grenzen auch die Kosten für Angestellte kurzfristig beeinflußt werden. Im Beispiel wurde das Gehalt des Einkaufsleiters, der Sekretärin und von vier Einkäufern, welche die Stammbelegschaft der Abteilung bilden, als fix, die Gehaltskosten der restlichen drei Einkäufer als variabel geplant.

4.1.3.4.3 Sondereinzelkosten

Sondereinzelkosten werden neben Einzelmaterial- und Einzellohnkosten den Kostenträgern direkt zugerechnet. Beispiele für Sondereinzelkosten sind:

	Sondereinzelkosten der Fertigung	Sondereinzelkosten des Vertriebs
Vorleistungskosten	Modelle Entwürfe Entwicklung Vorrichtungen Spezialwerkzeuge Pauschallizenzen Ausbildung	Werbeaktionen
Leistungsmengen-abhängige Kosten	Spezialwerkzeuge Quotenlizenzen	Verpackung Transport Vertreterprovision

Abb. 67: Beispiele für Sondereinzelkosten

Leistungsmengenabhängige Sonderkosten werden je Kostenträger geplant und den zuständigen Kostenstellen zugewiesen
Vorleistungskosten sind weder eindeutig fix noch variabel. Sie sind bei Entscheidungen wie produktfixe Kosten zu behandeln. Die Planung erfolgt mit dem Ziel, ihre Deckung durch die abgesetzte Leistungen zu kontrollieren.

4.1.3.5 Gemeinkostenplanung

Die Abb. 68 verdeutlicht den Ablauf der Gemeinkostenplanung und -kontrolle. In den folgenden Kapiteln werden die einzelnen Schritte der Planung beschrieben. Kap. 4.2.1.3 behandelt die Kontrolle der Gemeinkosten.

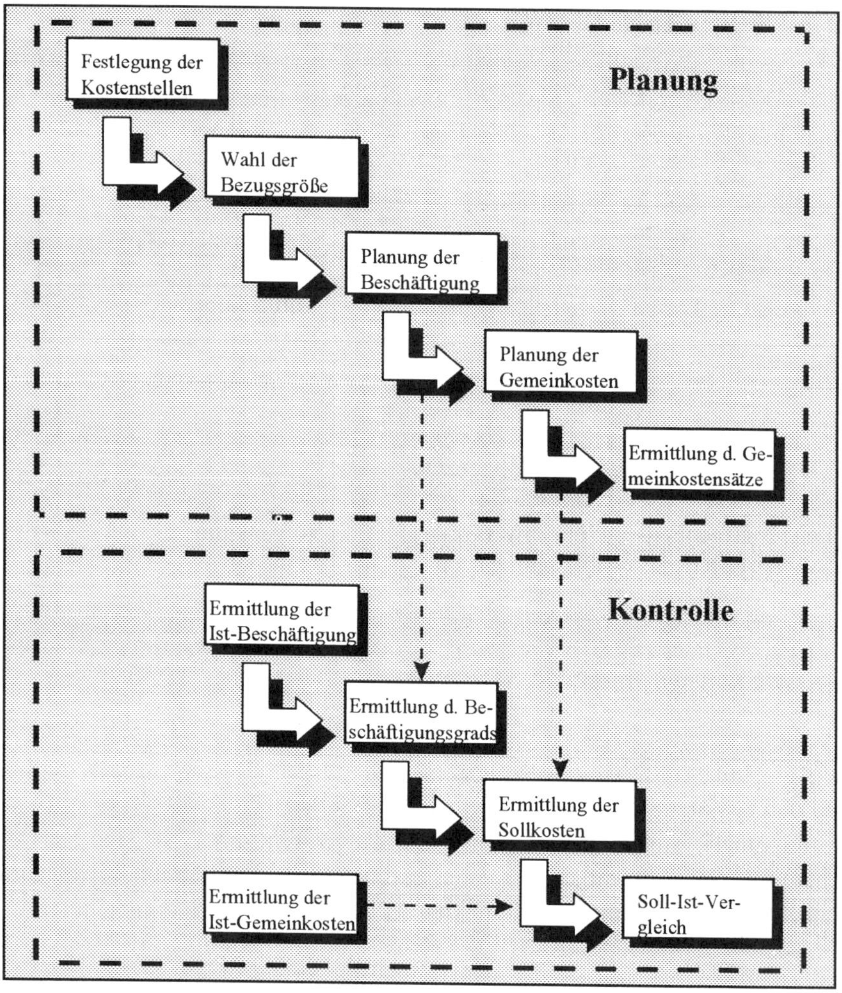

Abb. 68: Ablauf der Gemeinkostenplanung

4.1.3.5.1 Festlegung der Kostenstellen

Kostenstellen sollten folgende Kriterien erfüllen:

- Selbständiger Verantwortungsbereich
- Räumliche Einheit
- Homogene Kostenstruktur, für die sich eine sinnvolle Bezugsgröße finden läßt.
- Genaue und einfache Zuordnung der Istkosten

Um Kostenstellen zu klassifizieren, wählt man häufig eine Einteilung in:

- Fertigungshauptkostenstellen (z.B. Dreherei)
- Hilfskostenstellen (z.B. Werkzeugbau)
- Materialkostenstellen (z.B. Lager)
- Allgemeine Kostenstellen (z.B. Stromversorgung, Wasserversorgung)
- Verwaltungskostenstellen (z.B. Rechnungswesen, Personalabteilung)
- Vertriebskostenstellen (z.B. Werbeabteilung)

Grundsätzlich sind folgende Punkte zu bedenken:

- Je feiner die Einteilung der Kostenstellen erfolgt, desto eher läßt sich eine Bezugsgröße (vgl. Kap. 4.1.3.5.2) finden, zu der sich die Kosten proportional verhalten. Kostenkontrolle und Kalkulation werden in diesem Fall genauer.
- Wenn es nicht zu aufwendig ist, sollten Planung und Kontrolle auf Kostenplatzebene (z.B. differenziert für einzelne Maschinen) vorgenommen werden. Dabei tritt das Problem auf, daß manche Kosten nicht mehr eindeutig zuordenbar sind. In diesem Fall kann man Bereichskostenstellen einrichten, die aus mehreren Kostenstellen bzw. Kostenplätzen bestehen. Kosten, die man nicht einer einzelnen Kostenstelle zurechnen kann (z.B. das Meistergehalt), werden auf der Bereichskostenstelle verbucht.
- Natürlich steigt mit der Anzahl der Kostenstellen auch der Planungsaufwand. Deshalb ist sorgfältig zwischen Genauigkeit der Kontrolle (und Kalkulation) sowie der Wirtschaftlichkeit abzuwägen.
- Die Genauigkeit der Kostenstellengliederung ist im Fertigungsbereich höher als im Verwaltungs- und Vertriebsbereich. Außerdem sind dort verursachungsgerechte Bezugsgrößen nur sehr schwer zu finden.
- Planung <u>und</u> Kontrolle müssen die gleiche Differenzierung aufweisen, um Soll-Ist-Vergleiche durchführen zu können (Identitätsprinzip der Planungs- und Kontrollbereiche).

4.1.3.5.2 Wahl der Bezugsgrößen

Bezugsgrößen haben bei der Kostenplanung und -kontrolle eine große Bedeutung. Sie geben das Beschäftigungsniveau einer Kostenstelle an und ermöglichen eine verursachungsgerechte Zuordnung der Kosten im Rahmen der Kalkulation. Abb. 69 zeigt mögliche Bezugsgrößen für unterschiedliche Kostenstellen.

Kostenstelle	Bezugsgröße
Fertigungskostenstellen (Bohrerei, Dreherei, Montage)	Maschinenzeit Fertigungszeit (Akkord) Rüststunden
Stromversorgung	Kilowattstunden
LKW-Transporte	gefahrene Kilometer
Lager	qm-Fläche, durchschnittlicher Lagerbestand Anzahl Zugänge, Abgänge
Einkauf	Anzahl Angebote Anzahl Bestellungen
Verkauf	Anzahl Kundenaufträge
Finanzbuchhaltung	Anzahl Buchungen

Abb. 69: Beispiele für Bezugsgrößen verschiedener Kostenstellen

Die Bezugsgröße muß so gewählt werden, daß zwischen der Bezugsgrößenmenge und dem Kostenanfall ein lineares Verhältnis besteht. Ein direkter Bezug zum Kostenträger sollte gegeben sein, um die Kalkulationsfunktion zu erfüllen. Außerdem ist darauf zu achten, daß der Mengenanfall bei einer Bezugsgröße (Istbezugsgrößenmenge) einfach erfaßt werden kann. Zu unterscheiden sind direkte und indirekte Bezugsgrößen.
Als **direkte Bezugsgröße** werden Leistungseinheiten (Stück, Meter, kg, Liter, qm, Anzahl Buchungen bzw. bearbeitete Rechnungen), Zeiteinheiten (Maschinenstd., Fertigungsstd.) oder Hilfsgrößen (Fertigungslöhne, Personen) verwendet.

Indirekte Bezugsgrößen werden gewählt, wenn sich die Leistung einer Kostenstelle nicht quantifizieren läßt oder die Erfassung der Istbezugsgröße unwirtschaftlich wäre. Kilger unterscheidet drei Arten indirekter Bezugsgrößen[39]:

1. Wertdeckungsbezugsgrößen, die retrograd auf der Grundlage von Bezugsgrößen anderer Kostenstellen ermittelt werden.
2. Kostenartenbeträge (z.B. Materialkosten) als Bezugsgröße.
3. Bezugsgrößen, die aus den Herstellkosten der verkauften Erzeugnisse abgeleitet werden (z.B. werden die Vertriebsgemeinkosten oft in Prozent der Herstellkosten des Umsatzes ermittelt).

In der Praxis ist es schwierig, eine für die Kostenverursachung gut geeignete Größe zu finden, die sich proportional zu den variablen Kosten der Kostenstelle verhält. Häufig wird nur ein Teil der variablen Kosten mit einer bestimmten Bezugsgröße variieren. Es liegt eine heterogene Kostenverursachung vor (vgl. Abb. 70).

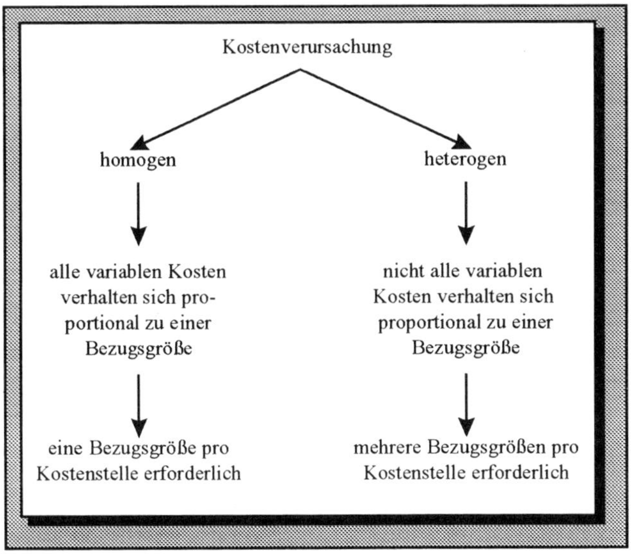

Abb. 70: Homogene und heterogene Bezugsgrößen[40]

---

[39] Kilger, W., Flexible Plankosten- und Deckungsbeitragsrechnung, 10. Aufl., Wiesbaden 1993, S. 327 ff.

[40] Däumler, K.-D., Grabe, J., Kostenrechnung 3. Plankostenrechnung, 4. Aufl., Herne, Berlin 1993, S 71.

Dann ist es sinnvoll, mehrere Bezugsgrößen für eine Kostenstelle zu wählen. Beispiele, bei denen eine Bezugsgröße nicht ausreicht, sind:

- unterschiedliche Bedienungsverhältnisse an einer Maschine. In diesem Fall sind die Bezugsgrößen Maschinenstunden und Arbeiterstunden zu wählen.
- unterschiedliche Einsatzstoffe an einer Maschine. Z.B. werden abhängig davon, ob Stahlrohr- oder Aluminiumrahmen gebohrt werden, unterschiedliche Mengen Energie und Kühlmittel verbraucht. Dementsprechend sind die Bezugsgrößen Bohrstunde Aluminium und Bohrstunde Stahlrohr festzulegen.

Grundsätzlich sollten wegen des Aufwands jedoch nicht mehr Bezugsgrößen verwendet werden, als für eine wirksame Kostenkontrolle und Kalkulation erforderlich sind. Zwischen der Größe der Kostenstellen und der Anzahl der Bezugsgrößen besteht ein Substitutionsverhältnis: Je größer die Kostenstelle, desto eher liegt eine heterogene Kostenverursachung vor und desto eher muß man deshalb mehrere Bezugsgrößen wählen. Wird die Kostenstelleneinteilung sehr differenziert auf Kostenplatzebene durchgeführt, so reicht häufig eine Bezugsgröße aus. Moderne Standardsoftware unterstützt problemlos die Verwendung mehrerer Bezugsgößen.

Fall:
Die Kostenstelle Bohrerei weist für die Bearbeitung der Fahrradrahmen die Planwerte laut Abb.71 auf. Für die Bearbeitungszeit wurden insgesamt 30.000,- und für die Rüstzeit 6.000,- Plankosten pro Periode ermittelt.

Planwerte

Teilbezeichnung	Menge pro Periode	Losgröße	Bearbeitungs-zeit (Min./St.)	Rüstzeit (Std./Los)
Rahmen Gelände	200	10	30	2,5
Rahmen Scott	80	8	8	4
Rahmen Ulrich	300	30	9	3,5
Rahmen Straße	120	12	17	1,5
Rahmen Allround	250	25	11	1

Teilbezeichnung	Ausf.zeit (Std./Periode)	Rüstzeit (Std./Periode)
Rahmen Gelände	100	50
Rahmen Scott	11	40
Rahmen Ulrich	45	35
Rahmen Straße	34	15
Rahmen Allround	46	10
Gesamt	**236**	**150**

Abb. 71: Plandaten der Kostenstelle Bohrerei

Die Abb. 72 gibt die tatsächlich eingetretenen Mengen und Seriengrößen wieder.

Istwerte

Teilbezeichnung	Menge pro Periode	Losgröße	Bearbeitungs-zeit (Min./St.)	Rüstzeit (Std./Los)
Rahmen Gelände	200	10	30	2,5
Rahmen Straße	250	15	17	1,5
Rahmen Allround	500	30	11	1

Teilbezeichnung	Ausf.zeit (Std./Periode)	Rüstzeit (Std./Periode)
Rahmen Gelände	100	50
Rahmen Straße	71	25
Rahmen Allround	92	17
Gesamt	**263**	**92**

Abb. 72: Istdaten der Kostenstelle Bohrerei

Aufgabe:
1. Ermitteln Sie die Sollkosten unter Verwendung einer Bezugsgröße (Bearbeitungszeit)!
2. Stellen Sie dem Ergebnis laut Aufgabenstellung 1 die Sollkosten gegenüber, die bei einer differenzierten Planung mit zwei Bezugsgrößen (Bearbeitungszeit und Rüstzeit) entstehen!

Antwort:
1. Würde man nur eine Bezugsgröße Bearbeitungszeit incl. Rüstzeit wählen, so müßte man mit Plankosten von 152,54,-/Bearbeitungsstunde rechnen (36.000,-/236 Stunden)

   Sollkosten bei Verwendung der Bezugsgröße Bearbeitungszeit:

152,54,- (Plankosten/Std.) * 263 Std. (Bearbeitungszeit) =	**40.118,-**

2. Verwendet man zwei Bezugsgrößen, werden die Plan- und Sollkosten differenziert für die Bearbeitungszeit und den Rüstaufwand ausgewiesen.
   Plankosten der reinen Bearbeitungszeit: 127,12,- (30.000,-/236 Std.)
   Plankosten der Rüstzeit: 40,00,- (6000,-/150 Rüststd.)

   Sollkosten der Bearbeitungszeit:

127,12,- (Plankosten/Std.) * 263 Std. (Bearbeitungszeit) =	33.433,-

   Sollkosten der Rüstzeit:

40,- (Plankosten/Std.) * 92 Std. (Rüstzeit) =	3.680,-

   Sollkosten gesamt **37.113,-**

Bei Verwendung einer Bezugsgröße würden also 3.005,- oder ca. 8,1 Prozent Sollkosten zuviel vorgegeben. Die Verwendung einer Bezugsgröße kann nur korrekt sein, wenn stets ein **konstantes Verhältnis zwischen Bearbeitungs- und Rüststunden** vorliegt. Im Beispiel ist diese Bedingung nicht erfüllt.

4.1.3.5.3 Planung der Beschäftigung

Um festzulegen, wieviele Fertigungsstunden in einer Kostenstelle pro Monat geleistet werden sollen, gibt es zwei Verfahren.

Bei der **Kapazitätsplanung** wird für jede Kostenstelle die Bezugsgröße entsprechend der individuellen Kapazität ermittelt. Es erfolgt keine Abstimmung mit anderen Kostenstellen. Diese Vorgehensweise hat eine tendenziell überhöhte Beschäftigung und damit zu niedrige Verrechnungssätze zur Folge.
Die **Engpaßplanung** legt für die Ermittlung der Planbeschäftigung einer Kostenstelle den betrieblichen Engpaß (meist die Absatzmenge) zugrunde. Der Kostenplan wird aus anderen Plänen, wie dem Absatzplan, abgeleitet. Ausgehend von den Planmengen der Erzeugnisse ermittelt man mittels der Stücklisten und Arbeitspläne, welche die Fertigungs- und Rüstzeiten enthalten, die Bezugsgrößenmenge je Kostenstelle und Bezugsgrößenart (vgl. Abb. 65). Daraus resultiert die planmäßige Auslastung aller Fertigungskostenstellen. Nach der Planung der Endkostenstellen wird das Mengengerüst jeder Vorkostenstelle aus den Leistungsanforderungen der mit einer Vorkostenstelle verbundenen Endkostenstellen abgeleitet.

In Kostenstellen, wie z.B. Verwaltung, Einkauf, Forschung und Entwicklung, besteht zwischen der Beschäftigung und der Gemeinkostenhöhe nur ein geringer Zusammenhang, da der größte Teil der Kosten fix ist. Deswegen werden dort die Gemeinkosten direkt in Form eines Budgets vorgegeben. Es existieren verschiedene Verfahren der Aufstellung von Budgets. Weit verbreitet ist die sogenannte Budgetierung als einfaches Verfahren. Die Kosten plant man dabei für eine angenommene Leistungshöhe durch Fortschreibung oder Schätzung. Die Kostenkontrolle wird als Plan-Ist-Vergleich und nicht als Soll-Ist-Vergleich durchgeführt.
Aufwendiger und deshalb auch seltener eingesetzt ist die Zero-Base-Budgeting-Methode (vgl. Kap. 7.4.2.4 Controlling von Geschäftsprozessen).

4.1.3.5.4 Planung der Gemeinkosten und Gemeinkostensätze

Die Gemeinkostenplanung kann global je Kostenstelle und Bezugsgrößenart oder differenziert kostenartenweise je Kostenstelle und Bezugsgrößenart erfolgen. Letztere Möglichkeit ist zu empfehlen.
Ein Problem der Gemeinkostenplanung ist die **Kostenauflösung** gemischter Kostenarten, wie z.B. der Energiekosten, die aus einem fixen Grundtarif und einem variablen verbrauchsabhängigen Leistungstarif bestehen. In solchen Fällen müssen die Kosten in ihre fixen und variablen Bestandteile aufgelöst

werden. Dafür kann man verschiedene Methoden der Kostenauflösung einsetzen:
Ausgehend von früheren Istkosten leitet man mit **statistischen Methoden** (z.B. einer Trendberechnung) die Sollkosten ab. Abb. 73 zeigt ein Streupunktdiagramm, das mit einem Tabellenkalkulationsprogramm aufgrund der Kosten- und Beschäftigungsdaten vergangener Perioden generiert wurde.

Monat	Fert.stunden pro Monat	Energiekosten pro Monat
1	80	260
2	90	270
3	100	306
4	113	330
5	91	270
6	75	240
7	62	225
8	80	255
9	88	190
10	98	305
11	103	320
12	54	240

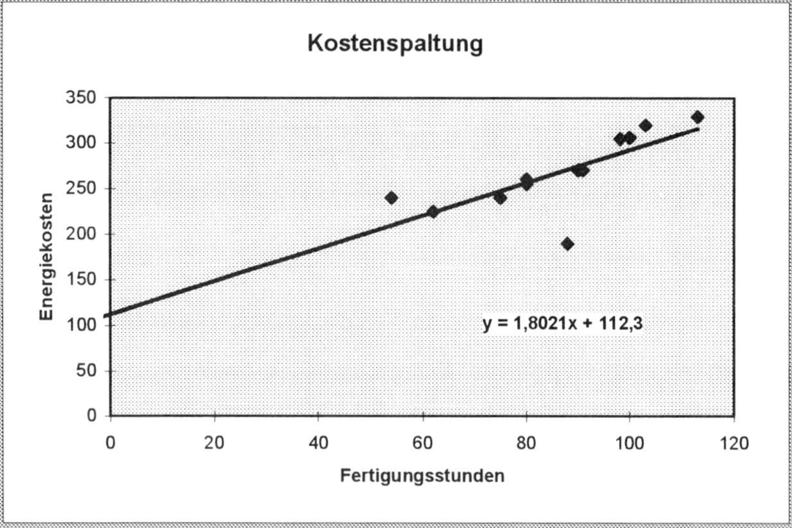

Abb. 73: Kostenauflösung mit dem Streupunktdiagramm

Für eine gegebene Planbeschäftigung können die zugehörigen Kosten mittels der Trendgeraden bestimmt werden. Diese Methode führt schnell und ein-

fach zu den voraussichtlichen Plankosten. Beispielsweise kann man im vorliegenden Beispiel der Abb. 73 die Kostenfunktion 1,8021x + 112,3 verwenden, um die Gesamtkosten bei einer voraussichtlichen Beschäftigung von 40 Fertigungsstunden zu ermitteln (184,38,- Gesamtkosten, davon 112,3,- fixe Kosten). Allerdings liegt bei dieser Vorgehensweise die Annahme zugrunde, daß die Kostenabhängigkeiten der Vergangenheit auch zukünftig Gültigkeit besitzen. Frühere Erfassungsfehler werden damit fortgeschrieben. Diesen Nachteil kann man mit **analytischen Methoden** der Kostenauflösung vermeiden. Mit Hilfe von Verbrauchsstudien werden die Plankosten einer Kostenart analytisch bestimmt. Damit wird eine realitätsnahe Ermittlung zukünftiger Werte gewährleistet. Allerdings sind diese Verfahren sehr aufwendig.
In der Praxis wird der **Variator** verwendet, um den Anteil der variablen Kosten an den Gesamtkosten anzugeben (vgl. Abb. 74).

Variatorwert	Beschreibung	Darstellung
10	Verändert sich die Beschäftigung um 10%, so variieren auch die Gesamtkosten um 10%	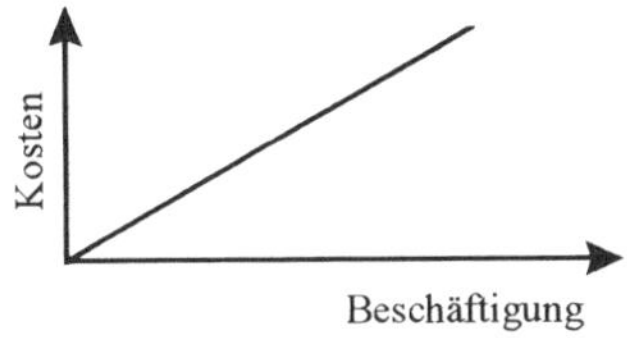
7,5	Verändert sich die Beschäftigung um 10%, so variieren die Gesamtkosten um 7,5%	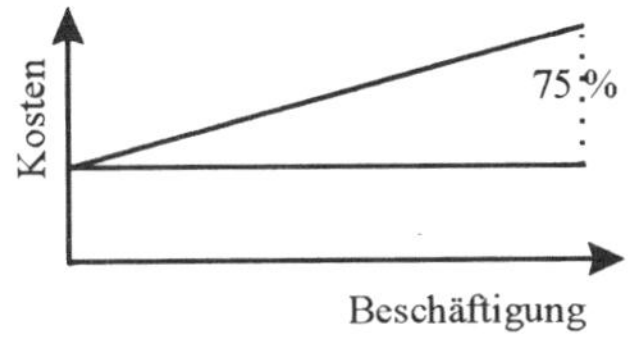
0	Verändert sich die Beschäftigung um 10%, so variieren die Gesamtkosten nicht	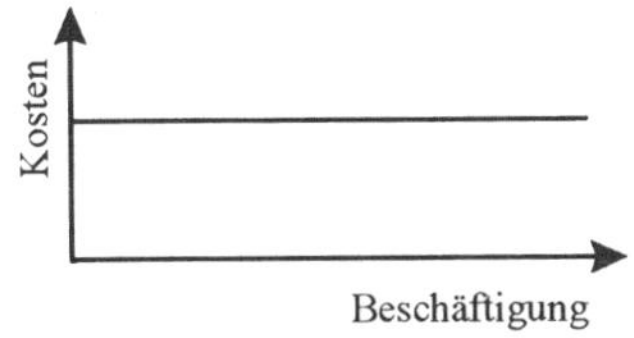

Abb. 74: Variator[41]

[41] Däumler, K.-D., Grabe, J., Kostenrechnung 3. Plankostenrechnung. 4. Aufl., Herne, Berlin 1993, S. 186.

Es handelt sich dabei um eine Kennziffer, die das Ergebnis einer Kostenauflösung ausdrückt. Zu beachten ist, daß der Variator nur für eine bestimmte Planbeschäftigung gilt. Er steigt z.B. bei zunehmender Beschäftigung an. Bei der Kostenplanung ist es neben der Kostenauflösung wesentlich, das voraussichtliche Mengengerüst zu ermitteln. U.a. sind folgende Daten zu erheben:

- Anzahl der direkten und indirekten Mitarbeiter je Kostenstelle
- Verbrauchsdaten für Kraftstrom, Wasser, Druckluft usw. je Kostenstelle
- Betriebsmittelausstattung je Kostenstelle
- Verursachungsgerechte Umlageschlüssel für die Vorkostenstellen

Maßgeblich darf dabei nicht die Ist-Situation sein, sondern die geplante Bezugsgrößenmenge muß zugrundegelegt werden. Je weiter Ist- und Plan-Beschäftigung auseinanderliegen, desto schwieriger wird die Planung. Eine wesentliche Ursache ist das Phänomen der sprungfixen Kosten, die innerhalb eines Beschäftigungsintervalls konstant bleiben und bei Überschreiten sprunghaft ein neues Niveau annehmen. Dieses Phänomen tritt z.B. dann auf, wenn ab einer bestimmten Beschäftigung ein Mitarbeiter zusätzlich eingestellt werden muß.

Fall:
Im laufenden Jahr waren in der Kostenstelle Montage 8 Maschinen, 20 direkte Mitarbeiter und 5 Einsteller beschäftigt. Die Werkzeugkosten beliefen sich auf 37.000,-/Monat, die Ist-Beschäftigung lag bei 2.440 Stunden/Monat. Für das nächste Jahr wurde eine Planbeschäftigung von 2.100 Stunden/Monat ermittelt. Welche Kosten fallen im Planjahr an?

Antwort:
Der Kostencontroller plant in diesem Fall auf einem von der Wirklichkeit abweichenden Niveau. Deshalb muß er in enger Abstimmung mit dem Leiter der Kostenstelle das für die Planbeschäftigung nötige Mengengerüst ermitteln. Z.B. stellt sich heraus, daß für die geplante Leistung von 2100 Stunden/Monat weiterhin 5 Einsteller notwendig sind. Erst ab einer Leistung von weniger als 2000 Stunden/Monat würden 4 Einsteller genügen. Es handelt sich in diesem Fall um sprungfixe Kosten, die nicht proportional mit der Leistungsmenge abgebaut werden können. Die Festlegung der Werkzeugkosten und der direkten Mitarbeiter ist dagegen unproblematisch, da sie proportional zu den Montagestunden anfallen.
Die vielen Besonderheiten der Planung einzelner Kostenarten sollen an dieser Stelle nicht vertieft werden. Weiterführende Ausführungen zur Planung

der Personalkosten, der Hilfs- und Betriebsstoffkosten, der Energie-, Werkzeug-, Abschreibungs-, Instandhaltungs- und kalkulatorischer Zinskosten sind bei Kilger nachzulesen[42].

Flitzer AG	Kostenstelle: Bohrerei	KOSTENPLANUNG	Verantwortlicher: H. Baier
	Kostenstellennr.: 4711	Monat: Mai 1998	Planbezugsgröße: 236 Maschinenstunden

Kostenarten		Mengen-Einheit	Menge	DM/ME	Plankosten		
Nr.	Bezeichnung				gesamt	variabel	fix
4100	Fertigungslöhne	STD	350	20	7000	7000	0
4110	Zusatzlöhne für Akkord	DM	7000	0,03	210	210	0
4120	Hilfslöhne	STD	114	22	2500	1800	700
4130	Lohnzulagen (Schicht)	DM	9710	0,075	728	728	0
4140	Lohnzuschläge (Überstunden)	STD	80	5	400	400	0
4831	Kalk. Sozialaufwand Lohn	DM	10838	0,75	8128	7600	528
4150	Gehälter	STD	57	35	1995	0	1995
4832	Kalk. Sozialaufwand Gehalt	DM	1995	0,8	1596	0	1596
4200	Hilfs- und Betriebsstoffe	-	-	-	400	300	100
4300	Werkzeugkosten	-	-	-	1000	1000	0
4400	Instandhaltungskosten	-	-	-	800	700	100
4810	Kalk. Abschreibungen	-	-	-	2500	1800	700
4815	Kalk. Zinsen	DM	480000	7%/24	1400	0	1400
4820	Kalk. Raumkosten	QM	50	20	1000	0	1000
4825	Kalk. Energiekosten	KWH	8667	0,15	1300	1000	300
4880	Kalk. Leitungskosten	-	-	-	3000	0	3000

Kostenstellenleiter Unterschrift, Datum	Kostenplaner Unterschrift, Datum				
		Plankostensumme	33957	22538	11419
		Planbezugsgrößenmenge	236 Maschinenstunden		
		Plankostensätze	143,89	95,50	48,39

Anm.: Der kalk. Zinssatz beträgt 7%. Durchschnittlich ist die Hälfte des Kapitals gebunden. Deswegen ergibt sich eine jährliche Kapitalbindung von 480000/2. Wird dieser Wert mit dem monatlichen Zinssatz (7%/12) multipliziert, erhält man die **kalk. Zinsen**.

Abb. 75: Kostenstellenplan

[42] Kilger, W., Flexible Plankostenrechnung und Deckungsbeitragsrechnung, 10. Aufl., Wiesbaden 1993, S. 396 ff.

Das Ergebnis der Gemeinkostenplanung wird in **Kostenstellenplänen** festgehalten (vgl. Abb. 75). Sie werden pro Kostenstelle und Bezugsgröße erstellt und enthalten z.B. folgende Daten[43]:

Kopfteil:	Bezeichnung der Kostenstelle, Name des Kostenstellenleiters, Bezugsgrößenart und -menge, Planungszeitraum
Hauptteil:	Kostenarten, Bezeichnung der Mengeneinheit und Menge, Planpreis pro Mengeneinheit, Plankosten differenziert nach gesamt, variablen und fixen Anteilen
Fußteil:	Plankostensumme und Plankostensatz (Verrechnungssatz) jeweils getrennt nach gesamt, variabel und fix. Der Verrechnungssatz wird wie folgt ermittelt:

$$\frac{\textbf{Plankostensumme einer Kostenstelle}}{\textbf{Planbezugsgrößenmenge}}$$

4.1.3.6 Herstellkostenplanung

4.1.3.6.1 Plankalkulation

Mit der Plankalkulation werden die Herstellkosten eines lagerfähigen Eigenfertigungsteils auf der Basis von Planmengen und -werten ermittelt. Der Planungszeitraum beträgt in der Regel ein Geschäftsjahr. Für die Planung ist die Zuschlagskalkulation geeignet. Neben Kosteninformationen bilden vor allem Daten aus dem Produktionsplanungs- und -steuerungsbereich (Stücklisten, Arbeitspläne) die Kalkulationsgrundlage (vgl. Abb. 76).

[43] Vormbaum, H., Rautenberg, H. G., Plankostenrechnung, Baden-Baden, Bad Homburg, 1985, S. 158.

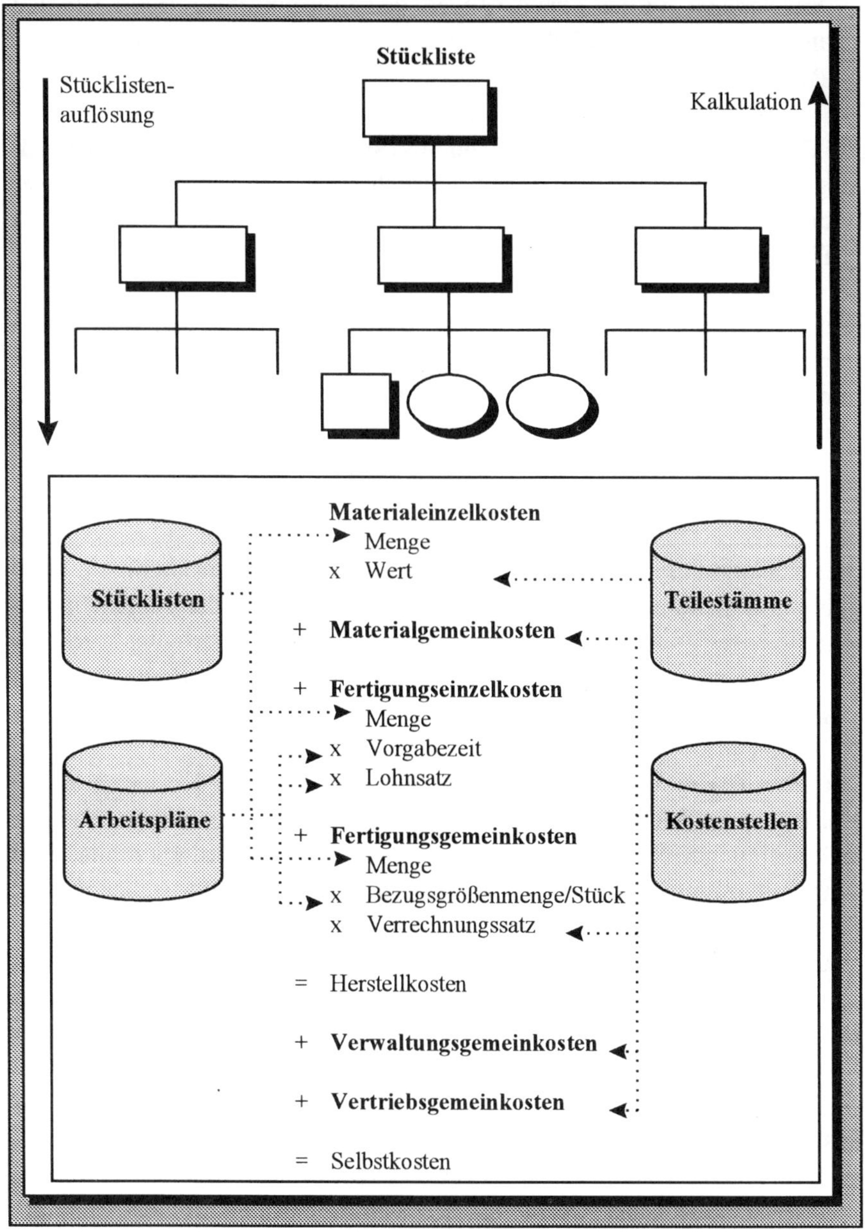

Abb. 76: Datenquellen für die Plankalkulation

Datenquellen für die **Planung der Einzelkosten** sind:

- Stücklisten (Erzeugnisstrukturen)

- Arbeitspläne mit den Arbeitsgängen, den zu benutzenden Betriebsmitteln und den zugehörigen Zeiten
- Teilestamm

Die Daten für die **Planung der Gemeinkosten** liefert die Kostenstellenrechnung in Form gültiger Kosten pro Leistungseinheit (z.B. pro Fertigungsminute). Die Zeiten der Arbeitspläne können dadurch mit den geplanten Kostenstellensätzen bewertet werden.

Um ein Produkt neu zu kalkulieren, durchwandert ein Kalkulationsprogramm die Erzeugnisstruktur von unten nach oben, vom Fremdbezugsteil zum Fertigerzeugnis, und fügt Bauteil für Bauteil zusammen. Die Kalkulationswerte der Baugruppen können gespeichert werden. Bei der Kalkulation verwandter Erzeugnisse kann man dann auf die bereits gespeicherten Werte zurückgreifen[44].

Die Plankalkulation beruht auf Annahmen des Produktionsablaufs, die sich während des Jahres ändern können. Abweichungen von der geplanten Seriengröße, den Energietarifen und Lohnsätzen, andere Fertigungsverfahren oder Änderungen der Produktstruktur machen u.U. eine **Ergänzungskalkulation** notwendig.

Um die Auswirkung der wertmäßigen Veränderung einer Kostenart auf ein Teil bzw. eine Baugruppe schnell abschätzen zu können, sollte die **Primärkalkulation** gewählt werden. Dabei wird jede Kostenart über alle Fertigungsstufen hinweg separat gespeichert. Man kann z.B. feststellen, wieviel Energiekosten ein Erzeugnis enthält und welche Auswirkungen eine Verteuerung der Energie um 10% auf den Kalkulationswert hat.

Die Kalkulation in der Grenzplankostenrechnung beinhaltet keine fixen Kosten. Für manche Zwecke ist jedoch die Kenntnis der vollen Kosten notwendig. Deshalb wird eine **parallele Kalkulation nach Voll- und Grenzkosten** empfohlen. Durch einen gesonderten Verrechnungsschritt werden auch die fixen Kosten einer leistenden Kostenstelle im Rahmen der innerbetrieblichen Lestungsverrrechnung den verbrauchenden Stellen weiterverrechnet. Auf diese Weise erhält man zusätzlich Vollkostenverrechnungssätze.

---

[44] Mertens, P., Integrierte Informationsverarbeitung 1. Administrations- und Dispositionssysteme in der Industrie, 8. Aufl., Wiesbaden 1991, S. 233 f.

Fall:

Das Fahrrad Gelände besteht aus vier Komponenten (Rahmen, Zubehör, Räder und Bremsen). Die Herstellung erfolgt in den Kostenstellen Bohren, Veredelung, Vormontage und Montage. Die Mengen- und Kostenplanung wurde bereits durchgeführt. In die Stücklisten sind die geplanten Mengenangaben eingearbeitet worden. Die Arbeitspläne enthalten die Fertigungszeiten pro Kostenstelle. Die Verrechnungssätze sind in den Kostenplänen ausgewiesen. Sie berücksichtigen auch die Fertigungslöhne. Insgesamt liegen folgende Informationen vor:

Materialart	Planmenge	Planpreis
Rahmen	1	210,-
Räder	2	55,-
Bremsen	2	74,-
Zubehörsatz	1	90,-
Zuschlag für Materialgemeinkosten	10%	

Abb. 77: Materialkostendaten

Kostenstelle	Planzeit (Min.)	Verrechnungssatz (DM/Std.)
Bohren	15	210,-
Veredelung	17	290,-
Vormontage	12	270,-
Montage	60	190,-
Zuschlag für Verw.-GK	8 %	
Zuschlag für Vertriebs-GK	6 %	

Abb. 78: Fertigungskostendaten

Aufgabe:

Erstellen Sie die Plankalkulation für das Fahrrad Gelände.

Antwort:

	Materialeinzelkosten		
	Rahmen	210,00	
	Räder	110,00	
	Bremsen	148,00	
	Zubehörsatz	90,00	558,00
+	Materialgemeinkosten		55,80
=	Materialkosten		613,80
+	Fertigungskosten		
	Bohren	52,50	
	Veredelung	82,17	
	Vormontage	54,00	
	Montage	190,00	378,67
=	Herstellkosten		992,47
+	Verwaltungsgemeinkosten		79,40
+	Vertriebsgemeinkosten		59,55
=	**Selbstkosten**		**1131,41**

Abb. 79: Plankalkulation

4.1.3.6.2 Vorkalkulation

Die Vorkalkulation wird kurzfristig für einen Kostenträger oder Auftrag durchgeführt. Man wendet sie vor allem bei Einzel- und Kleinserienfertigung (z.B. im Maschinenbau) an. Die Ergebnisse der Vorkalkulation werden durch die Nachkalkulation überprüft. Dagegen verzichten Großserien- oder Massenfertiger, die eine Plankalkulation anwenden, auf die Nachkalkulation. Stattdessen erfolgt die Kontrolle durch periodenbezogene Soll-Ist-Vergleiche der Herstellkosten[45].

Da am Anfang nur wenige, häufig auch unsichere Daten verfügbar sind, sollte zunächst eine **grobe Angebotsvorkalkulation** erstellt werden[46]:

- Der Auftrag bzw. das Projekt wird in einzelne Bestandteile gegliedert.
- Für die Fremdteile müssen Angebote eingeholt werden.

---

[45] Vikas, K., Neue Konzepte für das Kostenmanagement, 2. Aufl., Wiesbaden 1993, S. 113 ff.

[46] Kilger, W., Flexible Plankostenrechnung und Deckungsbeitragsrechnung, 10. Aufl., Wiesbaden 1993, S. 410 ff.

- Für bereits eigengefertigte Positionen werden die gespeicherten Kosten abgerufen.
- Die Herstellkosten für nicht standardisierte Positionen muß man schätzen oder mit Hilfe von Näherungsverfahren errechnen.
- Bei größeren Aufträgen muß deren Bearbeitungszeit bestimmt werden, um Kostenerhöhungen zu berücksichtigen.
- Die Selbstkosten können wie folgt ermittelt werden:

	Herstellkosten für selbsterstellte Positionen
+	**Beschaffungskosten für fremdbezogene Positionen**
+	**Kosten der Endmontage**
+	**Gewährleistungsrisiken**
+	**Verwaltungs- und Vertriebskosten**
+	**Finanzierungskosten und Währungsrisiken**
=	**Selbstkosten**

Sobald der Auftrag erteilt wurde, ist mit der **genauen Auftragsvorkalkulation** zu beginnen. Im Gegensatz zur Angebotskalkulation wird nun auf der Basis exakter Mengendaten kalkuliert. Für die Durchführung eines Vergleichs zwischen Angebots- und Auftragsvorkalkulation ist eine in den Hauptpositionen identische Gliederung beider Kalkulationen einzuhalten.

4.1.4 Erlösplanung

Die Erlösplanung kann durch verschiedene Instrumente der Deckungsbeitragsrechnung unterstützt werden:

- Break-Even-Analyse (Nutzschwellenanalyse)
- Berechnung relativer Deckungsbeiträge
- Isodeckungsbeitragskurven

Break-Even-Analyse
Die Break-Even-Analyse zeigt, mit welcher Absatzmenge bzw. welchem Erlös ein vorgegebener Gewinn zu erzielen ist. Simuliert werden können die Auswirkungen von Kosten- oder Preisänderungen auf den geplanten Gewinn. Abb. 80 zeigt die Break-Even-Analyse für ein Ein-Produktunternehmen und linearen Erlös- und Kostenverläufen.

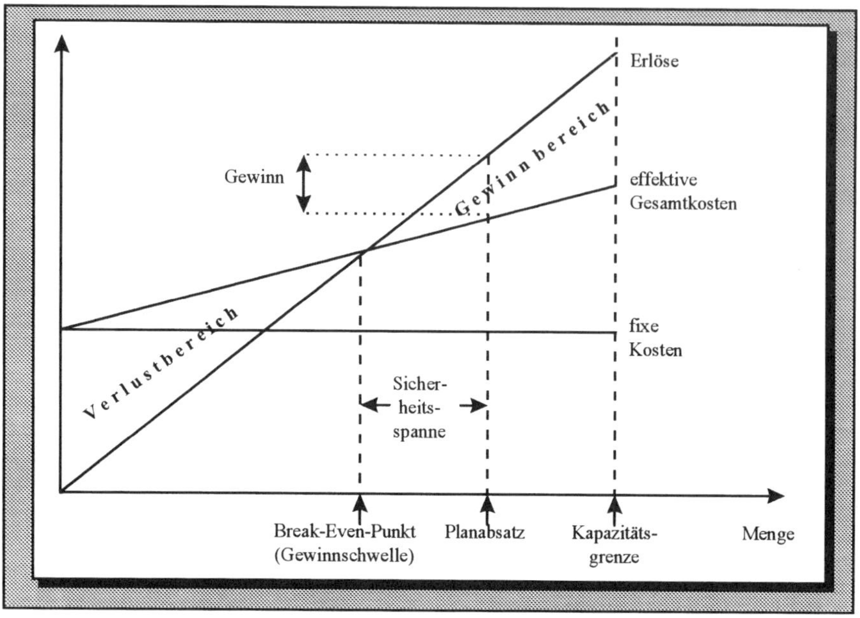

Abb. 80: Break-Even-Diagramm

Der Break-Even-Punkt läßt sich mit folgenden Formeln ermitteln:

Mengenmäßiger Break-Even-Punkt

$$x = \frac{K_f}{p - k_v}$$

K_f = Fixe Kosten

k_v = Variable Kosten/Stück

p = Preis

Wertmäßiger Break-Even-Punkt

$$x_p = \frac{K_f}{1 - \frac{k_v}{p}} \quad \text{oder} \quad x_p = \frac{K_f * \text{Umsatz}}{\text{Deckungsbeitrag}}$$

Abb. 81: Formeln für die Bestimmung des Break-Even-Punkts

Der relative Abstand zwischen dem geplanten Erlös und dem Break-Even-Erlös wird als Sicherheitsspanne bezeichnet und ist wie folgt definiert:

$$\textbf{Sicherheitsspanne} = \frac{\textbf{(Planerlös - Break-Even-Erlös) *100}}{\textbf{Planerlös}}$$

Das Break-Even-Diagramm läßt auch die **Wirkung von Rationalisierungsmaßnahmen** erkennen (vgl. Abb. 82). Durch Investitionen in moderne Maschinen steigen in der Regel die Fixkosten bei gleichzeitig geringerer Zunahme der variablen Kosten. Das Unternehmen erreicht später den Break-Even-Punkt, dafür sind die Gewinnzuwächse größer. Andererseits ist die Gefahr höherer Verluste gegeben.

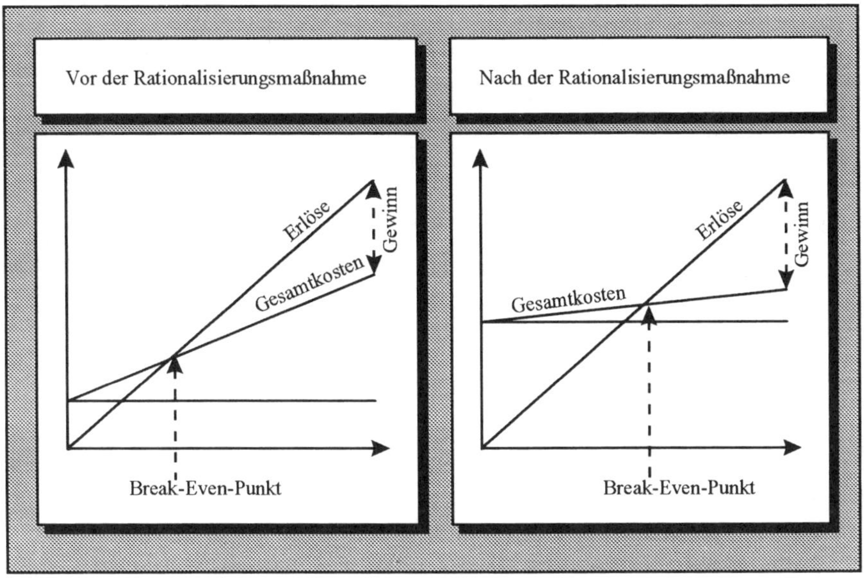

Abb. 82: Auswirkung einer Rationalisierungsmaßnahme

Bei Anwendung der Break-Even-Analyse sollten folgende Restriktionen beachtet werden:

- In Mehrproduktunternehmen wird ein fixes Produktionsprogramm vorausgesetzt.
- Der Break-Even-Punkt für einzelne Produktarten im Mehrproduktunternehmen kann nur bestimmt werden, wenn man die fixen Kosten aufschlüsselt.

- Der Deckungsbeitrag, die fixen Kosten, der Verlauf der variablen Kosten und die Absatzbedingungen (Preise, Erlösschmälerungen) werden als konstant angenommen.

Relativer Deckungsbeitrag
Für die Entscheidung, welches Produkt bei einer gegebenen Absatzmenge zu forcieren ist, kann man den relativen Deckungsbeitrag (**DBU**) heranziehen. Er drückt den Deckungsbeitrag im Verhältnis zum Umsatz aus.

Fall:
Für die Flitzer AG liegen folgende Plandaten vor:

	Mountainbikes		Rennräder		Standardrad	Gesamt
	Gelände	Scott	Ulrich	Straße	Allround	
Planmenge	200	80	300	120	250	950
Erlöse	330.000	88.000	900.000	276.000	250.000	1.844.000
Variable Kosten	225.000	80.000	560.100	249.900	140.000	1.255.000
Deckungsbeitrag	105.000	8.000	339.900	26.100	110.000	589.000
Fixkosten						395.000
Betriebsergebnis						**194.000**

Abb. 83: Plandaten

Aufgaben:
1. Ermitteln Sie bei gegebenem Produktionsprogramm und gegebener Absatzstruktur den mengen- und wertmäßigen Break-Even-Punkt sowie die Sicherheitsspanne
2. Das Management beabsichtigt eine Umsatzausweitung um 10.000,-. Sollte dafür das Fahrrad Gelände oder das Fahrrad Allround gewählt werden?

Antwort:
1. Der Break-Even-Punkt wird bei einer Absatzmenge von 637 Stück und einem Erlös von 1.236.638,- erreicht. Die Sicherheitsspanne beträgt 33%, d.h., der Planerlös dürfte um 33% geringer ausfallen, damit gerade noch die Gewinnschwelle erreicht wird.
2. Für diese Entscheidung kann der DBU herangezogen werden. Er beträgt für das Fahrrad Allround 44%, d.h., daß von jeder umgesetzten DM 44 Pfennig zur Deckung der fixen Kosten übrigbleiben, während bei Gelände lediglich 32 Pfennig zur Verfügung stehen. Unter diesem Aspekt

sollte also das Fahrrad Allround forciert werden. Würde man dieser Entscheidung lediglich den Deckungsbeitrag pro Stück zugrunde legen, wäre das Rad Gelände (Deckungsbeitrag/Stück: 525,-) gegenüber Allround zu favorisieren (Deckungsbeitrag/Stück: 440,-). Damit entginge dem Unternehmen insgesamt ein Deckungsbeitrag von 1.250,-.

	Gelände	Allround
Preis	1.650	1.000
DB/St.	525	440
Menge	6	10
Gesamt DB	3.150	4.400
Differenz		1.250

Iso-Deckungsbeitragskurve

Um die Auswirkungen von Änderungen des Preises oder der Absatzmenge abzuschätzen, kann man die Iso-Deckungsbeitragskurve verwenden. Sie zeigt Preis-/Absatzkombinationen für einen geplanten Deckungsbeitrag. Es kann z.B. simuliert werden, welche Absatzausweitung bei einer Preisminderung notwendig ist, um den geplanten Deckungsbeitrag zu erreichen. Sinkt in Abb. 84 der Preis von 3.000,- auf 2.000,-, müssen 25 Stück mehr verkauft werden, um den Gesamt-DB von 110.000,- zu halten.

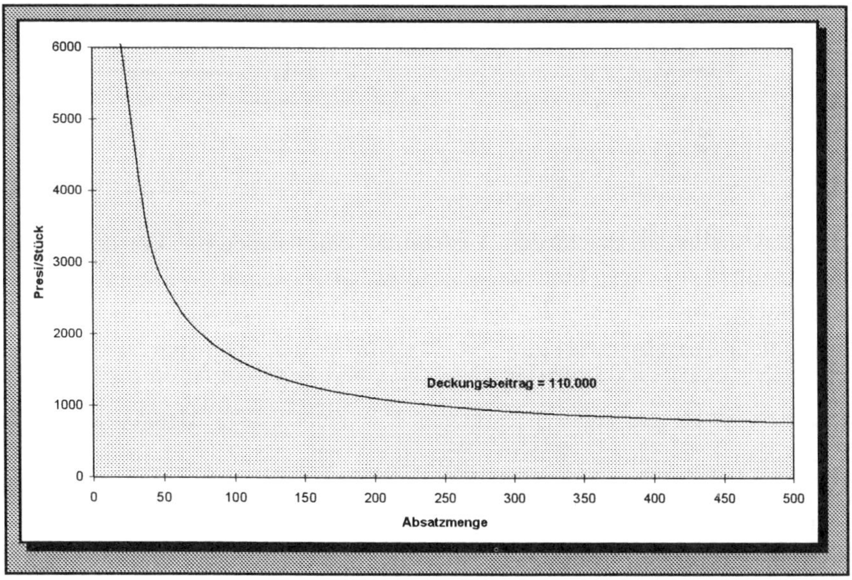

Abb. 84: Iso-Deckungsbeitragskurve

Für die aussagefähige kurzfristige Erfolgsrechnung ist eine **differenzierte Erlösplanung** notwendig, die sich an den Gliederungsmerkmalen der Erfolgsrechnung orientieren muß. Z.B. sind die Erlöse nicht nur nach Kostenträgern, sondern auch nach Absatzgebieten, Kunden oder Vertriebsformen auszuweisen. Zusätzlich sollten die wichtigsten Erlöskomponenten ermittelt werden. Abb. 85 verdeutlicht Möglichkeiten der Erlösdifferenzierung[47]:

BASISERLÖS

+ Sonderausführungszuschläge
+ Mindermengenzuschläge
+ Zusatzerlöse (z.B. für Versandverpackung)

= BRUTTOERLÖS

- Erlösminderungen (z.B. Funktionsrabatte, Mengenrabatte)

= Vorläufiger NETTOERLÖS

- Erlösberichtigungen (Gutschriften für Rücksendungen, Kundenskonti, Debitorenausfälle, Gewährleistungs-Preisnachlässe, Schadensersatzzahlungen, Konventionalstrafen, Wechselkursänderungen, Boni)
- Erlöskorrekturen (z.B. aufgrund von Berechnungsfehlern)

= Endgültiger NETTOERLÖS

Abb. 85: Erlöskomponenten

Der **Basiserlös** entspricht dem Listenpreis eines Produkts. Bei den Erlösminderungen sind zwei unterschiedliche Rabattverfahren zu beachten:
Bei einem angestoßenen Rabatt werden die Rabattsätze jeweils ab einem bestimmten Abnahmewert gewährt. Ein Kunde, der einen Jahresumsatz von 550.000,- erzielt, erhält z.B. für die ersten 200.000,- 2,5 %, für die zweiten 200.000,- 5 % und für die restlichen 150.000,- 7,5 % Mengenrabatt. Im Falle der angestoßenen Rabatte tritt das Problem auf, daß in den ersten Monaten geringere Rabatte zu planen wären als zum Jahresende. Dadurch würde das Betriebsergebnis am Anfang des Jahres zu gut dargestellt. Um dies zu vermeiden, sollte man aufgrund der geschätzten Jahresumsätze

[47] Männel, W., Kosten-, Erlös- und Ergebnisrechnung, Hallstadt o.J., S. 115.

durchschnittliche Rabattsätze ermitteln. Der gewogene, durchschnittliche Rabattsatz beträgt im Beispiel 5,25 %.
Der **durchgerechnete Rabatt** bezieht sich auf den gesamten Umsatz. Bezieht z.B. ein Kunde Waren im Wert von 100.000,-, so erhält er bei einem Rabatt von 10 % einen Preisnachlaß von 10.000,-.
Funktionsrabatte werden gewährt, wenn der Kunde bestimmte Aufgaben (z.B. die Lagerung von Waren) übernimmt

4.1.5 Erfolgsplanung

In der kurzfristigen Erfolgsrechnung werden Kosten und Erlöse für Zeiträume unter einem Jahr (meist monatlich) gegenübergestellt. Verwendung findet dabei entweder das **Gesamtkosten-** oder das **Umsatzkostenverfahren**. Das Gesamtkostenverfahren ermittelt das Betriebsergebnis differenziert nach Kostenarten, indem den gesamten Kosten die Gesamtleistung (Erlöse, Bestandsveränderungen, zu aktivierende innerbetriebliche Leistungen) gegenübergestellt wird.
Beim Umsatzkostenverfahren werden differenziert nach Kostenträgern die Herstellkosten der **abgesetzten** Produkte von den Erlösen abgezogen. Es können damit im Unterschied zum Gesamtkostenverfahren auch aussagekräftige Ergebnisse für einzelne Verantwortungsbereiche (Produktgruppen, Vertriebsgebiete, Kunden) ausgewiesen werden. Dieses Verfahren kann man als **geschlossene** und als **nicht geschlossene** Erfolgsrechnung durchführen. Letztere bezeichnet man auch als **Artikelerfolgsrechnung**: die mit den Absatzmengen der Periode multiplizierten Kosten aus der Plankalkulation werden von den Erlösen der abgesetzten Menge abgezogen.
Bei der geschlossenen Rechnung erfolgt eine laufende Abstimmung der erfolgswirksam verrechneten Kosten mit der Kostenarten- und Kostenstellenrechnung. Außerdem werden die Halb- und Fertigerzeugnisbestände rechnerisch ausgewiesen. Abweichungen werden über die Kostenstellenrechnung und Kalkulation auf Bestände und die abgesetzten Erzeugnisse nachverrechnet.
Ein Vergleich zeigt, daß die geschlossene Erfolgsrechnung mit einem höheren Aufwand verbunden ist. Häufig liegen die Ergebnisse frühestens drei Wochen nach Ende der Periode vor. Andererseits ermöglicht dieses Verfahren eine lückenlose Abstimmung des Betriebsergebnisses mit der Kostenarten- und Kostenstellenrechnung. Aufgrund der Bestandsführung können die Herstellkostenabweichungen exakt auf die Kostenträger verrechnet werden.

4.2 Operative Kontrolle

Nachdem Kosten und Erlöse geplant sind, kann man im Rahmen der operativen Kontrolle laufend die Istdaten gegenüberstellen. Kostenabweichungen sind zu ermitteln, über alle Stufen der Kostenrechnung nachzuverrechnen und zu analysieren. Auch Abweichungen zwischen Ist- und Plan-Deckungsbeiträgen müssen identifiziert und auf ihre Ursachen zurückgeführt werden.
Die operative Kontrolle kann durch Kennzahlen effektiv und aussagekräftig unterstützt werden.

4.2.1 Abweichungsermittlung und -analyse

Die Abweichungsermittlung setzt eine Erfassung der Istdaten voraus. Dabei tritt das Problem auf, daß man die Planung relativ grob z.B. für Produkt- und Kundengruppen durchführt, während im Ist die Daten auf der Ebene der Geschäftsvorfälle anfallen. Für den Soll-Ist-Vergleich ist deswegen eine sinnvolle Verdichtung notwendig.
Die Kostenkontrolle wird entsprechend der Kostenplanung differenziert nach

- Kostenarten
- Kostenträgern (bei Einzelkosten)
- Kostenstellen (bei Einzel- und Gemeinkosten)

durchgeführt. Die folgende Abb. 86 demonstriert für eine geschlossene Ergebnisrechnung den Wertefluß der Soll-, Abweichungs- und Istdaten.[48]. Die hervorgehobenen Abweichungsarten werden im folgenden näher erläutert. Abb. 86 zeigt u.a.:

- Variable Soll-Herstellkosten werden in der **Leistungsrechnung** um die zurechenbaren Herstellkostenabweichungen ergänzt, um die variablen Ist-Herstellkosten zu erhalten. Die so ermittelten Istkosten der Leistungsrechnung müssen mit den gebuchten Einzel- und Gemeinkosten übereinstimmen (Kostenidentität).

[48] In Anlehnung an Vormbaum, H., Rautenberg, H. G., Plankostenrechnung, Baden-Baden, Bad Homburg 1985, S. 192.

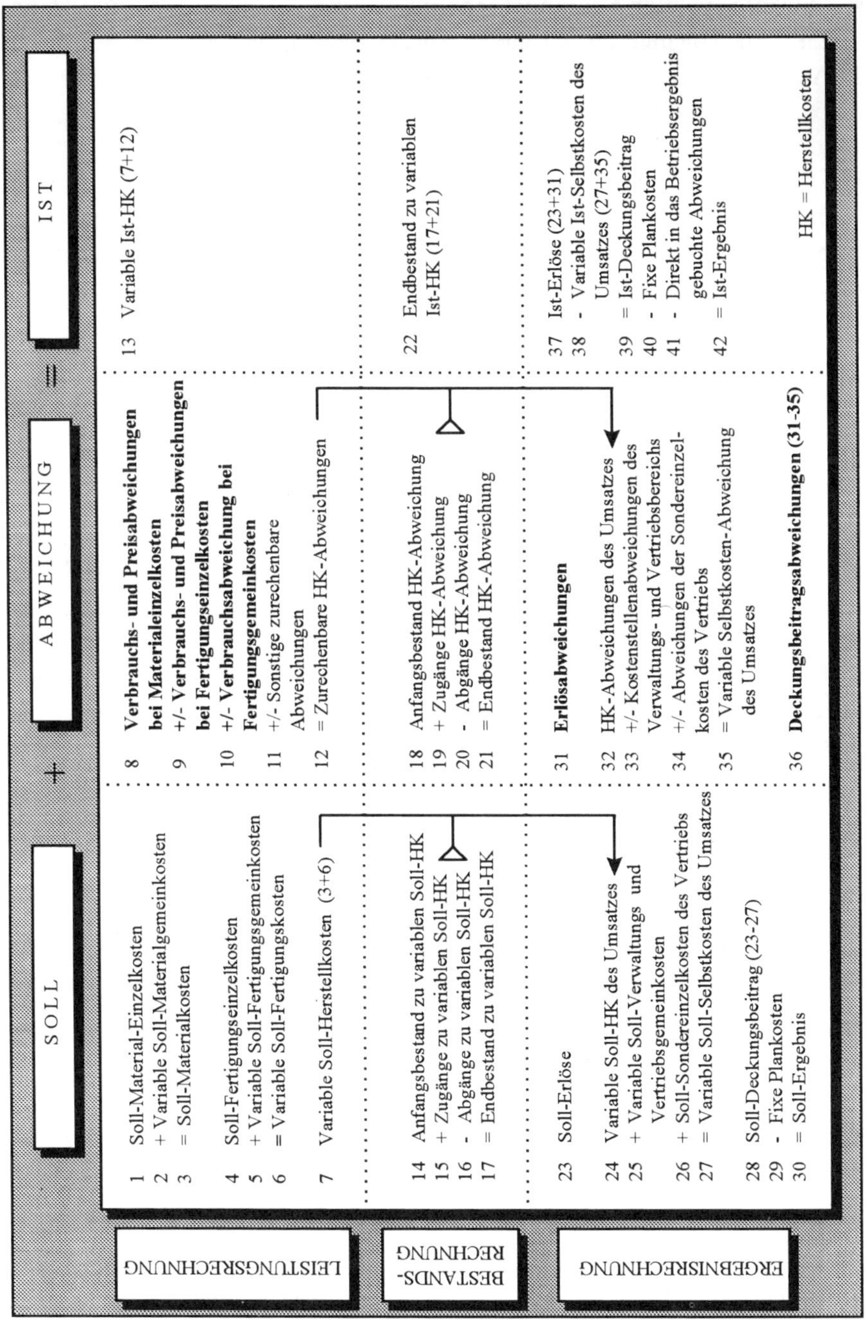

Abb. 86: Wertefluß in der geschlossenen Betriebsergebnisrechnung

- In einer separaten **Bestandsrechnung** werden Anfangs- und Endbestand, Zu- und Abgänge mit variablen Soll-Herstellkosten bewertet. Entstehen Abweichungen, werden diese anteilig in den Bestand nachverrechnet. Dadurch kann man einen Endbestand zu variablen Ist-Herstellkosten ermitteln.
- Die um Bestandsänderungen korrigierten Soll-Herstellkosten ergeben die Soll-Herstellkosten des Umsatzes. Stellt man diese ergänzt um variable Verwaltungs- und Vertriebsgemeinkosten und die Sondereinzelkosten des Vertriebs den Soll-Erlösen gegenüber, so erhält man den Soll-Deckungsbeitrag bzw. nach Abzug fixer Kosten das **Soll-Ergebnis**. Das Soll-Ergebnis wird um die angefallenen Abweichungen bereinigt, um das Ist-Ergebnis ausweisen zu können.

Abb. 86 verdeutlicht auch, daß Abweichungen der Herstellkosten im wesentlichen bei den Materialeinzelkosten (Fertigungsmaterial), bei den Fertigungseinzelkosten (Löhnen) und in den Fertigungskostenstellen als Fertigungsgemeinkosten auftreten können. Dabei ist jeweils zwischen der Preis- (Tarif-) und der Verbrauchsabweichung zu unterscheiden. Preisabweichungen werden gesondert im Rahmen der Kostenartenrechnung ermittelt und analysiert. Sinnvoll ist es, die Preisabweichungen bei Material- und Lohneinzelkosten den Kostenträgern nachzuverrechnen. Preisabweichungen der Gemeinkosten bucht man häufig direkt in das Betriebsergebnis.
Bei der rechnerischen Bestimmung der Preis- und Verbrauchsabweichungen tritt das Problem der **Abweichungsüberschneidung** auf. Dabei handelt es sich um Teile der Gesamtabweichung, die man nicht eindeutig der Preis- bzw. Mengenabweichung zuordnen kann.

Fall:
Der Fahrradrahmen muß normalerweise von einem Zulieferer für 43,- bezogen und intern weiterverarbeitet werden. Für einen Kundenauftrag benötigt man 32 Stück dieses Teils. Da der bisherige Lieferant kurzfristig nicht liefern kann, wird bei einem zweiten Zulieferer bestellt. Dieser verlangt jedoch 56,- pro Teil. Bei der Fertigung entsteht aufgrund der schlechten Qualität ein Ausschuß von 5 Teilen.

Aufgabe:
Zu berechnen sind Gesamtabweichung, Preis- (PA) und Verbrauchsabweichung (VA).

Antwort:

Gesamtabweichung	=	Istkosten	-	Sollkosten
	=	(Istpreis * Istmenge)	-	(Planpreis * Sollmenge)
	=	56,- * 37	-	43,- * 32
	=	2.072,-	-	1.376,-
	=	696,-		
Verbrauchs-	=	(Istmenge - Sollmenge)	*	Planpreis
abweichung:	=	(37 - 32)	*	43,-
	=	215,-		
Preisabweichung:	=	(Istpreis - Planpreis)	*	Sollmenge
	=	(56,- - 43,-)	*	32
	=	416,-		

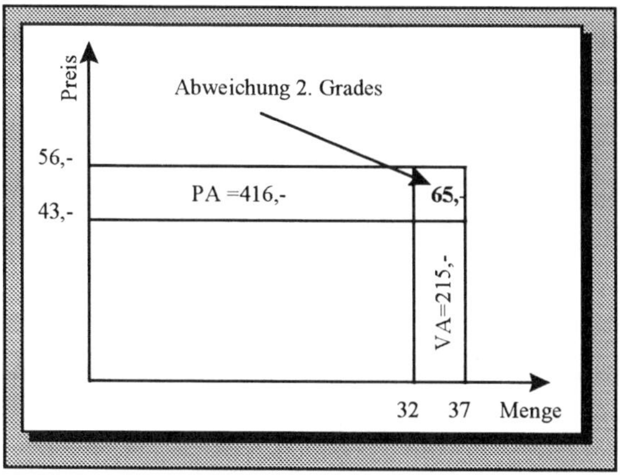

Abb. 87: Abweichungsanalyse

Die Gesamtabweichung läßt sich also bei dieser Art der Berechnung nicht vollständig erklären. Der noch fehlende Restbetrag von 65,- stellt die sogenannte Abweichung 2. Grades dar (Abb. 87). Es muß geklärt werden, ob diese Abweichung der Mengen- oder der Preisabweichung (kumulative Abweichungsanalyse) bzw. beiden (alternative Abweichungsanalyse) zugerechnet werden soll (vgl. Abb. 88). In der Praxis hat sich die kumulative Abweichungsanalyse durchgesetzt. Dabei wird die Abweichung 2. Grades der weniger aussagekräftigen Preisabweichung zugeordnet. Man geht so vor, daß zunächst die Preisabweichung nach folgender Formel ermittelt wird:

(Istpreis-Planpreis)*Istmenge

Nach Abzug der Preisabweichung von der Gesamtabweichung verbleibt die Verbrauchsabweichung, die auch direkt nach folgender Formel errechnet werden kann:

(Istmenge-Planmenge)*Planpreis

Durch diese Vorgehensweise wird die für Kontrollzwecke sehr wichtige Verbrauchsabweichung nicht mit der Abweichung 2. Grades belastet.

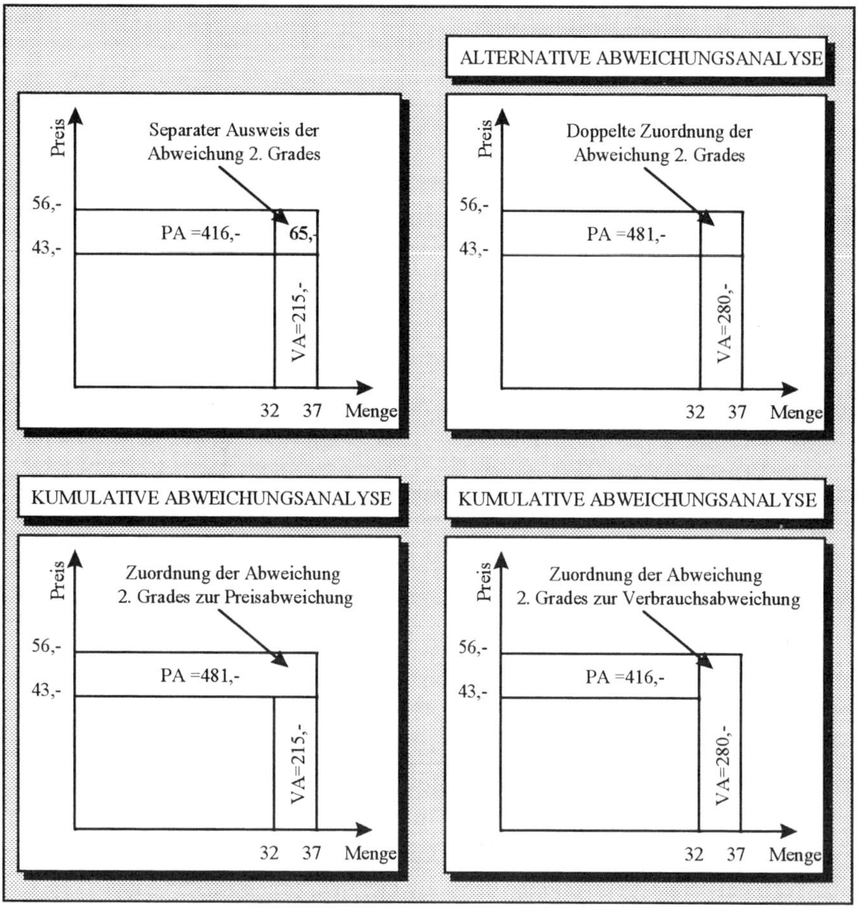

Abb. 88. Zuordnungsalternativen für die Abweichung 2. Grades

4.2.1.1 Abweichungen bei den Materialeinzelkosten

Durch Gegenüberstellung der Soll-Materialeinzelkosten mit den Ist-Materialeinzelkosten erhält man die Verbrauchsabweichung (vgl. Abb. 89). Die Preisabweichung der Materialeinzelkosten wird nicht wie die Verbrauchsabweichung pro Kostenstelle, sondern je Materialart ermittelt.

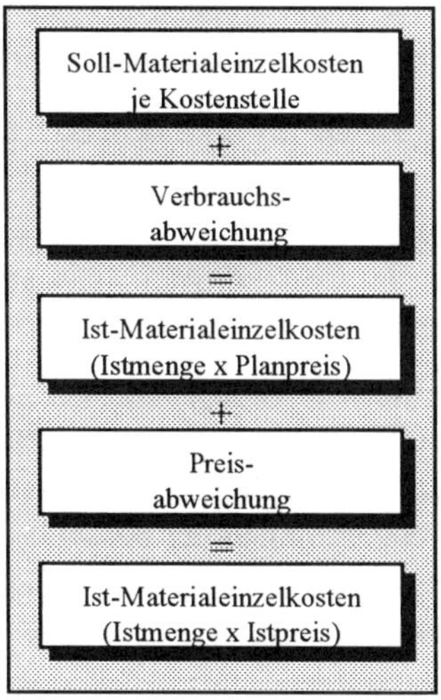

Abb. 89: Abweichungsermittlung bei den Materialeinzelkosten

Auf separaten Preisdifferenzkonten hält man die dem jeweiligen Verbrauch entsprechenden Preisabweichungen fest. Sie errechnen sich wie folgt[49]:

Preisabweichung des Zugangs
Σ Zugangsmengen * (Isteinstandspreis - Planeinstandspreis)

Von den Preisdifferenzkonten können die Preisdifferenzen direkt in das Betriebsergebnis übernommen oder den Kostenstellen und Kostenträgern nachverrechnet werden. Für die Nachverrechnung ermittelt man einen Preisdifferenzprozentsatz:

[49] Vormbaum, H., Rautenberg, H., Plankostenrechnung, Baden-Baden, Bad Homburg 1985, S. 126 ff.

Preidifferenzprozentsatz des Zugangs
$\frac{\text{Preisabweichung des Zugangs * 100}}{\text{Zugänge des Materialbestandskontos zu Planpreisen}}$

Mit dem Preisdifferenzprozentsatz kann man die dem Verbrauch entsprechende Preisdifferenz (Preisdifferenzkosten) ermitteln:

Preisdifferenzkosten
Materialverbrauch zu Planpreisen * Preisdifferenzprozentsatz

4.2.1.2 Abweichungen bei den Fertigungseinzelkosten

Preisabweichungen sind auf eine Veränderung der Lohnsätze oder auf eine von der Planung abweichende Inanspruchnahme unterschiedlicher Lohngruppen zurückzuführen. Vom Mitarbeiter zu vertretende **Verbrauchsabweichungen** entstehen nur bei Zeitlöhnen, da bei Akkordentlohnung Ist- und Sollarbeitszeit übereinstimmen. Verbrauchsabweichungen, die z.B. für die Behebung von Maschinenstörungen auftreten, werden als Zusatzlöhne separat im Soll-Ist-Vergleich ausgewiesen.
Zu beachten ist bei Abweichungen der Lohneinzelkosten, daß damit auch Abweichungen der davon abhängigen Gemeinkosten (z.B. der kalkulatorischen Sozialkosten) verbunden sind.

4.2.1.3 Abweichungen bei den Fertigungsgemeinkosten

Abb. 68 beinhaltet neben den Planungsschritten auch die Phasen der Abrechnung und Kontrolle von Gemeinkosten:

1. Ermittlung der Ist-Gemeinkosten und der Ist-Beschäftigung
2. Ermittlung des Beschäftigungsgrads
3. Ermittlung der Sollkosten
4. Soll-Ist-Vergleich mit Ausweis der Verbrauchsabweichung. Bei Verwendung der flexiblen Plankostenrechnung wird auch die Beschäftigungsabweichung errechnet. Preisabweichungen sind im Soll-Ist-Vergleich nicht sichtbar. Sie werden gesondert im Rahmen der Kostenartenrechnung ermittelt und direkt in das Betriebsergebnis gebucht.

Ermittlung der Ist-Gemeinkosten, der Ist-Beschäftigung und des Beschäftigungsgrads

Man erfaßt die primären Istkosten aufgrund der dokumentierten Verbräuche oder auf der Basis der Lohn- und Gehaltsabrechnung. Sie werden soweit nötig innerbetrieblich verrechnet. Zugrundegelegt werden dabei die Leistungsbeziehungen, die bereits in der Planung definiert wurden.
Die Ist-Beschäftigung kann man über zurückgemeldete Maschinen- oder Fertigungsstunden erfassen und je Kostenstelle und Bezugsgrößenart in Beziehung zur geplanten Beschäftigung setzen. Das Ergebnis ist der Beschäftigungsgrad. Das folgende Beispiel zeigt die Vorgehensweise:

Geplante Maschinenstunden	=	1.600 (Planbeschäftigung)
Tatsächlich erbrachte Maschinenstunden	=	1.400 (Istbeschäftigung)
Beschäftigungsgrad (1.400/1.600)	**=**	**88 Prozent**

Ermittlung der Sollkosten und Soll-Ist-Vergleich

Die Sollkosten werden wie folgt errechnet:

Fixe Plankosten + (geplante variable Kosten * Beschäftigungsgrad)
bzw.
Fixe Plankosten + (var. Plankostenverrechnungssatz * Ist-Beschäftigung)

Im Rahmen des Soll-Ist-Vergeichs wird die **Verbrauchsabweichung** ermitteln:

VA = Istkosten - Sollkosten

Die Verbrauchsabweichung ist die eigentliche Controllinggröße, an der ein Kostenstellenleiter gemessen wird. Sie verdeutlicht den mengenmäßigen Mehr- oder Minderverbrauch der Einsatzgüter. Die Verbrauchsabweichung läßt sich auf Spezialabweichungen und eine Restabweichung (=echte Verbrauchsabweichung) zurückführen. Die Restabweichung spiegelt Unwirtschaftlichkeiten bzw. eine verbesserte Wirtschaftlichkeit wider.

Ein Beispiel für **Spezialabweichungen** ist die Seriengrößenabweichung. In der Planung wird oft eine feste Relation zwischen Rüstzeit und Bearbeitungszeit gebildet, um nur **eine** Bezugsgröße Bearbeitungszeit planen und kontrollieren zu müssen. Verändert sich allerdings diese Beziehung (weil z.B. kleinere Losgrößen gefertigt wurden), dann tritt eine Seriengrößenabweichung auf, die in der Verbrauchsabweichung enthalten ist. Ein weiteres Beispiel sind **Verfahrensabweichungen**, die entstehen, wenn die Fertigung wegen eines Engpasses in einer anderen Kostenstelle mit einem von der Planung abweichenden Verrechnungssatz stattfinden mußte.

Im System der flexiblen Plankostenrechnung muß neben der Verbrauchsabweichung auch die Beschäftigungsabweichung errechnet werden.

Beschäftigungsabweichung = Sollkosten - verrechnete Plankosten

Die verrechneten Plankosten (Ist-Beschäftigung * Planverrechnungssatz) beinhalten den Planverrechnungssatz. Er wird gebildet, indem die gesamten Plankosten auf die der Planbeschäftigung entsprechenden Zahl der Leistungseinheiten umgelegt werden. Man proportionalisiert dabei Fixkosten. Liegt die tatsächliche Beschäftigung unter der Planbeschäftigung, dann sind die verrechneten Plankosten zu niedrig. In diesem Fall entsteht eine negative Beschäftigungsabweichung. Die Beschäftigungsabweichung gibt also an, wieviel fixe Kosten zuwenig (bei Unterbeschäftigung) bzw. zuviel (bei Überbeschäftigung) verrechnet wurden. Das folgende Beispiel verdeutlicht dies:

Plan-Beschäftigung	1000
Kosten fix	500
Kosten variabel	1500
Verrechnungssatz (2000/1000)	2
Ist-Beschäftigung	500
Verrechnete Kosten (2*500)	1000
Tatsächlich angefallene Kosten (500+1,5*500)	1250
Zu wenig verrechnete Fixkosten	250

Interpretiert man die fixen Kosten als Kapazitätskosten, so kann man den durch den Verrechnungssatz gedeckten Teil der Fixkosten als **Nutzkosten** (Fixkosten * Beschäftigungsgrad), den bei Unterbeschäftigung nicht gedeckten Teil als **Leerkosten** bezeichnen. Allerdings ist diese Sichtweise nur korrekt, wenn die Planbezugsgröße entprechend der maximalen Kapazität festgelegt wurde.

Der Soll-Ist-Vergleich findet in der Praxis monatlich statt, da bestimmte Kostenarten nur monatsweise erfaßt werden. Außerdem ist damit die Abstimmung der Kostenstellenrechnung mit der monatlichen Erfolgsrechnung möglich. Allerdings ist zu beachten, daß Kalendermonate eine unterschiedliche Zahl von Werktagen haben. Damit die Abweichungsanalyse aussagefähig ist, sollte deshalb ein Betriebskalender genutzt werden. Zu bedenken ist auch, daß sich innerhalb eines Monats Kostenabweichungen kompensieren können.

Der Betriebsabrechnungsbogen für den Soll-Ist-Vergleich kann alle Kostenarten aufführen (auch nicht zu kontrollierende, wie z.B. kalkulatorische Abschreibungen und Zinsen). In diesem Fall spricht man von einem **geschlossenen Soll-Ist-Vergleich**. Übersichtlicher sind **partielle Soll-Ist-Kostenvergleiche**, die nur die wichtigsten Kostenarten für die Kontrolle enthalten. Fortschrittliche Software bietet beide Möglichkeiten, ergänzt um den automatischen Hinweis auf solche Kostenarten, deren Abweichung einen bestimmten Betrag überschreitet. Die folgende Abb. 90 zeigt den Aufbau eines Soll-Ist-Vergleichs.

Der Controller sollte die Verantwortlichen regelmäßig über Verbrauchsabweichungen informieren. Sinnvoll ist es, den Soll-Ist-Vergleich empfängerorientiert zu verdichten. Während der Kostenstellenverantwortliche die Verbrauchsabweichung für alle wichtigen Kostenarten erhält, genügt dem Fertigungsleiter diese Information aggregiert je Hauptkostenstelle.
Abweichungen über einer festgelegten Toleranzschwelle spricht der Controller mit dem Kostenstellenleiter durch. Dabei werden Maßnahmen zur Beseitigung der Abweichungen beschlossen und die Ergebnisse der Kostendurchsprache in einem Protokoll festgehalten.

Flitzer AG	Kostenstelle: Vormontage Kostenstellennummer: 4712	**KOSTENBERICHT**	Verantwortlicher: H. Schmidt
		Monat: Mai 1998	Planbezugsgröße: 280 Fertigungsstunden
Kapazität: 300 Fertigungsstunden		Beschäftigungsgrad: 86%	Istbezugsgröße 240 Fertigungsstunden
Fixkosten: 11419 (Nutzkosten: 9135)		Kap.Nutzungsgrad: 80%	

Kostenarten		Soll-kosten	Ist-kosten	Verbrauchsabweichung			
				Monat		kumuliert	
Nr.	Bezeichnung	DM	DM	DM	%	DM	%
4100	Fertigungslöhne	6000	6900	900	15%	3600	3%
4110	Zusatzlöhne für Akkord	180	207	27	15%	108	9%
4120	Hilfslöhne	2843	3269	426	15%	1706	11%
4130	Lohnzulagen	624	718	94	15%	374	13%
4140	Lohnzuschläge	343	394	51	15%	206	16%
4831	Kalk. Sozialaufwand Lohn	7495	8616	1121	15%	4485	12%
4150	Gehälter	3705	3890	185	5%	741	3%
4832	Kalk. Sozialaufwand Gehalt	2964	3112	148	5%	593	2%
4200	Hilfs- und Betriebsstoffe	443	400	-43	-10%	-171	-12%
4300	Werkzeugkosten	857	750	-107	-13%	-429	-15%
4400	Instandhaltungskosten	786	250	-536	-68%	-2143	-20%
4810	Kalk. Abschreibungen	2843	2843	0	0%	0	0%
4815	Kalk. Zinsen	2600	2600	0	0%	0	0%
4820	Kalk. Raumkosten	1857	1857	0	0%	0	0%
4825	Kalk. Energiekosten	1414	1414	0	0%	0	0%
4880	Kalk. Leitungskosten	5571	5571	0	0%	0	0%
	Kostensumme	40525	42792	2267		9070	

Abb. 90: Kostenbericht mit Soll-Ist-Vergleich

4.2.1.4 Abweichungen bei den Deckungsbeiträgen

Abweichungen zwischen Plan- und Ist-Deckungsbeiträgen lassen sich auf unterschiedliche Einflußgrößen zurückführen. Von Interesse ist vor allem der Anteil der Preis-, Kosten-, Volumen- und Strukturabweichung an der Gesamtabweichung des Deckungsbeitrags.

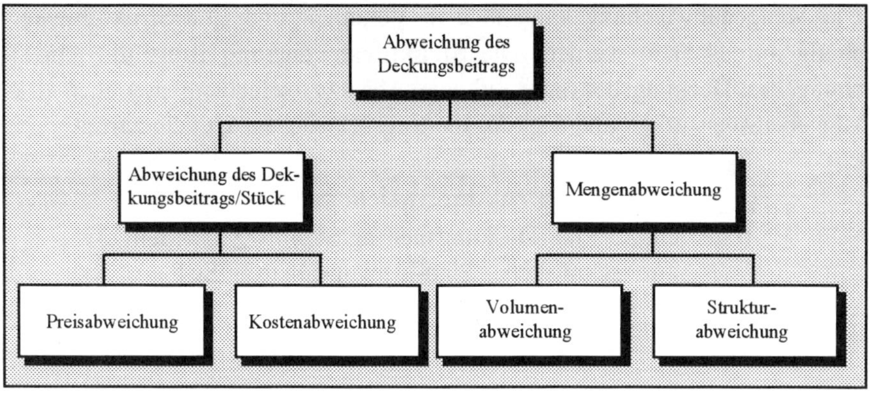

Abb. 91: Teilabweichungen des Deckungsbeitrags

Die **Preisabweichung** zeigt, inwieweit eine Abweichung des Deckungsbeitrags auf eine Veränderung der Preise zurückzuführen ist.

Preisabweichung
Ist-Absatzmenge * (Ist-Verkaufspreis - Plan-Preis)
$x^i * (p^i - p^p)$
$x^i * p^i - x^i * p^p$

Die **Kostenabweichung** gibt an, inwieweit eine Veränderung der Kosten für die Abweichung des Deckungsbeitrags verantwortlich ist.

Kostenabweichung
Ist-Absatzmenge * (Ist-Grenzkosten/St. - Plan-Grenzkosten/St.)
$x^i * (k^i - k^p)$
$x^i * k^i - x^i * k^p$

Die **Mengenabweichung** macht deutlich, inwieweit eine Abweichung des Deckungsbeitrags auf einer Veränderung der Mengen beruht.

Mengenabweichung
(Ist-Absatzmenge - Plan-Absatzmenge) * Plan-Deckungsbeitrag/St.
$(x^i - x^p) * d^p$
$x^i * d^p - x^p * d^p$

Die Mengenabweichung kann in eine Volumen- und eine Strukturabweichung aufgespalten werden. Die **Strukturabweichung** führt die Abweichung des Deckungsbeitrags auf eine Absatzverschiebung zwischen dekkungsbeitragsstarken und deckungsbeitragsschwachen Artikeln zurück.

Strukturabweichung
(Σ (Ist-Menge * Plan-Deckungsbeitrag/St.)) - ((Σ Ist-Menge) * durchschnittlicher Plan-Deckungsbeitrag/St.)
$\sum (x^i * d^p) - \sum x^i * \varnothing d^p$

Die **Volumenabweichung** verdeutlicht, inwieweit eine Abweichung des Deckungsbeitrags auf die alleinige Veränderung der Mengen zurückzuführen ist.

Volumenabweichung
(Σ Ist-Menge - Σ Plan-Menge) * durchschnittlicher Plan-Deckungsbeitrag/St.)
$(\sum x^i - \sum x^p) * \varnothing d^p$

Fall:

Die Flitzer AG weist die folgenden Ist- und Plandaten für den Mai 1998 aus. Die erfreuliche Entwicklung des Betriebsergebnisses soll für einen Bericht an das Management auf ihre Ursachen untersucht werden.

Plandaten

	Mountainbikes		Rennräder		Allround	Gesamt
	Gelände	Scott	Ulrich	Straße		
Absatzmenge	200	80	300	120	250	950
Preise	1.650	1.100	3.000	2.300	1.000	
Var. Kosten/St.	1.125	1.000	1.867	2.083	560	
Erlöse	330.000	88.000	900.000	276.000	250.000	1.844.000
Var. Kosten	225.000	80.000	560.100	249.960	140.000	1.255.060
Deckungsbeitrag	**105.000**	**8.000**	**339.900**	**26.040**	**110.000**	**588.940**
Fixe Kosten						395000
Betriebsergebnis						**193.940**

Istdaten

	Mountainbikes		Rennräder		Allround	Gesamt
	Gelände	Scott	Ulrich	Straße		
Absatzmenge	240	96	450	80	200	1.066
Preise	1.500	1.000	3.000	2.500	1.000	
Var. Kosten/St.	1.000	1.100	1.900	2.000	500	
Erlöse	360.000	96.000	1.350.000	200.000	200.000	2.206.000
Var. Kosten	240.000	105.600	855.000	160.000	100.000	1.460.600
Deckungsbeitrag	**120.000**	**-9.600**	**495.000**	**40.000**	**100.000**	**745.400**
Fixe Kosten						395000
Betriebsergebnis						**350.400**

Abb. 92: Daten der Flitzer AG

Aufgaben:

1. Errechnen Sie alle Teilabweichungen, um das Betriebsergebnis für Monat Mai erklären zu können.
2. Interpretieren Sie die Ergebnisse.

Antwort:

1.

Abweichungsanalyse

	Mountainbikes		Rennräder		Allround	Gesamt
Abweichungen	Gelände	Scott	Ulrich	Straße		
Preis	-36.000	-9.600	0	16.000	0	-29.600
Kosten	-30.000	9.600	14.850	-6.640	-12.000	-24.190
Mengen	21.000	1.600	169.950	-8.680	-22.000	161.870
davon -Struktur						89.957
- Volumen						71.913
Gesamt						**156.460**

Anmerkung: Preisabweichung minus Kostenabweichung plus Mengenabweichung ergibt die Gesamtabweichung.

Nebenrechnungen zur Ermittlung v. Struktur- und Volumenabweichung

	Mountainbikes		Rennräder		Allround	Gesamt
	Gelände	Scott	Ulrich	Straße		
$X^i * d^p$	126.000	9.600	509.850	17.360	88.000	750.810
$\varnothing d^p$	111	8	358	27	116	620
$\sum X^i$						1.066
$\sum X^p$						950

Anmerkung: der durchschnittliche Plan-Deckungsbeitrag/St. wurde mit dem jeweiligen Mengenanteil eines Artikels gewichtet.

Abb. 93: Ermittlung der Teilabweichungen

2. Die Preisreduzierung (vor allem für das Fahrrad Gelände) beeinflußte das Ergebnis um 29.600,- negativ. Allerdings wurde dieser Effekt durch den Rückgang bei den variablen Kosten/Stück (24.190,-) beinahe kompensiert. Wesentlichen Anteil an der Verbesserung des Ergebnisses im Mai hat die starke Ausweitung der gesamten Absatzmenge. Dadurch stieg der Deckungsbeitrag um 71.913,-. Hier fällt besonders die unplanmäßig starke Nachfrage nach dem Rennrad Ulrich auf.
   Zudem hat sich die Zusammensetzung des Absatzprogramms verändert. Es ist eine deutliche Nachfrageverschiebung zu den deckungsbeitragsstarken Artikeln Gelände und Ulrich erkennbar. Dieser Effekt allein bewirkte eine weitere Verbesserung des Ergebnisses um 89.957,-

4.2.2 Kennzahlen

Ein nützliches Instrument, um die wesentlichen Informationen kompakt und übersichtlich für Planung und Analyse aufzubereiten, sind Kennzahlen. Einzelkennzahlen (vgl. die Beispiele in Abb. 94) besitzen jedoch eine sehr begrenzte Aussagekraft. Meist ist eine realistische Interpretation nur bei weiteren, insbesondere qualitativen Informationen möglich.

Art der Kennzahl	Erklärung	Beispiele
Gliederungs-zahlen	Ein Teil wird in das Verhältnis zum Ganzen gesetzt.	Personalkosten/Gesamtkosten, Umsatz Produkt A/Gesamtumsatz, Umsatz Kunde A/Gesamtumsatz, Eigenkapital/Gesamtkapital
Beziehungs-zahlen	Zwei verschiedene Zahlen, die zueinander in einer sachlichen Beziehung stehen, werden einander zugeordnet.	Umsatz pro Mitarbeiter, Deckungsbeitrag/Umsatz, Gewinn/Umsatz
Index-zahlen	Die zeitliche Veränderung gleichartiger Zahlen wird beschrieben.	Umsatz Ist/Umsatz Plan, Kosten Mai/Kosten April,

Abb. 94: Beispiele für einzelne Kennzahlen

Deswegen entwickelte man Kennzahlensysteme, die einzelne Kennziffern im sinnvollen, sich gegenseitig ergänzenden und erklärenden Zusammenhang mit anderen Kennzahlen zeigen[50]. Abhängigkeiten werden deutlich, wenn pyramidenartig über mehrere Stufen hinweg die Zusammensetzung einer Spitzenkennzahl definiert wird. Ein bekanntes Beispiel ist das Kennzahlensystem Return on Investment (ROI) von DuPont in Abb. 95. Kennzahlensysteme werden auch zur Planung eingesetzt. Durch stufenweise Ableitung aus einer Spitzenkennzahl wie dem ROI können für die Bereiche und Kostenstellen einzelne Plankennzahlen als Ziele vorgegeben werden.

[50] Reichmann, T., Lachnit, L., Planung, Steuerung und Kontrolle mit Hilfe von Kennzahlen, Zeitschrift für betriebswirtschaftliche Forschung, 28. Jg. (1976), S. 705 ff.

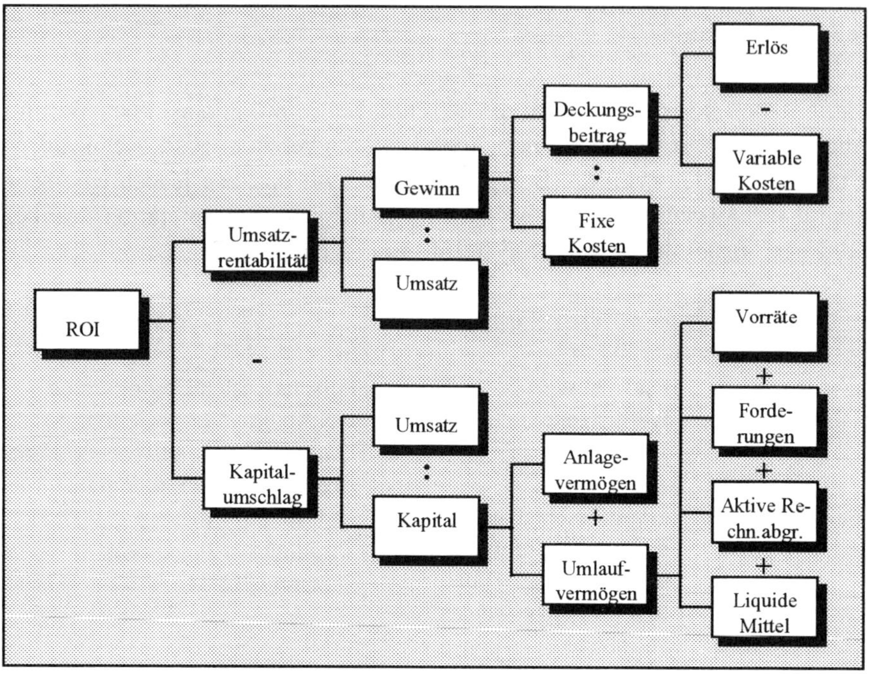

Abb. 95: Das Kennzahlensystem Return on Investment (ROI)

Das DuPont-Kennzahlensystem wird wegen seiner Monozielausrichtung und der starken Betonung der Kapitalrentabilität als Spitzenkennzahl kritisiert. Es ist für Unternehmensbereiche, die keine eigene Vermögens- und Kapitalrechnung haben, kaum einsetzbar.

Da für ein Unternehmen mehrere Oberziele relevant sind, werden Systeme mit mehreren Spitzenkennzahlen gefordert[51]. Das Kennzahlensystem des Zentralverbandes der elektrotechnischen Industrie (ZVEI) sowie das RL-Kennzahlensystem von Lachnit und Reichmann stellen Weiterentwicklungen des ROI-Systems in diese Richtung dar.

Das **ZVEI-Kennzahlensystem** wurde für Betriebsvergleiche entwickelt. Es enthält ca. 200 Kennzahlen und gliedert sich in die Struktur- und Wachstumsanalyse (vgl. Abb. 96[52]).

---

[51] Serfling, K., Controlling, 2. Aufl., Stuttgart, Berlin, Köln 1992, S. 257 f.

[52] ZVEI (Hrsg.), ZVEI-Kennzahlensystem, Frankfurt 1970, S. 118.

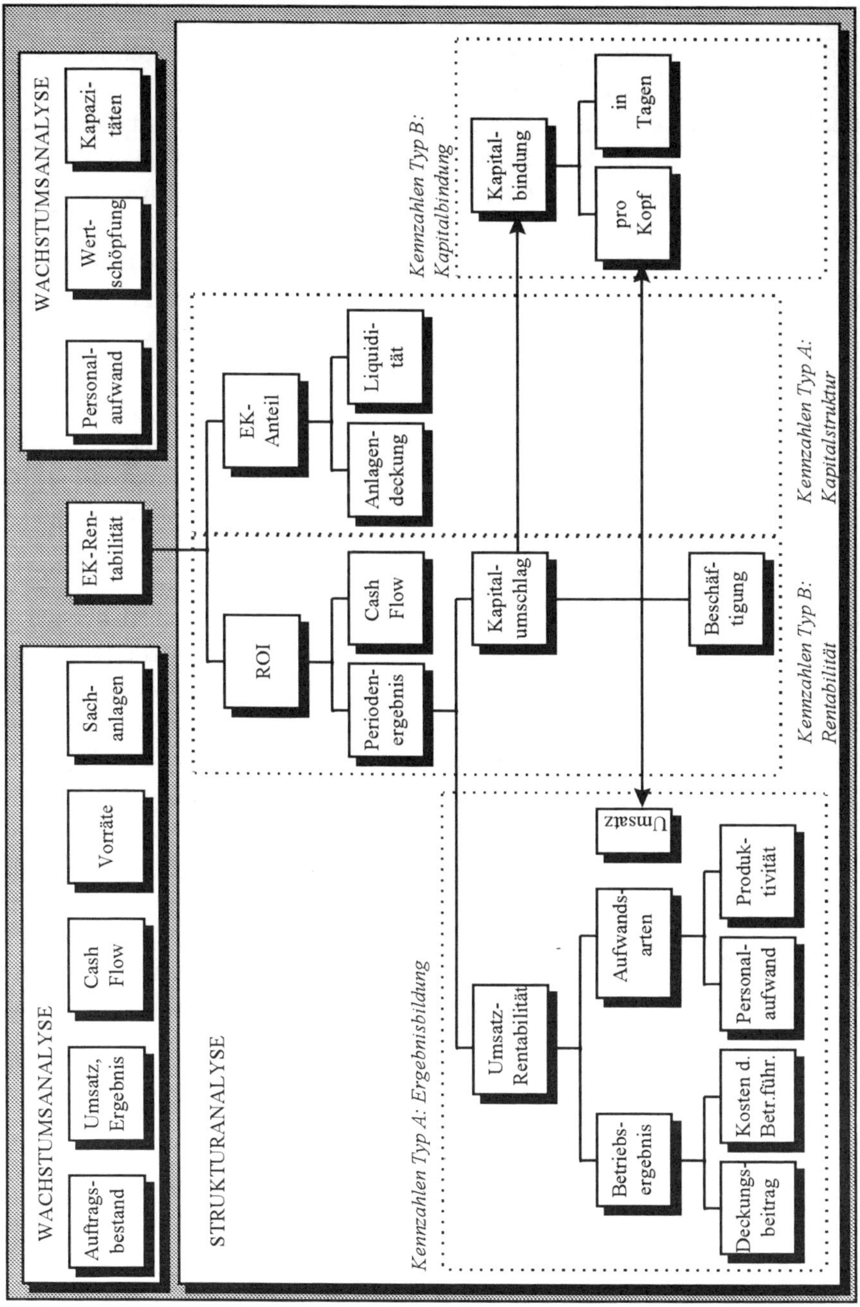

Abb. 96: Struktur des ZVEI-Kennzahlensystems

Der Teil Wachstumsanalyse weist absolute Größen wie Umsatz, Cash Flow und Personalaufwand auf. Mit Hilfe von Indexzahlen sollen zeitliche Veränderungen dieser Kenngrößen verdeutlicht werden.
Der Strukturteil beinhaltet die vier Bereiche Ergebnis, Rentabilität, Kapitalstruktur und -bindung. Es wird zwischen gleichartigen Kennzahlen (Typ A) und gemischten Kennzahlen differenziert (Typ B). Kennzahlen vom Typ B enthalten z.B. im Nenner eine Bestandsgröße und im Zähler eine Bewegungszahl wie dies beim Kapitalumschlag (Umsatz/investiertes Kapital) der Fall ist. Dagegen stellt die Umsatzrentabilität (Gewinn/Umsatz) eine Kennziffer vom Typ A dar, weil sowohl Nenner wie Zähler eine Bewegungsgröße aufweisen.

Das **RL-Kennzahlensystem** kann für die betriebliche Planung und Kontrolle sowie für zwischenbetriebliche Vergleiche herangezogen werden. Im Unterschied zum ZVEI-System wird auf eine formale Verknüpfung der Teilkennzahlen weitgehend verzichtet. Es enthält vergleichsweise wenige Kennziffern[53].
Der modulare Aufbau des RL-Kennzahlensystems wird in der Übersichtsdarstellung der Abb. 97 deutlich. Er besteht aus drei Ebenen. Die erste Ebene gliedert sich in ein Bilanz- und zwei Controlling-Kennzahlenmodule. Zentrale Kenngrößen des Bilanz-Kennzahlensystems sind der Erfolg und die Liquidität (vgl. Abb. 98 und 99). Dieser Teil ist weitgehend branchen- und betriebsunabhängig. Er ist deswegen vor allem für zwischenbetriebliche Vergleiche heranzuziehen.
Im operativen Controllingteil sind ergänzende Kennziffern, die das Unternehmen je nach Informationsbedarf auswählen kann, aufgeführt. Er gliedert sich in funktionsübergreifende Größen des Kosten-, Erfolgs-, Finanz- und Investitionscontrollings. Auf seiner unteren Ebene findet man funktionsbezogene Kennziffern für Beschaffung, Produktion, Marketing, Logistik und Informationsverarbeitung.

[53] Reichmann, T., Controlling mit Kennzahlen und Managementberichten, 4. Aufl., München 1995, S. 32 ff.

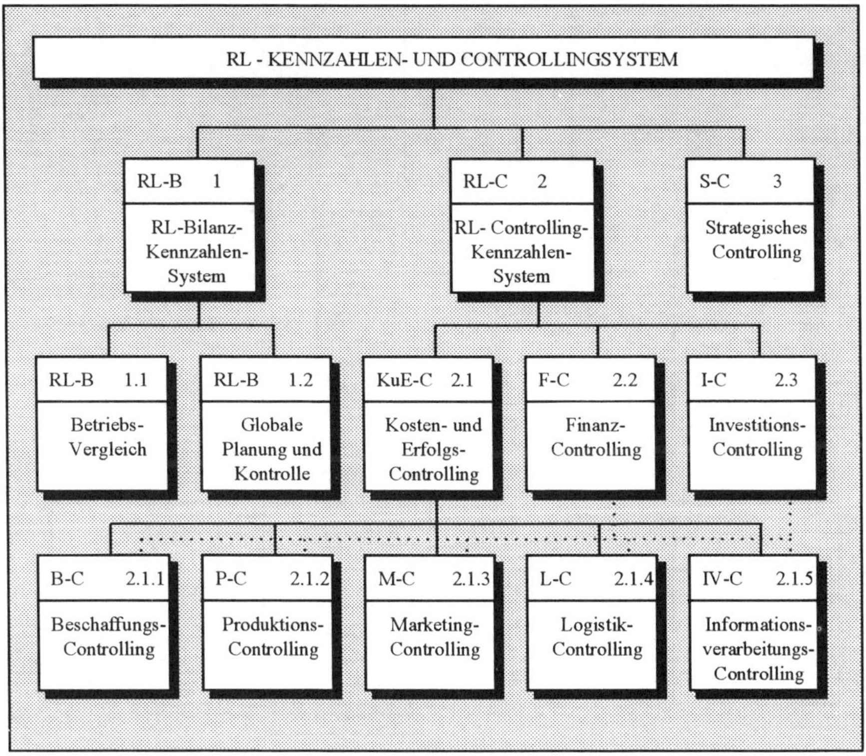

Abb. 97. Modularer Aufbau des RL-Kennzahlensystems

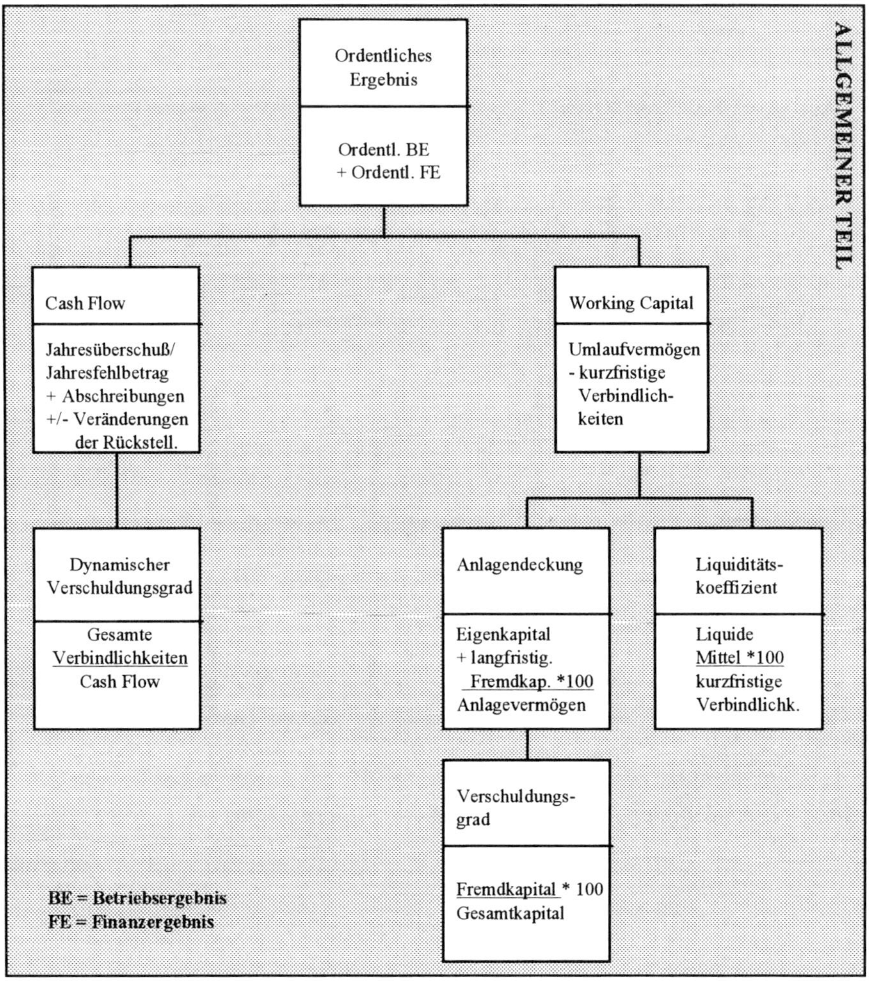

Abb. 98: Ausschnitt aus dem RL-Kennzahlensystem (Liquidität)

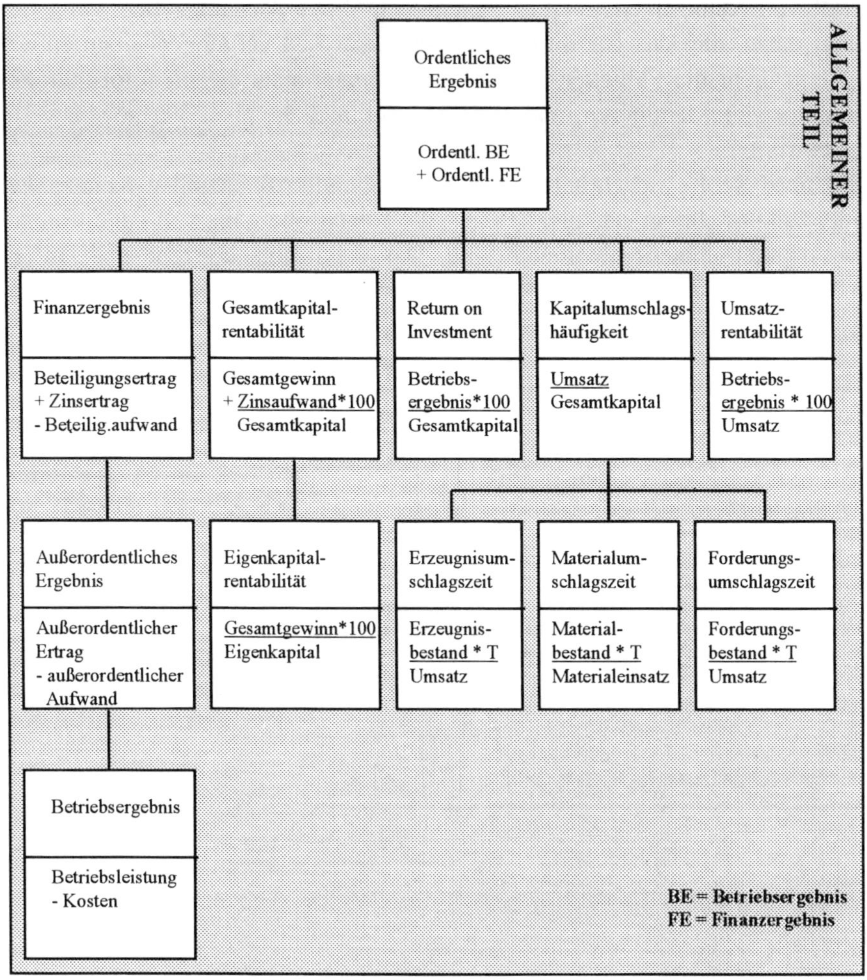

Abb. 99: Ausschnitt aus dem RL-Kennzahlensystem (Erfolg)[54]

Man hat erkannt, daß ausschließlich finanzielle und kostenorientierte Kenngrößen, wie sie von den beschriebenen Kennzahlensystemen zur Verfügung gestellt werden, für die Unternehmensführung nicht ausreichen. Deswegen versucht man z.B. mit dem Konzept des Balanced Scorecard, die Aussage-

[54] Reichmann, T., Controlling mit Kennzahlen und Managementberichten, 4. Aufl., München 1995, S. 91.

kraft von Kennzahlensystemen zu erhöhen[55]. Die Ausgangsüberlegung besteht darin, daß das traditionelle Rechnungswesen vergangenheitsorientiert ist und nicht die Fähigkeit besitzt, neben materiellen die im Informationszeitalter viel wichtigeren immateriellen und intellektuellen Vermögenswerte zu bewerten.

Balanced Scoregard enthält neben den bekannten finanziellen Kennzahlen auch zukunftsorientierte nicht finanzielle Kenngrößen, die von der Strategie eines Unternehmens abzuleiten sind. Das Kennzahlenkonzept stellt Informationen für vier unterschiedliche Perspektiven bereit:

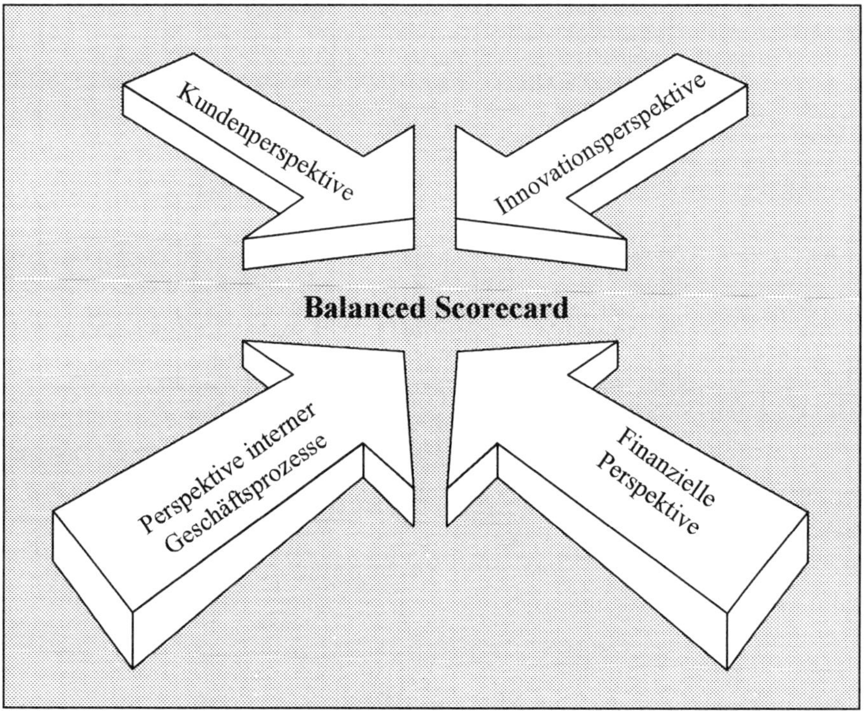

Abb. 100: Perspektiven des Balanced Scorecard

Ziel ist es, eine Balance zwischen

- intern und extern orientierten Größen
- vergangenen und zukünftigen Leistungen
- objektiv quantifizierbaren und subjektiven Kennzahlen

zu erreichen.

[55] Kaplan, R., Norton, D., Balanced Scorecard. Strategien erfolgreich umsetzen, Stuttgart 1977.

Die finanzwirtschaftlichen Kennzahlen werden nach der Phase im Lebenszyklus (Wachstum, Reife, Ernte), in der sich eine Geschäftseinheit befindet, und den strategischen Zielen der Unternehmung (Ertragswachstum, Kostensenkung, optimale Nutzung von Vermögenswerten) differenziert. Beispielsweise werden für eine Geschäftseinheit, die sich noch im Wachstum befindet und das strategische Ziel Ertragswachstum verfolgt, die Kennzahlen

- Umsatzwachstumsrate pro Segment
- Erträge aus neuen Produkten, Dienstleistungen und Kunden in Prozent

empfohlen.

Im folgenden sind exemplarisch weitere Kennzahlen für die unterschiedlichen Perspektiven aufgeführt:

Perspektive	**Ausgewählte Kennzahlen**
Finanzen (extern)	Erträge aus neuen Anwendungen, Rentabilität von Kunden und Produkten, Prozent unrentabler Kunden, Cash-to-Cash-Zyklus[56]
Kunden (extern)	Marktanteil, Kundentreue, Kundenakquisition (z.B. Anzahl neuer Kunden in %), Kundenzufriedenheit, Kundenrentabilität
Innovationen (intern)	Umsatz aus neuen Produkten in Prozent, Umsatz aus geschützten Produkten in Prozent, Einführung neuer Produkte im Vergleich zur Konkurrenz bzw. zum Plan, Potentiale im Fertigungsprozeß, Zeitspanne bis zur Entwicklung der nächsten Produktgeneration, Zeitspanne vom Beginn der Produktentwicklung bis zur Gewinnschwelle (Break-Even-Time)
Interne Prozesse	Effektivität des Fertigungszyklusses (Bearbeitungszeit/Durchlaufzeit), Fehlerquote, Ausbeute, Nacharbeit, Wartezeiten

Abb. 101: Ausgewählte Kennzahlen des Balanced Scorecard[57].

[56] Anm.: Der Cash-to-Cash-Zyklus stellt die Zeit dar, die man benötigt, um Zahlungen an Zulieferer in Bareinnahmen von Kunden umzuwandeln. Bei einem negativen Cash-to-Cash-Zyklus bezahlt ein Unternehmen die Zulieferer erst, nachdem der Kunde die Forderung beglichen hat. Damit kann Kapital aus dem operativen Geschäft erzeugt werden.

[57] Kaplan, R., Norton, D., Balanced Scorecard. Strategien erfolgreich umsetzen, Stuttgart 1977, S. 57.

4.3 Aufgaben und Kontrollfragen zu Kapitel 4

Aufgabe 14:
Was versteht man unter einer Planung im Gegenstromverfahren?

Aufgabe 15:
In welchen Schritten läuft die operative Planung ab?

Aufgabe 16:
Geben Sie einen Überblick über die operativen Teilpläne!

Aufgabe 17:
Geben Sie einen Überblick über die integrierte Kosten-, Ergebnis- und Erfolgsplanung!

Aufgabe 18:
Was versteht man unter Cash Flow?

Aufgabe 19:
Verdeutlichen Sie den Zusammenhang zwischen den Teilgebieten der Kostenrechnung!

Aufgabe 20:
Geben Sie einen Überblick über die Verfahren der Kostenrechnung!

Aufgabe 21:
Welche gravierenden Mängel weist die Vollkostenrechnung auf?

Aufgabe 22:
Erläutern Sie die Verfahren der Plankostenrechnung!

Aufgabe 23:
Wie sind in der Plankostenrechnung Ist-, Soll- und Plankosten definiert?

Aufgabe 24:
Wie werden die Materialeinzelkosten für die Kalkulation errechnet?

Aufgabe 25:
Geben Sie einen Überblick über die Verfahren der Arbeitsbewertung!

Aufgabe 26:
Welche Anforderungsarten werden unterschieden?

Aufgabe 27:
Wie wird die Vorgabezeit ermittelt?

Aufgabe 28:
Wie werden Fertigungslöhne in der Plankostenrechnung geplant?

Aufgabe 29:
Wie werden Sozialkosten geplant?

Aufgabe 30:
Planen Sie für die Abteilung Finanzbuchhaltung die monatlichen Gehaltskosten, wenn folgende Daten bekannt sind:
Buchungsanfall pro Monat: 73.000; ∅ Leistung pro Mitarbeiter und Monat: 8.800 Buchungen; Verteilzeit- und Personalreservezuschlag: 20 %; 1 Abteilungsleiter (monatliches Gehalt: 7.500,-) und 2 Bürohilfskräfte (monatliches Gehalt: jeweils 1.800,-) sind zu berücksichtigen; monatliches Gehalt eines Sachbearbeiters: 3.200,-.

Aufgabe 31:
In welchen Schritten läuft die Planung der Gemeinkosten ab?

Aufgabe 32:
Wann sollte man mehrere Bezugsgrößen für eine Kostenstelle wählen? Geben Sie ein Beispiel für die Verwendung unterschiedlicher Bezugsgrößen!

Aufgabe 33:
Erklären Sie den Unterschied zwischen Kapazitäts- und Engpaßplanung!

Aufgabe 34:
Wie werden Kostenstellen mit überwiegend fixen Kosten geplant?

Aufgabe 35:
Mit welchen Verfahren kann man gemischte Kostenarten planen?

Aufgabe 36:
Was besagt ein Variator von 6,0 bei einer Kostenart?

Aufgabe 37:
Für die Kostenstelle Vormontage (Kostenstellennummer 4712), die von Herrn Schmidt geleitet wird, ergaben sich bezüglich der Kostenart Hilfslöhne in den vergangenen Perioden die unten dargestellten Werte.

Monat	Fert.stunden pro Monat	Hilfslöhne pro Monat
Jan	240	2800
Feb	270	3500
Mär	210	2700
Apr	180	2400
Mai	260	3300
Jun	245	3050
Jul	220	3000
Aug	210	2750
Sep	250	3100
Okt	260	3600
Nov	240	3100
Dez	230	2700

Abb. 102: Istdaten

Im Rahmen der Kostenstellenplanung ermittelte man für Juni 1998 eine Planbeschäftigung von 280 Fertigungsstunden. Auf dieser Grundlage konnten die aus Abb. 103 ersichtlichen Planmengen, Planpreise und Variatoren für die Kostenarten errechnet werden. Die geplanten Gesamtkosten für Lohnzuschläge betragen 480,-, für kalk. Abschreibungen 3.200,- und für kalk. Leitungskosten 3.900,-. Für die Errechnung der kalk. Zinsen geht man davon aus, daß durchschnittlich die Hälfte des investierten Kapitals gebunden ist.

1. Ermitteln Sie die Plankosten für die Hilfslöhne bei einer Planbeschäftigung von 280 Fertigungsstunden mit Hilfe der statistischen Kostenauflösung (Trenddiagramm). Verwenden Sie zur Lösung nach Möglichkeit ein Tabellenkalkulationsprogramm.
2. Erstellen Sie für die Kostenstelle Vormontage einen Kostenstellenplan.

Kostenarten		Mengen-			
Nr.	Bezeichnung	Einheit	Menge	DM/ME	Variator
4100	Fertigungslöhne	STD	280	20,00	10,00
4110	Zusatzlöhne für Akkord	DM	5600	0,04	10,00
4120	Hilfslöhne	STD	280	12,69	-
4130	Lohnzulagen	DM	9377	0,075	10,00
4140	Lohnzuschläge	DM			10,00
4831	Kalk. Sozialaufwand Lohn	DM	10560	0,75	9,35
4150	Gehälter	STD	55	35,00	0,00
4832	Kalk. Sozialaufwand Gehalt	DM	1925	0,80	0,00
4200	Hilfs- und Betriebsstoffe	LTR	35	11,00	7,50
4300	Werkzeugkosten	STK	7	125,00	10,00
4400	Instandhaltungskosten	STD	45	19,00	8,75
4810	Kalk. Abschreibungen	-			7,20
4815	Kalk. Zinsen	DM	560000	7%	0,00
4820	Kalk. Raumkosten	QM	70	20,00	0,00
4825	Kalk. Energiekosten	KWH	9050	0,15	7,69
4880	Kalk. Leitungskosten	DM			0,00

Abb. 103: Plandaten

Aufgabe 38:
Auf welche Datenbestände greift man bei einer Plankalkulation zurück?

Aufgabe 39:
Wie erfolgt eine Plankalkulation?

Aufgabe 40:
Was versteht man unter einer Primärkalkulation?

Aufgabe 41:
Aus welchen Gründen benötigt man neben einer Teilkostenkalkulation zusätzlich eine Kalkulation zu Vollkosten?

Aufgabe 42:
Was versteht man unter einer Vorkalkulation?

Aufgabe 43:
Was versteht man unter dem Break-Even-Punkt?

Aufgabe 44:
Der Verkaufsleiter entwickelt drei Szenarien für das Standardrad Allround (vgl. Abb. 104). Er möchte vom Controlling wissen, ab welcher Absatzmenge jeweils Gewinn erzielt wird und wie hoch die Sicherheitsspanne ist. Außerdem interessiert ihn, wie sich die Beschaffung einer neuen Hochleistungsmaschine für die Bohrerei auswirken würde, wenn infolge höherer Abschreibungen die fixen Kosten um 20.000,- stiegen und die variablen Kosten/St. um 20% geringer wären (Ermittlung nur für die „wahrscheinliche Alternative").

	Pessimistische Alternative	Wahrscheinliche Alternative	Optimistische Alternative
Planmenge	200	250	300
Preis	900	1.000	1.000
Variable Kosten/St.	600	560	500
Erlöse	180.000	250.000	300.000
Variable Kosten	120.000	140.000	150.000
Deckungsbeitrag	60.000	110.000	150.000
Fixkosten	75000	70000	70000
Betriebsergebnis	**-15.000**	**40.000**	**80.000**

Abb. 104: Plandaten der drei Szenarien

Aufgabe 45:
Was versteht man unter einer Iso-Deckungsbeitragskurve?

Aufgabe 46:
Mit welchen beiden Methoden kann der Planerfolg ermittelt werden?

Aufgabe 47:
Erläutern Sie das Problem der Abweichungsüberschneidung. Wie wird es in der Praxis gelöst?

Aufgabe 48:
Gegeben sind für die Kostenstelle Montage die folgenden Plan- und Istdaten laut Abb. 105. Vervollständigen Sie unter Verwendung der flexiblen Plankostenrechnung den Kostenstellenbericht in Abb. 105, und errechnen Sie die gesamte Verbrauchs- und Beschäftigungsabweichung der Kostenstelle!

Flitzer AG	Kostenstelle: Montage	KOSTENBERICHT	Verantwortlicher: H. Hammer
	Kostenstellennr.: 4715	Monat: Mai 1998	Planbezugsgröße: 350 Fertigungsstunden
Kapazität: 400 Fertigungsstunden		Beschäftigungsgrad: %	Istbezugsgröße
Fixkosten: (Nutzkosten:)		Kap.Nutzungsgrad: %	310 Fertigungsstunden

Kostenarten	Plankosten DM		Soll-kosten	Ist-kosten	Verbrauchsabweichung			
					Monat		kumuliert	
	var.	fix	DM	DM	DM	%	DM	%
Fertigungslöhne	9800	0		9500			3280	3%
Zusatzlöhne für Akkord	294	0		290			118	9%
Hilfslöhne	2520	980		3400			752	11%
Lohnzulagen	1019	0		950			189	13%
Lohnzuschläge	560	0		550			216	16%
Kalk. Sozialaufwand Lohn	10640	739		11018			3417	12%
Gehälter	0	2793		2933			559	3%
Kalk. Sozialaufwand Gehalt	0	2234		2346			447	2%
Hilfs- und Betriebsstoffe	420	140		500			-48	-12%
Werkzeugkosten	1400	0		900			-1360	-15%
Instandhaltungskosten	980	140		1000			-32	-20%
Kalk. Abschreibungen	0	3200		3200			0	0%
Kalk. Zinsen	0	1960		1960			0	0%
Kalk. Raumkosten	0	1400		1400			0	0%
Kalk. Energiekosten	1400	420		1600			-240	5%
Kalk. Leitungskosten	0	4200		4200			0	0%
Kostensumme	29033	18206		45747			7298	

Abb. 105: Ausgangsdaten des Kostenstellenplans

Aufgabe 49:

Interpretieren Sie die Abweichung des Deckungsbeitrag 1, wenn folgende Informationen vorliegen:

Preisabweichung: -270.000,-
Kostenabweichung: 60.000,-
Strukturabweichung: 20.000,-
Volumenabweichung: 1000.000,-

Aufgabe 50:

Was sind Kennzahlensysteme?

4.4 Lösungen zu Kapitel 4

Aufgabe 14:
Top down werden Ziele durch vorgesetzte Stellen an untergeordnete weitergegeben. Nach unten hin werden die Ziele zunehmend konkreter und differenzierter. Auf jeder Stufe wird die Machbarkeit der Ziele analysiert. Bottom up werden die erreichbaren Ziele an die vorgesetzte Stelle zurückgemeldet. Stimmen die top down- und bottom up-Pläne nicht überein, ist ein Abstimmungsprozeß erforderlich.

Aufgabe 15:
Die ***Zielplanung*** *gliedert sich in Erhebung und Analyse des Istzustands, Entwicklung geeigneter Zielalternativen, Bewertung der gefundenen Ziele und Auswahl der erfolgversprechendsten Alternative. Daran anschließend werden* ***Maßnahmen geplant****, d.h. gesucht und bewertet. Die erfolgsversprechendste Maßnahme wird ausgewählt, realisiert und kontrolliert.*

Aufgabe 16:
Siehe Abb. 31.

Aufgabe 17:
Als Ergebnis der Teilpläne, die in der Regel jeweils für ein Jahr erstellt werden, ergeben sich drei große, miteinander verknüpfte und voneinander gegenseitig abhängige Pläne: Erfolgsplan, Finanzplan und Planbilanz (Ermittlung siehe Abb. 33).

Aufgabe 18:
Der Cash Flow wird vom Jahresüberschuß der GuV abgeleitet:

Jahresüberschuß
\+ *nicht auszahlungswirksame Aufwendungen*
\- *nicht einzahlungswirksame Erträge*
= *Cash-flow*

Für externe Analytiker ist der Cash-flow interessant, weil er schnell einen Anhaltspunkt über die Finanzierungskraft eines Unternehmens gibt. Allerdings ist die Aussagekraft dieses Verfahrens begrenzt. Beispielsweise wird nicht überprüft, welche Umsätze überhaupt zu Einzahlungen in der Periode führen. Eine differenzierte Finanzierungs- und Liquiditätsplanung ist für interne Zwecke unerläßlich.

Aufgabe 19:
*In der **Kostenartenrechnung werden** die angefallenen Kosten erfaßt und gruppiert. Die **Kostenstellenrechnung** erhebt die Kosten, die den Kostenträgern nicht direkt zugeordnet werden können. Sie hat die Aufgabe, die Kostenstellen zu kontrollieren und dient als Bindeglied zur Kostenträgerrechnung. Die **Kostenträgerrechnung** beantwortet die Frage, wofür die Kosten angefallen sind. Sie umfaßt die Kalkulation und die Kostenträgerzeitrechnung. Der Zusammenhang zwischen den Teilgebieten der Kostenrechnung wird in Abb. 36 verdeutlicht.*

Aufgabe 20:
Die Verfahren der Kostenrechnung lassen sich in Ist- und Planungsrechnungen sowie in Voll- und Teilkostenrechnungen einteilen. Den Ursprung der Entwicklung bildet die Vollkostenrechnung auf Basis der Ist- oder Normal-Beschäftigung, die man vor allem für die Ermittlung von Angebotspreisen einsetzte. Ergänzend wurden später auch Plankostenrechnungen auf der Grundlage von Vollkosten konzipiert. Nach dem 2. Weltkrieg verbreitete sich das Konzept des Direct Costing, ursprünglich in den USA entwickelt, als einfache Teilkostenrechnung auch in Deutschland.
In den folgenden Jahren wurde die Teilkostenrechnung in Form der stufenweisen Fixkostendeckungsrechnung, der Einzelkosten- und Deckungsbeitragsrechnung nach Riebel sowie der Grenzplankostenrechnung nach Kilger und Plaut ausgebaut und verfeinert. Bis heute herrscht ein Methodenstreit darüber, welches das aussagefähigste Verfahren sei. Unbestritten ist jedoch, daß die reine Vollkostenrechnung den Anforderungen nicht mehr gerecht wird. Es wird vielfach empfohlen, neben der Vollkostenrechnung, die für verschiedene Zwecke wie der Preisermittlung für öffentliche Aufträge notwendig sein kann, parallel auch Teilkostenrechnungssysteme zu verwenden. Standardsoftware für das Rechnungswesen bietet die Möglichkeit, verschiedene Kostenrechnungsverfahren kombiniert einzusetzen.

Aufgabe 21:
Bei der Vollkostenrechnung erfolgt kein differenzierter Ausweis von fixen und variablen Kosten. Außerdem werden über mehrere Abrechnungsebenen hinweg Gemeinkosten geschlüsselt.
Die fehlende Entscheidungsorientierung der Vollkostenrechnung wird insbesondere durch die Proportionalisierung fixer Kosten deutlich.

Man unterstellt, daß alle Kosten beschäftigungsabhängig seien. Zwangsläufig werden dann, wenn die tatsächliche oberhalb oder unterhalb der kalkulierten Beschäftigung liegt, zuviel bzw. zuwenig Fixkosten verrechnet. Daraus resultieren fehlerhafte Informationen für Entscheidungen bei der Erfolgsplanung und -prognose, der Preiskalkulation und -politik, der Auswahl kostengünstiger Produktionsverfahren, der Wahl zwischen Eigenfertigung und Fremdbezug sowie der Programmplanung und -analyse.

Aufgabe 22:

Die Plankostenrechnung unterstützt durch ihre Zukunftsorientierung die Steuerung des Betriebes, sie ermöglicht die Kostenkontrolle durch Soll-Ist-Vergleiche und stellt bei konsequenter Trennung von fixen und variablen Kosten wertvolle Informationen für Managemententscheidungen bereit.

Bei der ***starren Plankostenrechnung*** *erfolgt keine Aufteilung in fixe und variable Kosten. Die Planung wird starr, d.h. für* *<u>eine</u>* *Planbeschäftigung durchgeführt. Damit ist ein sinnvoller Soll-Ist-Vergleich nicht möglich. Wie bei den anderen Vollkostenrechnungsverfahren werden fixe Kosten proportionalisiert, die Ermittlung kurzfristiger Preisuntergrenzen ist ausgeschlossen. Wegen der beschriebenen Mängel spielt die starre Plankostenrechnung in der Praxis nur eine untergeordnete Rolle. Verbreitet ist dagegen die* ***flexible Plankostenrechnung****. Sie besitzt folgende Kennzeichen:*

- *Ermittlung fixer und variabler Gemeinkosten*
- *Effektiver Soll-Ist-Vergleich durch Ausweis von Verbrauchs- und Beschäftigungsabweichungen*
- *Vollkostenkalkulation in der Kostenträgerrechnung*

Das methodisch fundierteste Plankostenrechnungsverfahren ist die ***Grenzplankostenrechnung****. Wesentliche Merkmale gegenüber den anderen Verfahren sind:*

- *Sowohl in der Kostenstellenrechnung als auch in der Kostenträgerrechnung erfolgt eine strikte Trennung in fixe und variable Kosten (vgl. Abb. 56). Es existiert nur noch eine Abweichungsart: die Verbrauchsabweichung.*
- *Die fixen Kosten werden gesammelt und als Block direkt in das Betriebsergebnis gebucht.*

Aufgabe 23:

Plankosten:	*Sollmenge der Planbeschäftigung x Planpreis*
Sollkosten:	*Sollmenge der Istbeschäftigung x Planpreis*
Istkosten:	*Istmenge der Istbeschäftigung x Planpreis*

Aufgabe 24:

[(Netto-Planverbrauchsmenge + unvermeidbarer Mehrverbrauch) x Plan-Materialpreis] - planmäßige Abfallerlöse. Dabei setzt sich der Plan-Materialpreis wie folgt zusammen:

Brutto-Einkaufspreis
- Rabatte, Boni, Skonti
- Untermengenzuschläge
Nettoeinkaufspreis
+ Bezugsnebenkosten
Einstandspreis

Aufgabe 25:

Mit den Verfahren der Arbeitsbewertung wird der Lohnsatz bestimmt. Man unterscheidet summarische und analytische Verfahren. Konkret kann man Rangfolgeverfahren, Rangreihenverfahren, Lohngruppenverfahren oder Stufenwertzahlverfahren verwenden.

Aufgabe 26:

Kenntnisse, Geistige Belastung, Geschicklichkeit, Muskelmäßige Belastung, Verantwortung und Umweltbedingungen.

Aufgabe 27:

Man unterscheidet verschiedene Verfahren: rechnende, orientierende und messende Zeitstudie. Bekannt ist die REFA-Vorgabezeitermittlung als eine messende Zeitstudie. Dabei ermitteln geschulte Arbeitsstudienleute die Vorgabezeit am Arbeitsplatz. Der Arbeitsstudienmann beobachtet das Erscheinungsbild des Bewegungsablaufs eines Arbeiters. Durch Training besitzt er eine Vorstellung davon, wie die optimale Leistung bezüglich Geschwindigkeit und Beherrschung der Bewegungen aussehen müßte. Er ermittelt den Leistungsgrad, indem die beobachtete Istleistung mit der vorgestellten Bezugsleistung verglichen wird. Mit der Formel $\mathbf{t = L/100 * t_i}$ *(L=Leistungsgrad,* t_i *= gemessene Istzeit) wird die Vorgabezeit errechnet. Hat er beispielsweise einen Leistungsgrad von 80 Prozent ermittelt und eine Istzeit für die Bearbeitung von 100 Stück von 120 Minuten gemessen, so ergibt sich daraus ein Vorgabezeit von 96 Minuten.*

Die Vorgabezeit für einen Auftrag setzt sich aus verschiedenen Zeitarten zusammen, deren jeweilige Sollzeit im Rahmen der Zeitstudie ermittelt wird (vgl. Abb. 63). Durch Aggregation der Teilvorgabezeiten erhält man die Vorgabezeit für den gesamten Auftrag.

Aufgabe 28:
*Trotzdem Fertigungslöhne Einzelkosten sind, wird empfohlen, sie in der Plankostenrechnung über die Kostenstellen zu planen und abzurechnen. Über die Stücklistenauflösung erhält man alle Einzelteile und Baugruppen, die für die Durchführung eines Auftrags notwendig sind. Für jede Komponente einer Stückliste existiert ein Arbeitsplan, der die Arbeitsgänge mit dem jeweiligen Zeitbedarf (= Vorgabezeit) dokumentiert. Die Einzellohnkosten pro Kostenstelle ergeben sich bei Akkordlohn, indem die Vorgabezeit mit dem zugehörigen Planlohnsatz/Minute multipliziert wird. Durch Addition der Lohnkosten aller Fertigungsaufträge erhält man die gesamten Planlohnkosten der Kostenstelle. Wird im Zeitlohn gearbeitet, benutzt man die Formel (Arbeitszeit/Arbeiter und Monat * Arbeiterzahl) * Planlohnsatz/Zeiteinheit.*

Aufgabe 29:
Sozialkosten bestehen aus Soziallöhnen (Urlaubsgeld, Lohnfortzahlung), gesetzlichen Sozialabgaben (Arbeitgeberanteil) und sonstigen freiwilligen Sozialkosten (Pensionen, Weihnachtsgeld). Sie werden soweit möglich getrennt nach Lohn- und Gehaltsempfängern geplant, da die Belastung mit gesetzlichen Aufwendungen unterschiedlich hoch ist. Man verrechnet die Sozialkosten als Prozentsatz auf die Lohn- bzw. Gehaltskosten. Damit ist auch eine gleichmäßige monatliche Verteilung gewährleistet. Sozialkosten werden entsprechend der Lohn- und Gehaltskosten in fixe und proportionale Bestandteile aufgeteilt.

Aufgabe 30:
*Anzahl Sachbearbeiter: (73.000/8.800)*1,2 = 10 Sachbearbeiter*

10 Sachbearbeiter	*32.000*
1 Abteilungsleiter	*7.500*
2 Hilfskräfte	*3.600*
Gesamt	***43.100***

Aufgabe 31:
Festlegung der Kostenstellen, Wahl der Bezugsgrößen, Planung der Beschäftigung, Planung der Gemeinkosten und Ermittlung der Gemeinkostensätze.

Aufgabe 32:
In der Praxis ist es schwierig, eine für die Kostenverursachung gut geeignete Größe zu finden, die sich proportional zu den Kosten der Kostenstelle verhält. Vielfach werden bestimmte Kosten mit der Bezugsgröße variieren, andere nicht. Es liegt eine heterogene Kostenverursachung vor. Dann ist es sinnvoll, mehrere Bezugsgrößen für eine Kostenstelle zu wählen.
Häufig verwendet man die beiden Bezugsgrößen Bearbeitungszeit und Rüstzeit, wenn kein ***konstantes Verhältnis zwischen Bearbeitungs- und Rüststunden*** *vorliegt.*

Aufgabe 33:
Bei der ***Kapazitätsplanung*** *wird für jede Kostenstelle die Bezugsgröße entsprechend der individuellen Kapazität festgelegt. Es erfolgt keine Abstimmung mit anderen Kostenstellen. Diese Vorgehensweise hat eine tendenziell überhöhte Beschäftigung und damit zu niedrige Verrechnungssätze zur Folge. Deswegen sollte man die* ***Engpaßplanung*** *verwenden. Sie legt für die Ermittlung der Planbeschäftigung einer Kostenstelle den betrieblichen Engpaß (meist die Absatzmenge) zugrunde.*

Aufgabe 34:
Weit verbreitet ist die sogenannte Budgetierung als einfaches Verfahren. Die Plankosten werden dabei für eine angenommene Leistungshöhe durch Fortschreibung oder Schätzung vorgegeben. Die Kostenkontrolle wird als Plan-Ist-Vergleich und nicht als Soll-Ist-Vergleich durchgeführt.
Aufwendiger und deshalb auch seltener eingesetzt ist die Zero-Base-Budgeting-Methode (vgl. 7.4.2.4).

Aufgabe 35:
Ausgehend von früheren Istkosten leitet man mit ***statistischen Methoden*** *wie der Trendberechnung die Plankosten ab. Allerdings beruht dieses Verfahren auf der Annahme, daß die Kostenabhängigkeiten der Vergangenheit auch zukünftig Gültigkeit besitzen. Dieses Problem tritt bei Verwendung analytischer Methoden nicht auf. Sie sind jedoch aufwendig.*

Aufgabe 36:

Der Variator gibt in diesem Fall an, daß die Kostenart zu 60% variabel und zu 40% fix ist.

Aufgabe 37:

1. *Bei 280 Fertigungsstunden ergeben sich unter Verwendung der Trendformel in Abb. 106 Hilfslöhne in Höhe von 3553,- (12,173,- * 280 + 144,43,-).*

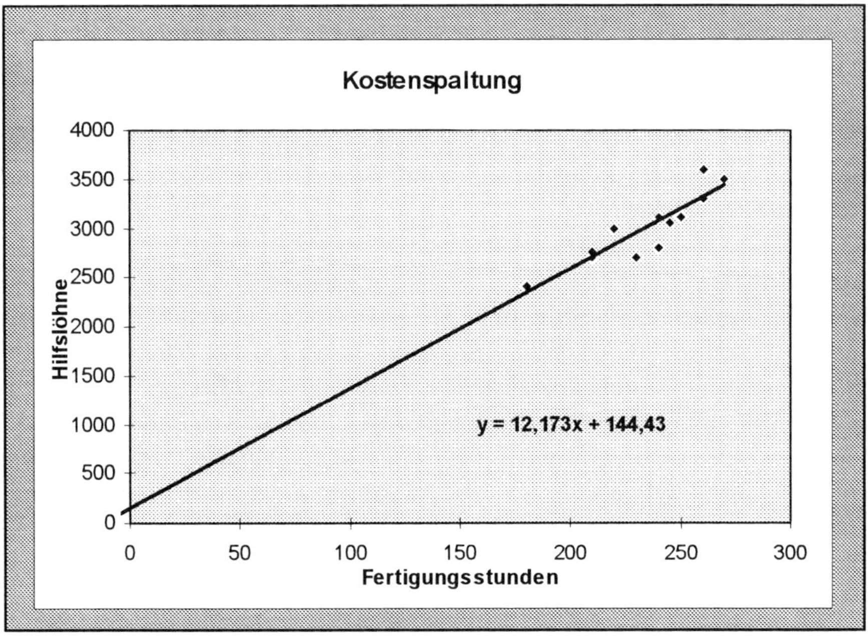

Abb. 106: Kostenauflösung mittels Streupunktdiagramm

2. *Der Kostenstellenplan für die Vormontage ist in Abb. 107 dargestellt.*

Flitzer AG	Kostenstelle: Vormontage Kostenstellennummer: 4712	KOSTENPLANUNG Monat: Juni 1998			Verantwortlicher: H. Schmidt Planbezugsgröße: 280 Fertigungsstunden		
Kostenarten		Mengen-			Plankosten		
Nr.	Bezeichnung	Einheit	Menge	DM/ME	gesamt	variabel	fix
4100	Fertigungslöhne	STD	280	20,00	5600	5600	0
4110	Zusatzlöhne für Akkord	DM	5600	0,04	224	224	0
4120	Hilfslöhne	STD	280	12,69	3553	3409	144
4130	Lohnzulagen	DM	9377	0,075	703	703	0
4140	Lohnzuschläge	DM			480	480	0
4831	Kalk. Sozialaufwand Lohn	DM	10560	0,75	7920	7405	515
4150	Gehälter	STD	55	35,00	1925	0	1925
4832	Kalk. Sozialaufwand Gehalt	DM	1925	0,80	1540	0	1540
4200	Hilfs- und Betriebsstoffe	LTR	35	11,00	385	289	96
4300	Werkzeugkosten	STK	7	125,00	875	875	0
4400	Instandhaltungskosten	STD	45	19,00	855	748	107
4810	Kalk. Abschreibungen	-			3200	2304	896
4815	Kalk. Zinsen	DM	560000	7%	1633	0	1633
4820	Kalk. Raumkosten	QM	70	20,00	1400	0	1400
4825	Kalk. Energiekosten	KWH	9050	0,15	1358	1044	314
4880	Kalk. Leitungskosten	DM			3900	0	3900
Kostenstellenleiter, Kostenplaner		Plankostensumme			35551	23081	12470
Unterschrift, Datum		Planbezugsgrößenmenge			280 Fertigungsstunden		
		Plankostensätze			126,97	82,43	44,54

Abb. 107: Kostenstellenplan

Aufgabe 38:

Datenbestände für die Planung der Einzelkosten:

- *Stücklisten (Erzeugnisstrukturen)*
- *Arbeitspläne mit den Arbeitsgängen, den zu benutzenden Betriebsmitteln und den zugehörigen Zeiten.*
- *Teilestamm*

Die Daten für die ***Planung der Gemeinkosten*** *liefert die Kostenstellenrechnung in Form gültiger Kosten pro Leistungseinheit (z.B. pro Fertigungsminute). Die Zeiten der Arbeitspläne können dadurch mit den geplanten Kostenstellensätzen bewertet werden.*

Aufgabe 39:
Um ein Produkt neu zu kalkulieren, durchwandert ein Kalkulationsprogramm die Erzeugnisstruktur von unten nach oben, vom Fremdbezugsteil zum Fertigerzeugnis, und fügt Bauteil für Bauteil zusammen. Die Kalkulationswerte der Baugruppen können gespeichert werden. Bei der Kalkulation verwandter Erzeugnisse kann man dann auf die bereits gespeicherten Werte zurückgreifen.

Aufgabe 40:
Um die Auswirkung der kostenmäßigen Veränderung einer Kostenart auf den Kalkulationswert eines Erzeugnisses schnell abschätzen zu können, sollte die ***Primärkalkulation*** *gewählt werden. Dabei wird jede Kostenart über alle Fertigungsstufen hinweg separat gespeichert. Somit ist der Anteil einer Kostenart an den gesamten Herstellkosten ersichtlich.*

Aufgabe 41:
Die Kalkulation mit einem Teilkostenverfahren wie der Grenzplankostenrechnung beinhaltet keine fixen Kosten. Für manche Zwecke ist jedoch die Kenntnis der vollen Kosten notwendig:

- *Ermittlung von Angebotspreisen für den öffentlichen Auftraggeber*
- *Steuerliche Bewertung der Bestände*

Aufgabe 42:
Die Vorkalkulation wird kurzfristig für einen Kostenträger oder Auftrag durchgeführt. Sie wird vor allem bei Einzel- und Kleinserienfertigung (z.B. im Maschinenbau) angewandt.

Aufgabe 43:
Der Break-Even-Punkt zeigt, ab welcher Absatzmenge bzw. welchem Erlös Gewinn erzielt wird.

Aufgabe 44:
Break-Even-Menge und Sicherheitsspanne sind der folgenden Abb. 108 zu entnehmen. Bei der pessimistischen Alternative würde die geplante Absatzmenge zu Verlusten führen, da man die Gewinnzone erst ab einer Absatzmenge von 250 Stück erreicht.

	Pessimistische Alternative	Wahrscheinliche Alternative	Optimistische Alternative
Break-Even-Menge	250	159	140
Break-Even-Erlös	225.000	159.091	140.000
Sicherheitsspanne	-25%	36%	53%

Abb. 108: Gewinnschwelle und Sicherheitsspanne

Die Anschaffung der neuen Maschine hätte durch den Anstieg der Fixkosten bei gleichzeitig geringerer Zunahme der variablen Kosten folgende Auswirkungen (vgl. Abb. 109): Das Unternehmen würde später den Break-Even-Punkt erreichen, dafür wären die Gewinnzuwächse größer. Bei einer Absatzmenge von 250 Stück würde der Gesamtgewinn im Vergleich zur ursprünglichen Situation ohne Investition höher sein.

	Wahrscheinliche Alternative
Planmenge	250
Preis	1.000
Variable Kosten/St.	448
Erlöse	250.000
Variable Kosten	112.000
Deckungsbeitrag	138.000
Fixkosten	90000
Betriebsergebnis	**48.000**
Break-Even-Menge	163
Break-Even-Erlös	163.043
Sicherheitsspanne	35%

Abb. 109: Auswirkungen der Rationalisierungsmaßnahme

Aufgabe 45:

*Die **Iso-Deckungsbeitragskurve** zeigt Preis-/Absatzkombinationen, die für einen geplanten Deckungsbeitrag erforderlich sind. Es kann z.B. simuliert werden, welche Absatzausweitung bei einer Preisminderung notwendig ist, um den geplanten Deckungsbeitrag zu halten.*

Aufgabe 46:
Das ***Gesamtkostenverfahren*** *ermittelt das Betriebsergebnis differenziert nach Kostenarten, indem den gesamten Kosten die Gesamtleistung gegenübergestellt wird.*
Beim ***Umsatzkostenverfahren*** *werden differenziert nach Kostenträgern die Herstellkosten der abgesetzten Produkte von den Erlösen abgezogen.*
Es können damit auch Ergebnisse für einzelne Verantwortungsbereiche (Produktgruppen, Vertriebsgebiete, Kunden) ausgewiesen werden.

Aufgabe 47:
Bei der rechnerischen Bestimmung der Preis- und Verbrauchsabweichungen tritt das Problem der **Abweichungsüberschneidung** *auf. Dabei handelt es sich um Teile der Gesamtabweichung, die man nicht eindeutig der Preis- bzw. Mengenabweichung zuordnen kann. In der Praxis hat sich die kumulative Abweichungsanalyse durchgesetzt. Dabei wird die Abweichung 2. Grades der weniger aussagekräftigen Preisabweichung zugeschlagen. Man geht so vor, daß zunächst die Preisabweichung nach folgender Formel ermittelt wird: (Istpreis-Planpreis)*Istmenge. Nach Abzug der Preisabweichung von der Gesamtabweichung verbleibt die Verbrauchsabweichung.*

Aufgabe 48:
Der komplette Kostenstellenplan ist in Abb. 110 dargestellt. Die gesamte Beschäftigungsabweichung beläuft sich auf 2.080,-, die gesamte Verbrauchsabweichung auf 1.826,-, so daß in der Kostenstelle Montage eine Gesamtabweichung von 3.906,- auftritt.

Aufgabe 49:
Der Deckungsbeitrag ist um insgesamt 210.000,- geringer als geplant. Grund ist ein Preisrückgang bei gleichzeitiger Erhöhung der variablen Kosten pro Stück. Diesem Effekt wirkt eine größere Absatzmenge entgegen. Auch die Zusammensetzung des Produktionsprogramms hat sich günstig auf den Deckungsbeitrag ausgewirkt. Von den Produkten mit hohem Deckungsbeitrag pro Stück wurden mehr verkauft als geplant.

Flitzer AG	Kostenstelle: Montage	KOSTENBERICHT	Verantwortlicher: H. Hammer
	Kostenstellennr.: 4715	Monat: Mai 1998	Planbezugsgröße: 350 Fertigungsstunden
Kapazität: 400 Fertigungsstunden		Beschäftigungsgrad: 89%	Istbezugsgröße
Fixkosten: 18206 (Nutzkosten: 14201)		Kap.Nutzungsgrad: 78%	310 Fertigungsstunden

Kostenarten	Plankosten DM		Soll-kosten	Ist-kosten	Verbrauchsabweichung			
					Monat		kumuliert	
	var.	fix	DM	DM	DM	%	DM	%
Fertigungslöhne	9800	0	8680	9500	820	9%	3280	3%
Zusatzlöhne für Akkord	294	0	260	290	30	11%	118	9%
Hilfslöhne	2520	980	3212	3400	188	6%	752	11%
Lohnzulagen	1019	0	903	950	47	5%	189	13%
Lohnzuschläge	560	0	496	550	54	11%	216	16%
Kalk. Sozialaufwand Lohn	10640	739	10163	11018	855	8%	3417	12%
Gehälter	0	2793	2793	2933	140	5%	559	3%
Kalk. Sozialaufwand Gehalt	0	2234	2234	2346	112	5%	447	2%
Hilfs- und Betriebsstoffe	420	140	512	500	-12	-2%	-48	-12%
Werkzeugkosten	1400	0	1240	900	-340	-27%	-1360	-15%
Instandhaltungskosten	980	140	1008	1000	-8	-1%	-32	-20%
Kalk. Abschreibungen	0	3200	3200	3200	0	0%	0	0%
Kalk. Zinsen	0	1960	1960	1960	0	0%	0	0%
Kalk. Raumkosten	0	1400	1400	1400	0	0%	0	0%
Kalk. Energiekosten	1400	420	1660	1600	-60	-4%	-240	5%
Kalk. Leitungskosten	0	4200	4200	4200	0	0%	0	0%
Kostensumme	29033	18206	43921	45747	1826		7298	

Abb. 110: Kostenstellenplan

Aufgabe 50:

Kennzahlensysteme zeigen die einzelnen Kennziffern im sinnvollen, sich gegenseitig ergänzenden und erklärenden Zusammenhang mit anderen Kennzahlen. Abhängigkeiten werden deutlich, wenn pyramidenartig über mehrere Stufen hinweg die Zusammensetzung einer Spitzenkennzahl definiert wird. Beispiele sind das Kennzahlensystem Return on Investment (ROI) von DuPont in Abb. 95, das ZVEI-Kennzahlensystem in Abb. 96 und das RL-Kennzahlensystem in den Abb.97- 99.

5 Neue Entwicklungen im Controlling

LERNZIELE

- Sie setzen sich mit Methoden des Kostenmanagements auseinander.
- Sie lernen die Einsatzbereiche und den Ablauf der Prozeßkostenrechnung kennen.
- Sie erhalten einen Überblick über Anwendungsgebiete und Methoden des Target Costing.
- Sie wissen Bescheid über die Durchführungsmöglichkeiten und die Nutzeffekte des Benchmarking.

Der Schwerpunkt der bereits beschriebenen Methoden der Kostenrechnung liegt auf der Erfassung, Analyse und Verrechnung der Einzelkosten und der Gemeinkosten des Produktionsbereichs. Die Relevanz dieser Kosten hat jedoch stark abgenommen. Einen sehr großen Kostenblock stellen die Gemeinkosten der indirekten Bereiche dar. Die hohen Kosten in Verwaltung, Vertrieb, Logistik usw. sind aber oft nicht transparent. Sie werden immer noch über pauschale Zuschlagssätze verrechnet und keiner eingehenden Wirtschaftlichkeitsanalyse unterzogen[58]. Man versucht schon seit längerem, diesen Mangel durch Verfahren wie Gemeinkostenwertanalyse oder Zero-Base-Budgeting zu mildern (vgl. 7.4.2.3 und 7.4.2.4). Deren Sichtweise ist jedoch auf einzelne Abteilungen beschränkt. Erst durch den ergänzenden Einsatz der **Prozeßkostenrechnung** wird eine abteilungsübergreifende prozeßorientierte Analyse der Kosten indirekter Bereiche möglich.

Ein weiterer Mangel herkömmlicher Kostenrechnungsverfahren ist die zu geringe Berücksichtigung des Marktes und die eher kurzfristige Orientierung. Eine aktive Kostengestaltung unter langfristigen Aspekten lassen sie nur sehr eingeschränkt zu. Beispielsweise wird der Preis eines Produktes häufig dadurch ermittelt, indem man zunächst im Rahmen der Plankalkulation die Selbstkosten plus Gewinnzuschläge errechnet. Ist dieser Preis nicht wettbewerbsfähig, werden Kostensenkungsmaßnahmen initiiert. Allerdings ist zu diesem Zeitpunkt bereits ein hoher Prozentsatz von irreversiblen Vorleistungskosten angefallen. Zur Verbesserung dieser Situation kann die aus Japan übernommene Methode des **Zielkostenmanagements (Target Costing)** verwendet werden. Beim Target Costing versucht man, die Kosten bereits in der frühen Phase der Produktgestaltung so nachhaltig zu beeinflussen, daß der vorher ermittelte Zielpreis erreicht werden kann. Im Mittelpunkt steht die umfassende Orientierung an den Marktgegebenheiten. Mit Target Costing erzielen vor allem solche Unternehmen Vorteile, die in Märkten mit hohem Wettbewerbsdruck und kurzen Produktlebenszyklen operieren (z.B. Kfz- oder Elektronikunternehmen).

Die Unternehmenszentriertheit der traditionellen Methoden wird durch **Benchmarking** beseitigt. Ziel ist es, durch den kontinuierlichen Vergleich mit Dritten Verbesserungen zu erzielen und den Besten noch zu übertreffen.

---

[58] Fiedler, R., Vorwort zum 2. Würzburger Controlling-Forum, in: Carl, N., Fiedler, R. (Hrsg.), Fortschrittliches Controlling im Mittelstand und DV-Lösungen, Würzburg 1996, S. 3.

5.1 Prozeßkostenrechnung

Um die **Kostentransparenz in den indirekten Leistungsbereichen** zu erreichen, werden durch Tätigkeitsanalysen Teilprozesse und deren Kostentreiber („Cost Driver") identifiziert[59]. Die Cost Driver sind mit den direkten Bezugsgrößen in der flexiblen Plankostenrechnung bzw. Grenzplankostenrechnung vergleichbar.

Kostenstelle	Tätigkeit (Teilprozeß)	Bezugsgröße (Cost Driver)
Einkauf	• Rahmenverträge aushandeln • Lieferabrufe • Bestellungen	• Anzahl Lieferabrufe • Anzahl Bestellungen
Lager	• Wareneingangsprüfungen • Ein-/Auslagerungen • Materialbereitstellungen • Versand	• Anzahl Lagereingänge • Anzahl Einlagerungen • Anzahl Auslagerungen
Produktionsplanung	• Änderung der Arbeitspläne • Betreuung der Fertigung	• Anzahl Produktänderungen • Anzahl Varianten
Qualtitätssicherung	• Änderung der Prüfpläne • Sicherung der Qualität	• Anzahl Produktänderungen • Anzahl Varianten

Abb. 111: Teilprozesse und Cost Driver in verschiedenen Bereichen

Die Kenntnis der kostentreibenden Aktivitäten einer Kostenstelle ermöglicht eine realistische **Planung und effiziente Kontrolle** der dort anfallenden Gemeinkosten. Die Prozeßkostenrechnung erlaubt darüber hinaus eine **verursachungsgerechte Kalkulation**. Man ermittelt analytisch, welche Tätigkeiten und Prozesse in den indirekten Bereichen für die Herstellung eines Produktes anfallen, und verrechnet die entsprechenden Kosten direkt anstatt über pauschale Zuschlagssätze. Produkten mit niedriger Auftragsstückzahl und großer Komplexität werden höhere Kosten zugeordnet als einem einfachen Massenartikel. Somit wird auch die Preisgestaltung verbessert. Die Prozeßkostenrechnung ist langfristig auf Vollkostenbasis ausgelegt und liefert **Informationen für strategische Entscheidungen,** wie z.B. die Eliminierung exotischer Varianten aus dem Produktionsprogramm. Die Abb. 112 verdeutlicht, daß die Prozeßkostenrechnung ergänzend zu den her-

[59] Preißler, P., Entscheidungsorientierte Kosten- und Leistungsrechnung, Landsberg 1995, S. 181.

kömmlichen Verfahren einzusetzen ist[60]. Aufgrund des beträchtlichen Aufwands ist es empfehlenswert, eine ABC-Analyse durchzuführen, um nur für die bedeutenden Bereiche Prozeßkosten zu ermitteln. Die restlichen Kostenstellen werden weiterhin mit Hilfe von Verrechnungssätzen, Maschinenstundensätzen oder pauschal über Zuschlagssätze abgerechnet.

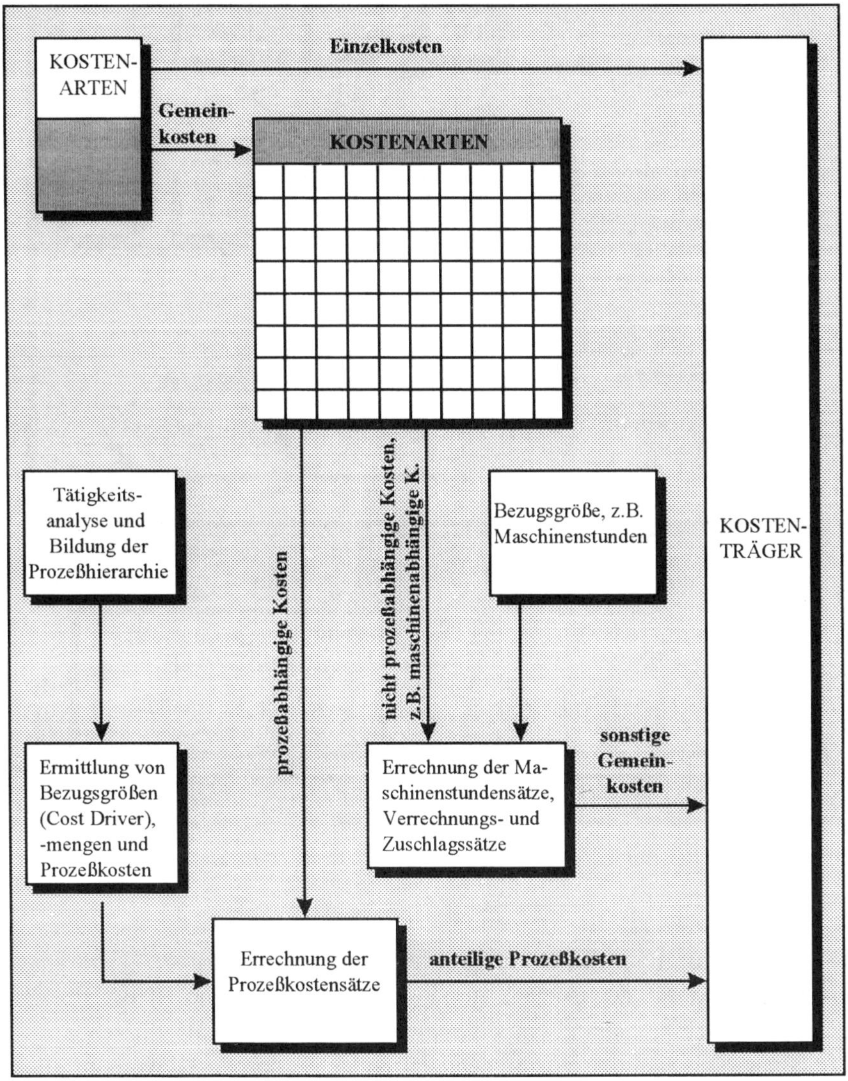

Abb. 112: Integration der Prozeßkostenrechnung

---

[60] Birker, K., Kosten- und Leistungsrechnung, Köln 1996, S. 164.

Nach Auswahl der Anwendungsbereiche vollzieht sich die Prozeßkostenrechnung in folgenden Schritten (vgl. Abb. 113):

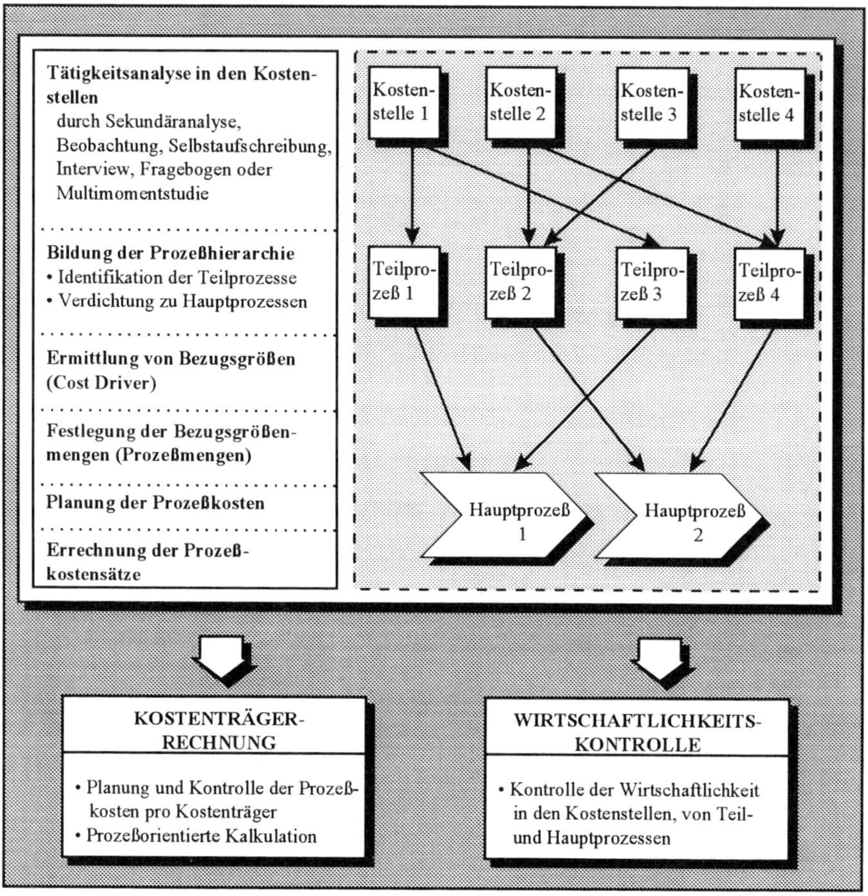

Abb. 113: Vorgehensweise bei der Prozeßkostenrechnung

1. Tätigkeitsanalyse und Bildung einer Prozeßhierarchie

Ausgangspunkt für den Aufbau der Prozeßkostenrechnung ist die Bestimmung der Prozesse anhand einer Tätigkeitsanalyse, auch als Prozeßanalyse bezeichnet. Die sachlich zusammengehörenden Teilprozesse werden zu jeweils einem Hauptprozeß verdichtet (vgl. Abb. 114).

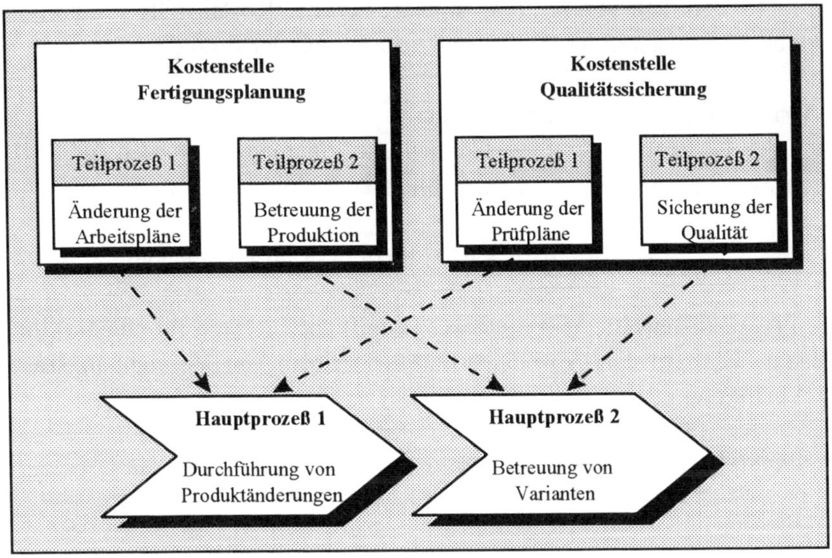

Abb. 114: Prozeßhierarchie[61]

2. Ermittlung von Bezugsgrößen, Bezugsgrößenmengen und Prozeßkosten

Zusätzlich zur Analyse der Tätigkeiten müssen auch die Bezugsgrößen oder Cost Driver festgestellt werden. Zwischen den Cost Drivern und dem Kostenanfall sollte ein möglichst proportionaler Zusammenhang bestehen. In diesem Fall spricht man von leistungsmengeninduzierten Kosten (lmi). Prozeßkosten, für die man keine Bezugsgröße findet, werden dagegen als leistungsmengenneutral (lmn) bezeichnet.

Im Anschluß an die Identifikation der Bezugsgrößen plant man die jeweiligen Bezugsgrößenmengen (Planmengen). Sie sind für alle leistungsmengeninduzierten Prozesse festzulegen.

Den Planmengen sind Prozeßkosten (lmi und lmn) zuzuordnen. In erster Linie handelt es sich hier um Personal-, Raum-, Strom- und Büromaterialkosten. Diese Kosten kann man analytisch für jeden Prozess planen. Weniger aufwendig ist es, wenn die normalisierten Kostenstellenkosten per Schlüssel (z. B. Mitarbeiterzahl) auf die Prozesse verteilt werden. Die leistungsmengenneutralen Kosten werden entsprechend der lmi-Kostenanteile auf die leistungsmengeninduzierten Teilprozesse umgelegt. Im Beispiel der

[61] Götzinger, M., Michael, H., Kosten- und Leistungsrechnung, 6. Aufl., Heidelberg 1993, S. 255.

Abb. 115 entfallen von 85.000,- lmn-Kosten der Kostenstelle Produktionsplanung 27,77 % auf den Teilprozeß „Betreuung der Produktion".

3. Ermittlung der Prozeßkostensätze

Nach der Festlegung der Prozeßkosten und Planmengen werden für Kalkulationszwecke Prozeßkostensätze gebildet (vgl. Abb. 115).

Prozeßkostensatz = Prozeßkosten/Planmenge

Der Prozeßkostensatz stellt die durchschnittlichen Kosten für einen Teilprozeß dar. Er wird der Prozeßkalkulation in Form von Verrechnungssätzen zur Verfügung gestellt.

Kostenstelle: Produktionsplanung

Tätigkeit (Teilprozeß)	Bezugsgröße (Cost Driver)	Planmenge	lmi/ lmn	Prozeßkosten		Prozeßkostensatz		
				lmi	lmn	lmi	lmn	gesamt
Änderung der Arbeitspläne	Produktänderungen	1.100	lmi	650.000	▶ 61.389	590,91	55,81	646,72
Betreuung der Produktion	Anzahl Varianten	750	lmi	250.000	▶ 23.611	333,33	31,48	364,81
Leitung der Abteilung			lmn		85.000			
Gesamt		**1.850**		**900.000**		**924,24**	**87,29**	**1011,53**

Kostenstelle: Qualitätssicherung

Tätigkeit (Teilprozeß)	Bezugsgröße (Cost Driver)	Planmenge	lmi/ lmn	Prozeßkosten		Prozeßkostensatz		
				lmi	lmn	lmi	lmn	gesamt
Änderung der Prüfpläne	Produktänderungen	1.100	lmi	350.000	▶ 26.515	318,18	24,10	342,29
Sicherung der Qualität	Anzahl Varianten	750	lmi	640.000	▶ 48.485	853,33	64,65	917,98
Leitung der Abteilung			lmn		75.000			
Gesamt		**1.850**		**990.000**		**1171,52**	**88,75**	**1260,27**

Abb. 115: Ermittlung der Prozeßkostensätze

Wenn die Prozeßmengen für ein Produkt im Arbeitsplan gespeichert sind, können (anstatt pauschaler Zuschlagssätze) die differenzierten Prozeßverrechnungssätze für die Kalkulation genutzt werden (vgl. Abb. 116).

Die Produkt- bzw. Variantenkosten werden einmal durch das Mengenvolumen der Produktion, andererseits durch die Produkt-/Variantenanzahl bestimmt. Für die Kalkulation schätzt man, wieviel Prozent der Plankosten durch die Menge und wieviel Prozent durch die Variantenzahl verursacht werden. Das Beispiel in Abb. 116 zeigt, wie unterschiedlich hohe Prozeßkosten für eine Variante mit hoher Stückzahl (Variante 1, 5.000 Stück) und eine exotische Variante mit geringer Auftragsgröße (Variante 2 mit 250 Stück) kalkuliert werden.

Prozeßkalkulation
Variante 1: 5.000 Stück; Variante 2: 250 Stück

Tätigkeit (Teilprozeß)	Plan-menge	Prozeß-kostensatz	Abhängigkeit von der Menge	Abhängigkeit v. d. Variantenzahl
Änderung der Arbeitspläne	1.100	646,72	10%	90%
Betreuung der Produktion	750	364,81	40%	60%

	Variante 1		Variante 2	
	mengen-abhängig	varianten-abhängig	mengen-abhängig	varianten-abhängig
Änderung der Arbeitspläne	13,55	64,03	13,55	1280,50
Betreuung der Produktion	20,85	16,42	20,85	328,33
Gesamt	34,40	80,44	34,40	1.608,83
		114,84		**1.643,23**

Abb. 116: Prozeßkalkulation

Der mengenabhängige Kostensatz für die Änderung der Arbeitspläne errechnet sich aus (1.100 * 646,72 * 10%)/5.250 = 13,55. Die variantenabhängigen Kosten betragen (1.100 * 646,72 * 90%)/2 = 320.126,40. Daraus ergeben sich Stückkosten für Variante 1 von 320.126,40/5.000 = 64,03. Die kalkulierten Gesamtkosten der Variante 1 mit hoher Stückzahl sind im Vergleich zur Variante 2 wesentlich geringer.

Für strategische Zwecke kann man die Teilprozesse zu Hauptprozessen verdichten. Es werden die leistungsmengeninduzierten Prozeßkosten der zugeordneten Teilprozesse aggregiert, so daß auch eine Kalkulation auf Hauptprozeßebene möglich ist. Für den Hauptprozeß „Durchführung von Produktänderungen" des Beispiels (vgl. Abb. 114) ergeben sich 1.000.000,- lmi-Kosten bzw. 1.087.904,- Vollkosten. Dividiert man die Prozeßkosten durch die geplante Anzahl von Produktänderungen (1.100 + 1.100), erhält man einen Prozeßkostensatz von 454,- (nur lmi) bzw. 495,- (lmi und lmn) für die durchschnittliche Abwicklung einer Produktänderung. Durch die strategische Ausrichtung der Prozeßkostenrechnung können Fragen wie „Was kostet die gesamte Abwicklung eines Kundenauftrages?" beantwortet werden. In der Praxis ist jedoch die Definition von Hauptprozessen und die Zuordnung sinnvoller Bezugsgrößen schwierig.

Die **Ressourcenorientierte Prozeßkostenrechnung** stellt eine Variante der „klassischen" Prozeßkostenrechnung dar[62]. Sie bezieht zusätzlich die Kosten der direkten Unternehmensbereiche, wie z.B. der Fertigung, in ihre Berechnung mit ein und setzt den Schwerpunkt auf die Auftragskalkulation[63]. Hauptprozesse werden nicht gebildet. Man hat die Möglichkeit, mehrere Ressourcen, wie z.B. Boden, Kapital und Personal, mit differenzierten Kostensätzen pro Teilprozeß zu verrechnen. Die Zusammenhänge zwischen Kostentreibern und den verbrauchten Ressourcen werden in Funktionen oder mathematischen Formeln dargestellt und in einem **Nomogramm** abgebildet. Das Nomogramm besteht aus zwei unterschiedlichen, miteinander verbundenen Funktionsarten, der **Verbrauchs-** und der **Kostenfunktion** (vgl. Abb. 117). Die Verbrauchsfunktion im rechten Teil des Nomogramms stellt die funktionale Beziehung zwischen dem Ressourcenbedarf (z. B. Personal) und dem zugehörigen Cost Driver dar. Ein linearer Kurvenverlauf ist ebenso möglich wie ein degressiver oder progressiver. Auf der linken Seite des Nomogramms spiegelt sich der funktionale Zusammenhang zwischen Ressource und Kosten wider. Der ermittelte Ressourcenverzehr multipliziert mit dem Kostensatz der jeweiligen Ressource ergibt die Kosten eines Teilprozesses.[64]

[62] Meier, A., Wettbewerbsvorteile durch prozeßorientierte Kalkulation, Workshop Industrie I, in: Carl, N., Fiedler, R. (Hrsg.) Fortschrittliches Controlling im Mittelstand und DV-Lösungen, Würzburg 1996, S. III-19.

[63] Schmidt, A., Kostenrechnung, Grundlagen der Vollkosten-, Deckungsbeitrags-, Plankostenrechnung, Stuttgart 1996, S. 192.

[64] Männel, W., Zur Bedeutung der Prozeßkostenrechnung, in: Männel, W. (Hrsg.), Prozeßkostenrechnung, Bedeutung, Methoden, Branchenerfahrungen, Softwarelösungen, Wiesbaden 1995, S. 374.

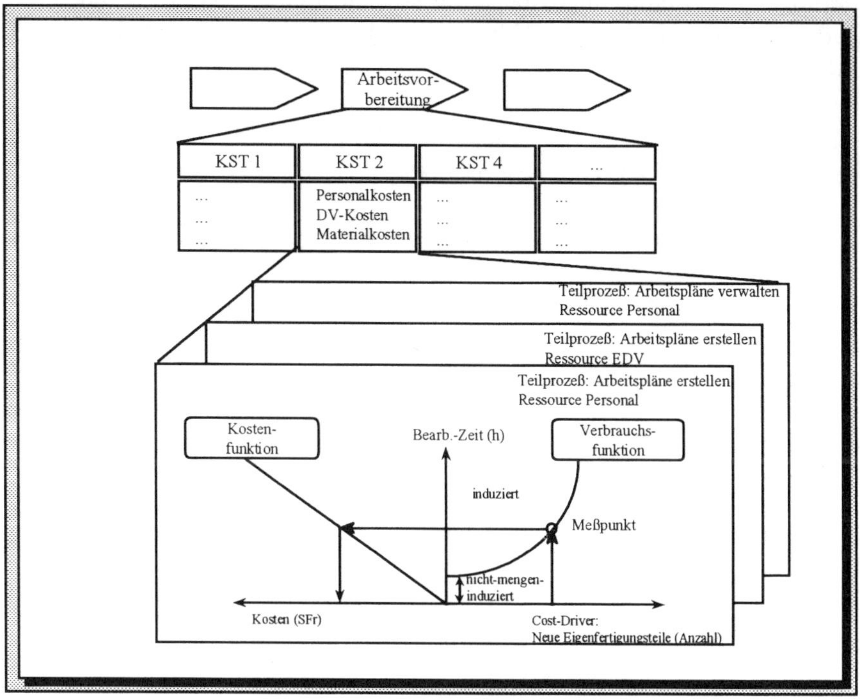

Abb. 117: Ressourcenorientierten Prozeßkostenrechnung

5.2 Target Costing

Für die Ermittlung von Zielkosten existieren verschiedene Methoden[65]: **Market into Company** gilt als Reinform des Zielkostenmanagements. Man orientiert sich am Marktpreis, der laut Marktforschung für ein neu zu entwickelndes Produkt zu erzielen ist. Bei bereits existierenden Produkten ist das Verfahren **Out of Competitor** anwendbar. Die Zielkosten werden aus den Kosten der Konkurrenz, die ein vergleichbares Produkt anbietet, abgeleitet. **Out of Company** besagt dagegen, daß man ausgehend von den eigenen Produktkosten Kostensenkungspotentiale prognostiziert und damit Zielkosten festlegt. Im Vergleich mit den ersten beiden Methoden erfolgt keine konsequente Marktorientierung. Out of Company findet vor allem in europäischen Unternehmen Verwendung.

[65] Seidenschwarz, W., Target Costung, München 1993, S. 125 ff.

Die folgenden Ausführungen beziehen sich auf die klassische Methode des Market into Company. Die Abb. 118 verdeutlicht den Ablauf des Target Costing.

1. Zielkosten des Produktes ermitteln
2. Zielkosten spalten
- **Bestimmung und Gewichtung der Produktfunktionen**
- **Ermittlung der Zielkosten für die einzelnen Komponenten**
- **Errechnung der Zielkostenindices**

Abb. 118: Ablauf des Target Costing

Zielkosten des Produktes ermitteln
Die Zielkosten werden retrograd aus einem gegebenen Marktpreis abgeleitet (vgl. Abb. 119).

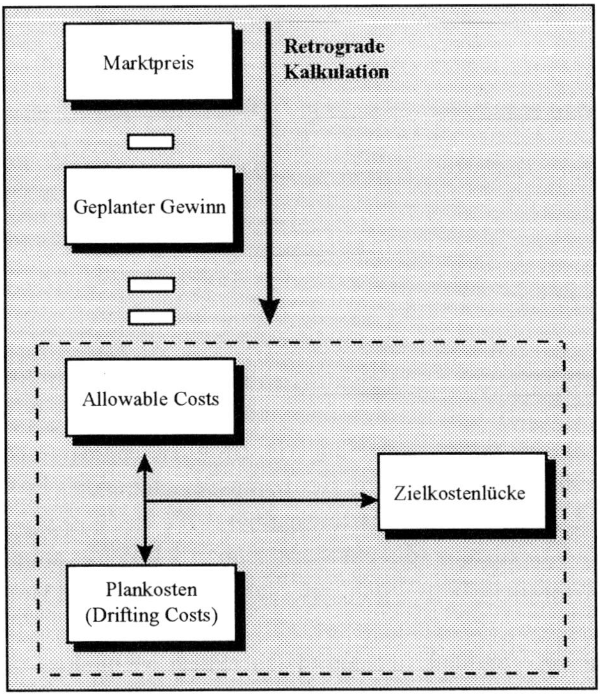

Abb. 119: Retrograde Ermittlung der Produktzielkosten

Durch Abzug des geplanten Gewinns erhält man die zulässigen Kosten (Allowable Costs). Werden die aktuellen Plankosten des Produktes (Drifting Costs) gegenübergestellt, wird die Zielkostenlücke ersichtlich. Die gesamte Zielkostenlücke dürfte im Regelfall kurzfristig nicht zu schließen sein. Deswegen geben manche Unternehmen ein Kostenziel vor, das zwischen den Allowable Costs und den Plankosten liegt und das durch die Realisierung bereits absehbarer Rationalisierungseffekte erreichbar ist. Reichmann bezeichnet diese Zielkosten als Managed Costs[66].

Bestimmung und Gewichtung der Produktfunktionen

Die Zielkosten müssen auf die wesentlichen Produktkomponenten heruntergebrochen werden. Man spricht von Zielkostenspaltung. Angewandt werden die Komponenten- und die Funktionsmethode.

Im folgenden soll die weiter verbreitete Funktionsmethode beschrieben werden[67]. Sie hat große Ähnlichkeit mit der Wertanalyse (vgl. 7.4.2.2). Ausgangspunkt ist eine Befragung von Verbrauchern nach den gewünschten Produktfunktionen. Man unterscheidet harte (z.B. Anzahl der Gänge, Art der Bremsen bei einem Fahrrad) und weiche Funktionen (z.B. Design). Als Untersuchungsmethode wird die Conjoint-Analyse, ein Instrument der Marktforschung, verwendet[68]. Die gefundenen Produktfunktionen müssen unter Mitwirkung der Kunden gewichtet werden.

Ermittlung der Zielkosten für die einzelnen Komponenten

Nachdem man die Zielkosten des Produkts, die Funktionen und deren Gewichte kennt, kann das neue Produkt mit seinen Komponenten grob entworfen werden. Den einzelnen Produktkomponenten werden Kosten zugeordnet. Außerdem wird bestimmt, inwieweit eine Komponente die jeweiligen Produktfunktionen erfüllt. Um das Gesamtgewicht einer Komponente zu errechnen, werden Produktfunktionen und -komponenten in einer Matrix gegenübergestellt. Abb. 120 verdeutlicht die Vorgehensweise für die harten Funktionen. Beispielsweise entfallen 35 % der Funktionsgewichtung auf die Preiswürdigkeit. 19% der Preiswürdigkeit sind auf den Rahmen zurückzu-

---

[66] Reichmann, T., Controlling mit Kennzahlen und Mangementberichten, 4. Aufl., München 1995, S. 414.

[67] Vgl. zur Komponentenmethode Seidenschwarz, W., Target Costing - Schnittstellenbewältigung mit Zielkosten, in: Horvath, P. (Hrsg.), Synergien durch Schnittstellencontrolling, Stuttgart 1992, S. 201 f.

[68] Horvath, P., Seidenschwarz, W., Zielkostenmanagement, Controlling, 4. Jg. (1992) 6, S. 142 ff.

führen. Insgesamt trägt der Rahmen mit 55% zur Erfüllung der harten Funktionen bei.

Gewicht der Funktion

		Harte Funktionen					
		Einfache Bedienung	Preiswürdigkeit	Robustheit	Wiederverkaufswert	∑ Gewicht	∑ Z (S2/S7)
Komponenten	K	30%	35%	25%	10%		
Rahmen	50%	17%	19%	14%	6%	55%	1,1
Räder	17%	2%	2%	1%	1%	5%	0,3
Bremsen	13%	3%	4%	3%	1%	10%	0,8
Zubehör	20%	9%	11%	8%	3%	30%	1,5

Anm.: die Tabelle enthält Rundungsdifferenzen
K=Kostenanteil, Z=Zielkostenindex

Abb. 120: Matrix zur Ermittlung des Zielkostenindex

Errechnung der Zielkostenindices
Der Zielkostenindex Z (vgl. Abb. 120) ist wie folgt definiert:

$$\frac{\textbf{Gewicht einer Komponente}}{\textbf{Kostenanteil der Komponente}}$$

Er ist getrennt nach weichen und harten Funktionen zu ermitteln und sollte im Idealfall nahe bei 1 liegen. Ansonsten ist eine Komponente zu teuer (kleiner 1) oder nicht entsprechend ihrer Bedeutung berücksichtigt (größer 1).
Die Zielkostenindices überträgt man getrennt nach weichen und harten Faktoren in ein Zielkostenkontrolldiagramm. Dieses Diagramm dient als Grundlage für die Kostenoptimierung. Komponenten, die außerhalb einer vom Management zu bestimmenden Zielkostenzone liegen, sind zu analysieren. In Abb. 121 ist beispielsweise die Komponente Räder aus wertanalytischer Sicht unwirtschaftlich, dagegen ist beim Zubehör zu prüfen, ob wertsteigernde Maßnahmen durchgeführt werden sollen, um näher an den Kundenwunsch heranzukommen.

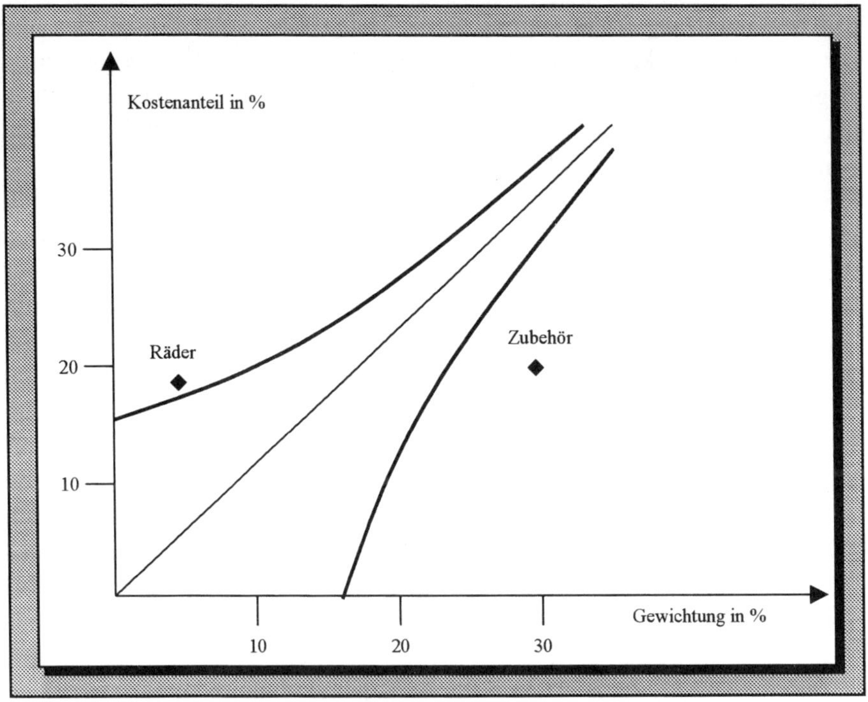

Abb. 121: Zielkostenkontrolldiagramm für die harten Funktionen

5.3 Benchmarking

Kennzeichen des Benchmarking ist ein kontinuierlicher und systematischer Vergleich. Er umfaßt nicht nur Produkte, sondern auch Dienstleistungen, Methoden, Organisationsstrukturen und betriebliche Prozesse (vgl. Abb. 122).

Gegenstand	Produkte	Dienstleistungen	Methoden	Organisation	Prozesse
Ziel der Verbesserung	Kosten	Qualität	Kunden-zufriedenheit	Zeit	
Vergleichs-partner	Intern	Extern			
		Konkurrenten	gleiche Branche	andere Branche	

Abb. 122: Formen des Benchmarking[70]

[70] In Anlehnung an Horvath, P., Herter, R., Benchmarking: Vergleich mit den Besten der Besten, Controlling, 4. Jg. (1992) 1, S. 7.

Mit Benchmarking erhält man objektive Meßgrößen, anhand derer die eigene Leistungsfähigkeit beurteilt und Maßnahmen zur Verbesserung aufgezeigt werden. Das klassische Benchmarking bezieht sich auf Unternehmen, die auf einem Gebiet Bestleistungen erzielen oder Marktführer sind (sogenannte Best-Practise-Unternehmen)[70].
Benchmarking wurde Mitte der 80er Jahre durch die erfolgreiche Restrukturierung von Rank Xerox bekannt. Das Unternehmen startete neben anderen Aktivitäten auch ein Programm, indem die eigenen Versand- und Lagerfunktionen mit denen des Versandhandelsunternehmens L.L. Bean verglichen wurden[71]. Während beispielsweise bei L.L. Bean ein Mitarbeiter im Durchschnitt 550 Aufträge pro Tag bearbeitete, waren es bei Xerox nur 117[72]. Man fand heraus, daß ein wichtiger Grund in der hervorragenden DV-Unterstützung bei L.L. Bean lag. Xerox lernte von diesem Beispiel und startete in der Folge weitere Benchmarking-Projekte, so z.B. im Logistik- und Vertriebsbereich. Lohn der Verbesserungsmaßnahmen waren jährliche Steigerungsraten der Produktivität von 10 %. Heute gilt Xerox als Pionier des Benchmarking.
Ein Beispiel für **branchenbezogenes Benchmarking** beschreibt Meinberg[73]. Es wurden für verschiedene Branchen wichtige Kennzahlen erhoben, ausgewertet und in einer Datenbank gespeichert. Interessierte Unternehmen konnten die Kennziffern des Branchendurchschnitts sowie der Wettbewerber mit der besten und schlechtesten Umsatzrendite abfragen und für eine Positionierung mit ihren eigenen vergleichen. Abb. 123 zeigt die erhobenen Kennzahlen im Überblick.
Die Würth-Gruppe praktiziert weltweit ein **innerbetriebliches Benchmarking**[74]. Die Benchmarking-Philosophie lautet:

Egal wie gut Du bist, in diesem Detail ist Dein Kollege besser!

---

[70] Herter, R., Weltklasse mit Benchmarking: ein Werkzeug zur Verbesserung der Leistungsfähigkeit aller Unternehmensbereiche, Fortschrittliche Betriebsführung und Industrialengineering, 41. Jg. (1992) 5, S. 254 ff.

[71] Horvath, P., Herter, R., Benchmarking: Vergleich mit den Besten der Besten, Controlling, 4. Jg. (1992) 1, S. 4 ff.

[72] Camp, R., Benchmarking, München, Wien 1994, S. 338.

[73] Meinberg, U., Topolewski, F., Lau, C., Prozesse und Benchmarking, in: Carl, N., Fiedler, R. (Hrsg.), Fortschrittliches Controlling im Mittelstand und DV-Lösungen, Würzburg 1996, S. II-1 ff.

[74] Tolan, K., Informationsversorgung des Managements auf der Grundlage des Benchmarking, in: Carl, N., Fiedler, R. (Hrsg.), Fortschrittliches Controlling im Mittelstand und DV-Lösungen, Würzburg 1996, S. II-9 ff.

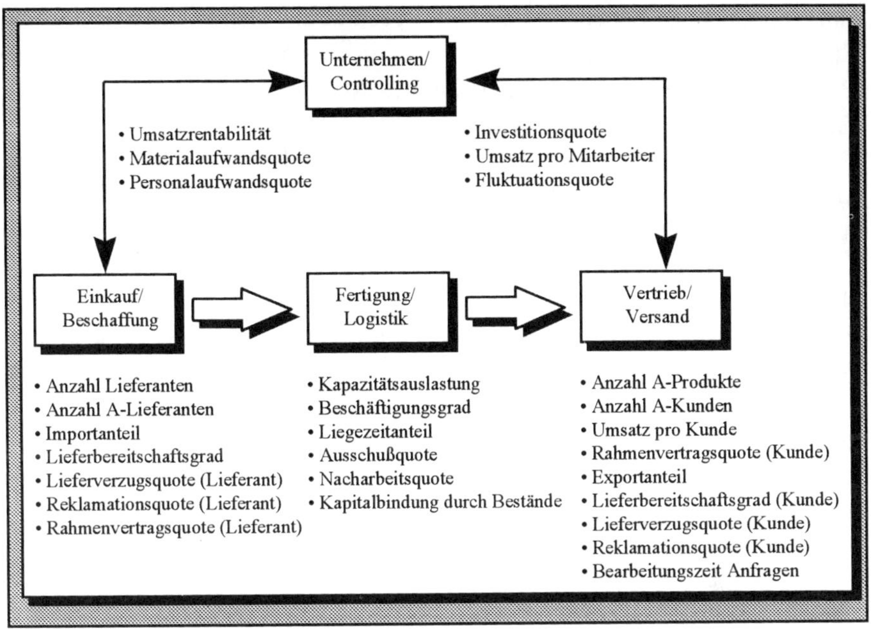

Abb. 123: Kennzahlen für ein branchenbezogenes Benchmarking[76]

Es werden Rankings vom Profit pro Mitarbeiter bis zur Anzahl, wie oft das Telefon bei Testanrufen läutet, erstellt. Im Innendienst verwendet man z.B. die folgenden Kennzahlen:

- Marketing-, Logistik-, Verwaltungskosten pro Mitarbeiter
- Auftragsdurchlaufzeit
- Reklamations- und Gutschriftsdurchlaufzeit
- Debitorentage
- Servicegrad, Rückstandswert pro Disponent
- Anzahl Logistikpositionen pro Logistik-Mitarbeiter
- Anzahl Rechnungen pro Mitarbeiter in der Finanzbuchhaltung

[76] Meinberg, U., Topolewski, F., Lau, C., Prozesse und Benchmarking, in: Carl, N., Fiedler, R. (Hrsg.), Fortschrittliches Controlling im Mittelstand und DV-Lösungen, Würzburg 1996, S. II-6.

Ein permanentes Benchmarking hilft, **rechtzeitig Schwachstellen aufzudecken** und Gegenmaßnahmen einzuleiten[76]. Da in den Benchmarking-Prozess auch die Mitarbeiter eingebunden werden, erhöht dies deren **Motivation**, Veränderungsprozesse mitzutragen.
Ein Problem ist naturgemäß das **Auffinden eines Benchmarking-Partners**, vor allem wenn dies ein Konkurrent sein soll. Grundsätzlich ist festzustellen, daß ein erfolgreiches Benchmarking allen Beteiligten hilft. Auch das Unternehmen, das die Daten zur Verfügung stellt, profitiert davon. Es wird durch die Untersuchungen angeregt, sich trotz seiner relativ guten Situation permanent mit Verbesserungspotentialen auseinanderzusetzen. Eine weitere Schwierigkeit stellt der **hohe Aufwand eines Benchmarking-Projektes** dar. Mitarbeiter sind mit dem normalen Tagesgeschäft ausgelastet, so daß keine Zeit für die Zusatzaufgabe Benchmarking zur Verfügung steht. Die Kosten für die Durchführung einer Benchmarking-Studie sind vor allem für kleinere Unternehmen nicht unerheblich.

[76] Sommerlatte, T., F & E-Controlling aus strategischer und operativer Perspektive, in: Steinle, C., Bruch, H. (Hrsg.), Controlling, Stuttgart 1998, S. 704 f.

5.4 Aufgaben und Kontrollfragen zu Kapitel 5

Aufgabe 51:
Beschreiben Sie Einsatzbereiche und Ablauf der Prozeßkostenrechnung!

Aufgabe 52:
Beschreiben Sie Anwendungsgebiete und Durchführung des Target Costing!

Aufgabe 53:
Beschreiben Sie die Einsatzbereiche des Benchmarking!

Aufgabe 54:
Welche Kennzahlen könnte man für ein innerbetriebliches Benchmarking des Innendienstes verwenden?

5.5 Lösungen zu Kapitel 5

Aufgabe 51:
Der Schwerpunkt der herkömmlichen Methoden der Kostenrechnung liegt auf der Erfassung, Analyse und Verrechnung der Einzelkosten und der Gemeinkosten des Produktionsbereichs. Die Relevanz dieser Kosten hat jedoch stark abgenommen. Einen sehr großen Kostenblock stellen dagegen die Gemeinkosten der indirekten Bereiche dar. Die Prozeßkostenrechnung ermöglicht es, diesen Kostenblock einer Wirtschaftlichkeitsanalyse zu unterziehen und im Rahmen der Kalkulation verursachungsgerecht den Produktarten zuzuordnen. Die Prozeßkostenrechnung läuft in folgenden Schritten ab:

1. *Tätigkeitsanalyse und Bildung einer Prozeßhierarchie*
2. *Ermittlung von Bezugsgrößen, Bezugsgrößenmengen und Prozeßkosten*
3. *Ermittlung der Prozeßkostensätze*

Aufgabe 52:

Beim Target Costing versucht man, die Kosten bereits in der frühen Phase der Produktgestaltung so nachhaltig zu beeinflussen, daß der vorher ermittelte Marktpreis erreicht werden kann. Im Mittelpunkt steht die umfassende Orientierung an den Marktgegebenheiten.

Mit Target Costing erzielen vor allem solche Unternehmen Vorteile, die in Märkten mit hohem Wettbewerbsdruck und kurzen Produktlebenszyklen operieren. Target Costing-Projekte werden wie folgt durchgeführt:

1. *Zielkosten des Produktes ermitteln*
2. *Zielkosten spalten*
   - *Bestimmung und Gewichtung der Produktfunktionen*
   - *Ermittlung der Zielkosten für die einzelnen Komponenten*
   - *Errechnung der Zielkostenindices*

Aufgabe 53:

Benchmarking ist ein kontinuierlicher und systematischer Vergleich mit anderen Betrieben oder innerhalb des eigenen Unternehmens. Benchmarking umfaßt nicht nur Produkte, sondern auch Dienstleistungen, Methoden, Organisationsstrukturen und betriebliche Prozesse. Man erhält objektive Meßgrößen, anhand derer die eigene Leistungsfähigkeit beurteilt und Maßnahmen zur Verbesserung aufgezeigt werden. Das klassische Benchmarking bezieht sich auf Unternehmen, die auf einem Gebiet Bestleistungen erzielen oder Marktführer sind (sogenannte Best-Practise-Unternehmen).

Aufgabe 54:

- *Marketing-, Logistik-, Verwaltungskosten pro Mitarbeiter*
- *Auftragsdurchlaufzeit*
- *Reklamations- und Gutschriftsdurchlaufzeit*
- *Debitorentage*
- *Servicegrad, Rückstandswert pro Disponent*
- *Anzahl Logistikpositionen pro Logistik-Mitarbeiter*
- *Anzahl Rechnungen pro Mitarbeiter in der Finanzbuchhaltung*

6 Controlling von Projekten

LERNZIELE

- Sie wissen über die Möglichkeiten der Aufbauorganisation von Projekten Bescheid.
- Sie kennen die Vorgehensweise der Projektplanung.
- Sie werden sich der Notwendigkeit der Projektkontrolle bewußt.
- Sie erhalten einen Überblick über die Möglichkeiten der Projektdokumentation
- Wenden Sie praxisrelevante Methoden und Techniken des Projektmanagements und der Projektarbeit an.
- Sie erkennen Vorteile eines PC-gestützten Projektmanagementsystems.

Die betriebliche Praxis ist durch eine Zunahme komplexer und neuartiger Aufgaben gekennzeichnet, die in Form von Projekten abgewickelt werden. Ein Projekt ist ein Vorhaben, das durch folgende **Merkmale** charakterisiert werden kann:

- zeitlich, finanziell und personell begrenzt
- festgelegtes Ziel
- keine Routineaufgabe, sondern neuartig und komplex
- meist mehrere Stellen/Personen daran beteiligt (bereichsübergreifende Teamarbeit)
- oft umfangreich
- mit Unsicherheit und Risiko behaftet

Beispiele typischer Projekte sind:

- Realisierung von EDV-Systemen
- Errichtung einer Produktionsstätte
- Erschließung eines neuen Marktes
- Optimierung der Aufbau-/Ablauforganisation
- Entwicklung neuer Produkte

Projekte stellen besondere Anforderungen an das Controlling. Sie sind zudem zeitkritisch. Insbesondere bei Entwicklungsprojekten hängt der Unternehmenserfolg davon ab, daß ein neues Produkt schnell und mit hoher Qualität auf den Markt kommt. Das Controlling unterstützt die Planung, Steuerung und Kontrolle solcher Aufgaben maßgeblich. Projektcontrolling überlagert dabei die bisher erörterten Planungs- und Kontrollaufgaben (vgl. Abb. 124).

Bei der Durchführung von Projekten tauchen **Fragen** auf wie:

- Welche Auswirkungen haben Terminverzögerungen bei einzelnen Aufgaben auf das gesamte Projekt?
- Welche und wieviele Mitarbeiter werden benötigt?
- Stehen zu jeder Zeit genügend Mitarbeiter zur Verfügung?
- Welche Kosten fallen an?

Um diese und andere Fragen kurzfristig beantworten zu können, müssen die Verantwortlichen zu jeder Zeit einen Überblick über das Projekt haben. Dies ist bei komplexen Projekten mit hunderten von Teilaufgaben nur mittels **Projektmanagement** zu erreichen.

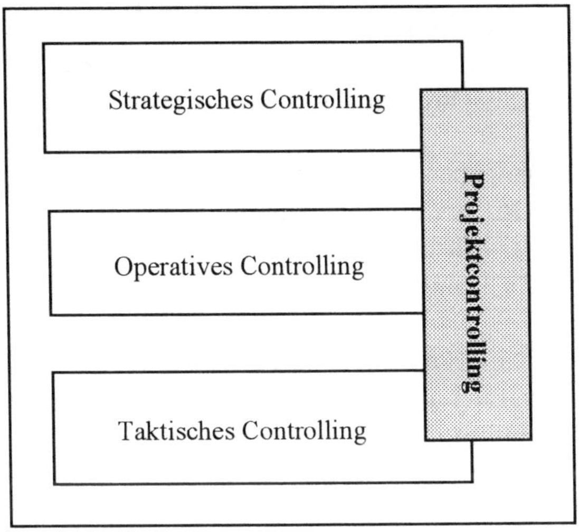

Abb. 124: Stellung des Projektcontrollings

Projektmanagement umfaßt alle Leitungsaufgaben und Instrumente für **die Planung, Steuerung und Kontrolle eines Projekts**. Dazu wird auch die Aufbauorganisation des Projekts geregelt.

Projektmanagement beinhaltet nicht die Aktivitäten, die das zu lösende Problem selbst betreffen, insbesondere nicht die fachlichen Beiträge zur Problemlösung, sondern das Management des Problemlösungsprozesses. Projektmanagement hat **funktionale, institutionale und instrumentale Aufgaben**:

- Institutionale Aufgaben:
  Es wird das "**WER**" eines Projektes bestimmt.
  - Wahl eines geeigneten Organisationsmodells
  - Festlegung des Projektteams
  - Organisatorische Einbindung der Projektgruppe in die Unternehmenshierarchie
  - Einrichtung der Entscheidungsinstanzen (Lenkungsausschuß)

- Funktionale Aufgaben:
  Es wird das "**WAS**" eines Projektes ermittelt.

  - Abgrenzung der Projektaufgaben
  - Vereinbarung der Projektziele
  - Planung, Steuerung und Kontrolle der personellen und finanziellen Ressourcen sowie des Projektfortschritts

- Instrumentale Aufgaben:
  Es wird das "**WIE**" der Projektdurchführung betrachtet
  - Festlegung der Erhebungstechniken
  - Festlegung der Planungs- und Kontrolltechniken

Im folgenden werden die Aufgaben und Instrumente der Projektplanung sowie der Projektsteuerung und -kontrolle behandelt. Zusätzlich sind Möglichkeiten der Projektinformation und -dokumentation sowie der DV-Unterstützung des Projektmanagements dargestellt.

6.1 Projektplanung

"Planung ist der Ersatz des Zufalls durch den Irrtum". Diese Einstellung wird bei komplexen Projekten die Erreichung der Projektziele verhindern. Sorgfältige Projektplanung ist als Schlüssel zum Projekterfolg anzusehen. Dabei ist die Planung kein einmaliger Prozeß am Anfang eines Vorhabens, sondern sie muß **projektbegleitend** durchgeführt werden:

- Anfangs ist ein grober Plan für das gesamte Projekt notwendig
- In der Folge werden zusätzlich detaillierte Pläne für die einzelnen Phasen aufgestellt.

Die wichtigsten Planungsschritte zeigt die Abb. 125. Da die Planung sukzessive verfeinert wird, durchläuft man den Planungszyklus oder Teile davon mehrmals. Abb. 126 stellt die Zuständigkeiten für die Planungsaufgaben dar.

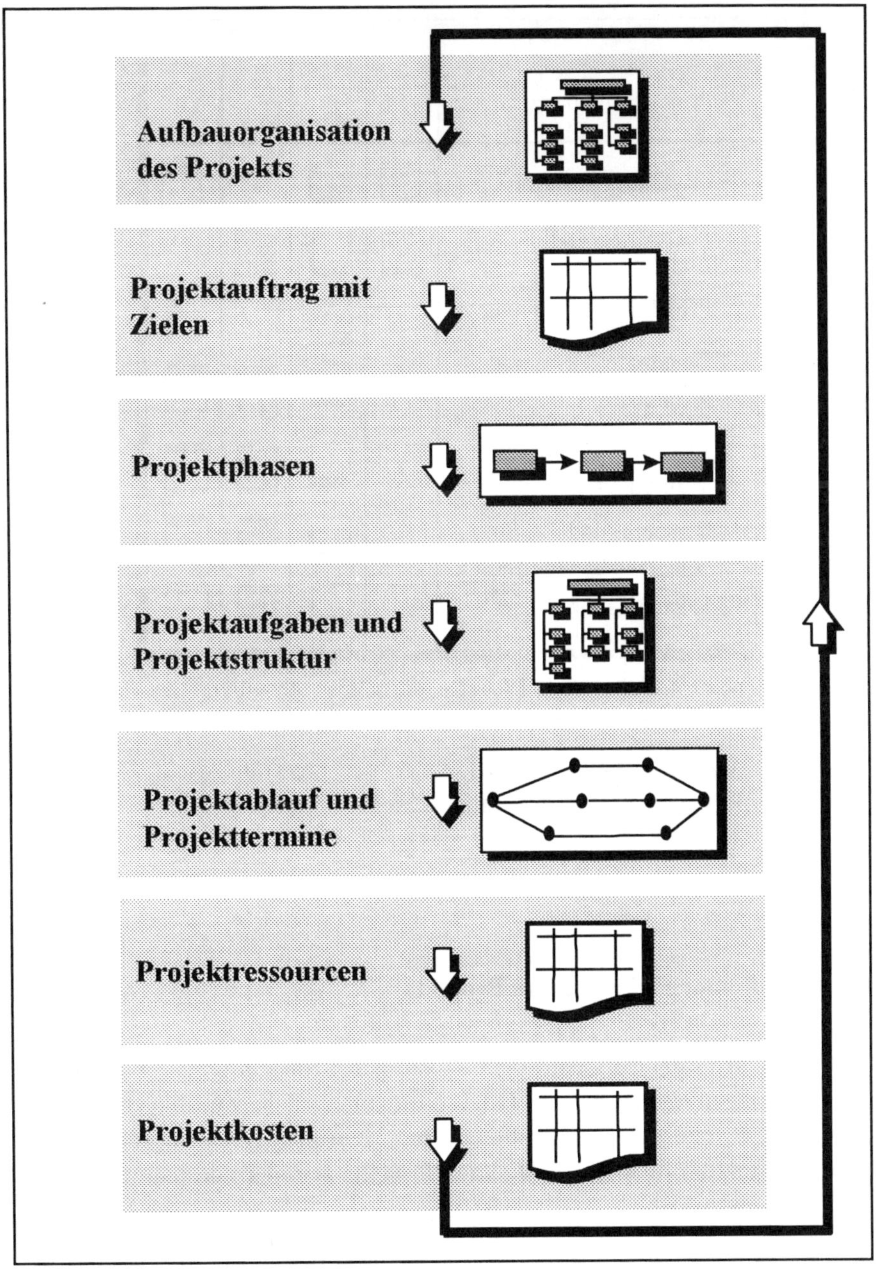

Abb. 125: Schritte der Projektplanung

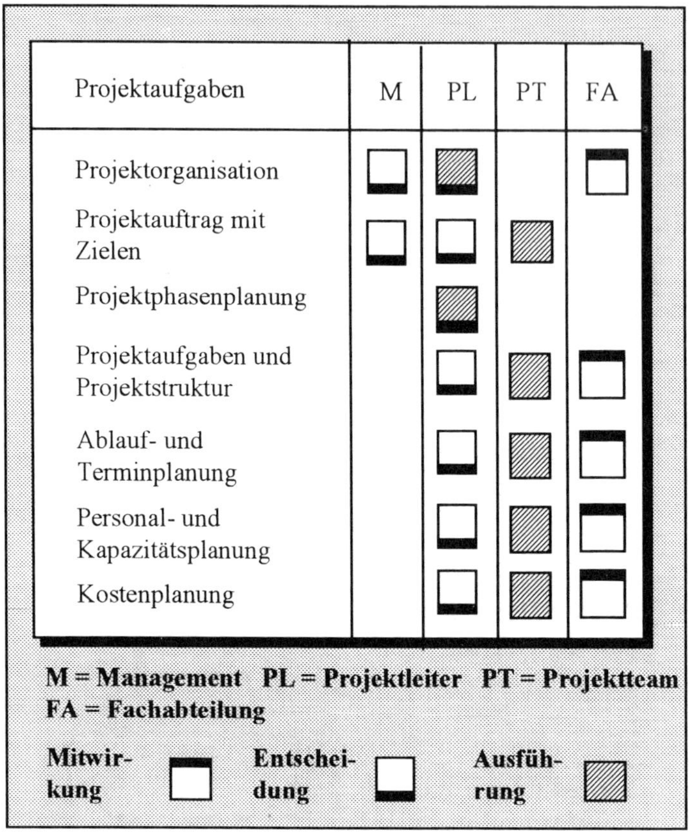

Abb. 126: Zuständigkeiten bei der Projektplanung

6.1.1 Aufbauorganisation des Projekts

Traditionelle Organisationsformen bewältigen Projektaufgaben nur unzureichend. Im Einliniensystem verzögert die mangelnde Zusammenarbeit der Spezialisten die Aufgabenerfüllung. Bei Mehrliniensystemen sind die Zuständigkeiten häufig strittig. Wichtige Projekte erfordern deshalb eine **eigene Projektorganisation**.

Für den Projekterfolg ist die Wahl der richtigen Organisationsform entscheidend. Möglich sind Stabsprojektorganisation, Matrixprojektorganisation und reine Projektorganisation (vgl. Abb. 127). Außerdem sind zusätzliche Entscheidungsgremien zu installieren sowie der Projektleiter und die Zusammensetzung des Projektteams zu bestimmen.

6.1.1.1 Stabsprojektorganisation

Merkmale:
- Ein Mitarbeiter in Stabsposition wird mit der Leitung des Projekts beauftragt (meist nebenamtlich).
- Wichtige Entscheidungen sind übergeordneten Instanzen vorbehalten.
- Der Projektleiter hat keine disziplinarische und fachliche Weisungsbefugnis.
- Die Projektmitarbeiter verbleiben in ihrer Abteilung.
- Der Projektleiter ist Moderator und Koordinator.
- Die Stabsprojektorganisation wird aufgrund der vergleichsweise geringen Kompetenzen des Projektleiters auch als "Einfluß-Projektmanagement" (Influenced Project Management) bezeichnet.

Vorteile:
- Keine organisatorische Umstellung notwendig, da die bestehende Hierarchie lediglich ergänzt wird.
- Sehr flexibler Personaleinsatz möglich

Nachteile
- Entscheidungen dauern lange, da die zuständigen Linieninstanzen sich nur am Rande mit dem Projekt beschäftigen.
- Niemand fühlt sich voll für das Projekt verantwortlich.
- Mangelnde Akzeptanz in den Fachabteilungen wegen der geringen Kompetenzen des Projektleiters.

6.1.1.2 Matrixprojektorganisation

Merkmale:
- Linien- und Projektorganisation überlagern sich.
- Kompetenzen des Projektleiters sind stärker als in der Stabsprojektorganisation. Er besitzt projektbezogene fachliche Weisungsbefugnisse gegenüber den Fachabteilungen. Mitarbeiter des Projekts unterstehen disziplinarisch ihrem Abteilungsleiter, in Angelegenheiten, die das Projekt betreffen, dem Projektleiter. Der Projektleiter bestimmt grundsätzlich, was wann in Bezug auf das Projekt zu tun ist, der Fachbereichsmanager entscheidet über das Wie der Aufgabenerfüllung.
- Mitglieder des Projektteams verbleiben in ihren Abteilungen.

Vorteile:
- Die Projektleitung fühlt sich voll für das Projekt verantwortlich.
- Ressourcen (Mitarbeiter, Sachmittel) können sehr flexibel eingesetzt werden.
- Kurze Informations- und Entscheidungswege.

Nachteile:
- Aufgrund der Kompetenzüberschneidung zwischen Linien- und Projektverantwortlichen ist ein hohes Konfliktpotential vorhanden. Insbesondere kann die Zuteilung der knappen Fachbereichsressourcen auf Projekt- und Routineaufgaben des Fachbereichs problematisch sein.
- Mehrfachunterstellung der Mitarbeiter und parallele Projekt- und Linienarbeit erhöhen die Belastung.
- Die Matrixprojektorganisation ist schwieriger als die Stabsprojektorganisation zu realisieren. Vor allem die Kompetenzabgrenzung erfordert hohen Aufwand.

6.1.1.3 Reine Projektorganisation

Merkmale:
- Organisationseinheiten (Task Forces) werden für die ausschließliche Erfüllung von Projektaufgaben zeitlich befristet gebildet.
- Die Projektmitarbeiter werden für die Dauer des Projekts aus ihren Fachabteilungen vollständig herausgelöst. Sie unterstehen fachlich und disziplinarisch der Projektleitung.
- Der Projektleiter verfügt wie eine Linieninstanz über eigene personelle und sachliche Ressourcen, seine Kompetenz und Verantwortung sind vergleichsweise hoch.
- In den Projektteams arbeiten häufig auch externe Berater mit.

Vorteile:
- Schnelle Reaktionsfähigkeit
- Starke Identifikation der Projektgruppe mit dem Projekt
- Einheitliche Entscheidungen
- Wenig Konfliktpotential

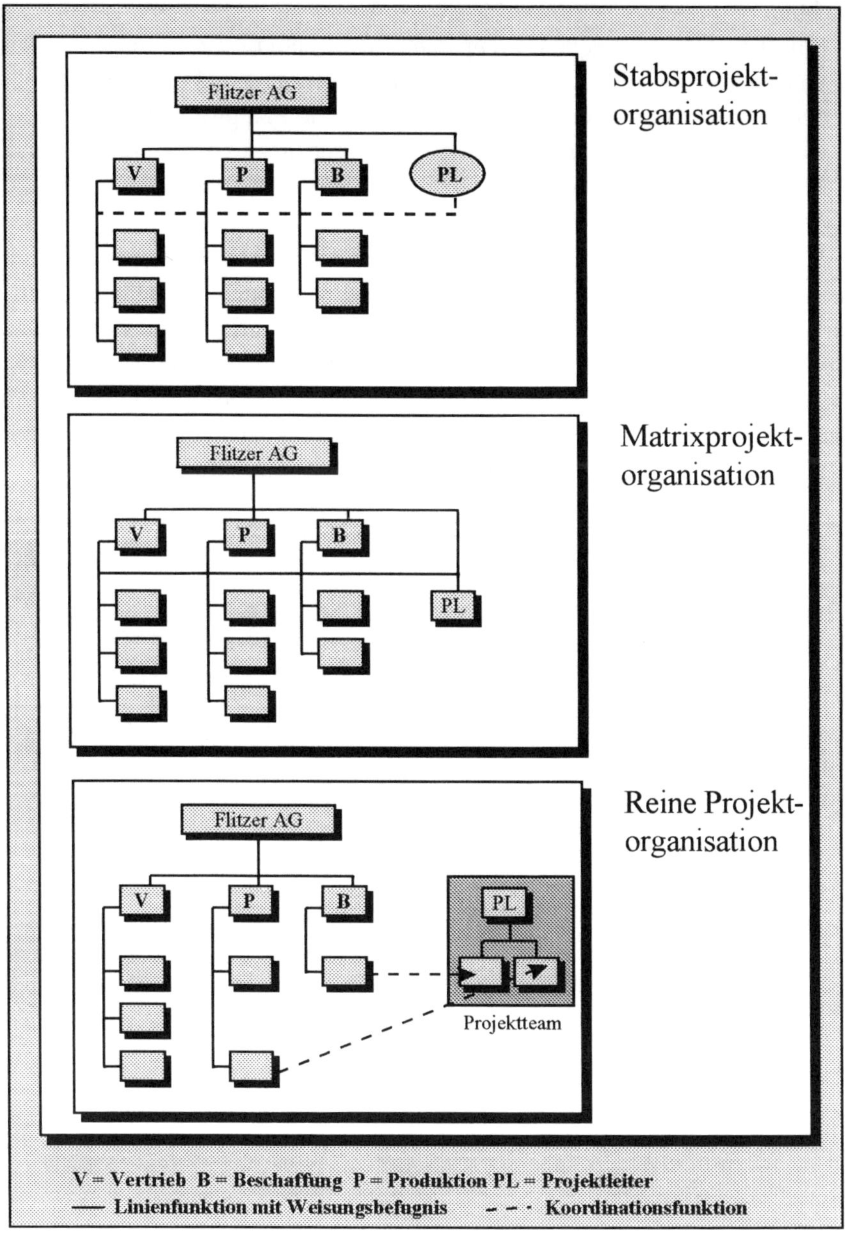

Abb. 127: Möglichkeiten der Projektorganisation

Nachteile:

- Man hat Schwierigkeiten, kompetente Mitarbeiter zu gewinnen, da diese vollständig aus ihrer Abteilung herausgelöst werden. Die Wiedereingliederung der Mitarbeiter in die Linienorganisation ist problematisch.
- Die reine Projektorganisation ist aufwendiger und weniger flexibel als die Matrixprojektorganisation.

In Abb. 128 werden die Organisationsformen eines Projektes hinsichtlich der **Beeinflußbarkeit von Leistung, Kosten und Terminen** gegenübergestellt[77]. Bei einer Stabsprojektorganisation kann der Projektleiter diese wichtigen Größen nur unzureichend steuern. Für wichtige Vorhaben wird man deswegen auf die Matrix- oder die reine Projektorganisation zurückgreifen. Die reine Projektorganisation bietet sich immer dann an, wenn die Erzielung einer größtmöglichen Leistung noch wichtiger als Kostenaspekte ist.

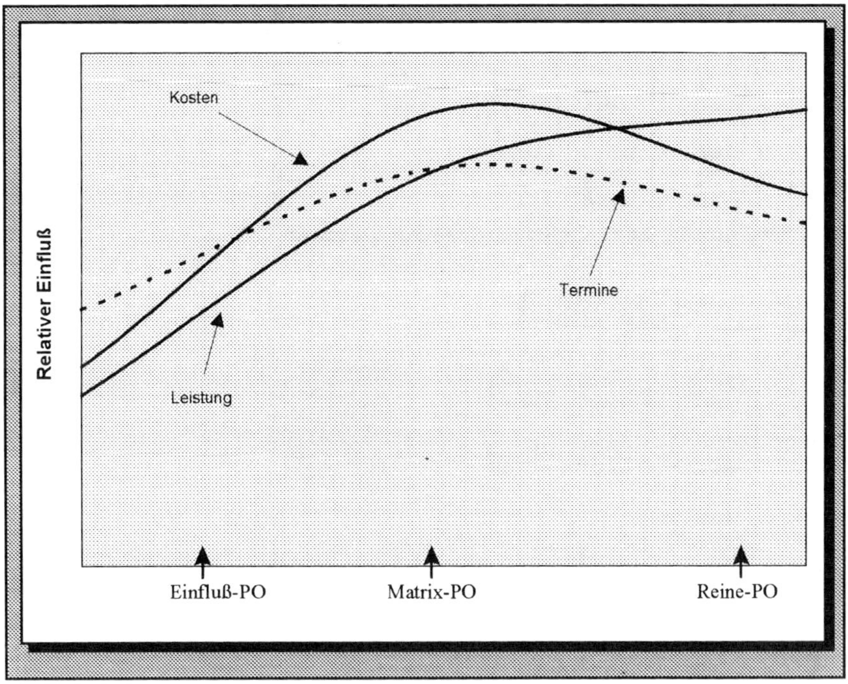

Abb. 128: Beeinflussung von Kosten, Leistung und Terminen

[77] Madauss, B., Handbuch Projektmanagement, 3. Aufl., Stuttgart 1990, S. 105.

6.1.1.4 Entscheidungsgremien

Neben der Organisationsform muß auch festgelegt werden, welche Entscheidungs- und Informationsorgane in das Projekt mit eingebunden werden. In großen Projekten, wie z.B. der Einführung von SAP-Standardsoftware, gibt es **mehrere Projektteams, die durch Lenkungs,- Projekt- und Beratungsausschüsse geleitet und unterstützt werden**[78]. Abb. 129 zeigt die Ergänzung der Aufbauorganisation um eine Projektorganisation mit Lenkungs-, Beratungs- und Projektausschuß. Abb. 130 beschreibt die Aufgaben und die Mitarbeiter der verschiedenen Projektgruppen.

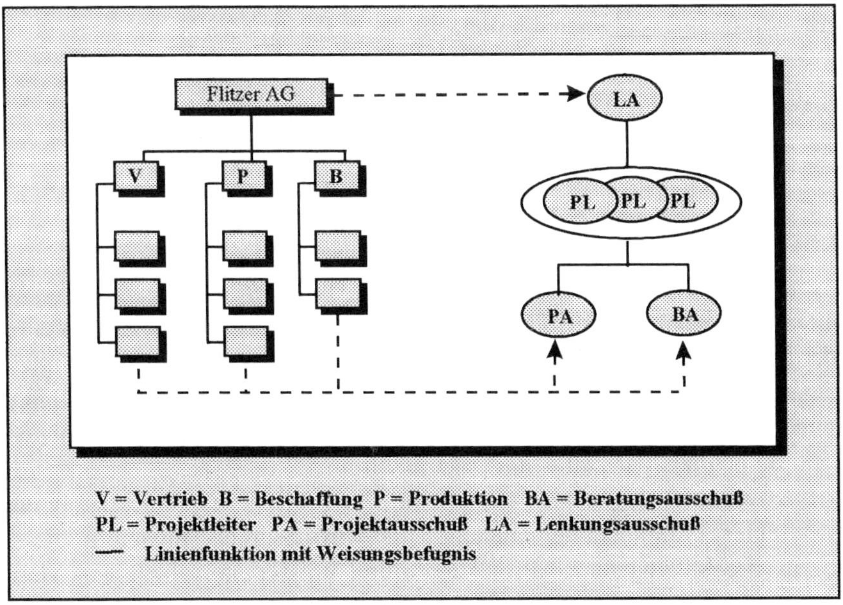

Abb. 129: Entscheidungsgremien in großen Projekten

[78]Vgl. Rambold, C., Herterich, R., Mohn, P., Die Einführung der Standardsoftware von SAP dauerte rund zwei Jahre, Computerwoche, (1996) 50, S. 19 f.

Bezeichnung	Mitarbeiter	Aufgaben
Lenkungs-ausschuß	Geschäftsführung, Bereichsleiter	oberste Kontroll-, Weisungs- und Entscheidungsinstanz
Projekt-ausschuß	Leiter der betroffenen Fachabteilungen	Vertretung der Interessen der Fachabteilungen
Projektteam	Mitarbeiter des Unternehmens, externe Berater	Erarbeitung von Lösungen
Beratungs-ausschuß	Mitarbeiter der Fachabteilungen	Bereitstellung von Fachwissen

Abb. 130: Mitarbeiter und Aufgaben der Projektausschüsse

6.1.1.5 Projektleiter

In Untersuchungen über Erfolgsmerkmale von Projekten wurde festgestellt, daß der Projektleiter die **zentrale Rolle für den Projekterfolg** spielt. Er muß deswegen sorgfältig ausgewählt werden. Auf keinen Fall darf die Einstellung vorhanden sein: "einen solchen Supermann als Projektleiter finden wir sowieso nicht; da nehmen wir halt den, der gerade frei ist."
Die Abb. 131 zeigt 14 Erfolgsfaktoren für ein Projekt, die Projektleiter im Rahmen einer Untersuchung nannten[79]. Es wird deutlich, inwiefern diese Faktoren vom Management, Projektteam und Projektleiter abhängen. Man sieht, daß alle wesentlichen Einflußfaktoren für den Projekterfolg maßgeblich vom Projektleiter beeinflußt werden.
Am wichtigsten ist, daß das Projekt vom Top-Management unterstützt wird. Ein guter Projektleiter muß die Verantwortlichen im Unternehmen von der Wichtigkeit eines Projektes überzeugen können. Weiterhin sind die externen Beziehungen zum Auftraggeber, den Projektausschüssen und dem Betriebsrat ausschlaggebend. Der Projektleiter beeinflußt auch diese Faktoren erheblich.

[79] Keplinger, W., Erfolgsmerkmale im Projektmanagement, Zeitschrift für Organisation, (1992) 2, S. 99 f.

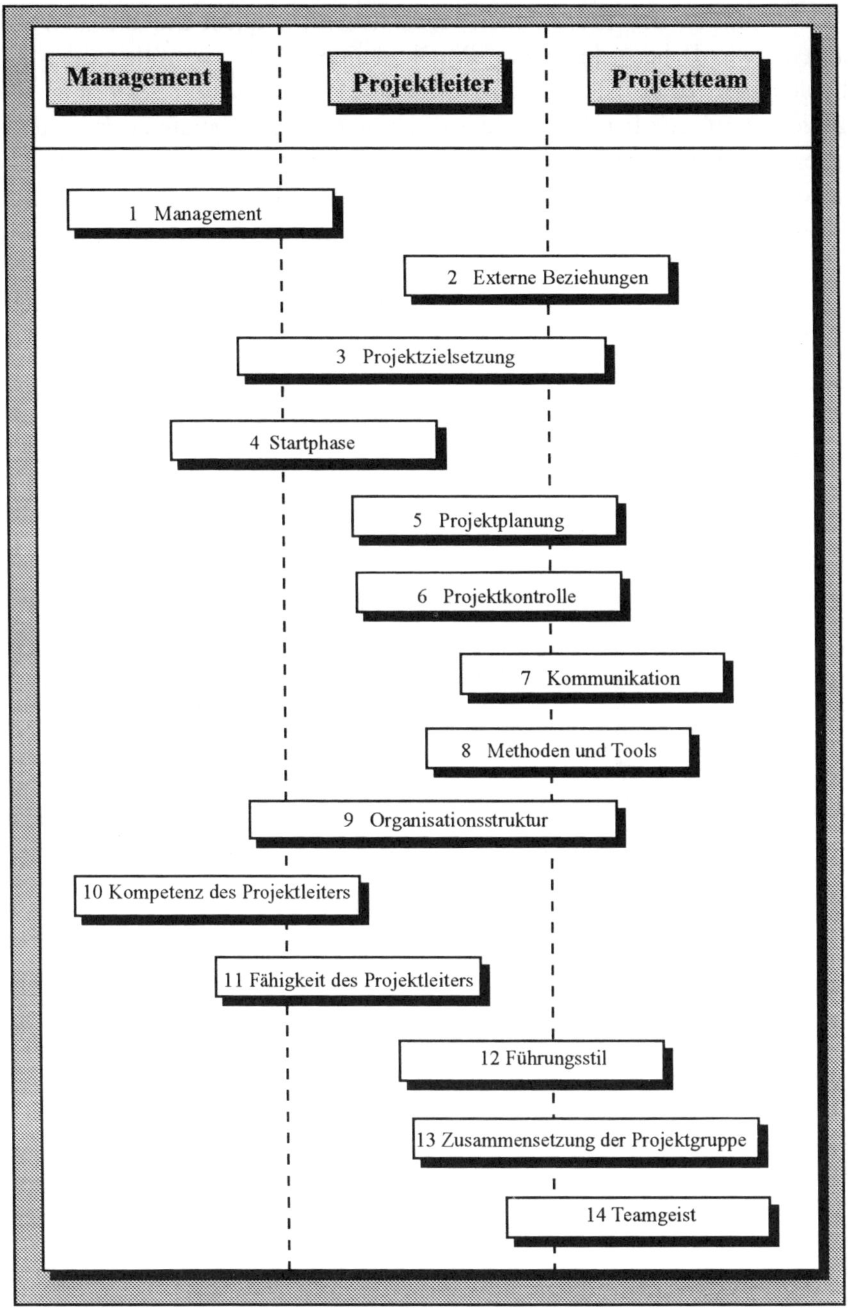

Abb. 131: Verantwortlichkeit und Einflußfaktoren des Projekterfolgs

Die Qualifikation des Projektleiters darf sich nicht allein auf die „harten Faktoren" wie Beherrschung der Projektplanung und -kontrolle oder der Methoden und Tools beschränken. Entscheidend für den Projekterfolg ist auch die Kompetenz bei den „weichen Faktoren", wie Gestaltung der externen Beziehungen, Führungsstil oder Teamgeist. Vor allem die sozialen Fähigkeiten und die Fähigkeiten zur Koordination sind aufgrund der diversen Beziehungen zwischen Projektleiter, Projektteam und diversen externen Gruppen wichtig.
Abb. 132 verdeutlicht im Überblick die Kernfähigkeiten, die ein Projektleiter besitzen sollte[80].

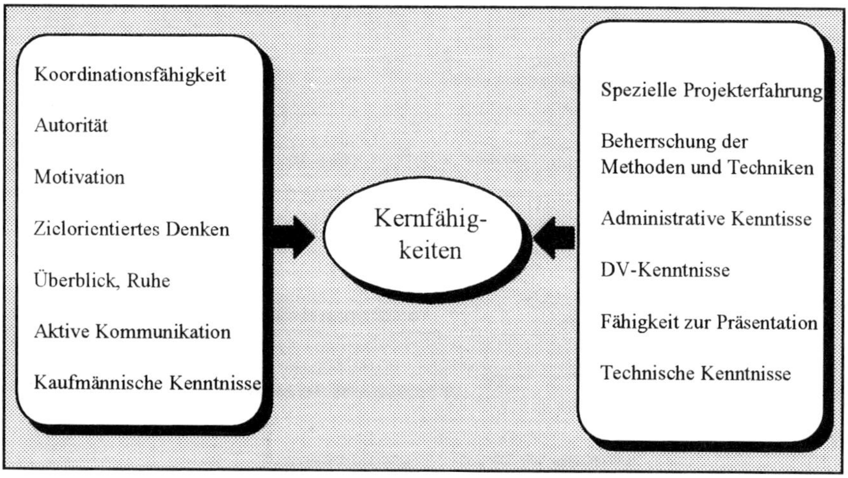

Abb. 132: Erforderliche Fähigkeiten des Projektleiters

6.1.1.6 Projektteam

Die Belastung der Projektteammitglieder ist vor allem bei der Matrixprojektorganisation erheblich. Sie müssen sich neben ihrer regulären Linientätigkeit in erheblichem Maß in das Projekt einbringen. Da der Projektleiter besonders auf leistungsfähige und harmonisch in das Projektteam passende Mitarbeiter

[80] Vetter, R., Wiesenbauer, L., Fähigkeiten eines Projektleiters, Office Management, (1992) 1-2, S. 43 ff.

angewiesen ist, sollte er bei der Zusammensetzung des Projektteams folgende Punkte berücksichtigen:

- Die Teammitglieder sollen **in erster Linie über fachliche und technische Fähigkeiten**, aber auch über Teamfähigkeit und administrative Kenntnisse verfügen.
- Die **Zahl der Mitarbeiter** muß ausreichend sein.
- Jedes Mitglied muß **genügend Zeit** zur Verfügung haben.
- Es sollten **nur qualifizierte Mitarbeiter** ins Projekt geholt werden. U.U. kann es notwendig sein, "Konfliktpartner" aus dem Projektteam zu entfernen.
- Zusätzliche Fachkompetenz können **externe Berater** zur Verfügung stellen.
- Für die Motivation ist es wichtig, daß die Mitglieder **freiwillig im Team** sind. Erfolgserlebnisse resultieren auch aus der Anerkennung der Leistung, einem erkennbaren Arbeitsfortschritt und der selbständigen Bearbeitung von Projektaufgaben.
- Zur Förderung des Teamgeistes können "Sozialphasen" beitragen. Darunter sind **gemeinsame** außerhalb der Projektarbeit liegende **Aktivitäten** zu verstehen.

6.1.2 Auftrag

Projektaufgaben werden in der Praxis nicht selten im sogenannten "Kümmerer-Stil" übertragen. Die Formulierung "...kümmern Sie sich doch einmal..." ersetzt dabei einen schriftlich genau fixierten Projektauftrag. Meist investiert der "Kümmerer" in der Folge viel Zeit und Geld in eine Lösung, um vom Auftraggeber bei der Präsentation zu hören: "Das haben wir uns aber ganz anders vorgestellt". Dies macht deutlich, wie wichtig der Projektauftrag ist. Er kann phasenweise oder für das Gesamtprojekt vereinbart werden. Gibt es nur wenig Informationen über die Lösung, so könnte sich beispielsweise ein Projektauftrag zu Beginn lediglich auf die Durchführung einer Vorstudie beziehen. Folgende Inhalte sollte der Projektauftrag aufweisen:

- **Ausgangssituation**
  Das zu lösende Problem wird kurz skizziert. Antworten auf die Fragen "Warum befassen wir uns mit dem Problem?" und "Auf welchen Entscheidungen bauen wir auf?" werden gegeben.

- **Projektabgrenzung**
  Folgende Fragen sind zu beantworten:
  Womit wird sich die Projektgruppe beschäftigen und womit nicht? Welche benachbarten Gebiete sind zu beachten, wo sind die Schnittstellen?
- **Projektleiter und Projektteam**
  Anzugeben sind Name und Funktion der Mitglieder. Außerdem ist der erwartete Arbeitsaufwand je Person zu spezifizieren.
- **Termine**
  Start-, Zwischen- (Meilensteine) und Abschlußtermine werden aufgeführt.
- **Arbeitsaufwand, Zusammensetzung des Projektausschusses, Art und Form der zu liefernden Ergebnisse**
- **Ziele**

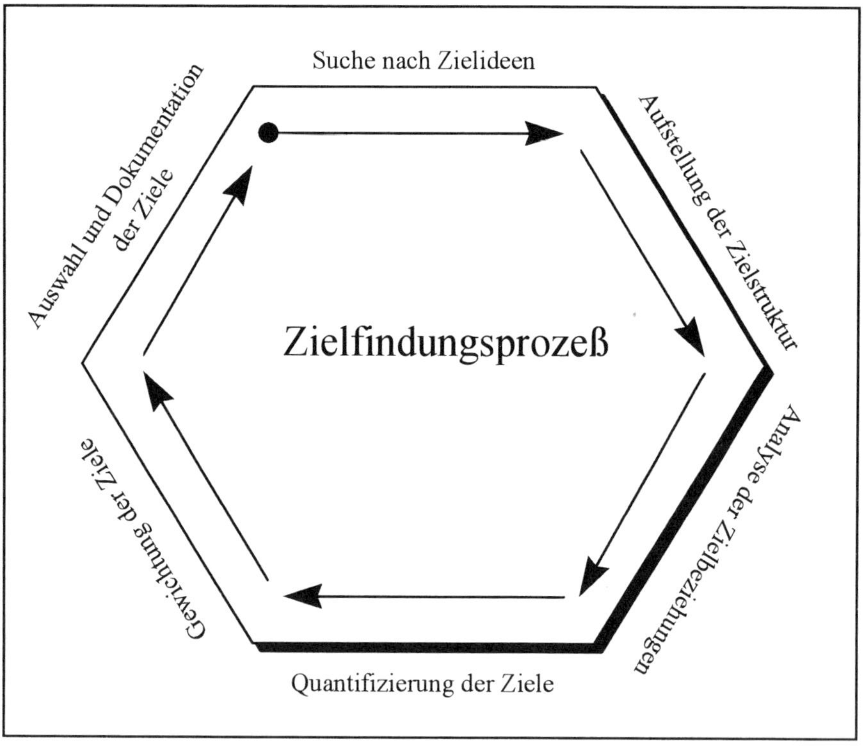

Abb. 133: Systematische Vorgehensweise bei der Zielfindung

Zu unterscheiden sind **Leistungs-, Kosten- und Terminziele**. Die Abb. 133 verdeutlicht eine systematische Vorgehensweise für die Zielfindung. Die **Suche nach Zielideen** kann mit Kreativitätstechniken (7.4.3) unterstützt werden. Die gefundenen Ziele müssen in Ober- und Unterziele **strukturiert** werden. (vgl. Abb. 134).

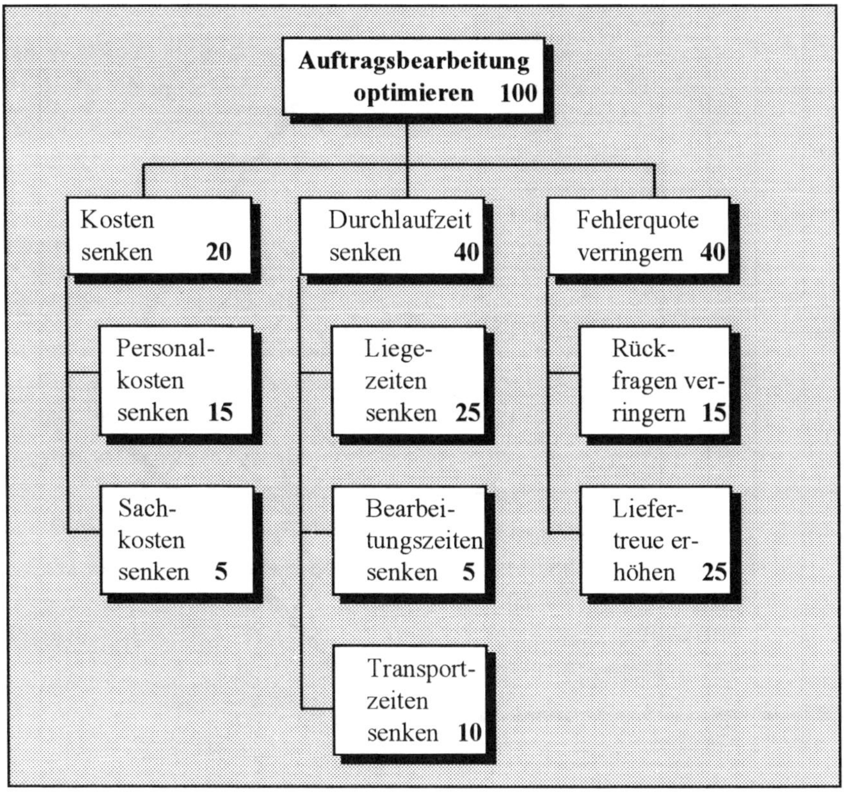

Abb. 134: Gewichtete Zielstruktur

Wichtig ist auch die **Analyse der Zielbeziehungen**, um Zielkonflikte auszuschließen und konkurrierende Ziele zu identifizieren. Ziele sollten man in einem weiteren Schritt **quantifizieren**, damit der Grad der Zielerreichung meßbar ist. Das Ziel *Durchlaufzeit um 10 % senken* ist aussagekräftiger als *Durchlaufzeit senken*. Außerdem müssen für jedes Ziel ein Verantwortlicher und der Zeitpunkt der Zielerreichung genannt werden. Sinnvoll ist die **Gewichtung** der verschiedenen Teilziele. Dies bedeutet in einem ersten Schritt die Festlegung von Muß- und Kann-Zielen. Die Kann-Ziele sind differenziert zu bewerten. Dazu reicht bei einfachen Zielstrukturen eine direkte Gewichtung wie in Abb. 134 aus. Hat man jedoch eine Vielzahl unterschiedlicher Ziele, sollte man auf die Präferenzmatrix zurückgreifen.

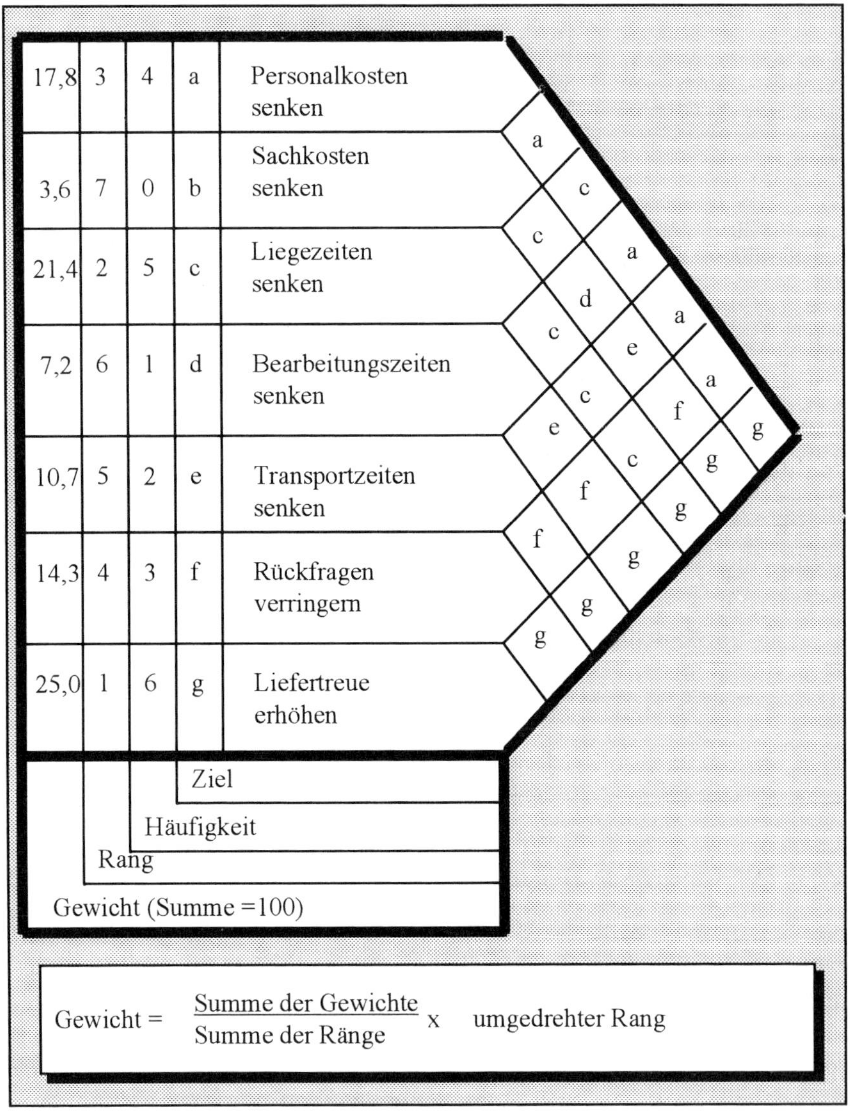

Abb. 135: Zielgewichtung mit der Präferenzmatrix

Sie erleichtert die Gewichtung durch paarweisen Vergleich aller Ziele. In der Präferenzmatrix in Abb. 135 wurde das Ziel Personalkosten senken (=a) viermal als das Wichtigere eingestuft. Dies ergibt bei sieben Zielen den dritten Rang. Das Gewicht dieses Ziels (17,8) errechnet sich aus der Summe der Gewichte (=100) dividiert durch die Summe der Ränge (=28) multipliziert mit dem umgedrehten Rang von Ziel a (=5).
Der letzte Schritt des Zielfindungsprozesses beinhaltet die Auswahl und verbindliche Dokumentation der endgültigen Zielstruktur.

6.1.3 Projektphasen

6.1.3.1 Phasenschema

Jedes Projekt durchläuft zwischen Projektbeginn und -ende verschiedene Phasen, die man in einem Phasenschema beschreiben kann. In der Unternehmenspraxis befindet sich eine ganze Reihe von Phasenschemata im Einsatz. Sie untergliedern das Projekt systematisch in eine zeitlich-logische Folge von Arbeitsschritten.

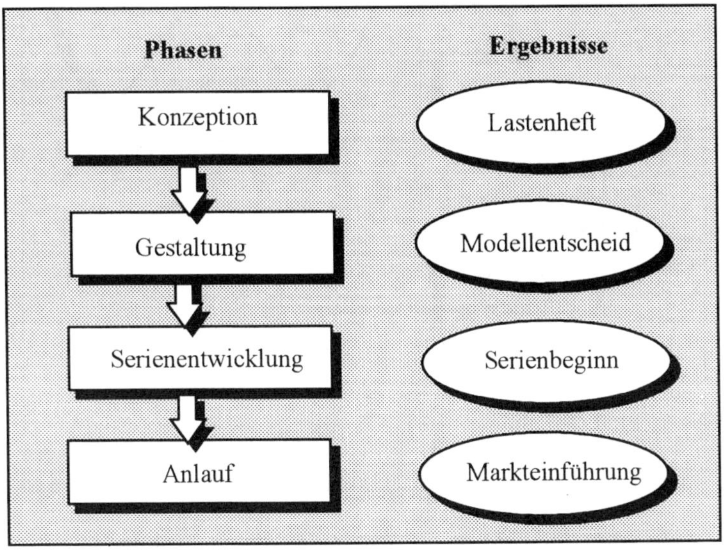

Abb. 136: Phasenschema für die Einführung eines PKW.

Die Phaseneinteilungen unterscheiden sich in Abhängigkeit der **Projektgröße** (Großprojekte wie die Entwicklung von Kraftfahrzeugen verlangen im Vergleich zu kleinen Projekten andere Vorgehensweisen) oder **Projektart** (DV-Projekte stellen andere Anforderungen als allgemeine Organisationsprojekte). Besonders hervorgehoben sollen hier drei Vorgehensmodelle werden:

- Das Phasenmodell **für die Einführung eines PKW** (vgl. Abb. 136; das erwähnte Lastenheft beinhaltet die verbindlichen Vorgaben für die Projektdurchführung)[81].
- Ein Phasenschema, das vor allem **für allgemeine Organisationsprojekte** geeignet ist und als zyklisches Modell bezeichnet werden kann, weil derselbe Phasenzyklus in mehreren Projektphasen durchlaufen wird.

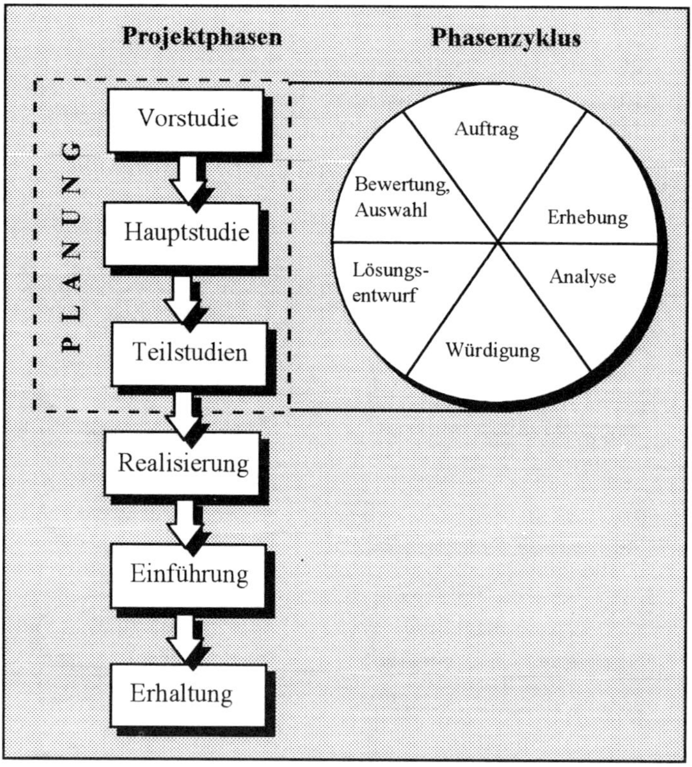

Abb. 137: Phasenschema für Organisationsprojekte

[81] Carl, N., Kiesel, M., Unternehmensführung, Landsberg 1996, S. 156.

Die Planungsphasen zeigen formal die gleiche Struktur, der Unterschied liegt im Detaillierungsgrad[82].

- Eine gebräuchliche Phaseneinteilung **für DV-Vorhaben.** Es ist ein Beispiel für ein lineares Modell, bei dem die Phasen einmal durchlaufen werden.

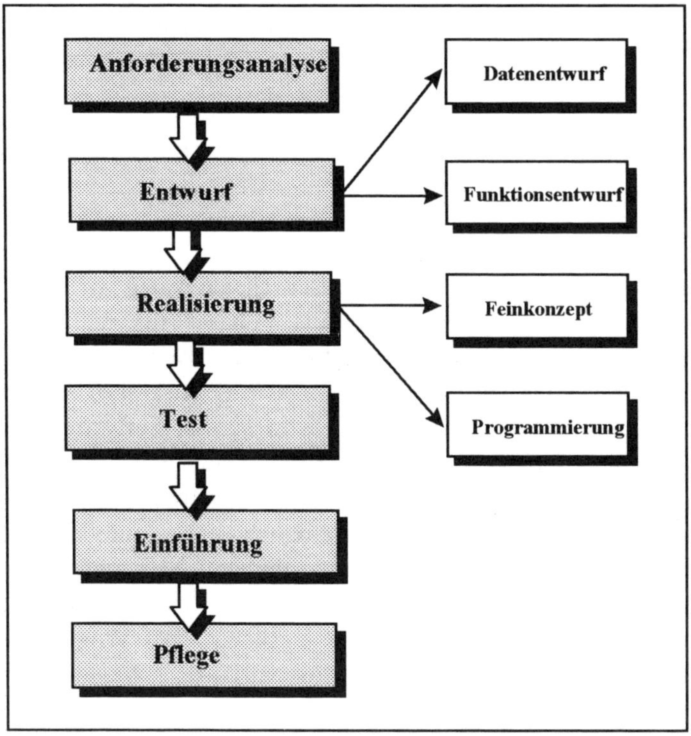

Abb. 138: Phasenschema für DV-Vorhaben

Ein Phasenschema muß immer in Abhängigkeit der Projektanforderungen gewählt und u.U. modifiziert werden. In manchen Projekten wird es notwendig sein, alle Phasen genau zu durchlaufen, in anderen verzichtet man vielleicht auf bestimmte Phasen ganz.
Die Verwendung eines geeigneten Phasenschemas ist unbedingt anzuraten, da

82 Schmidt, G., Organisationstechniken, in: Frese, E. (Hrsg.), Handwörterbuch der Organisation, Stuttgart 1992, Spalte 1688 ff.

- das **systematische Vorgehen** erleichtert wird,
- durch die genaue Beschreibung der Aufgaben in jeder Phase **nichts wesentliches vergessen** wird,
- **unterschiedliche Fachspezialisten** an der Lösung der Projektaufgabe arbeiten können (z.B. ist der Organisator für die Anforderungsanalyse zuständig, während der Programmierer den Entwurf und die Realisierung übernimmt),
- insbesondere bei großen Projekten **Risiken früher erkannt** werden,
- nach jeder Phase über die **Weiterführung** des Projekts erneut entschieden werden kann.

6.1.3.2 Prototyping

Die strikte Orientierung an einem Phasenschema kann vor allem bei der Softwareentwicklung problematisch sein. Phasenschemata funktionieren dann nicht gut, wenn am Anfang eines Projekts nur wenig Klarheit über Ziele und Anforderungen besteht.
Um diese Schwierigkeiten zu umgehen, wird bei der Softwareerstellung zunehmend auf das Prototyping zurückgegriffen. Dabei erstellt man bereits sehr früh ein **Beispielsystem**, das die wesentlichen Merkmale des Endprodukts aufweist. Auf dieser Grundlage ist es möglich, zu experimentieren und Erfahrungen für das optimale System zu sammeln. Man unterscheidet zwei Arten von Prototypen. Der **wiederverwendbare Prototyp** enthält bereits wesentliche Teile, die in das Zielsystem einfließen. Der **Wegwerf-Prototyp** (Rapid Prototyping) dient dagegen nur als vorläufiges Modell zum Experimentieren.

Vorteile des Prototyping sind vor allem:
- die schnelle Fehlererkennung und -behebung,
- die benutzergerechten Lösungen, die durch den intensiven Kontakt zum Fachbereich zustande kommen,
- die höhere Motivation der Entwickler durch die frühzeitige Realisierung,
- die Möglichkeit, Prototypen als Präsentationsgrundlage für das Management zu nutzen und damit deren Unterstützung für das Projekt zu gewinnen.

Vor allem bei neuartigen und komplexen Projekten ist es sinnvoll, **Prototyping als Ergänzung eines Phasenschemas** einzusetzen (integrierte Vorgehensweise). Die Tätigkeiten der Phasen laufen dabei überlappt ab. Man entwickelt das System schrittweise anhand von Prototypen, welche jeweils die Ergebnisse vorausgehender Phasen enthalten. Ein Prototyp wird dann um die Erkenntnisse der aktuellen Phase erweitert. Abb. 139 stellt das typische Phasenschema für Softwareprojekte, ergänzt um zwei Prototypen, dar. Dieser auch als Wasserfallmodell bezeichnete Ablauf kann mehrmals durchlaufen werden. Will man z.B. im Rahmen der Pflege neue Funktionen ergänzen, so ist der gesamte Entwicklungszyklus erneut zu starten.

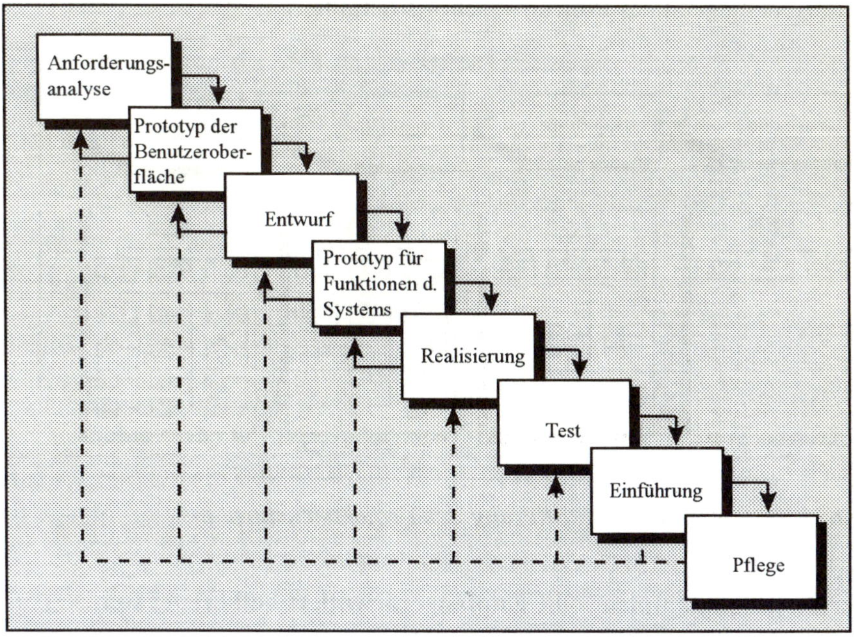

Abb. 139: Prototyping als Ergänzung des Phasenschemas

6.1.4 Projektaufgaben und Projektstruktur

Alle in einem Projekt anfallenden Aufgaben müssen geplant werden. Mit dem Projektstrukturplan (PSP) wird die Gesamtaufgabe des Projekts in Teilaufgaben gegliedert. Er hat die folgenden Merkmale:

- Der PSP **zerlegt das gesamte Projekt** stufenweise in überschaubare "Häppchen".
- Die unterste Gliederungsebene des PSP sind die **Arbeitspakete**. Für die einzelnen Arbeitspakete werden Personal- und Materialeinsatz bestimmt. Den Arbeitspaketen sollte man Informationen über Dauer, Kapazitätsbedarfe, verantwortliche Teammitglieder und Kosten zuordnen.
- Der PSP ist **Grundlage für den Projektablaufplan** (Vorgangsliste), der die logisch richtige Reihenfolge der Arbeitspakete festlegt.

Der PSP muß zu einem Zeitpunkt erstellt werden, zu dem nur wenige Informationen über das Projekt vorliegen. Deswegen wird man den PSP **sukzessive** in Abhängigkeit des Projektfortschritts **detaillieren**.

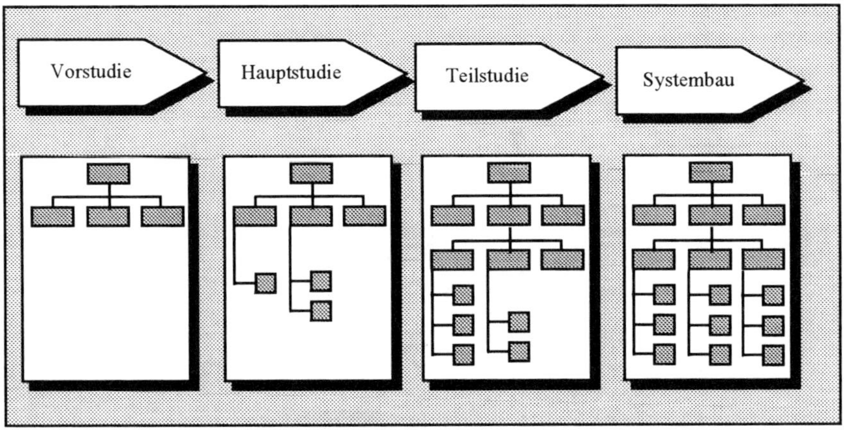

Abb. 140: Sukzessive Detaillierung des Projektstrukturplans

Der Projektstrukturplan sollte **empfängerorientiert aufbereitet** werden (vgl. Abb. 141). Das Management interessiert sich nur für die wichtigsten Knoten im Überblick, während für das Projektteam die Struktur bis auf Arbeitspaketebene herunterzubrechen ist.
Die Strukturlogik läßt sich sehr gut durch ein hierarchisches Nummernsystem verdeutlichen. Bei der Erstellung des Projektstrukturplans sollte man desweiteren beachten, daß:

- nur soweit gegliedert wird, bis durchführungsreife Aufgabenpakete vorliegen,
- mit der Ausführung der Arbeitspakete auch sämtliche Projektziele erreicht sind,

- jedes einzelne Arbeitspaket einer Stelle oder Person zuordenbar ist,
- sich keine Arbeitspakete widersprechen,
- nicht gleiche Teilarbeiten in mehreren Arbeitspaketen durchgeführt werden,
- für jedes Arbeitspaket eine klare Beschreibung bezüglich der geplanten Leistungen, Kosten, Termine und der zur Verfügung stehenden Kapazitäten verfügbar ist.

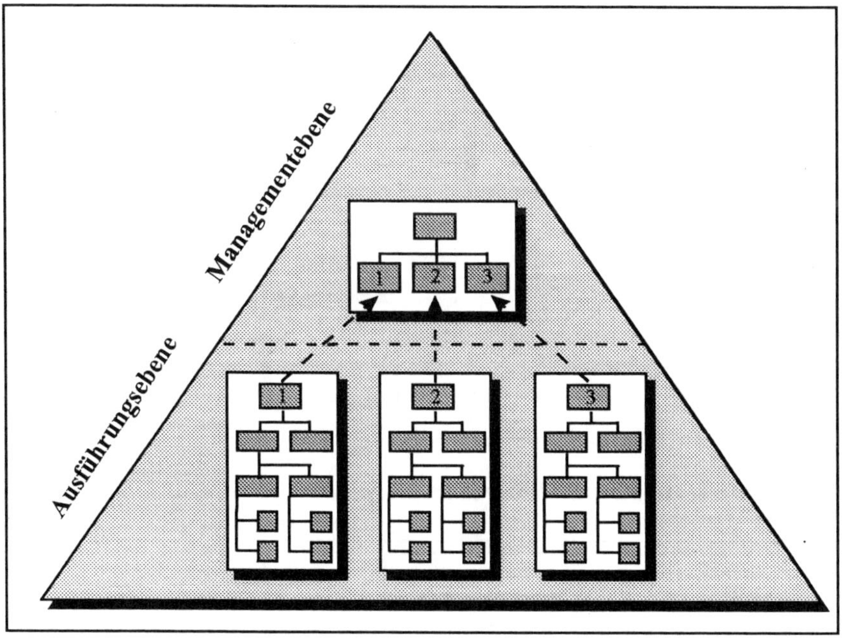

Abb. 141: Empfängerorientierte Verdichtung des PSP

Folgende **Varianten** sind zu unterscheiden:

- Der **objektorientierte PSP** strukturiert das Projekt nach Objekten (vgl. Abb. 142).
- Der **funktionsorientierte PSP** zerlegt das Projekt in einzelne Funktionen (vgl. Abb. 143).
- Der **phasenorientierte PSP** orientiert sich an den Phasen Planung, Durchführung und Kontrolle (vgl. Abb. 144).
- Im **kombinierten PSP** sind die bereits erwähnten Gliederungsprinzipien gemischt (vgl. Abb. 145).

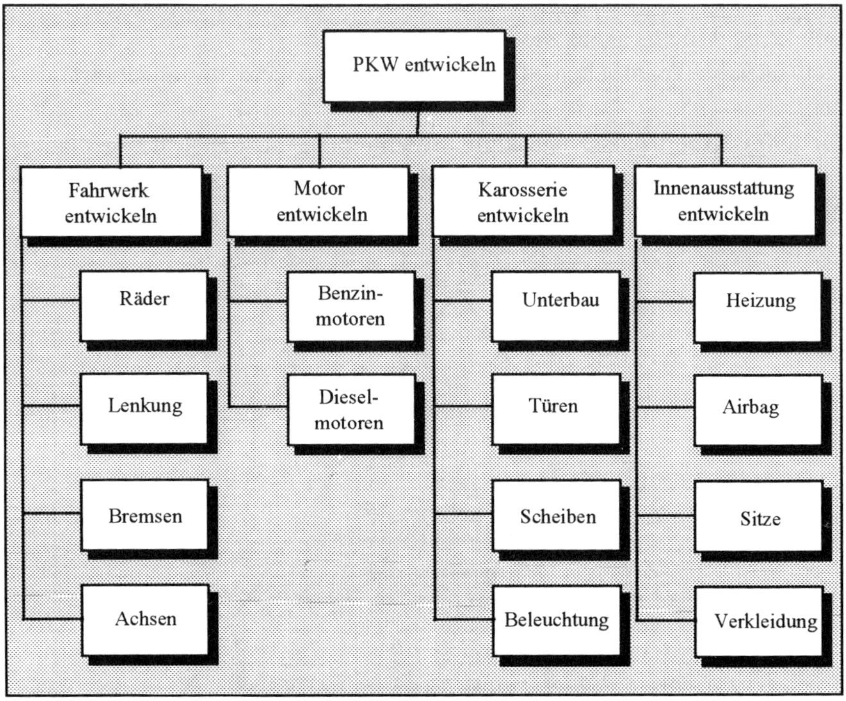

Abb. 142: Objektorientierter Projektstrukturplan

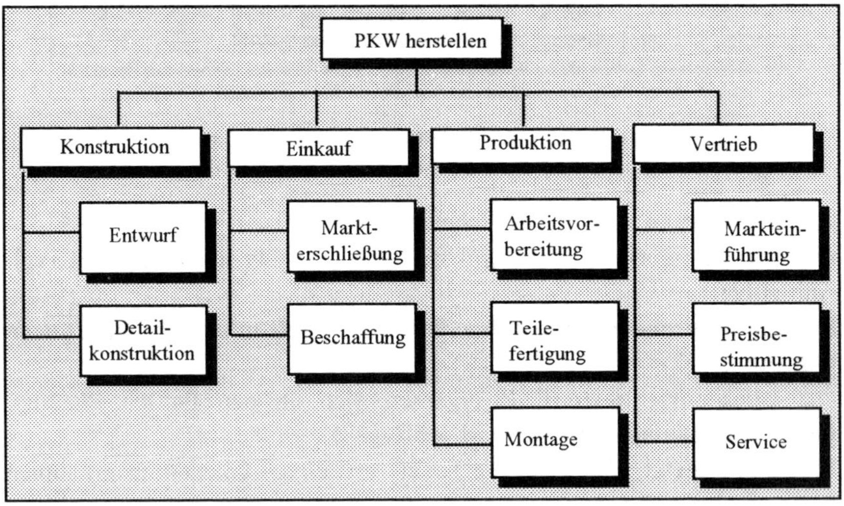

Abb. 143: Funktionsorientierter Projektstrukturplan

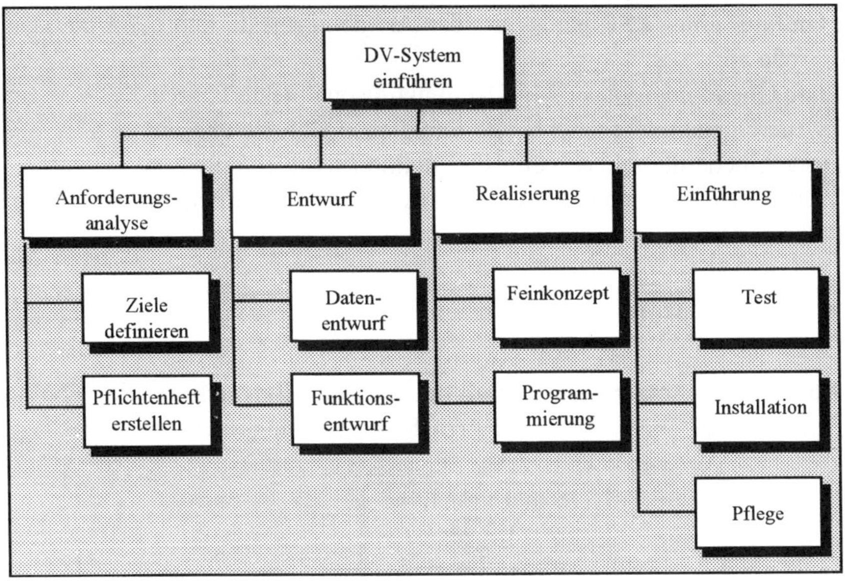

Abb. 144: Phasenorientierter Projektstrukturplan

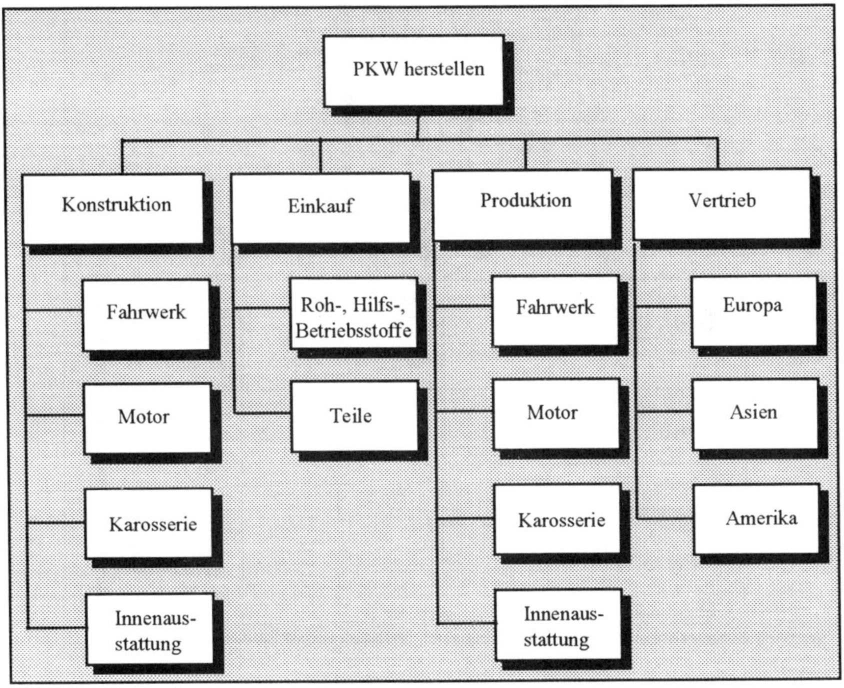

Abb. 145: Kombinierter Projektstrukturplan

Der **Umfang eines PSP** hängt von der Art der Projekte und der Unternehmensgröße ab:

- Erste Gliederungsebene: 3 bis 10 Funktionen/Objekte/Phasen
- Zweite Gliederungsebene: bis 25 Funktionen/Objekte/Phasen
- Dritte Gliederungsebene: bis 100 Funktionen/Objekte/Phasen
- Vierte Gliederungsebene: bis 400 Funktionen/Objekte/Phasen.

6.1.5 Projektablauf

Im Rahmen der Ablaufplanung muß die **statische Betrachtung des PSP** in eine **dynamische Darstellung des Projektablaufs** umgewandelt werden.

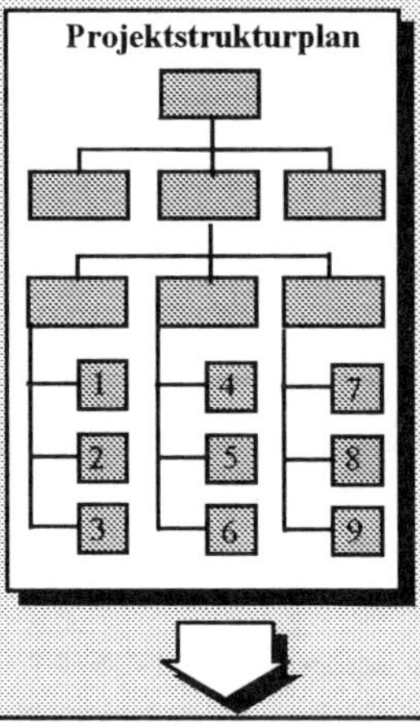

Vorgangsliste

Nr. im PSP	Vorgang	Vorgänger	Dauer (Wochen)	Kosten in TDM	Verantwortl. Stelle
1	Projektteam bilden		1		Projektleiter
2	Ziele festlegen	1	1		Projektleiter
3	Projektablauf planen	2	2		Projektleiter
4	Erhebung, Analyse	3	4		Projektteam
5	Würdigung	4	2		Projektteam
6	Soll-Konzept	5	6		Projektteam
7	Systembau	6	8		DV-Abteilung
8	Schulung	6	2		Personalabt.
9	Einführung	7,8	1		DV-Abteilung

Abb. 146: Ableitung der Vorgangsliste aus dem PSP

Man definiert die Reihenfolge der Vorgänge, indem für jedes Arbeitspaket Vorgänger- und/oder Nachfolgerbeziehungen festgelegt werden. Es entsteht die **Vorgangsliste** (vgl. Abb. 146). Dabei ist besonders auf die **eindeutige Verknüpfung der Ablaufschritte mit dem PSP** zu achten. Am einfachsten ist es, Arbeitspakete des PSP unverändert als Vorgang in die Vorgangsliste zu übernehmen. Arbeitspakete können allerdings bei Bedarf auch in weitere Tätigkeiten untergliedert werden, die dann direkt den Vorgängen des Netzplans zuzuordnen sind. Es muß hierbei darauf geachtet werden, daß die Verbindung zwischen Arbeitspaket und Netzplanvorgang jederzeit nachvollziehbar ist.
Die Abb. 147 stellt Beziehungen, die zwischen den einzelnen Vorgängen bestehen können, dar. Ergänzend kann man Zeitvorsprünge (Überlappung) oder Zeitabstände definieren. Beispielsweise können die Arbeiten des Nachfolgers schon starten, auch wenn der Vorgänger noch nicht abgeschlossen ist (Zeitvorsprung), oder es dürfen nachfolgende Arbeiten erst eine gewisse Zeit nach Beendigung des Vorgängers beginnen (Zeitabstand).

6.1.6 Projekttermine

Auf der Basis der Vorgangsliste werden **die Start- und Endtermine jedes Vorgangs** und die Abhängigkeiten der Arbeitspakete dargestellt. Die Terminierung kann **progressiv** oder **retrograd** erfolgen. Bei der Vorwärtsterminierung (progressives Verfahren) wird ausgehend von einem vorgegebenen Starttermin der früheste Fertigstellungszeitpunkt des Projektes ermittelt. Im Rahmen der Rückwärtsterminierung (retrogrades Verfahren) wird der Endzeitpunkt festgelegt und durch Rückwärtsrechnung der späteste Startzeitpunkt des Projektes errechnet. Die Terminplanung kann durch Balken- (auch Gantt-Diagramme genannt) und Netzpläne unterstützt werden.

Beim **Balkenplan** wird die Tätigkeitsdauer über die Zeitachse in Form eines Balkens aufgetragen (vgl. Abb. 148). Dauer und die Überlappung von Tätigkeiten können gut identifiziert werden. Balkenpläne sind sehr übersichtlich und einfach zu verstehen, allerdings erkennt man gegenseitige Abhängigkeiten bei komplexen Projekten nicht unmittelbar. Dafür eignet sich der Netzplan besser. Unerläßlich bei der Erstellung von Balkenplänen ist die Einführung **kontrollfähiger Meilensteine**. Meilensteine sind wichtige Termine, bei denen gefragt wird, inwieweit das geplante Projektergebnis erreicht wurde.

Der Balkenplan im unteren Teil der Abb. 148 enthält die Genehmigung des Projektplans, die Zwischen- und die Abschlußpräsentation als Meilensteine.

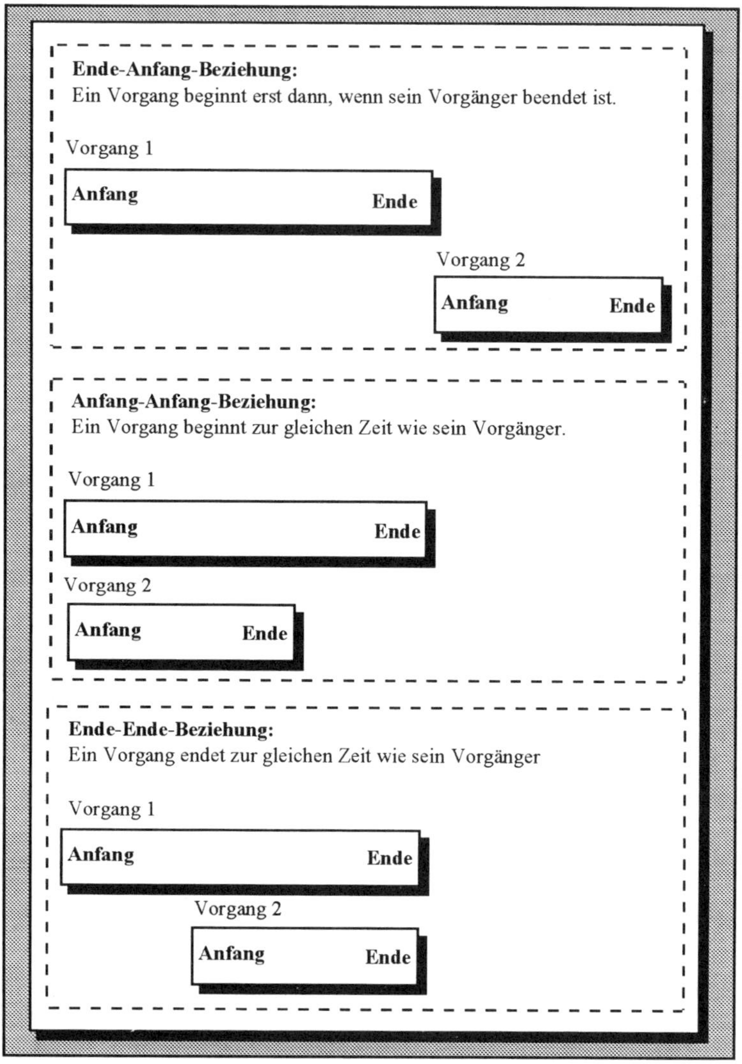

Abb. 147: Vorgangsbeziehungen

Vorgangsliste					
Nr. im PSP	Vorgang	Vorgänger	Dauer (Wochen)	Kosten in TDM	Verantwortl. Stelle
1	Projektteam bilden		1		Projektleiter
2	Ziele festlegen	1	1		Projektleiter
3	Projektablauf planen	2	2		Projektleiter
4	Erhebung, Analyse	3	4		Projektteam
5	Würdigung	4	2		Projektteam
6	Soll-Konzept	5	6		Projektteam
7	Systembau	6	8		DV-Abteilung
8	Schulung	6	2		Personalabt.
9	Einführung	7,8	1		DV-Abteilung

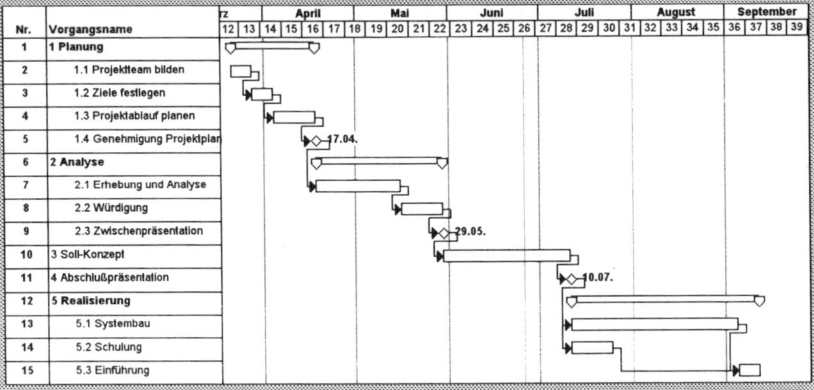

Abb. 148: Balkenplan (generiert mit MS-Project)

Der **Netzplan** verdeutlicht Beziehungen sowie technische, wirtschaftliche und logische Abhängigkeiten zwischen den Arbeitspaketen. Er zeigt den **kritischen Weg** und Vorgänge mit freien Pufferzeiten. Auf dem kritischen Weg liegen all jene Vorgänge, die sich nicht verzögern dürfen (sie haben eine Pufferzeit von null), weil sich sonst der geplante Projektendtermin nicht einhalten läßt. Bei der Aufstellung eines Netzplans müssen die Projektverantwortlichen die Projektzusammenhänge systematisch durchdenken. Dadurch wird der Projektablauf transparent.

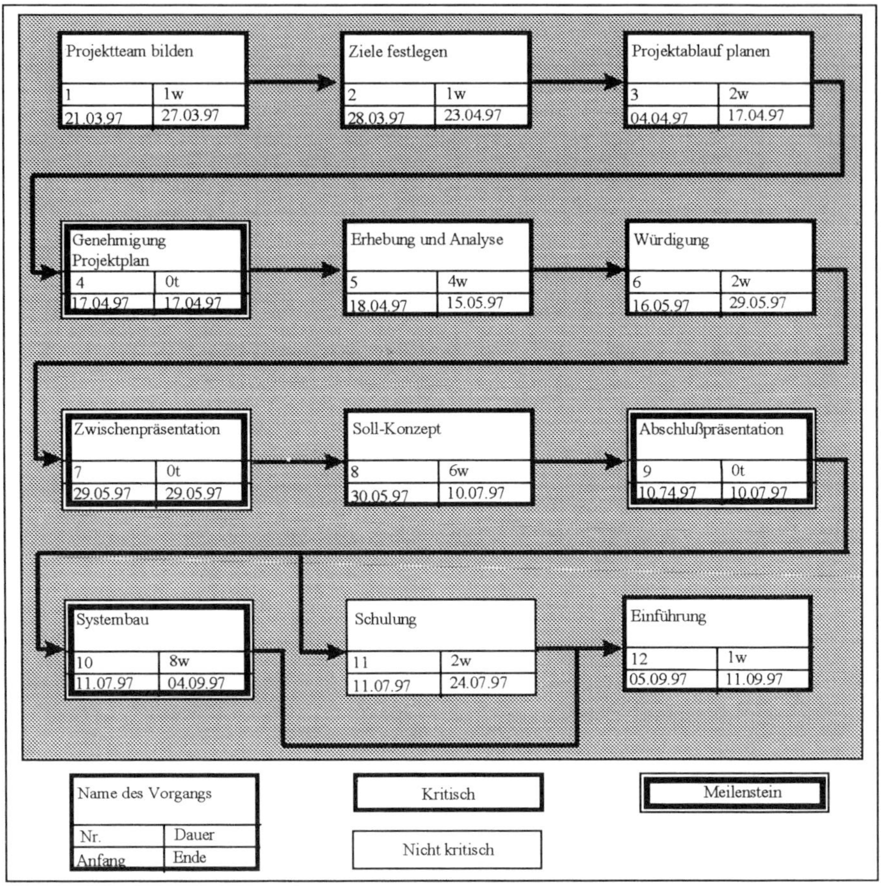

Abb. 149: Netzplan (generiert mit MS-Project)

Da der manuelle Aufbau eines Netzplanes sehr aufwendig ist, empfiehlt sich der Einsatz eines **DV-gestützten Projektmanagementsystemes**. Der Netzplan läßt sich damit **individuell aufbereiten**. Wie Abb. 150 zeigt, können die Knoteninhalte mit unterschiedlichen Informationen belegt werden (Dauer, Beginn- und Endzeitpunkte, Kosten, zuständige Mitarbeiter u.a.). Beispielsweise beinhaltet der dritte Knoten in Abb. 150 Informationen über die Bezeichnung des Vorgangs, seinen Vorgänger und Nachfolger, die Kosten und eine Notiz des Projektleiters.

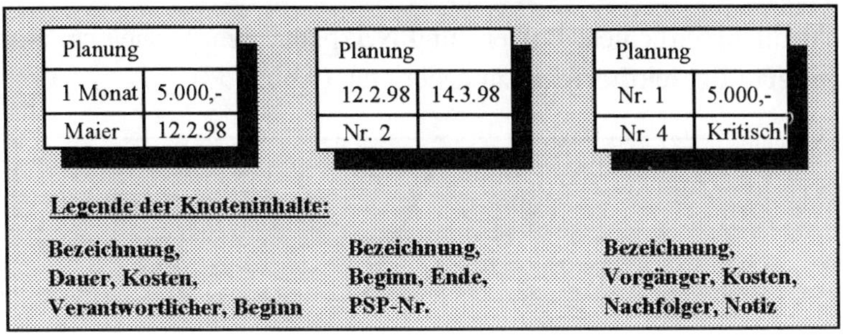

Abb. 150: Beschriftungsalternativen für Netzplanknoten

Mit zunehmendem Projektfortschritt kann der Netzplan **sukzessive verfeinert** werden (vgl. Abb. 151).

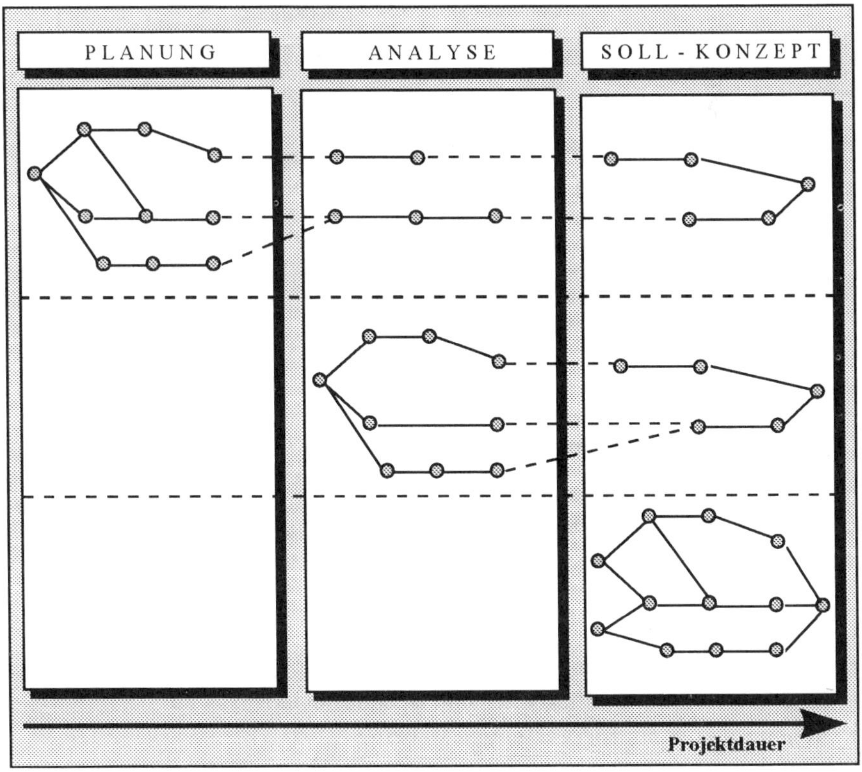

Abb. 151: Detaillierung eines PSP in Abhängigkeit des Projektfortschritts

Unterschiedlich verdichtete Balken- und Netzpläne ermöglichen es, **empfängerorientierte Projektberichte** zu generieren (Abb. 152).

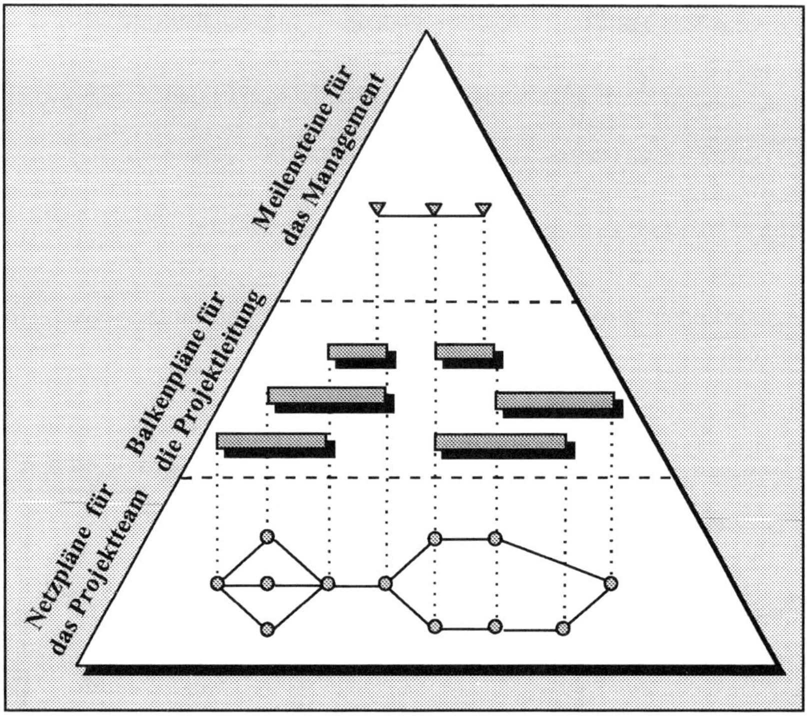

Abb. 152: Empfängerorientierte Verdichtung des Terminplans

6.1.7 Projektressourcen

Für jeden Vorgang muß der **Kapazitätsbedarf** für die Projektressourcen (Personal, Sachmittel) festgestellt werden. Im Einzelnen sind folgende Fragen zu beantworten:

- Welche Ressourcen werden gebraucht?
- Wieviele Einheiten von jeder Ressource sind nötig?
- Wie lange sind die Mitarbeiter und Sachmittel einzusetzen?
- Wann müssen sie zur Verfügung stehen?

Grundsätzlich sind zwei Verfahren der Zeit- bzw. Kapazitätsplanung gebräuchlich. Bei der sogenannten **ressourcengesteuerten Planung** erfolgt die zeitliche Einplanung einzelner Vorgänge automatisch in Abhängigkeit der zur Verfügung stehenden Kapazitäten. **Die termingesteuerte Planung** gibt einen

fixen zeitlichen Ablauf der Arbeitspakete vor, um die kürzeste Durchlaufzeit zu gewährleisten. Die notwendigen Ressourcen werden entsprechend angepaßt.
Als Ergebnis der Kapazitätsbedarfsplanung erhält man die **Kapazitätsbelastung**, die sich z.B. in Form eines Histogramms oder Flächendiagramms darstellen läßt (vgl. Abb. 153).

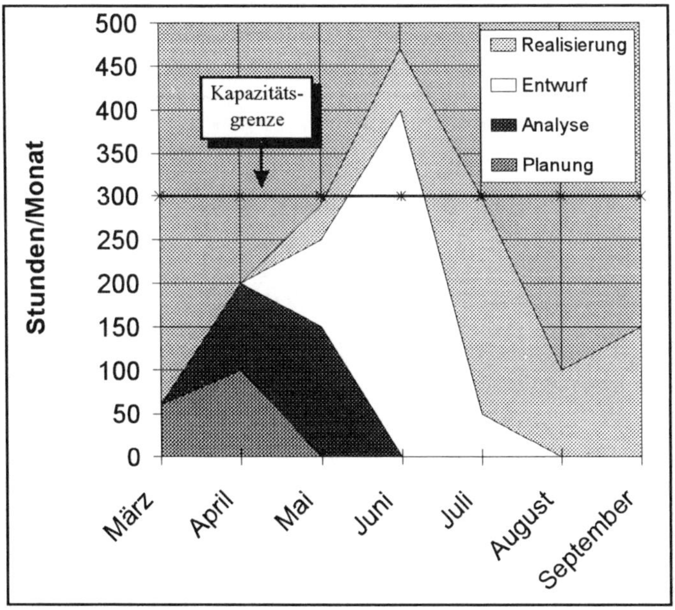

Abb. 153: Kapazitätsbelastungsdiagramm für Personal

Stehen die benötigten Kapazitäten zu einem bestimmten Zeitpunkt nicht zur Verfügung, muß der Spitzenbedarf durch einen **Kapazitätsausgleich** abgebaut werden[83]. Dafür gibt es mehrere Möglichkeiten:

- **Zeitliche Verschiebung** der Vorgänge in Phasen geringer Kapazitätsbelastung.
- **Intensivere Nutzung** der Kapazitäten (intensitätsmäßige Anpassung).
- Erhöhung der **zeitlichen Verfügbarkeit** der Kapazitäten, z.B. durch Überstunden (zeitliche Anpassung).

[83]Hahn, D., Planungs- und Kontrollrechnung. 5. Aufl., Wiesbaden 1996, S. 619.

- Einplanung **zusätzlicher Kapazitäten**, z.B. durch Nutzung externer Dienstleister (quantitative Anpassung).
- Einsatz anderer Verfahren, z.B. besserer Betriebsmittel (qualitative Anpassung).

Ergänzend kann der gesamte Kapazitätsbedarf mit einer **Kapazitätssummenkurve** dargestellt werden kann (vgl. Abb. 154). Sie entsteht durch Addition des Kapazitätsverbrauchs aller Arbeitspakete.

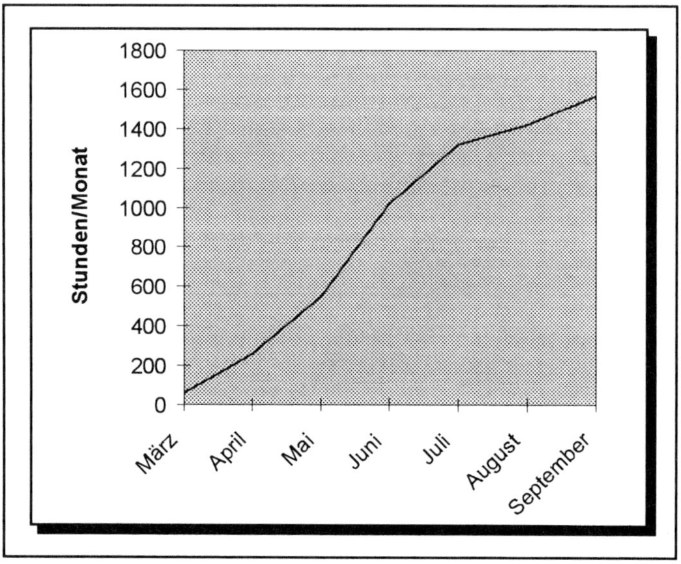

Abb. 154: Kapazitätssummenkurve

6.1.8 Projektkosten

Die voraussichtlichen Kosten müssen bereits vor Beginn eines Projektes zur Verfügung stehen, um Aussagen über die Vorteilhaftigkeit und **Rentabilität eines Vorhabens** machen zu können. Man greift dafür auf die bewährten Verfahren der Wirtschaftlichkeitsrechnung sowie auf Nutzwert- (7.4.4) und Kosten-Nutzen-Analysen zurück.
Um realistische **Budgets** vorgeben zu können, sind die geplanten Kosten möglichst differenziert zu bestimmen.

Kosten werden pro Arbeitspaket geplant und über die verschiedenen Ebenen des Projektstrukturplans bis zu den Gesamtprojektkosten kumuliert (vgl. Abb. 155). Auf jeder Verdichtungsstufe sollten die zusätzlich anfallenden Einzelkosten ausgewiesen werden. Zur Überprüfung der Plausibilität ist es angebracht, die Kosten auch "von oben nach unten" zu schätzen.

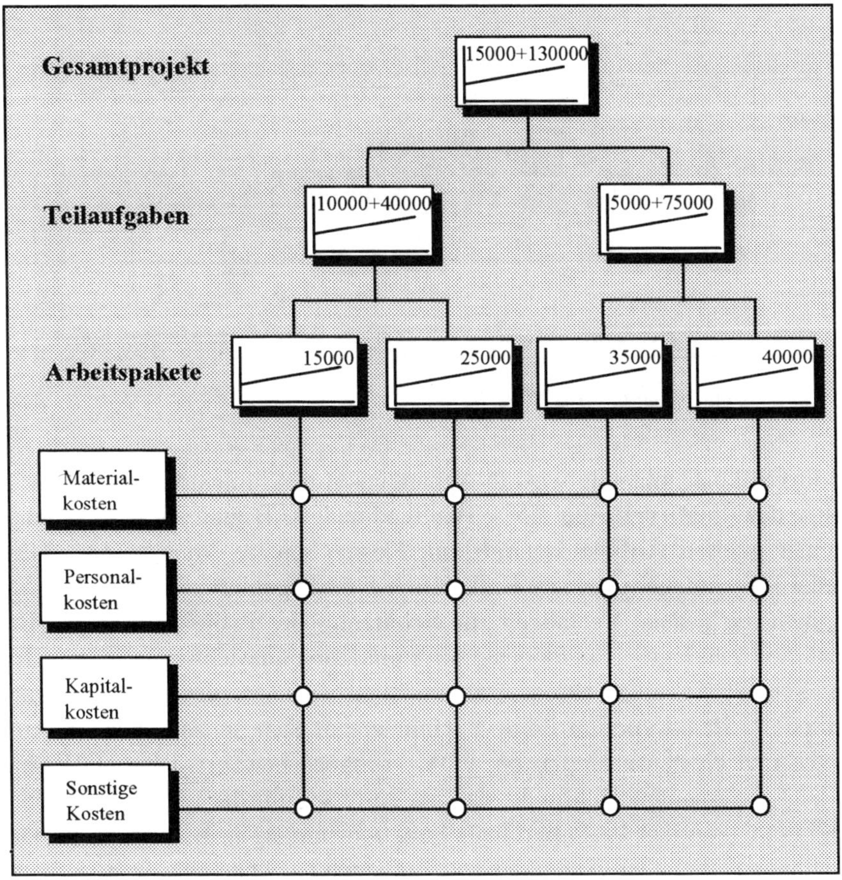

Abb. 155: Projektkostenplanung

In einem Koordinatensystem kann analog der Kapazitätssummenkurve eine **Kostenverlaufskurve** dargestellt werden. Abb. 156 zeigt die Projektkosten pro Zeiteinheit als Histogramm und die kumulierte Projektkostensumme als Liniendiagramm. Interessant kann eine Gegenüberstellung der Kostensumme bei frühestem und spätestem Start der Arbeitspakete sein.

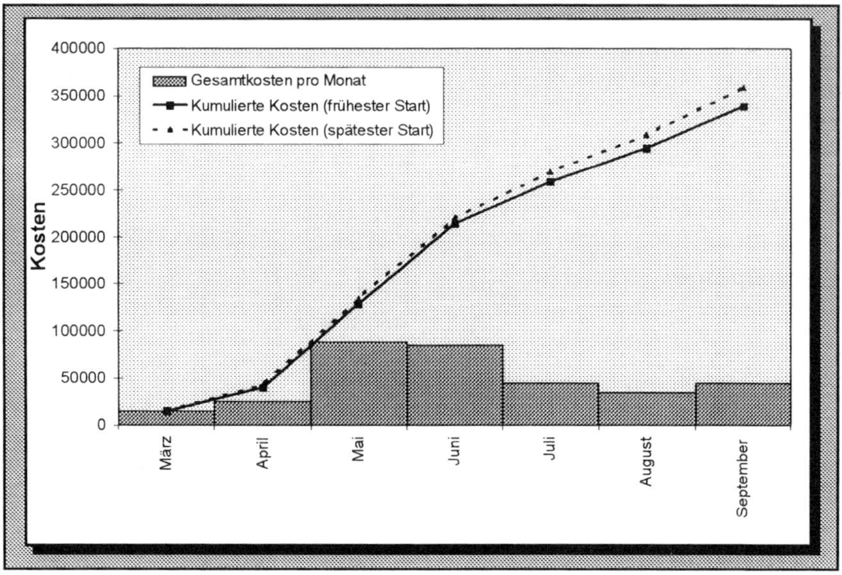

Abb. 156: Verlauf der geplanten Kosten

Die Projektkostenplanung wird in Abhängigkeit des Projektfortschrittes sukzessive detailliert (vgl. Abb. 157). Während man zu Beginn auf der Grundlage einer **groben Aufwandsermittlung** Kosten schätzt, können mit zunehmender Projektdauer genauere Kalkulationen durchgeführt werden.
Es gibt verschiedene **Verfahren zur Schätzung des Projektaufwands**. Bekannt sind Analogie-, Relationen-, Multiplikator-, Gewichtungs-, parametrische Schätzgleichungs-, Prozentsatz- und insbesondere die Function-Point-Methode[84]. Das **Function-Point-Verfahren** hat sich speziell für die Aufwands- und Kostenschätzung bei EDV-Vorhaben bewährt. Diesem Verfahren liegt die Annahme zugrunde, daß der Aufwand für die Entwicklung eines Programms von den Einflußgrößen Funktionsumfang (z.B. Anzahl der Dateneingaben), Schwierigkeitsgrad und Entwicklungsumgebung (z.B. Schnittstellen zu anderen Systemen) abhängt. Durch die Bewertung dieser Einflußfaktoren erhält man sogenannte Function-Points, die in ein Koordinatenkreuz eingetragen werden. Direkt ablesbar ist anhand der Function-Point-Kurve der zugehörige Entwicklungsaufwand in Mannmonaten (siehe Abb. 158).

[84] Litke, H.-D., Projektmanagement, 2. Aufl., München, Wien 1993, S. 117 ff. sowie Daum, A., Lawa, D., Projekt-Controlling: Aufgaben und Instrumente, in: Steinle, C., Bruch, H. (Hrsg.), Controlling, Stuttgart 1998, S. 894 ff.

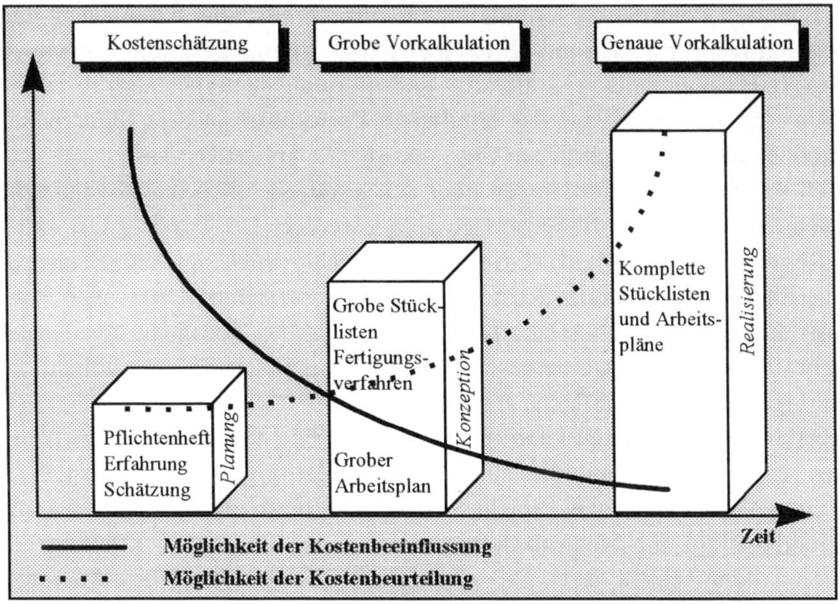

Abb. 157: Kostenbeeinflussung und Kostenbeurteilung

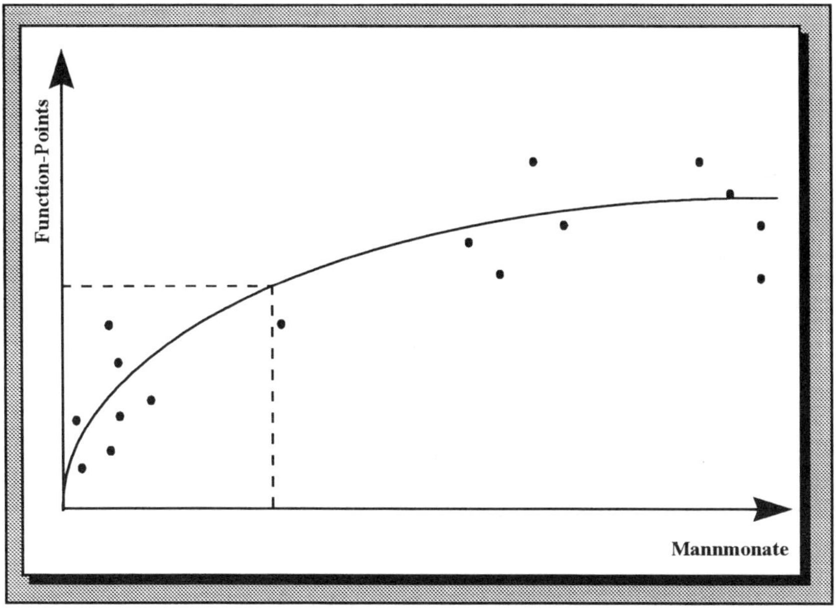

Abb. 158: Function-Point-Kurve

Die Function-Point-Kurve ermittelt man aus bereits abgeschlossenen und repräsentativen Projekten mit Hilfe einer Regressionsanalyse. Sie kann auch extern (z.B. von einigen Software- und Beratungsunternehmen) bezogen werden. Auf der Grundlage des ermittelten Projektaufwands in Mannmonaten können die voraussichtlichen Gesamtkosten kalkuliert werden.
Liegen nur wenige Informationen über den voraussichtlichen Aufwand vor, müssen die Kosten undifferenziert geschätzt werden. Die Praxis greift dabei auf **Regressions- und Korrelationsrechnungen** zurück, um auf Basis bereits erfolgter Kalkulationen Kostenschätzwerte abzuleiten. Z.B. wird bei der Konstruktion eines Kranes eine Korrelation zwischen Fertigungskosten und Tragkraft der Krananlage hergestellt. In der Bauwirtschaft ist es üblich, die Baukosten pro qm Wohnfläche anzugeben.
In späteren Projektphasen kann man bereits grobe Stücklisten und Arbeitspläne verwenden, um mit den gängigen **Kalkulationsverfahren** Kosten zu kalkulieren[85]. Je weiter das Projekt fortschreitet, desto genauer wird die Datengrundlage für die Kostenbestimmung. Das grundsätzliche Problem der Kostenplanung besteht darin, daß zu Projektbeginn nur wenig Informationen vorliegen, um die Kosten exakt beurteilen zu können (vgl. Abb. 157). In vielen Projekten erfolgt deshalb die Kalkulation erst spät, nachdem die kompletten Stücklisten vorliegen. Diese Situation wirkt sich bei der Produktentwicklung besonders kritisch aus, da der größte Kostenblock schon frühzeitig während des Entwurfs und der Konstruktion festgelegt wird. Deshalb ist man bestrebt, alle kalkulationsrelevanten Daten von Projektbeginn an bereitzustellen. Ziel ist es, Stücklisten und Arbeitspläne bereits parallel zur Planung und Konzeption zu erstellen, um die **Projektdauer zu verkürzen**. Dafür wäre es notwendig, daß man die getrennte Datenhaltung der kaufmännischen und technischen DV-Systeme beseitigt. Mit einer einheitlichen Datenbasis, die neben den technischen CAD-, Qualitäts- und Fertigungsdaten auch Daten der Kostenrechnung beinhaltet, wäre eine **frühzeitige, fortlaufende und jederzeit aktuelle Kalkulation** während der gesamten Projektphasen möglich (vgl. Abb. 159). Zu unterschiedlichen Zeiten könnte man mit der jeweils aktuellsten Informationsbasis kalkulieren. Die verschiedenen Kalkulationen wären vergleichbar, so daß sich Abweichungen auch nachvollziehen lassen.
Mit dem Verfahren des Target Costing versucht man vor allem in der Kfz-Branche, die maximal erlaubten Kosten vor Beginn eines Produktentwicklungsprojektes vorzugeben, um sie bereits in der frühen Phase der Produktgestaltung nachhaltig zu beeinflussen (vgl. 5.2).

---

[85] Jorasz, W., Kosten- und Leistungsrechnung, Stuttgart 1996.

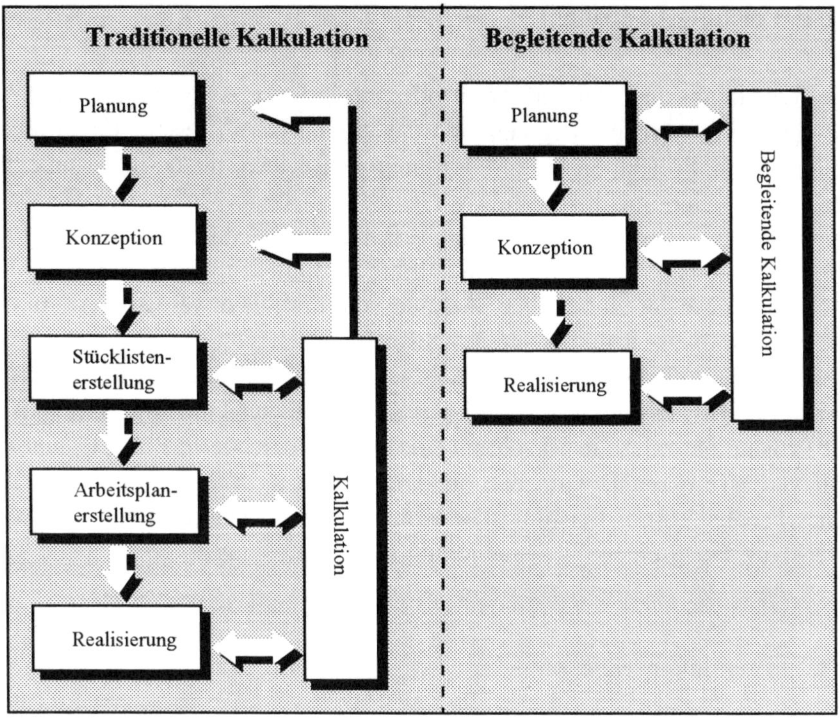

Abb. 159: Begleitende Projektkalkulation

6.2 Projektsteuerung und -kontrolle

Im Regelfall werden Abweichungen gegenüber der Planung auftreten. Handelt es sich um kritische Abweichungen, durch die wichtige Projektziele gefährdet sind, muß die Projektleitung umgehend geeignete Gegenmaßnahmen einleiten. Diese Projektsteuerung setzt eine laufende und effektive Projektkontrolle voraus. Wesentliche Grundlage ist ein Berichtswesen, das als Frühwarnsystem fungiert. Es muß jederzeit einen aktuellen Überblick über die Entwicklung der Projektarbeiten geben können.
Die Projektkontrolle umfaßt Ist-Daten-Erfassung, Soll-Ist-Vergleich, Abweichungsanalyse und Maßnahmenplanung. Sie überprüft

- Leistungen (Aufgabeninhalte, Qualität)
- Termine
- Kosten
- Einsatzmittel (Personal, Betriebsmittel)

6.2.1 Leistungskontrolle

Die Leistungs- und Qualitätskontrolle erfolgt mit sogenannten **Projekt-Reviews**. Sie werden eingesetzt, um Teilergebnisse zu testen, Pläne abzustimmen und Projektphasen zu koordinieren. Reviews finden in Gruppenarbeit statt. Gebräuchlich sind verschiedene Review-Formen, wie z.B. Walkthrough[86]. Mit dieser Methode prüft man in Softwareprojekten die Programmfunktionen. Die Prüfgruppe soll bis zu fünf Mitglieder umfassen und auch die Anwender einbeziehen. Anhand von Testfällen werden die Funktionen einer Software gedanklich durchgespielt.
Voraussetzung für Reviews ist eine Projektkultur, die auf konstruktive Kritik und offene Diskussion ausgerichtet ist. Reviews bieten eine gute Möglichkeit der Projektkontrolle. Sie erleichtern eine qualitätsorientierte Projektsteuerung und verbessern die Dokumentation. Die Teammitglieder gewinnen ein rasches Feedback ihrer Leistung. Die Kommunikation mit den Benutzern wird intensiver. Dadurch ergeben sich realitätsnähere Lösungen.

6.2.2 Terminkontrolle

Für jedes Arbeitspaket sollte in bestimmten Abständen auf der Grundlage des bisher erreichten Projektstandes die restliche Zeit bis zum Fertigstellungstermin ermittelt werden **(Time-to-Complete)**. Am besten befragt man dazu die betroffenen Projektmitarbeiter. Auf keinen Fall führt die einfache Fortschreibung der ursprünglich geplanten Zeiten zu einem realistischen Endtermin. Time-to-Complete kann man anschaulich mit Balkenplänen darstellen.

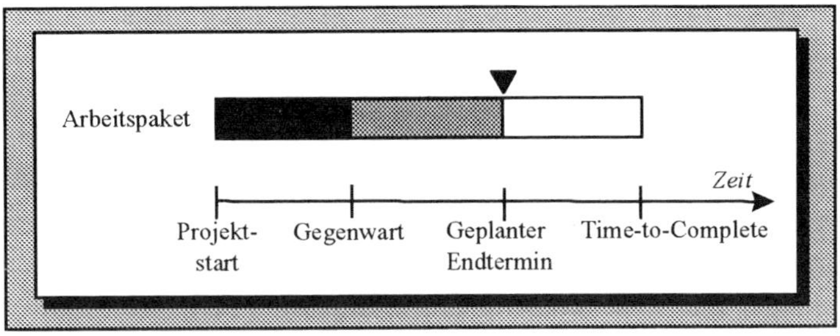

Abb. 160: Balkenplan mit Time-to-Complete

86 Vgl. Litke, H.-D., Projektmanagement, 2. Aufl., München, Wien 1993, S. 65.

Aufgrund der bisher verbrauchten Zeit und der restlichen Zeit bis zur Projektfertigstellung kann man einschätzen, ob der Zeitplan einzuhalten ist.

Projektmanagementsoftware bietet vielfältige Möglichkeiten, den Projektfortschritt mit Balkenplänen zu verdeutlichen. Z.B. zeigt Abb. 161 den derzeit gültigen Plan und den Projektfortschritt (schwarzer Balken). Der Vorgang *Soll-Konzept* ist hinter dem Plan zurück. Der schwarze Balken müßte eigentlich bis zum aktuellen Zeitpunkt, dem 26. Juni, reichen. Wenn im vorliegenden Fall die Pufferzeit des Arbeitspakets geringer als der Zeitverzug wäre, müßte der Projektleiter geeignete Gegenmaßnahmen einleiten.

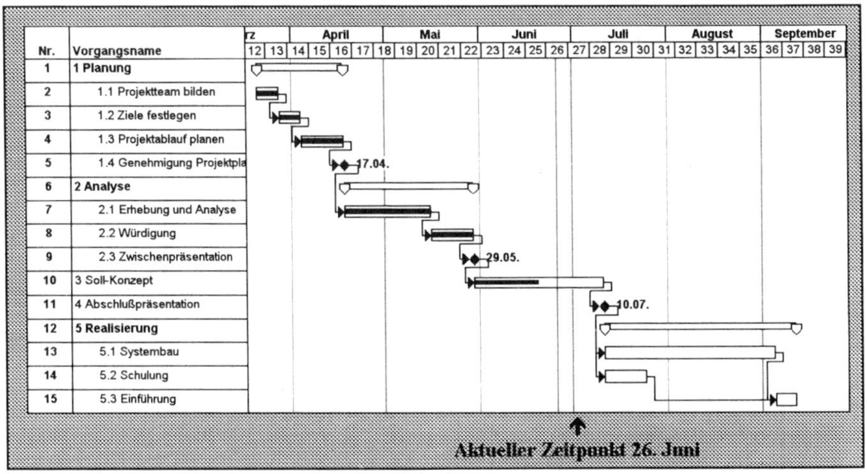

Abb. 161: Projektfortschrittsbericht in MS-Project

Ein erprobtes Instrument der Terminkontrolle sind **Netzplan-Reviews**. Auf der Grundlage des aktuellen Netzplans sind z.B. folgende Fragen zu beantworten:

- Liegt Verzug auf dem kritischen Weg vor?
- Ist dadurch der Gesamttermin gefährdet?
- Muß der Netzplan geändert werden?
- Welche Kostenauswirkungen hat der Verzug?
- Welche konkreten Maßnahmen müssen erfolgen?

In vielen Projekten wird die Terminsituation zu optimistisch dargestellt. Das **Termin-Trenddiagramm** zeigt sich anbahnende Terminverzögerungen an. Korrekturmaßnahmen können frühzeitig eingeleitet werden. Die folgende

Abb. 162 verdeutlicht, daß bereits die Planung nicht rechtzeitig zu Ende geführt wurde. Sie sollte ursprünglich Mitte Mai abgeschlossen sein, konnte jedoch erst Ende Juli fertiggestellt werden. Dadurch verzögerten sich auch die Analyse und das Sollkonzept.

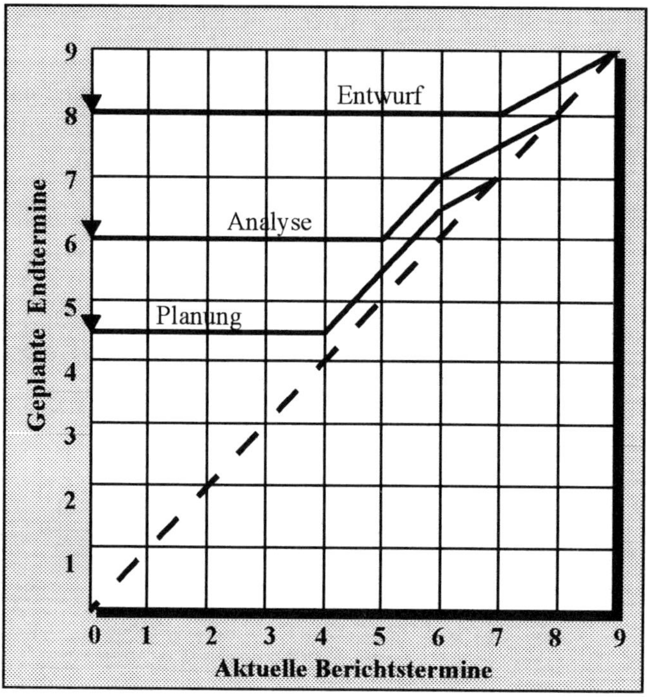

Abb. 162: Termin-Trenddiagramm

6.2.3 Kostenkontrolle

Zur Kostenkontrolle sollten regelmäßig die Ist- und Plankosten gegenübergestellt werden. Dies geschieht am besten mittels eines Liniendiagramms, das die kumulierten Kostenverläufe enthält. Die folgende Abb. 163 läßt **zunächst höhere Istkosten** erkennen. Ursachen dafür sind z.B.:

- ein unplanmäßig hoher Leistungsverbrauch (es sind mehr Arbeitsstunden angefallen als geplant),
- der vorzeitige Abschluß eingeplanter Arbeiten,
- der Einsatz von Mitarbeitern mit sehr hohen Stundensätzen oder
- Falschbuchungen.

Später fällt die Istkostenkurve unter die Plankosten. Mögliche Gründe dafür sind Leistungen, die noch nicht erbracht wurden, nicht verbuchte Rechnungen, günstiger erbrachte Leistungen oder auch Falschbuchungen.

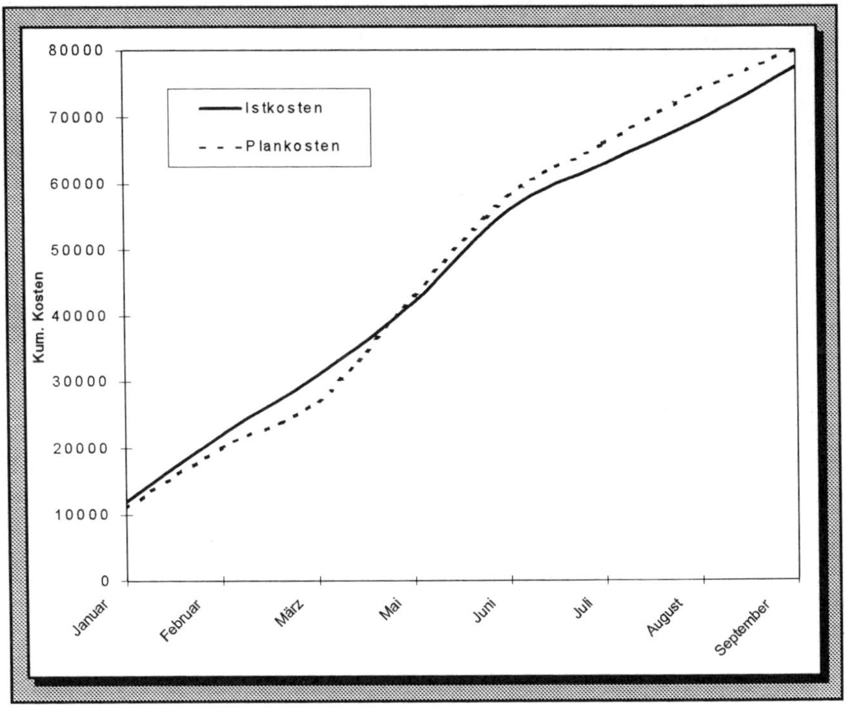

Abb. 163: Kumulierte Ist- und Plankosten

Man kann in Abb. 163 nicht erkennen, ob die Abweichung auf einen ungeplanten Leistungfortschritt oder eine besonders wirtschaftliche Leistungserbringung zurückzuführen ist.

Wenn die Istkosten wie in Abb. 163 geringer als die Plankosten sind, kann sogar ein überhöhter Kostenverbrauch vorliegen; nämlich dann, wenn gleichzeitig wesentlich weniger Leistungen als geplant erbracht wurden. Deswegen sollte die Kostenkontrolle unbedingt eine Überwachung der Leistungen miteinbeziehen. Dies erreicht man durch den Ausweis von **Sollkosten**. Das sind diejenigen Kosten, die für eine gegebene Leistung planmäßig anfallen dürfen (Plankosten/Stück * Istleistung).

Durch die Gegenüberstellung von Plan-, Soll- und Istkosten werden Abweichungsursachen differenzierter erkannt. Es lassen sich wichtige Fragen beantworten:

- Wie hoch sind die tatsächlichen Kosten der erbrachten Leistung (Istkosten: Istkosten/Leistungseinheit x Istleistung)
- Wie hoch dürften die Kosten der erbrachten Leistung laut Plan sein? (Sollkosten: Plankosten/Leistungseinheit x Istleistung)
- Wie hoch wären die Kosten bei der geplanten Leistung? (Plankosten: Plankosten/Leistungseinheit x Planleistung)

Allerdings hat man in der Praxis oft Schwierigkeiten, die erbrachten Leistungen als Grundlage für die Sollkostenermittlung exakt zu erfassen. Als Lösung bietet es sich an, die Restkosten (Cost-to-Complete) aufgrund der noch für das Projekt zu erstellenden Leistung zu ermitteln (z.B. durch Befragung der Mitarbeiter). Unrealistisch ist es, vom ursprünglichen Projektbudget einfach die angefallenen Kosten abzuziehen und die Differenz dann als Restkosten auszuweisen. Sollkosten errechnen sich dann als Differenz aus den gesamten Plankosten abzüglich der geschätzte Restkosten.

Im folgenden soll ein beispielhaftes Projekt, dessen gesamte Plankosten sich auf DM 76.500,- belaufen, nach 9 Monaten untersucht werden. Grundlage ist die von Coenenberg entwickelte integrierte Projektkosten- und -leistungsanalyse[87]. Die Sollkosten werden bei diesem Verfahren zukunftsbezogen ermittelt:

$$\text{Sollkosten} = \text{gesamte Plankosten} - \text{geschätzte Restkosten}$$

Monat	Istkosten	Kum. Istkosten	Plankosten	Kum. Plankosten	Restkosten	Kum. Sollkosten
1	945	945	1.035	1.035	75.555	945
2	840	1.785	1.125	2.160	74.715	1.785
3	945	2.730	1.204	3.364	73.770	2.730
4	990	3.720	1.395	4.759	72.780	3.720
5	1.395	5.115	1.485	6.244	72.125	4.375
6	1.440	6.555	1.553	7.797	71.445	5.055
7	1.350	7.905	1.553	9.349	69.995	6.505
8	1.395	9.300	1.643	10.992	68.200	8.300
9	1.305	10.605	1.733	12.724	67.245	9.255

Abb. 164: Beispieldaten

[87] Coenenberg, A. u.a., Abweichungsanalyse bei Projekten im F&E-Bereich, in: Männel, W. (Hrsg.), Handbuch Kostenrechnung, Wiesbaden 1992, S. 767 ff.

Die folgende Abb. 165 zeigt den Verlauf der kumulierten Ist-, Soll- und Plankosten. Die Differenz von Ist- und Sollkosten zeigt den Teil der Gesamtabweichung, der durch veränderte Kosten verursacht wurde. Der Unterschied zwischen Plan- und Sollkosten ist ein Indikator für unplanmäßige Leistungsveränderungen.

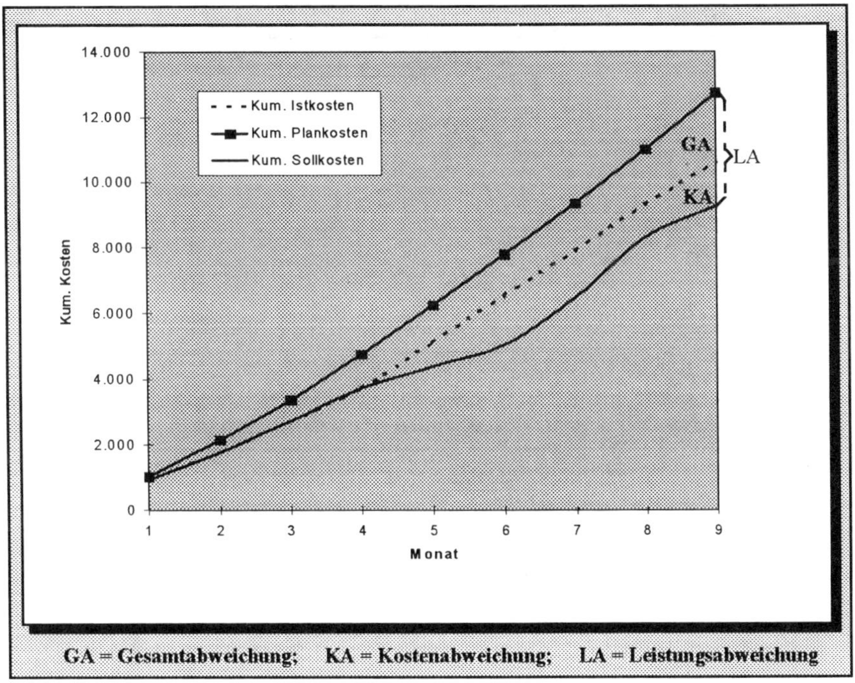

Abb. 165: Entwicklung der kumulierten Kosten

Aus dem Beispiel können folgende Schlußfolgerungen gezogen werden:

- Von Projektbeginn an bleibt der Fortschritt hinter dem geplanten Ablauf zurück (vielleicht aufgrund eines Kapazitätsengpasses). Die Istkostenkurve verläuft bis April jedoch weitgehend identisch mit der Sollkostenkurve.
- Zwischen April und September laufen Ist- und Sollkostenkurve dramatisch auseinander, so daß eine erhebliche Kostenabweichung entsteht. Die Istkosten für die erbrachte Leistung sind höher als dies eigentlich sein dürfte. Die Leistung ist weiterhin geringer als geplant.
- Zum gegenwärtigen Zeitpunkt (September) ist der erreichte Leistungsstand deutlich teurer erbracht worden als ursprünglich geplant. Auch der geringe Leistungsfortschritt entspricht nicht dem Plan.

Es lassen sich weitere Auswertungen in Form von "Projektfieberkurven" erstellen, die verdeutlichen, daß die Kosten nach oben und die Leistungen nach unten abweichen. Ein positiver Wert der Kostenabweichung zeigt in Abb. 166 eine Unwirtschaftlichkeit im Projekt, ein negativer Wert der Leistungsabweichung weist auf einen Leistungsrückstand hin.

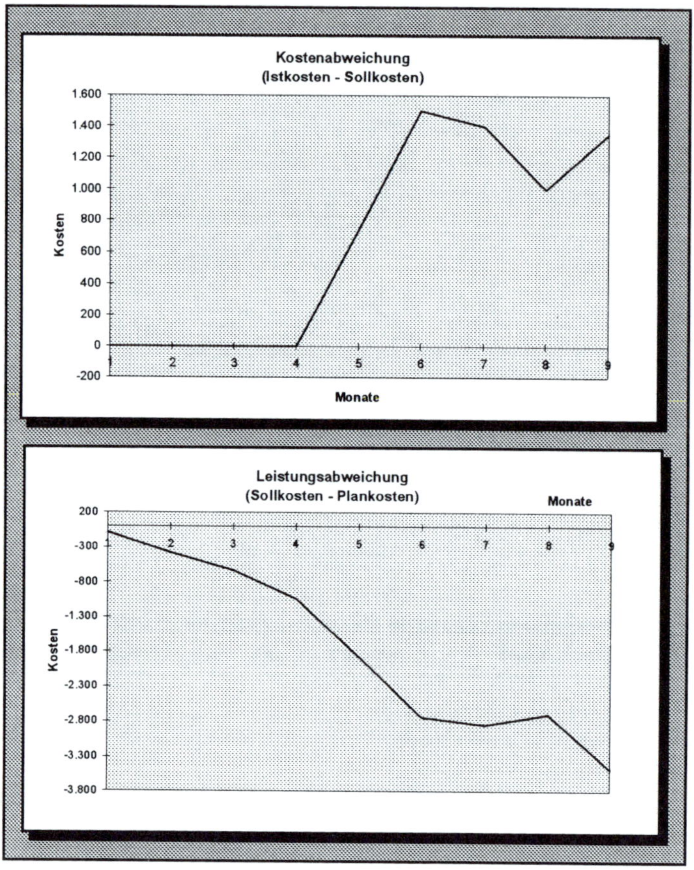

Abb. 166: Darstellung der Abweichungen als Fieberkurven

Die Situation wird noch transparenter, wenn ein Index für Kosten- und Leistungen errechnet wird:

Kostenindex : Istkosten / Sollkosten * 100
Leistungsindex: Sollkosten / Plankosten * 100

Man kann nun einen "Korridor" bestimmen, innerhalb dessen sich die Kosten- und Leistungsabweichungen eines Projekts bewegen dürfen, ohne daß ein Eingreifen der Projektleitung notwendig wäre (Management by Exception). In Abb. 167 übersteigt die Leistungsabweichung bereits zum Berichtsmonat Februar die Toleranzschwelle. Zu diesem Zeitpunkt wäre die Analyse einzuleiten.

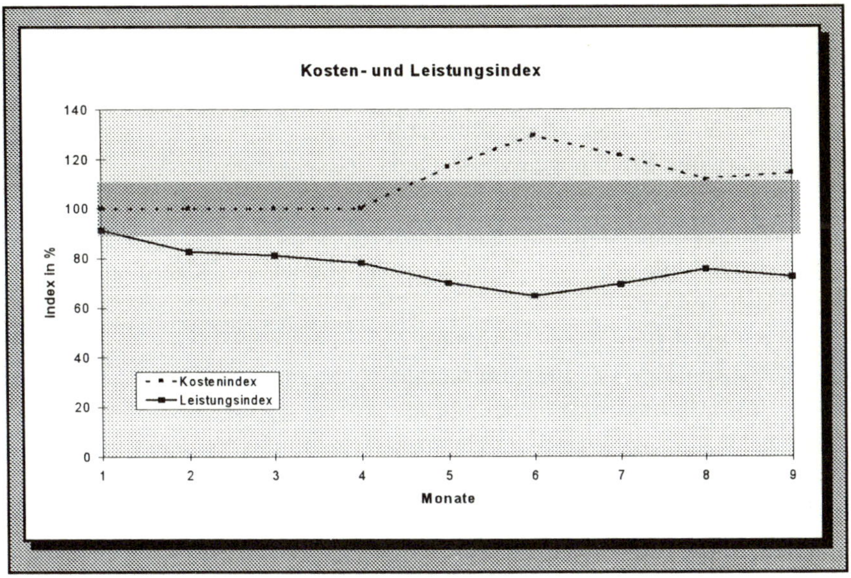

Abb. 167: Kosten- und Leistungsindex mit Abweichungskorridor

Um eine wirkungsvolle Kostenkontrolle zu gewährleisten, müssen folgende Forderungen gestellt werden:

- Differenzierte Kostenkontrollen für Projektphasen, Arbeitspakete und Kostenarten.
- Schnelle Erfassung und Verarbeitung der Istkosten.
- Periodische Restkostenschätzung.
- Periodischer Vergleich der
  - Istkosten mit der Istleistung,
  - Istleistung mit dem Plansoll,
  - aktuell errechneten Arbeitskosten (kumulierte Istkosten + geschätzte Restkosten) mit dem genehmigten Budget.

- Bereinigung der Abweichungen um Bestandteile, die nicht dem Mitarbeiter anzulasten sind.
- Ermittlung von Trends bei Kosten- und Leistungsabweichungen und Lokalisierung von "Problemzentren".
- Ermittlung der Gründe für Kostenabweichungen und deren Einfluß auf die weitere Abwicklung der Arbeiten. Ursachen für Kostenüberschreitungen sind z.B.:
    - zu niedrige, optimistische Plankosten,
    - unwirtschaftliche Arbeitsweise,
    - Fehler in der Verrechnung,
    - unvorhergesehene Arbeitsschwierigkeiten,
    - ungeplante Erhöhungen von Löhnen und Materialpreisen,
    - Währungsverschiebungen oder
    - nachträgliche Änderungen am Leistungskatalog.
- Frühzeitige Einleitung von Korrekturmaßnahmen bei signifikanten Kostenabweichungen:
    - Rationalisierung der Vorhaben,
    - "Abspecken" des Leistungskatalogs,
    - Anforderung zusätzlicher Mittel.
- Verabschiedung konkreter Maßnahmen ("wer muß was wann machen?") und schriftliche Fixierung.
- Prüfung, ob planungstechnische Korrekturmaßnahmen eingeleitet werden müssen, und wenn ja, welche.

6.3 Projektinformation und -dokumentation

Zu unterscheiden ist das **Berichtswesen**, das laufend aktuelle Informationen für die Steuerung des Projektes bereitstellt, und die **Projektdokumentation**, die alle projektrelevanten Daten beinhaltet und auch als Nachschlagewerk benutzt werden kann.

6.3.1 Berichtswesen

Fortschrittsberichte sollen den Projektausschuß periodisch in kurzer und prägnanter Art über den Projektstand informieren. Der Fortschrittsbericht enthält z.B. folgende Inhalte (vgl. Abb. 168):

- Durchgeführte Arbeiten, Stand der Arbeiten (Time-to-Complete)
- Terminsituation
- Vergleich zwischen geplantem und verursachtem Aufwand
- Aufgetretene Probleme und Risiken
- Erforderliche Maßnahmen

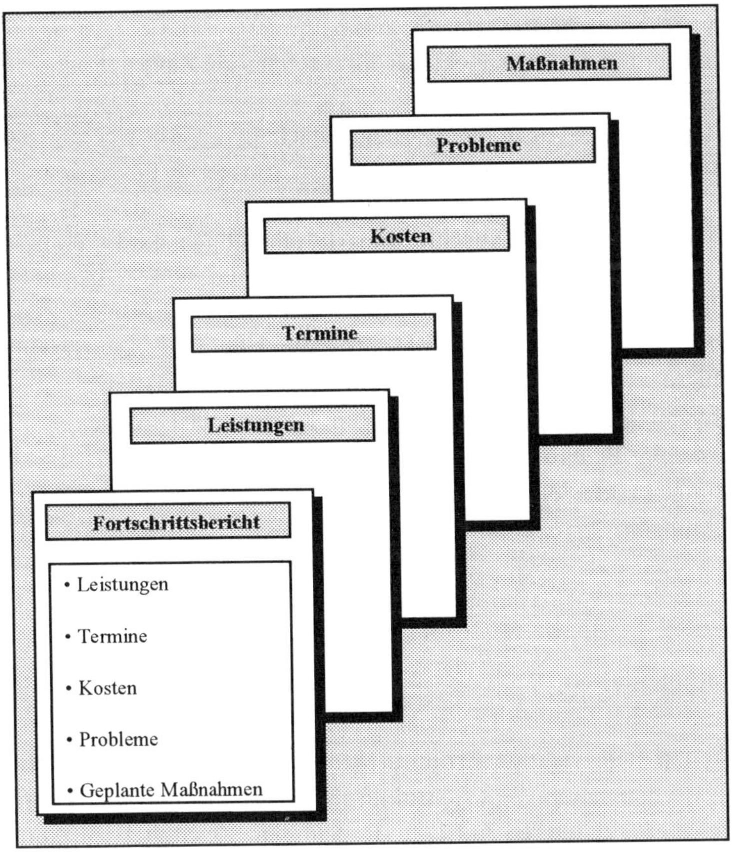

Abb. 168: Inhalte des Fortschrittsberichts

Basis sollte der Projektstrukturplan sein. Aus den einzelnen Berichtspunkten muß man erkennen, ob alles wie geplant abläuft, welche Abweichungen und welche Probleme existieren oder sich entwickeln können.
Regelmäßige Fortschrittsberichte schaffen Vertrauen in die Qualität des Projektmanagements. Wichtig ist dabei die Festlegung einer angemessenen Berichtshäufigkeit. Um bei den Kosten einen "Kostenblindflug" zu vermei-

den, sind möglichst kurze Berichtsintervalle anzustreben, jedoch nicht so kurz, daß die Differenzen an Bedeutung und Aussagefähigkeit verlieren.

Entscheidungsberichte sollen den Lenkungsausschuß in die Lage versetzen, fundierte Entscheidungen zu treffen. Sie weisen folgende Inhalte auf:

- Aufgabenstellung und Zusammenfassung der Ergebnisse
- Ausführliche Beschreibung der Situation
- Konkretisierung der im Projektauftrag vereinbarten Ziele
- Lösungsalternativen
- Bewertung der Lösungen und Lösungsvorschlag
- Weiteres Vorgehen

Nach Projektende wird ein **Abschlußbericht** erstellt, der die Ergebnisse darstellt und den Ablauf des Projekts dokumentiert. Mindestens folgende Gliederungspunkte sollten enthalten sein:

- Management Summary mit einer Zusammenfassung der wesentlichen Ergebnisse
- Zielerreichung der geplanten Leistungen, Kosten und Termine
- Erklärung der Planabweichungen
- Erfahrungen und wichtige Punkte
- Empfehlungen

6.3.2 Dokumentation

Bereitzustellen sind wichtige **Projektdokumente** (Projektauftrag, Pflichtenheft, Projektorganisation, Projektstrukturplan, Terminpläne) und **Protokolle der Projektbesprechungen** mit den Beschlüssen. Zusätzlich zu empfehlen ist eine **Projektchronologie**, die im Überblick den zeitlichen Ablauf wichtiger Entscheidungen, Probleme und Maßnahmen festhält. Sinnvoll ist zudem eine kompakte Zusammenstellung der **Projekterfahrungen**, so daß diese auch in Folgeprojekten genutzt werden können. Durch das Aufzeigen und Bewerten bedeutsamer Unterschiede zwischen der Planung und dem Istverlauf bei Kosten, Leistungen und Terminen wird ein Lernprozeß unterstützt, der hilft, spätere Projekte effektiver abzuwickeln.

Alle Unterlagen sollten zentral in einer **Projektakte**, die jedem Beteiligten zugänglich ist, gesammelt werden. Die Projektakte kann sich in

- Führungsakte mit den Führungsinformationen und
- Arbeitsergebnisakte mit Zeichnungen, Tabellen, Berichten, Präsentationsunterlagen

unterteilen. Vor allem bei großen Projekten muß die Dokumentation computergestützt realisiert werden. Es empfiehlt sich eine **elektronische Projektbibliothek**. Dies ist ein Dateisystem, das alle im Projektablauf anfallenden Dokumente speichert und verwaltet. Vorteile sind:

- Erleichterter Änderungsdienst
- Transparente Dokumentation
- Einfache Ermittlung des Projektstands

Das **Konfigurationsmanagement** ist eine Methode zur Bestimmung, Steuerung, Überwachung und Dokumentation von Konfigurationsänderungen in Projekten. Im Mittelpunkt steht die Regelung von Änderungsprozessen. Es wird u.a. geprüft, wie sich eine Änderung in technischer, terminlicher und finanzieller Hinsicht auswirkt.
Vor allem in umfangreichen Software-Projekten, die auf der Grundlage des Prototyping durchgeführt werden, erhöht das Konfigurationsmanagement die Transparenz.
Der Ablauf der Änderungssteuerung ist in der folgenden Abb. 169 dargestellt und wird am Beispiel eines Texverarbeitungssystems skizziert[88]:

- Zu Beginn der Entwicklung werden die Anforderungen formuliert. Alle Anforderungen (Funktionsumfang, Benutzerfreundlichkeit, Schnittstellen u.a.) stellen eine Konfiguration dar.
- Die Konfiguration wird in Form von Dokumenten in einer Projektbibliothek gespeichert.
- Nach der Entwicklung einer ersten Version formuliert der Auftraggeber Änderungsanforderungen. Beispielsweise soll das System über eine automatische Trennhilfe verfügen.
- Im Change Control Board werden die Auswirkungen der Änderung analysiert und bewertet. Er entscheidet und genehmigt die Änderungsdurchführung.

---

[88] Kolks, F., Konfigurationsmanagement, Zeitschrift für Führung und Organisation, (1987), S. 250 ff.

- Nach der Genehmigung werden die ursprünglichen Konfigurationsdokumente geändert, und dem zuständigen Entwickler wird der Auftrag zur Änderung erteilt. Es folgt die Änderungsdurchführung.
- Auf der Basis der gespeicherten Konfigurationsdokumente wird nach Abschluß der Änderung überprüft, ob sie entsprechend dem Auftrag eingearbeitet wurde (Änderungsüberwachung).
- Anschließend wird die geänderte Konfiguration freigegeben und als Basis für Weiterentwicklungen in der Projektbibliothek gespeichert (Konfigurationsbuchführung). Die ursprüngliche Konfiguration bleibt zu Vergleichszwecken erhalten.

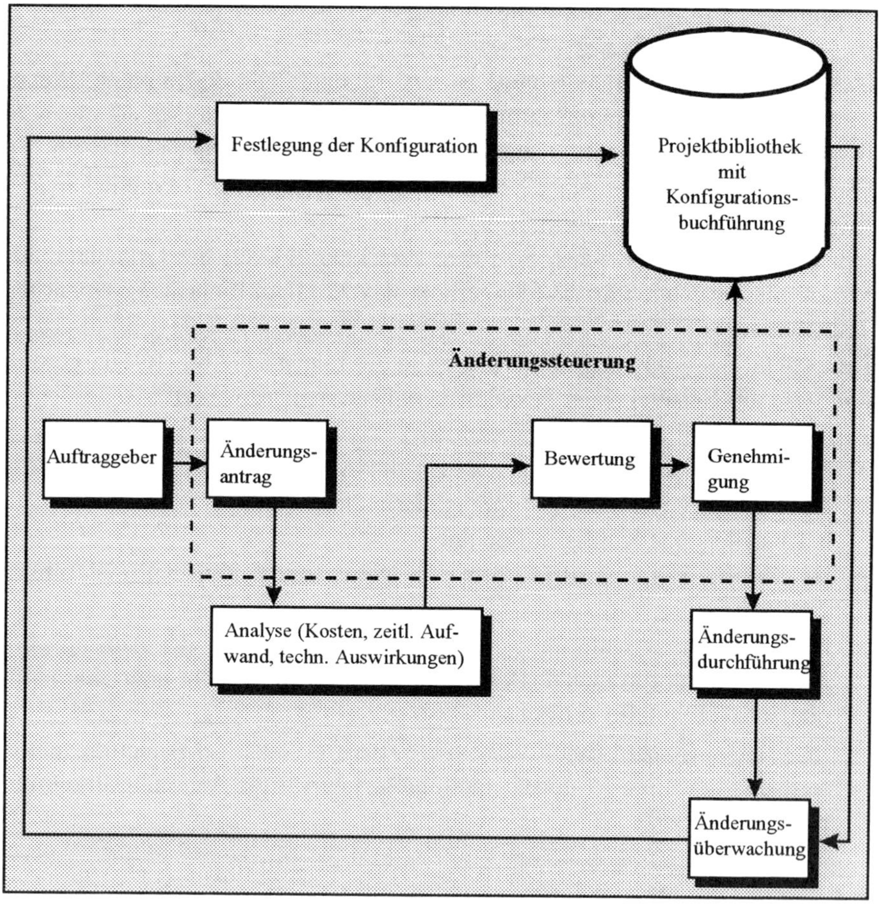

Abb. 169: Ablauf des Konfigurationsmanagements

6.4 DV-Unterstützung des Projektmanagements

Bereits seit den 60er Jahren werden vereinzelt DV-gestützte Projektmanagementsysteme für die Abwicklung von Großprojekten eingesetzt. Die damaligen Programme liefen auf dem Großrechner, verursachten hohe Kosten und boten wenig Bedienungskomfort. Auch der Funkionsumfang war gering. Mittlerweile sind PC-gestützte Projektmanagementsysteme weit verbreitet. Die Planung und Steuerung auch kleiner Projekte wird damit wesentlich effektiver. Die Projektverantwortlichen im Unternehmen können aus einem großen Programmangebot auswählen (über 300 Programme sind verfügbar). Die Software besitzt meist einen vielfältigen Funktionsumfang, ist sehr leistungsfähig, benutzerfreundlich und kostengünstig in der Anschaffung. Solche Systeme generieren automatisch Projektberichte in unterschiedlichen Verdichtungsstufen, weisen den Benutzer auf kritische Vorgänge hin, zeigen Pufferzeiten und warnen bei inkonsistenten Eingaben, z.B. wenn die Kapazität begrenzter Personalressourcen überschritten wird. Durch Simulationen kann die Projektplanung optimiert werden. Man erkennt schnell die Auswirkungen von Terminveränderungen.
Die folgende Abb. 170 zeigt Funktionen und Auswahlkriterien PC-gestützter Projektmanagementsysteme[89]. Bekannte Produkte sind (Anbieter in Klammern):
MS Project (Microsoft), Super Project (Computer Associates), Artemis (Lucas Management System), Project Manager (Applied Business Tech.), Project Scheduler (Scitor) und Time Line (Symantec). Die Pakete kosten zwischen DM 1.000,- und DM 10.000,-

[89] Die Darstellung wurde erstellt in Anlehnung an Kolisch, R., Hempel, K., Auswahl von Standardsoftware, dargestellt am Beispiel von Programmen für das Projektmanagement, Wirtschaftsinformatik, 38 (1996) 4, S. 402. Dort findet der Leser eine vergleichende Untersuchung marktführender Projektmanagementsoftware.

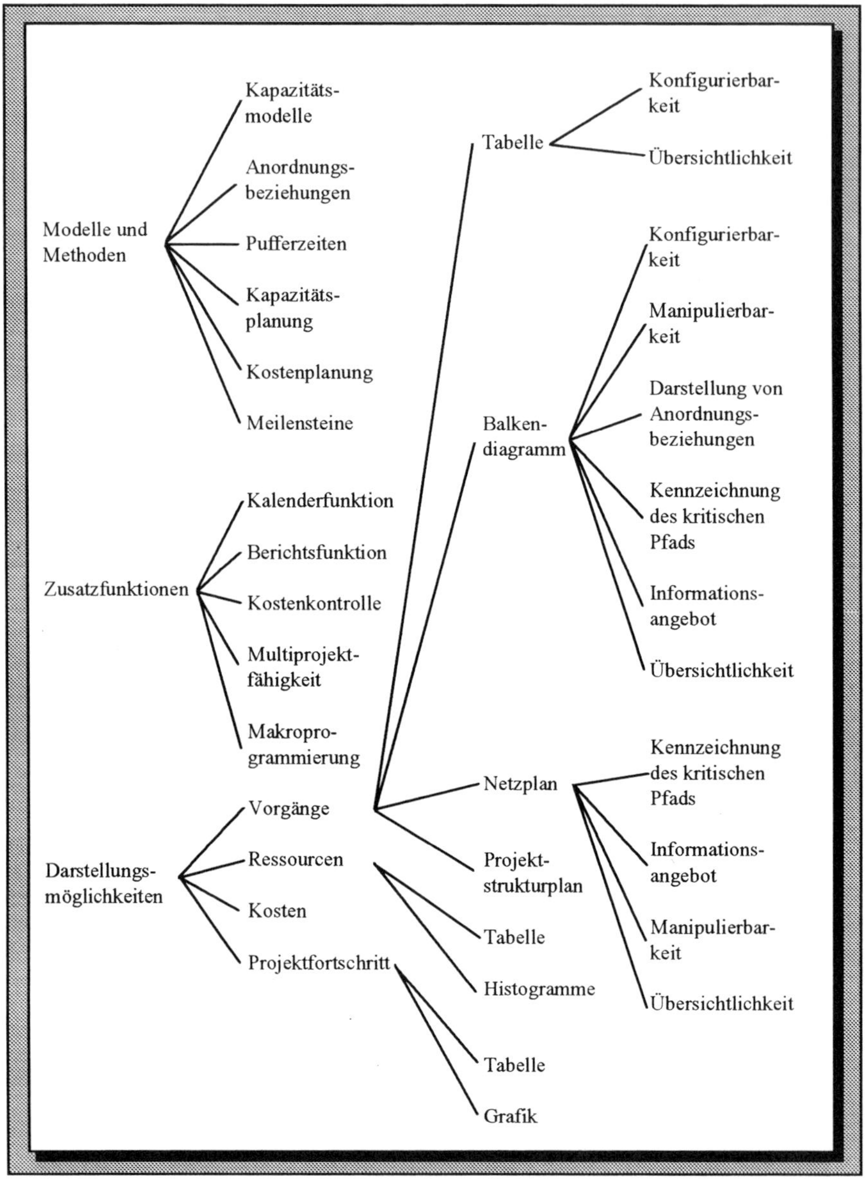

Abb. 170: Funktionen PC-gestützter Projektmanagementsysteme

6.5 Aufgaben und Kontrollfragen zu Kapitel 6

Aufgabe 55
Welche Merkmale besitzt ein typisches Projekt?

Aufgabe 56
Nennen Sie Beispiele für unterschiedliche Projekte!

Aufgabe 57
Was versteht man unter Projektmanagement?

Aufgabe 58
Beschreiben Sie die Möglichkeiten der Projektorganisation!

Aufgabe 59
Welche Entscheidungsgremien können in einem großen Projekt eingerichtet werden?

Aufgabe 60
Nennen Sie wesentliche Einflußfaktoren für den Projekterfolg!

Aufgabe 61
Skizzieren Sie ein Phasenschema, das man zur Gestaltung betrieblicher Prozesse einsetzen kann, und ein weiteres für DV-Vorhaben.

Aufgabe 62
Für die Einführung eines Management-Informationssystems wählen Sie das Prototyping. Erklären Sie, was man darunter versteht! Welche Vorteile hat das Prototyping?

Aufgabe 63:
Die Geschäftsführung der Flitzer AG beauftragt Sie als Projektleiter mit der Einführung einer neuen leistungsfähigen Software für das gesamte Rechnungswesen und den Vertrieb. Der Leiter des Vertriebs steht allen Neuerungen und insbesondere der Datenverarbeitung skeptisch gegenüber. Er hält das neue Projekt für Zeit- und Geldverschwendung. Zudem ist Ihnen bekannt, daß in den letzten beiden Jahren in größerem Umfang Personal abgebaut wurde, um Kosten zu sparen.

Dies führte dazu, daß vor allem die DV- und die Rechnungswesenabteilung mit Arbeit überlastet sind.

1. Welche Projektorganisation würden Sie empfehlen? Begründen Sie dies, und beschreiben Sie die wesentlichen Merkmale dieser Organisationsform!
2. Erstellen Sie für das Projekt einen funktionsorientierten Projektstrukturplan!
3. Formulieren Sie die Vorgangsliste!
4. Zeichnen Sie den dazugehörigen Balkenplan!

Aufgabe 64:
Was verdeutlicht der Netzplan? Erklären Sie in diesem Zusammenhang auch den Begriff des kritischen Wegs!

Aufgabe 65:
Welche Möglichkeiten hat man, um Kapazitätsüberschreitungen in einem Projekt abzubauen?

Aufgabe 66:
Wie erfolgt die Kostenplanung im Projekt?

Aufgabe 67:
Welches grundsätzliche Problem besteht vor allem bei der Kostenplanung in Entwicklungsprojekten, und wie könnte man es lösen?

Aufgabe 68:
Interpretieren Sie folgenden Balkenplan in Abb. 171 für den Fortschritt des Projekts in Aufgabe 63!

Aufgabe 69:
Beschreiben Sie Möglichkeiten der Leistungs-, Termin- und Kostenkontrolle!

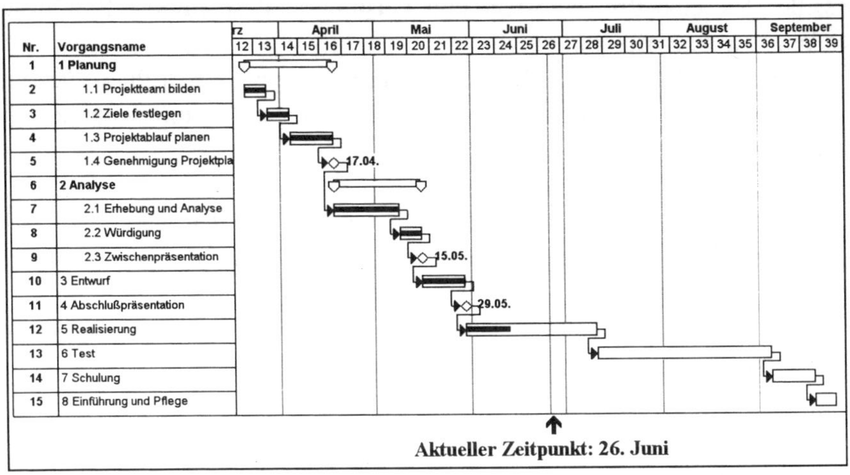

Abb. 171: Balkenplan

Aufgabe 70:

Die Kutsch GmbH ist ein mittelständischer Lebensmittelhändler. Aufgrund der starken Expansion führt man ein modernes Warenwirtschaftssystem ein, dessen Gesamtkosten sich laut Plan auf 430.000,- belaufen. Sie werden aufgrund ihrer hervorragenden Qualifikation als Projektverantwortlicher eingestellt. Wie Sie bereits wissen, ist eine kontinuierliche Überwachung der Projektkosten und -leistungen eminent wichtig. Deshalb erfassen Sie regelmäßig Istkosten, um diese den geplanten Kosten und den Sollkosten gegenüberzustellen. Der Kosten- und Leistungsfortschritt muß auch laufend an die Geschäftsführung gemeldet werden. Um sich diese Aufgaben zu erleichtern, greifen Sie auf ein bei Kutsch bereits vorhandenes Tabellenkalkulationsprogramm zurück. Bisher sind ihnen folgende Daten bekannt:

Monat	Istkosten	Geschätzte Restkosten	Geplante Kosten
1	35.000,-	395.000,-	30.000,-
2	40.000,-	350.000,-	35.000,-
3	30.000,-	310.000,-	25.000,-
4	55.000,-	280.000,-	40.000,-
5	60.000,-	230.000,-	45.000,-
6	58.000,-	200.000,-	45.000,-
7	45.000,-	170.000,-	20.000,-
8	42.000,-	135.000,-	40.000,-
9	44.000,-	100.000,-	30.000,-

Erstellen Sie eine Projektkosten- und Leistungsanalyse für die Einführung des Warenwirtschaftssystems:

- Vergleichen Sie in einem Liniendiagramm die kumulierten Plan-, Ist- und Sollkosten, und interpretieren Sie die Kosten- und Leistungssituation des Projekts.
- Als Kurzbericht für die Geschäftsleitung soll der Kosten- und Leistungsverlauf des Projekts als Index in einem Liniendiagramm dargestellt werden. Berücksichtigen Sie dabei eine Toleranzschwelle von +/- 10 Prozent.

Hinweis: Verwenden Sie zur Lösung der Aufgabe ein Tabellenkalkulationsprogramm.

Aufgabe 71:
Was sind Sollkosten, und wie sollten sie ermittelt werden?

Aufgabe 72:
Welche Ursachen könnten unplanmäßig hohe Istkosten haben?

Aufgabe 73:
Wie kann man das Berichtswesen und die Dokumentation eines Projektes gestalten?

6.6 Lösungen zu Kapitel 6

Aufgabe 55:

- *zeitlich, finanziell und personell begrenzt*
- *festgelegtes Ziel*
- *keine Routineaufgabe, sondern neuartig*
- *meist mehrere Stellen/Personen daran beteiligt (bereichsübergreifende Teamarbeit)*
- *umfangreich und komplex*
- *mit Unsicherheit und Risiko behaftet*

Aufgabe 56:

- *Realisierung von EDV-Systemen*
- *Produktentwicklung*
- *Errichtung einer Produktionsstätte*
- *Erschließung eines neuen Marktes*
- *Optimierung der Aufbau-/Ablauforganisation*

Aufgabe 57:

Projektmanagement umfaßt alle Leitungsaufgaben und Instrumente für ***die Planung, Steuerung und Kontrolle eines Projekts****. Auch die Aufbauorganisation eines Projektes wird geregelt. Projektmanagement beinhaltet nicht die Aktivitäten, die das zu lösende Problem selbst betreffen, insbesondere nicht die fachlichen Beiträge zur Problemlösung, sondern das Management des Problemlösungsprozesses. Projektmanagement hat funktionale (z.B. Vereinbarung der Projektziele), institutionale (z.B. Festlegung des Projektteams) und instrumentale (z.B. Bestimmung der einzusetzenden Erhebungstechniken) Aufgaben:*

Aufgabe 58

Stabsprojektorganisation

- *Ein Mitarbeiter in Stabsposition wird mit der Leitung des Projekts beauftragt (meist nebenamtlich).*
- *Wichtige Entscheidungen sind übergeordneten Instanzen vorbehalten.*
- *Der Projektleiter hat keine disziplinarische und fachliche Weisungsbefugnis.*
- *Die Projektmitarbeiter verbleiben in ihrer Abteilung*
- *Projektleiter ist Moderator und Koordinator.*

- *Die Stabsprojektorganisation wird aufgrund der vergleichsweise geringen Kompetenzen des Projektleiters auch als "Einfluß-Projektmanagement" (Influenced Project Management) bezeichnet.*

Matrixprojektorganisation

- *Linien- und Projektorganisation überlagern sich.*
- *Die Kompetenzen des Projektleiters sind stärker als in der Stabsprojektorganisation. Er besitzt projektbezogene fachliche Weisungsbefugnisse gegenüber den Fachabteilungen. Disziplinarisch unterstehen die Projektmitarbeiter weiterhin ihrem Linienvorgesetzten.*
- *Mitglieder des Projektteams verbleiben in ihren Abteilungen*
- *Projektbezogene und fachbezogene Kompetenzen überschneiden sich. Der Projektleiter bestimmt grundsätzlich, was wann in Bezug auf das Projekt zu tun ist, der Fachbereichsmanager entscheidet über das Wie der Aufgabenerfüllung.*
- *Oft treten Konflikte um die Zuteilung der Fachbereichsressourcen für das Projekt auf.*

Reine Projektorganisation

- *Organisationseinheiten (Task Forces) werden für die ausschließliche Erfüllung von Projektaufgaben zeitlich befristet gebildet.*
- *Die Projektmitarbeiter werden für die Dauer des Projekts aus ihren Fachabteilungen vollständig herausgelöst. Sie unterstehen fachlich und disziplinarisch der Projektleitung.*
- *Der Projektleiter verfügt wie eine Linieninstanz über eigene personelle und sachliche Ressourcen, seine Kompetenz und Verantwortung sind vergleichsweise hoch.*
- *In den Projektteams arbeiten häufig auch externe Berater mit.*

Aufgabe 59:

Bezeichnung	***Mitarbeiter***	***Aufgaben***
Lenkungs-ausschuß	*Geschäftsführung, Bereichsleiter*	*oberste Kontroll-, Weisungs- und Entscheidungsinstanz*
Projekt-ausschuß	*Leiter der betroffenen Fachabteilungen*	*Vertretung der Interessen der Fachabteilungen*
Projektteam	*Mitarbeiter des Unternehmens, externe Berater*	*Erarbeitung von Lösungen*
Beratungs-ausschuß	*Mitarbeiter der Fachabteilungen*	*Bereitstellung von Fachwissen*

Aufgabe 60
- *Management steht hinter dem Projekt*
- *Gute Beziehungen zu externen Gruppen wie Auftraggeber oder Betriebsrat*
- *Sorgfältige Projektzielsetzung*
- *Erfolgreiche Startphase*
- *Genaue Projektplanung und -kontrolle*
- *Kommunikation zwischen den Beteiligten*
- *Verwendete Methoden und Tools*
- *Projektorganisation*
- *Kompetenz des Projektleiters*

Aufgabe 61
Die Phasen für ein Organisationsprojekt unterteilen sich in:
Auftrag, Erhebung, Analyse, Würdigung, Lösungsentwurf, Bewertung und Auswahl. Dieser Phasenzyklus kann mehrmals in unterschiedlichen Projektphasen (Vorstudie, Hauptstudie, Teilstudie) durchlaufen werden.
Ein Softwareprojekt läuft in folgenden Schritten ab:
Anforderungsanalyse, Entwurf (Daten- und Funktionsentwurf), Realisierung (Feinkonzept, Programmierung), Test, Einführung und Pflege.

Aufgabe 62

Beim Prototyping erstellt man bereits sehr früh ein **Beispielsystem**, *das die wesentlichen Merkmale des Endprodukts aufweist. Auf dieser Grundlage ist es möglich, zu experimentieren und Erfahrungen für das optimale System zu sammeln.*

- *Schnelle Fehlererkennung und Behebung.*
- *Lösungen sind benutzergerecht durch intensiven Kontakt zum Fachbereich.*
- *Höhere Motivation der Entwickler durch die frühzeitige Realisierung.*
- *Prototypen können als Präsentationsgrundlage für das Management genutzt werden.*

Vor allem bei neuartigen und komplexen Projekten ist es sinnvoll, Prototyping als Ergänzung eines Phasenschemas einzusetzen (integrierte Vorgehensweise).

Aufgabe 63:

zu 1:

Reine Projektorganisation

- *Die beste Leistung kann erwartet werden.*
- *Keine übermäßige Belastung der Mitarbeiter in den Abteilungen DV, Rechnungswesen und Vertrieb, wenn ein eigenes Projektteam mit externen Beratern gebildet wird.*
- *Einflußmöglichkeit des Vertriebsleiters ist gering.*

Merkmale:

- *Das Projektteam ist ausschließlich für die Projektaufgabe zuständig.*
- *Die Projektmitarbeiter werden aus der Fachabteilung herausgelöst.*
- *Der Projektleiter besitzt eine hohe Kompetenz.*
- *Häufig werden externe Berater eingebunden.*

Vorteile:

- *Schnelle Reaktionsfähigkeit*
- *Starke Identifikation des Projektteams mit dem Projekt*
- *Einheitliche Willensbildung*

zu 2:

Abb. 172 zeigt einen Vorschlag für einen funktionsorientierten Projektstrukturplan:

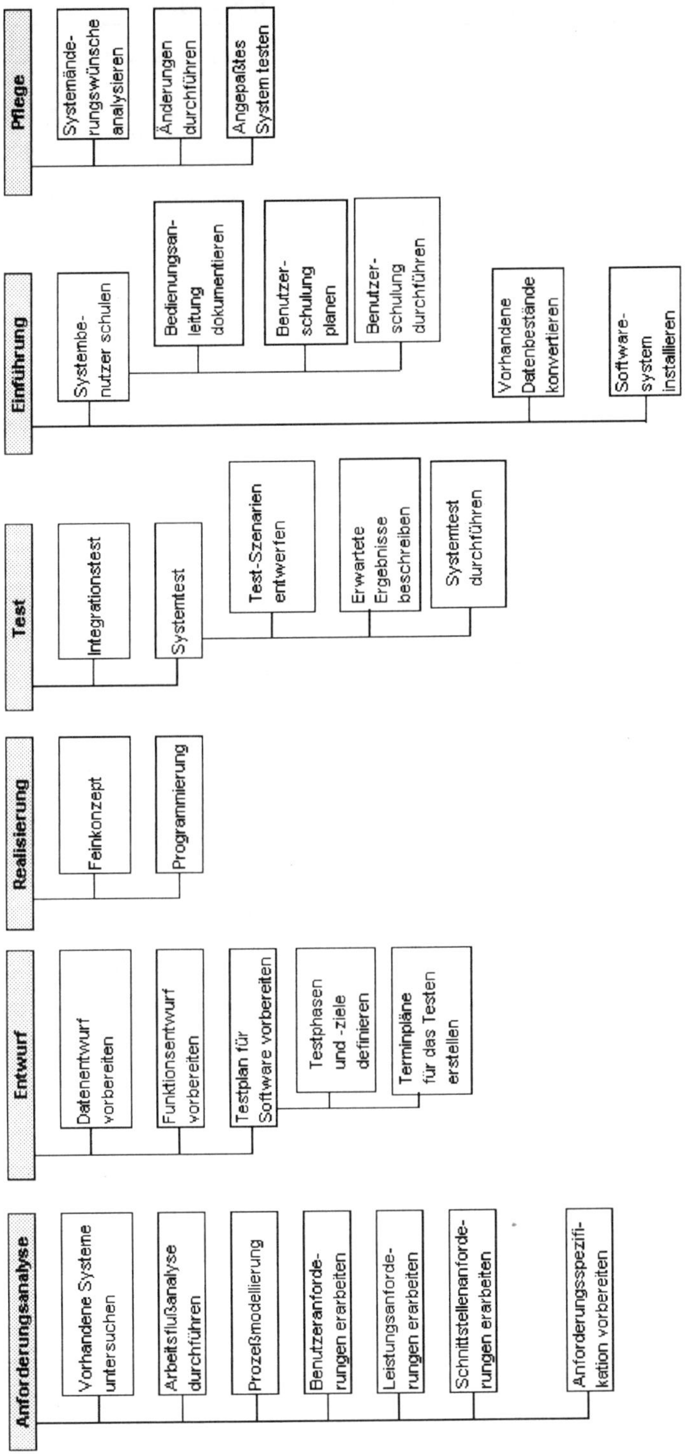

Abb. 172: Funktionsorientierter Projektstrukturplan

zu 3:

Nr.	Aktivität	Vorgänger	Nachfolger
1	**Anforderungsanalyse**		
2	Vorhandene Systeme untersuchen		3
3	Arbeitsflußanalyse durchführen	2	4
4	Prozeßmodellierung	3	5
5	Benutzeranforderungen erarbeiten	4	6
6	Leistungsanforderungen erarbeiten	5	7
7	Schnittstellenanforderungen erarbeiten	6	8
8	Anforderungsspezifikation vorbereiten	7	9
9	Besprechung der Anforderungen	8	11
10	**Entwurf**		
11	Datenentwurf vorbereiten	9	12
12	Funktionsentwurf vorbereiten	11	14
13	Testplan für Software vorbereiten		
14	Testphasen und -ziele definieren	12	15
15	Terminpläne für das Testen erstellen	14	16
16	Besprechung des Grobentwurfs	15	18
17	**Realisierung**		
18	Feinkonzept	16	19
19	Programmierung	18	21
20	**Test**		
21	Integrationstest	19	23
22	Systemtest		
23	Test-Szenarien entwerfen	21	24
24	Erwartete Ergebnisse beschreiben	23	25
25	Systemtest durchführen	24	26
26	Software abgenommen	25	29
27	**Einführung**		
28	Systembenutzer schulen		
29	Bedienungsanleitung dokumentieren	26	30
30	Benutzerschulung planen	29	31
31	Benutzerschulung durchführen	30	32
32	Vorhandene Datenbestände konvertieren	31	33
33	Software-System installieren	32	34
34	Systeminstallation abgeschlossen	33	36
35	**Pflege**		
36	Systemänderungswünsche analysieren	34	37
37	Änderungen durchführen	36	38
38	Angepaßtes System testen	37	

Abb. 173: Vorgangsliste

zu 4:

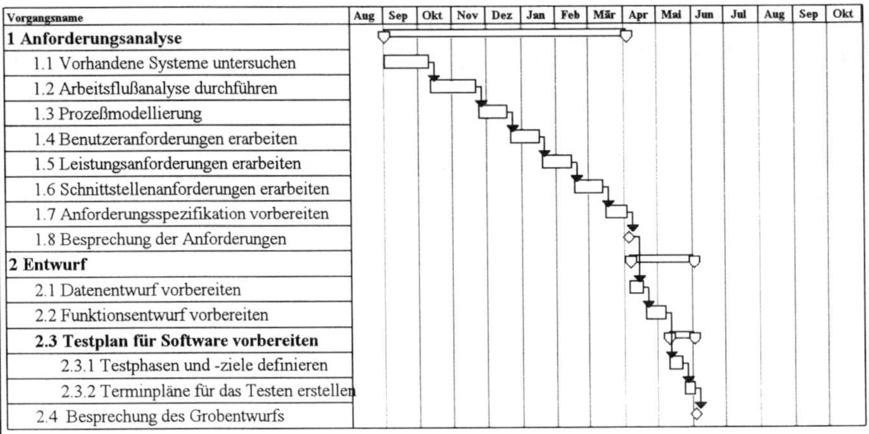

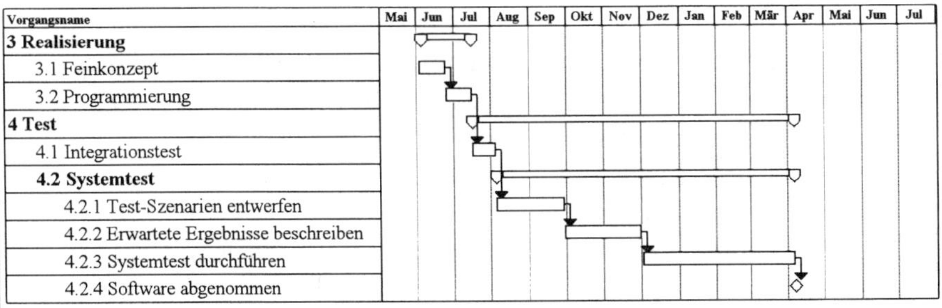

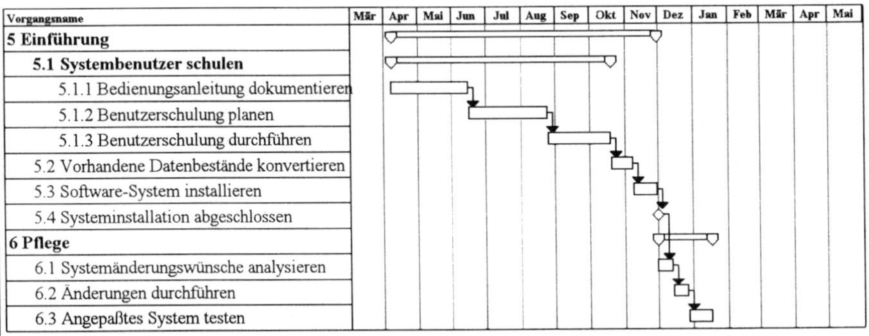

Abb. 174: Balkenplan

Aufgabe 64:

Der Netzplan verdeutlicht Beziehungen sowie technische, wirtschaftliche und logische Abhängigkeiten zwischen den Arbeitspaketen. Er zeigt ***den kritischen Weg*** *und Vorgänge mit* ***freien Pufferzeiten****. Auf dem kritischen Weg liegen all jene Vorgänge, die sich nicht verzögern dürfen (sie haben eine Pufferzeit von null), weil sich sonst der geplante Projektendtermin nicht einhalten läßt. Bei der Aufstellung eines Netzplans müssen die Projektverantwortlichen die Projektzusammenhänge systematisch durchdenken. Dadurch wird der Projektablauf transparent.*

Aufgabe 65:

Stehen die benötigten Kapazitäten zu einem bestimmten Zeitpunkt nicht zur Verfügung, muß der Spitzenbedarf durch einen Kapazitätsausgleich abgebaut werden. Dafür gibt es mehrere Möglichkeiten:

- *Zeitliche Verschiebung der Vorgänge in Phasen geringer Kapazitätsbelastung*
- *Intensivere Nutzung der Kapazitäten (intensitätsmäßige Anpassung)*
- *Erhöhung der zeitlichen Verfügbarkeit der Kapazitäten, z.B. durch Überstunden (zeitliche Anpassung)*
- *Einplanung zusätzlicher Kapazitäten, z.B. durch Nutzung externer Dienstleister (quantitative Anpassung)*
- *Einsatz anderer Verfahren, z.B. besserer Betriebsmittel (qualitative Anpassung)*

Aufgabe 66:

Kosten werden pro Arbeitspaket geplant und über die verschiedenen Ebenen des Projektstrukturplans bis zu den Gesamtprojektkosten kumuliert. Auf jeder Verdichtungsstufe werden zusätzlich die anfallenden Einzelkosten ausgewiesen. Zur Überprüfung der Plausibilität ist es angebracht, die Kosten auch "von oben nach unten" zu schätzen. Während man zu Beginn auf der Grundlage einer groben Aufwandsermittlung Kosten schätzt, können mit zunehmender Projektdauer genauere Kalkulationen durchgeführt werden.

Aufgabe 67:

Das grundsätzliche Problem besteht darin, daß bereits zu Projektbeginn ein hoher Prozentsatz der Gesamtkosten disponiert wird, jedoch nur wenig Informationen für die genaue Kostenbeurteilung vorliegen.

Sinnvoll wäre eine **einheitliche Datenbasis**, *die neben den technischen CAD-, Qualitäts- und Fertigungsdaten auch Daten der Kostenrechnung beinhaltet. Damit würde eine fortlaufende und jederzeit aktuelle Kalkulation während der gesamten Projektphasen unterstützt.*

Mit dem Verfahren des Target Costing versucht man vor allem in der Kfz-Branche, die maximal erlaubten Kosten vor Beginn eines Produktentwicklungsprojektes vorzugeben, um sie bereits in der frühen Phase der Produktgestaltung nachhaltig beeinflussen zu können.

Aufgabe 68:

Die Planungsphase wurde am 17. April mit der Genehmigung des Projektplanes abgeschlossen. Die Analyse endete am 15. Mai mit einem weiteren Meilenstein, der Zwischenpräsentation. Auch Entwurf und Abschlußpräsentation wurden erledigt. Aktuell befindet sich das Projekt in der Realisierungsphase. Eigentlich müßte der Projektfortschritt (schwarzer Balken) bis 26. Juni reichen. Die Leistung ist jedoch geringer als geplant. Wenn im vorliegenden Fall die Pufferzeit des Arbeitspakets geringer als der Zeitverzug wäre, müßte der Projektleiter geeignete Gegenmaßnahmen einleiten.

Aufgabe 69:

- *Die Leistungs- und Qualitätskontrolle erfolgt mit sogenannten* ***Projekt-Reviews***. *Sie dienen u.a. auch dem Test der Projektteilergebnisse, der Abstimmung von Plänen und der Koordinierung von Projektphasen. Reviews finden in Gruppenarbeit statt.*
- *Für jedes Arbeitspaket sollte in bestimmten Abständen auf der Grundlage des bisher erreichten Projektstandes die restliche Zeit bis zum Fertigstellungstermin ermittelt werden (****Time-to-Complete****). Aufgrund der bisher verbrauchten Zeit und der restlichen Zeit bis zur Projetktfertigstellung kann man einschätzen, ob der Zeitplan einzuhalten ist. Die Terminkontrolle kann anschaulich mit dem Balkenplan und dem Termin-Trenddiagramm durchgeführt werden.*
- *Die Kostenkontrolle erfolgt durch einen Vergleich von Ist-, Plan- und Sollkosten. Sie werden durch Liniendiagramme veranschaulicht. Wichtig ist die Ermittlung der Cost-to-Complete als Basis für die Sollkosten.*

Aufgabe 70:

Monat	Ist-kosten	Kum. Ist-kosten	Plan-kosten	Kum. Plan-kosten	Rest-kosten	Kum. Soll-kosten
1	35.000	35.000	30.000	30.000	395.000	35.000
2	40.000	75.000	35.000	65.000	350.000	80.000
3	30.000	105.000	25.000	90.000	310.000	120.000
4	55.000	160.000	40.000	130.000	280.000	150.000
5	60.000	220.000	45.000	175.000	230.000	200.000
6	58.000	278.000	45.000	220.000	200.000	230.000
7	45.000	323.000	20.000	240.000	170.000	260.000
8	42.000	365.000	40.000	280.000	135.000	295.000
9	44.000	409.000	30.000	310.000	100.000	330.000

Kostenindex	Leistungsindex
100	117
94	123
88	133
107	115
110	114
121	105
124	108
124	105
124	106

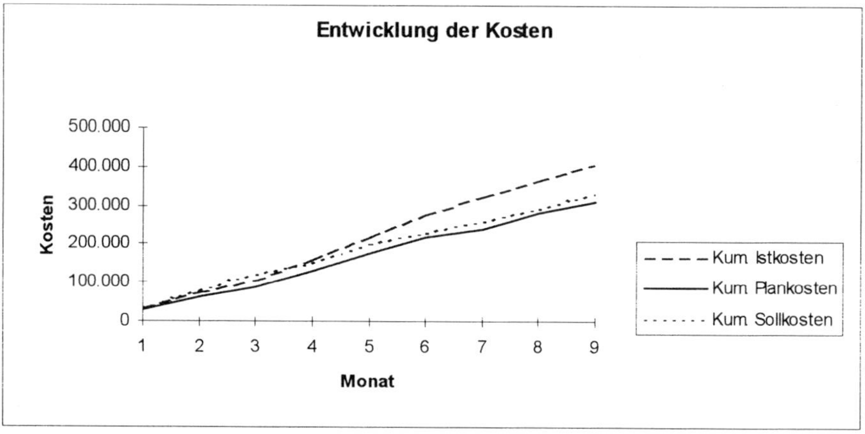

Abb. 175: Kumulierte Plan-, Ist- und Sollkosten

Ab Monat 4 liegen die kum. Sollkosten deutlich unter den kum. Istkosten, d.h., die erbrachte Leistung ist zu teuer. Außerdem sind die kum. Sollkosten geringfügig höher als die kum. Plankosten. Daraus ist abzuleiten, daß sich der Leistungsfortschritt über dem Plan befindet.

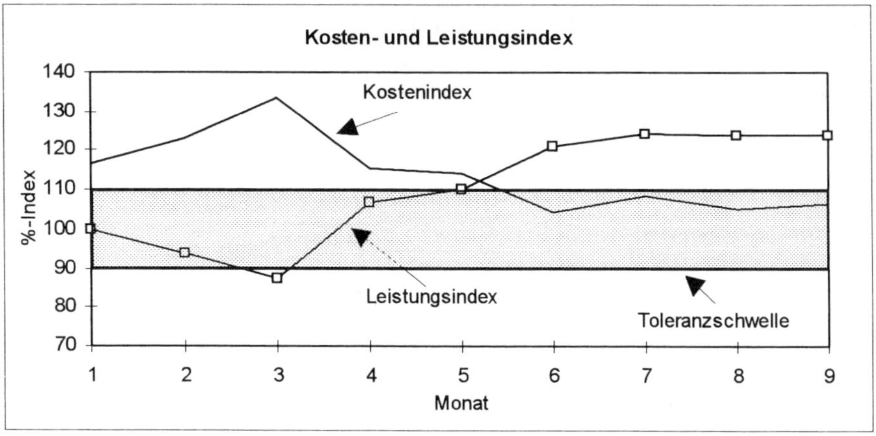

Abb. 176: Kosten- und Leistungsindex

Aufgabe 71:

Sollkosten werden wie folgt errechnet:

Plankosten/Leistungseinheit x Istleistung

Sie geben an, wie hoch die Kosten der erbrachten Leistung laut Plan sein dürfen. Es ist zweckmäßig, die Sollkosten als Differenz zwischen den gesamten Plankosten abzüglich der geschätzten Restkosten zu errechnen.

Die Restkosten sollten regelmäßig aufgrund der noch zu erstellenden Leistung ermittelt werden (z.B. durch Befragung der Mitarbeiter). Unrealistisch ist es, vom ursprünglichen Projektbudget einfach die angefallenen Kosten abzuziehen und die Differenz dann als Restkosten auszuweisen.

Aufgabe 72:

Ursachen für unplanmäßig hohe Istkosten sind z.B.:

- *ein unplanmäßig hoher Leistungsverbrauch (es sind mehr Arbeitsstunden angefallen als geplant),*
- *die vorzeitige Durchführung später eingeplanter Arbeit,*
- *der Einsatz von Mitarbeitern mit sehr hohen Stundensätzen oder*
- *Falschbuchungen.*

Aufgabe 73:

Komponenten eines Projektberichtswesens:

- ***Fortschrittsberichte*** *informieren den Projektausschuß periodisch in kurzer und prägnanter Art über den Projektstand.*
- ***Entscheidungsberichte*** *versetzen den Lenkungsausschuß in die Lage, fundierte Entscheidungen zu treffen.*
- *Nach Projektende wird ein* ***Abschlußbericht*** *erstellt, der die Ergebnisse darstellt und den Ablauf des Projekts dokumentiert.*

Die Dokumentation umfaßt:

- *Wichtige* ***Projektdokumente*** *(Projektauftrag, Pflichtenheft, Projektorganisation, Projektstrukturplan, Terminpläne)*
- ***Protokolle der Projektbesprechungen*** *mit den Beschlüssen (wer macht was bis wann?).*

Zusätzlich zu empfehlen ist eine ***Projektchronologie****, die im Überblick den zeitlichen Ablauf wichtiger Entscheidungen, Probleme und Maßnahmen festhält. Sinnvoll ist zudem eine kompakte Zusammenstellung der* ***Projekterfahrungen****, so daß diese auch in Folgeprojekten genutzt werden können.*

Alle Unterlagen sollten zentral in einer ***Projektakte****, die jedem Beteiligten zugänglich ist, gesammelt werden. Vor allem bei großen Projekten empfiehlt sich eine* ***elektronische Projektbibliothek****.*

7 Controlling von Geschäftsprozessen

LERNZIELE

- Lernen Sie die Besonderheiten und Ziele der prozeßorientierten Organisation kennen.
- Erkennen Sie die Vorteile des Systemdenkens.
- Verschaffen Sie sich einen Überblick über die Vorgehensweise in Projekten der Prozeßgestaltung.
- Sie sollen über die Sichtweisen in einem Organisationsprojekt Bescheid wissen.
- Sie werden wesentliche Techniken der
  - Zielformulierung
  - Erhebung und Analyse
  - Würdigung
  - Lösungssuche
  - Bewertung und Auswahl

  beurteilen und anwenden können.

Die für den globalen Wettbewerb geforderten Produktivitätsfortschritte und Kostensenkungen sind nur durch den Verzicht auf die bisherige ausschließlich funktions- und abteilungsspezifische Sichtweise realisierbar. Im Mittelpunkt aller Optimierungsmaßnahmen muß der Prozeß stehen.
Unter einem **Geschäftsprozeß** versteht man eine Folge einzelner Vorgänge, die in einem logischen Zusammenhang stehen. Geschäftsprozesse ziehen sich quer durch das Unternehmen und haben eindeutige Kunden- und Lieferantenbeziehungen. Ein wichtiger Geschäftsprozeß ist z. B. die Abwicklung eines Kundenauftrags.

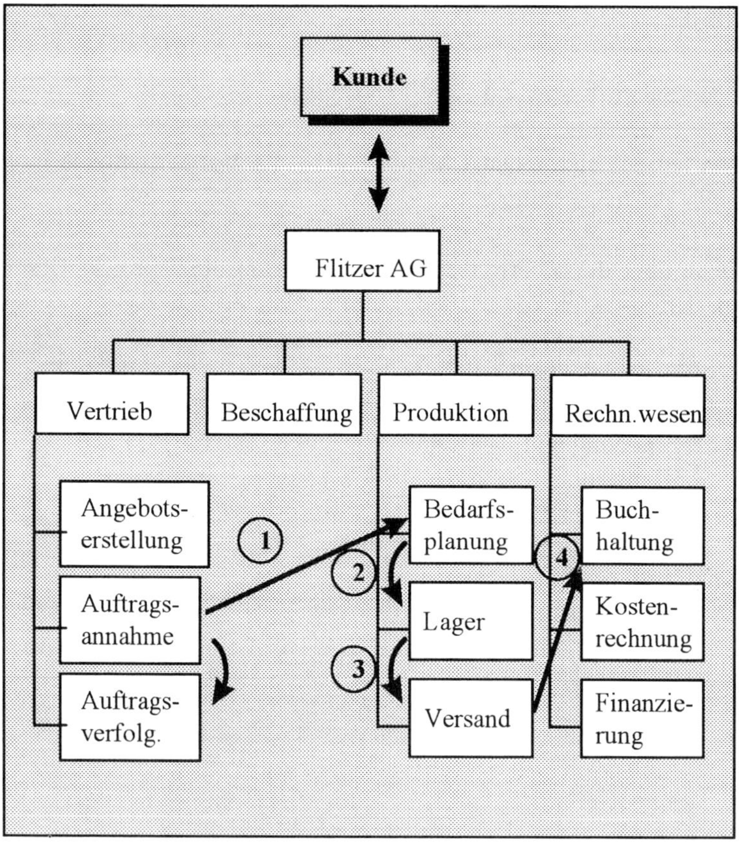

Abb. 177: Geschäftsprozeß Auftragsbearbeitung

Weitere Beispiele sind Entwicklungs- und Einkaufsprozesse oder die Bearbeitung von Reklamationen.
Geschäftsprozesse müssen organisatorisch gestaltet werden. Dazu ist es notwendig, neben dem Prozeßablauf auch die an einem Prozeß beteiligten Stellen und Abteilungen einzurichten.
Die Gestaltung von Prozessen ist eine wesentliche Aufgabe des Controllings geworden. Sie ist z.B. Grundlage für die Einführung der Prozeßkostenrechnung (vgl. 5.1). Die folgenden Kapiteln zeigen die für den Controller im Rahmen der Prozeßgestaltung einsetzbaren Methoden und Techniken. Zunächst werden die wesentlichen Merkmale und Ziele der Prozeßorganisation beschrieben.

7.1 Unterscheidung zwischen prozeßorientierter und traditioneller Organisation

Die Organisation von Geschäftsprozessen wurde bereits von Nordsiek erwähnt[90]. Auch Gaitanides forderte als Ausgangspunkt der organisatorischen Gestaltung den Prozeß, der in hinreichend konkrete Einzelaufgaben zu gliedern sei[91]. Allgemein bekannt wurde diese Konzeption durch die Veröffentlichung von Hammer und Champy zum Thema Business Reengineering[92]. Sie postulieren darin eine radikale Umgestaltung der Organisation mit dem Ziel, gewaltige Steigerungen der Effektivität zu erreichen:[93]

- Kostensenkungen zwischen 30 und 60 Prozent
- Qualitätsverbesserungen zwischen 50 und 90 Prozent
- Verkürzung der Durchlaufzeiten zwischen 60 und 80 Prozent
- Produktivitätssteigerungen um 100 Prozent

Die Organisation unterscheidet zwischen Aufbau- und Ablauforganisation. Bei **traditioneller Vorgehensweise** wird erst die Aufbauorganisation festgelegt. Dafür richtet man ausgehend von einer Aufgabenanalyse Stellen und

---

90 Nordsieck, F., Betriebsorganisation, Betriebsaufbau und Betriebsablauf, 4. Aufl., Stuttgart 1992.

91 Gaitanides, M., Prozeßorganisation. Entwicklung, Ansätze und Programme prozeßorientierter Organisationsgestaltung, München 1983.

92 Hammer, M., Champy, J., Business Reengineering. Die Radikalkur für das Unternehmen. 2. Aufl., Frankfurt, New York 1994.

93 Lohse, J.-M., Veränderungen, die an das Fundament gehen, Süddeutsche Zeitung vom 7. Januar 1995, S. 34.

Abteilungen ein. Anschließend werden Abläufe konzipiert. Bei **prozeßorientierten Organisationsvorhaben** gestaltet man die Abläufe meist vor der Stellenbildung (vgl. Abb. 178). In beiden Fällen ist zu berücksichtigen, daß vielfältige Wechselwirkungen zwischen Aufbau- und Ablauforganisation bzw. der Prozeßgestaltung bestehen. Verfolgt z.B. ein Unternehmen das Ziel, Stellen abzubauen, so sind davon zwangsläufig auch die Prozesse betroffen. Umgekehrt werden bei einer Automatisierung von Routineaufgaben in einem Prozeß Aufgaben und damit auch Stellen überflüssig. Die Gestaltung von Prozessen führt häufig auch zu mehr Teamorganisation und damit zu einer Auflösung herkömmlicher funktionaler Abteilungsgrenzen.

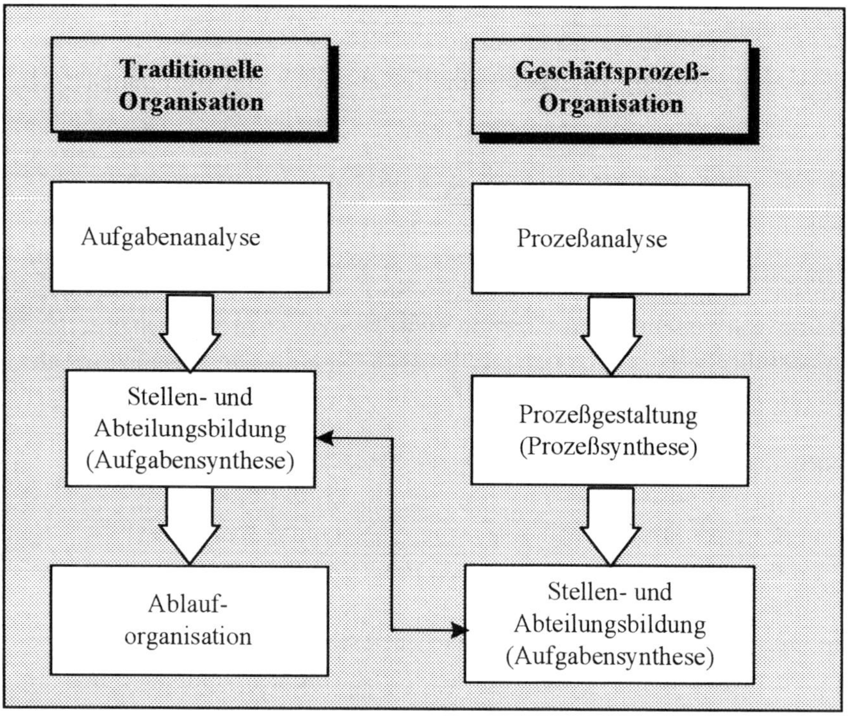

Abb. 178: Vorgehensweisen bei der Organisationsgestaltung

7.2 Ziele der Gestaltung von Geschäftsprozessen

Eines der wichtigsten Ziele der Prozeßgestaltung ist die **Minimierung der Durchlaufzeit**. Die Durchlaufzeit setzt sich aus Bearbeitungs,- Liege- und Transportzeiten zusammen (vgl. Abb. 179).

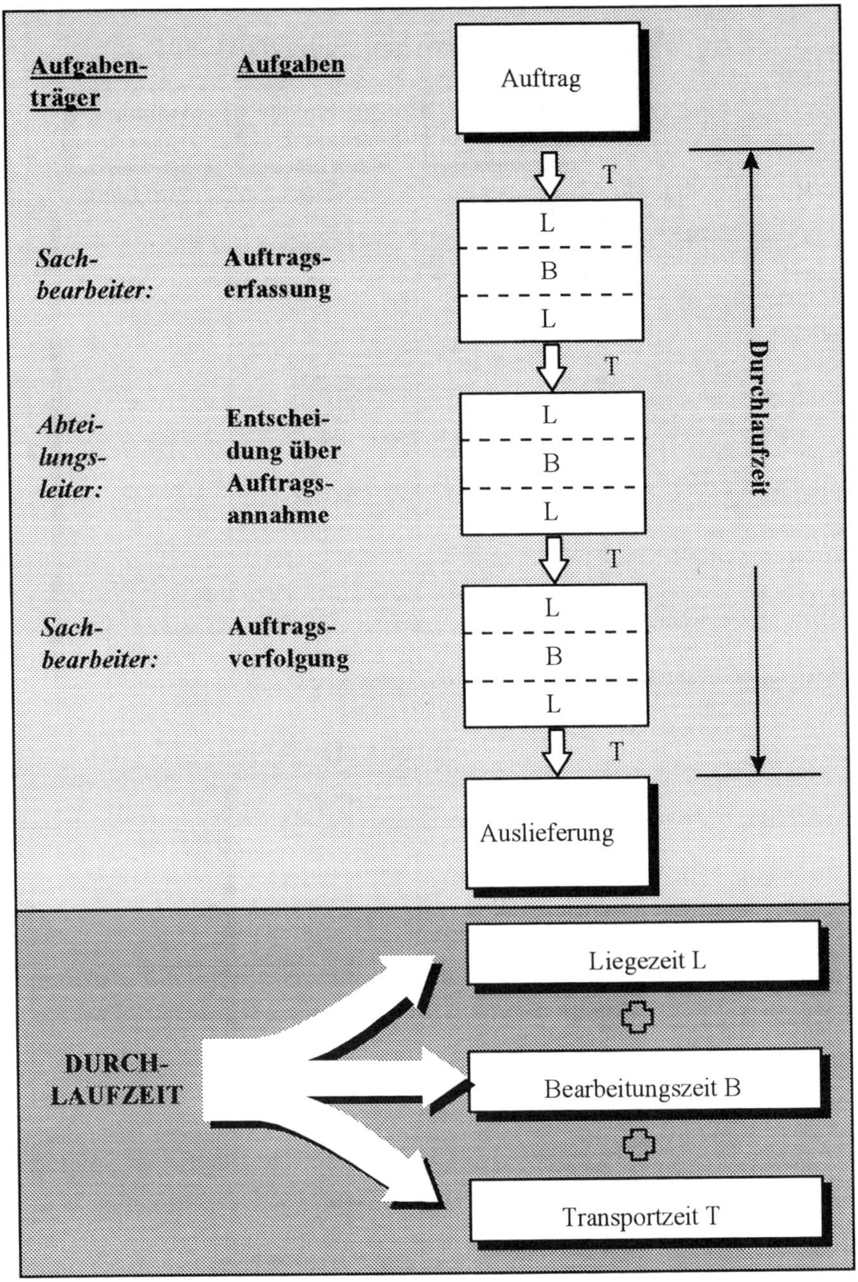

Abb. 179: Komponenten der Durchlaufzeit

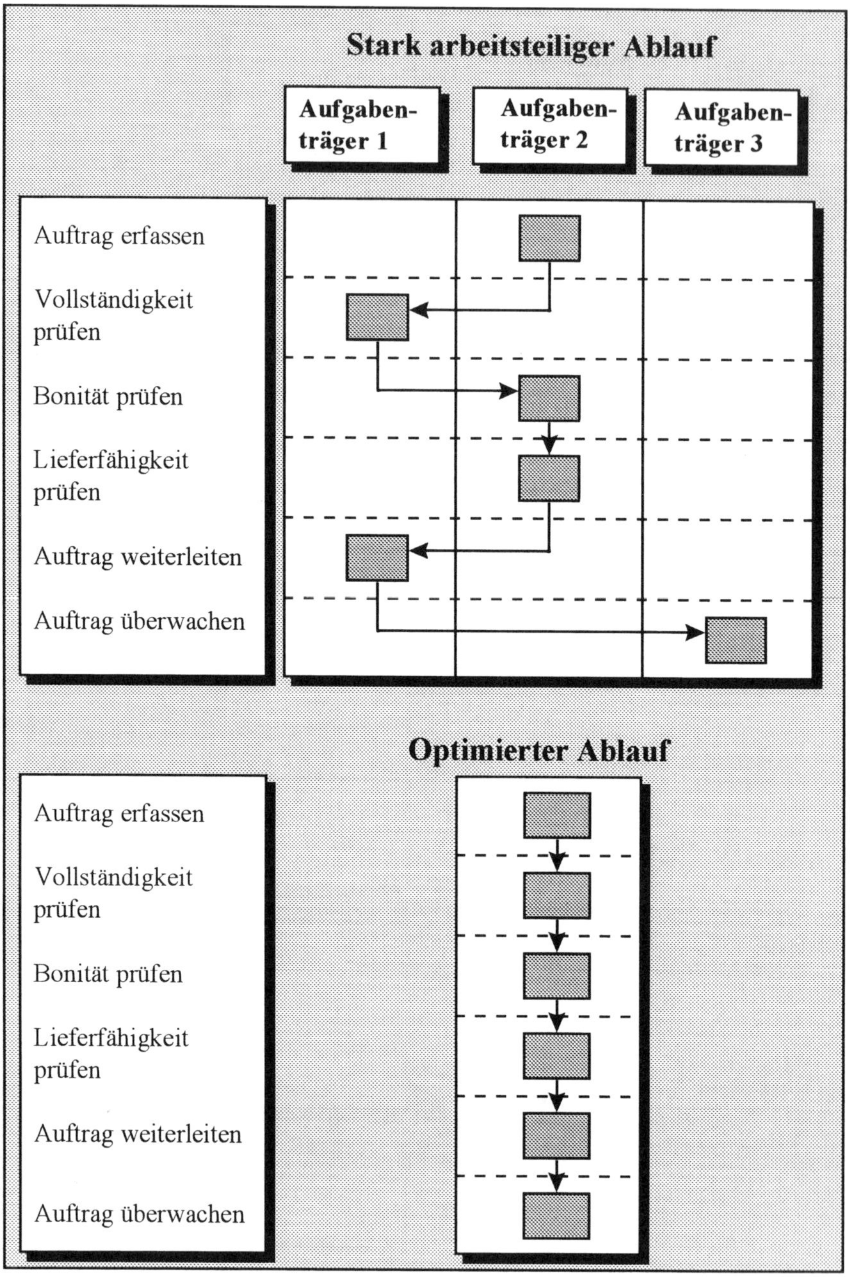

Abb. 180: Vom arbeitsteiligen zum optimierten Ablauf

Problematisch ist der hohe Anteil der Liegezeiten, der oftmals bis 90 % der gesamten Durchlaufzeit beträgt. Häufige Rückfragen oder wiederholte Bearbeitung gleicher Vorgänge führen zusätzlich dazu, daß die reine Bearbeitungszeit bei lediglich 3-5% liegt[94]. Wichtigster Ansatzpunkt bei der Optimierung von Prozessen ist deswegen eine Verkürzung der Liegezeiten. Dies verdeutlicht auch Abb. 180, die in der oberen Hälfte einen typischen Ablauf mit starker Arbeitsteilung zeigt. Dabei fallen bei jedem Übergang von einem Aufgabenträger zu einem nachfolgenden Transport- und insbesondere Liegezeiten an. Hinzu kommen geistige Rüstzeiten für die bei jedem Bearbeitungswechsel nötige Einarbeitung. Häufig werden solche Abläufe nicht von integrierten DV-Systemen unterstützt. Medienbrüche führen zur Mehrfacherfassung von Daten. Beispielsweise, wenn ein Sachbearbeiter auf die bereits im operativen DV-System gespeicherten Daten nicht zurückgreifen kann und deswegen eine manuelle Kartei führt. Zusätzlich verursachen diese redundanten Daten Fehler.

In einer solchen Situation bietet es sich zunächst an, die **hohe Arbeitsteilung zurückzunehmen**. Dem einzelnen Mitarbeiter wird dabei ein größerer Aufgabenbereich zugewiesen. Dies kann horizontal durch zusätzliche dispositive Aufgaben (Job Enlargement) oder in vertikaler Hinsicht durch Dezentralisierung von Entscheidungen (Job Enrichment) erfolgen. Sinnvoll ist in vielen Fällen die **Einrichtung von Teams**, die für komplette Prozeßabschnitte zuständig sind.

Transportzeiten lassen sich besonders effektiv durch die **Einführung integrierter DV-Systeme** verringern. Beispielsweise unterstützen Workflow-Systeme die durchgehende Bearbeitung von Prozessen auf der Grundlage festgelegter Regeln. Der Benutzer kann mit solchen Systemen nach Dokumenten suchen, elektronische Post versenden und Routineprüfungen automatisieren[95]. Die folgenden Beispiele zeigen, welche Vorteile durch den Einsatz der DV erzielt werden können:

1. Besonders im Versicherungsaußendienst ergeben sich erhebliche Einsparungen durch tragbare Computer. Abb. 181 beinhaltet einen Vergleich der Durchlaufzeiten bei herkömmlicher Erfassung der Versicherungsdaten und bei elektronischer Antragserstellung direkt im Haus des Kunden.

---

[94] Schwetz, R., Büro im Wandel, Heidelberg 1990.

[95] Picot, A., Rohrbach, P., Organisatorische Aspekte von Workflow-Systemen, Information Management, (1995) 1, S. 28 ff.

	Papier		Tragbarer PC	
	Arbeits-zeit	Liege-zeit	Arbeits-zeit	Liege-zeit
Elektronische Datenerfassung im Außendienst	0 Min.	_	15 Min.	_
Ausfüllen des Antrags auf Papier	10 Min.	_	0 Min.	_
Prüfung des Antrags vor Ort	10 Min.	_	autom.	_
Verschicken des Antrags an die Zentrale	10 Min.	1 Tag	<1 Min.	0-1 Tag
Postweg bis zum Sachbearbeiter in der Zentrale	10 Min.	1-2 Tage	autom.	0
Elektronische Erfassung in der Zentrale	15 Min.	? Tage	0 Min.	0
Prüfung der Vollständigkeit/Rückfragen	10 Min.	? Tage	0 Min.	0
Verschicken der Police	autom.	_	autom.	0
Verschicken der Antragsdaten an den Außendienst	5 Min.	? Tage	autom.	vor-handen
Summe	>60 Minuten	5-20 Tage	< 20 Minuten	0-1 Tag

Abb. 181: Aufwands- und Durchlaufzeitvergleich[96]

2. Die Auftragsbearbeitung kann man durch die Einbeziehung des Internet optimieren. Die Ausgangslage eines Unternehmens, das Software auf dem Postweg versandte, wird in der Abb. 182 skizziert. Sie zeichnete sich durch einen hohen Aufwand bei der Beantwortung von Kundenanfragen zu den Produkten aus. Der Versand der Software dauerte lange, die Zusammenstellung der Lieferungen und die Erstellung der Rechnung waren fehleranfällig[97]. Durch die Nutzung des Internet wurden die Schwachstellen beseitigt und der Prozeß wesentlich schlanker (vgl. Abb. 183).

---

96 Computerwoche EXTRA vom 14.2.1997, S. 49.

97 Wolf, S., Rebel, T., Schwachstellen eliminiert. Internet: Neue Wege für den Softwarebetrieb, Computerwoche EXTRA v. 14.2.1997, S. 35 ff.

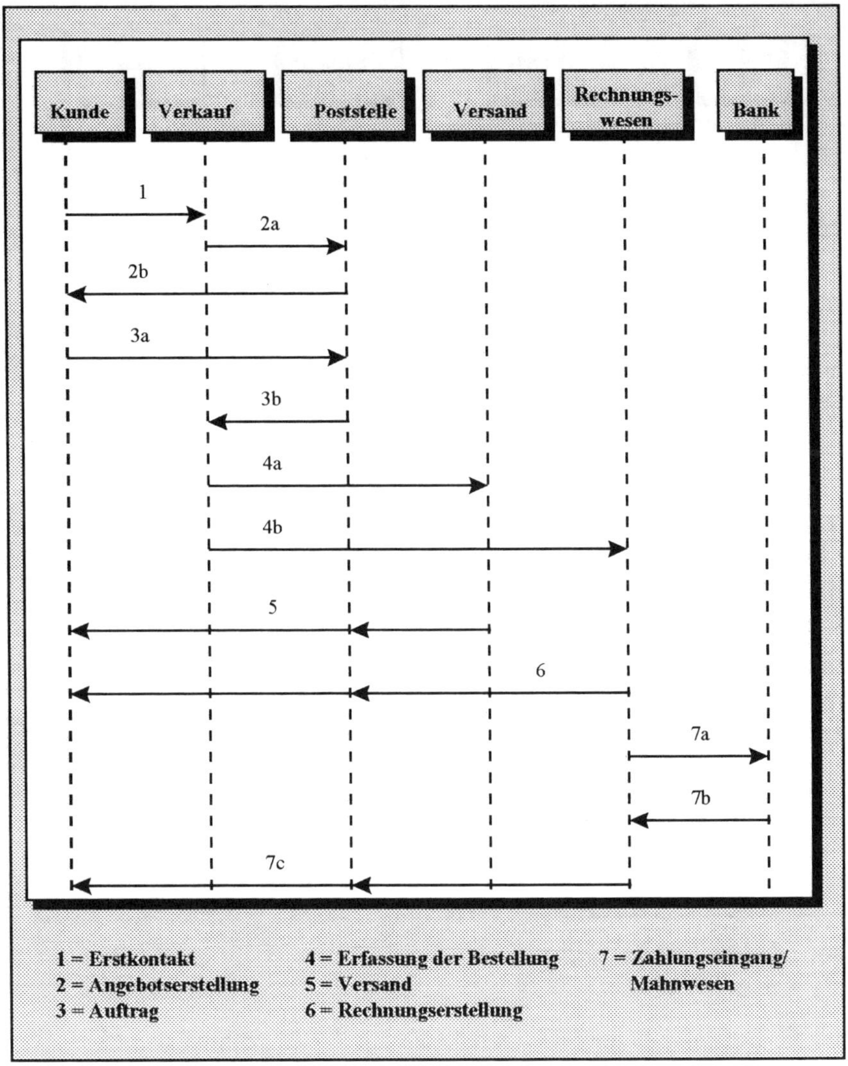

Abb. 182: Geschäftsprozeß vor der Umgestaltung

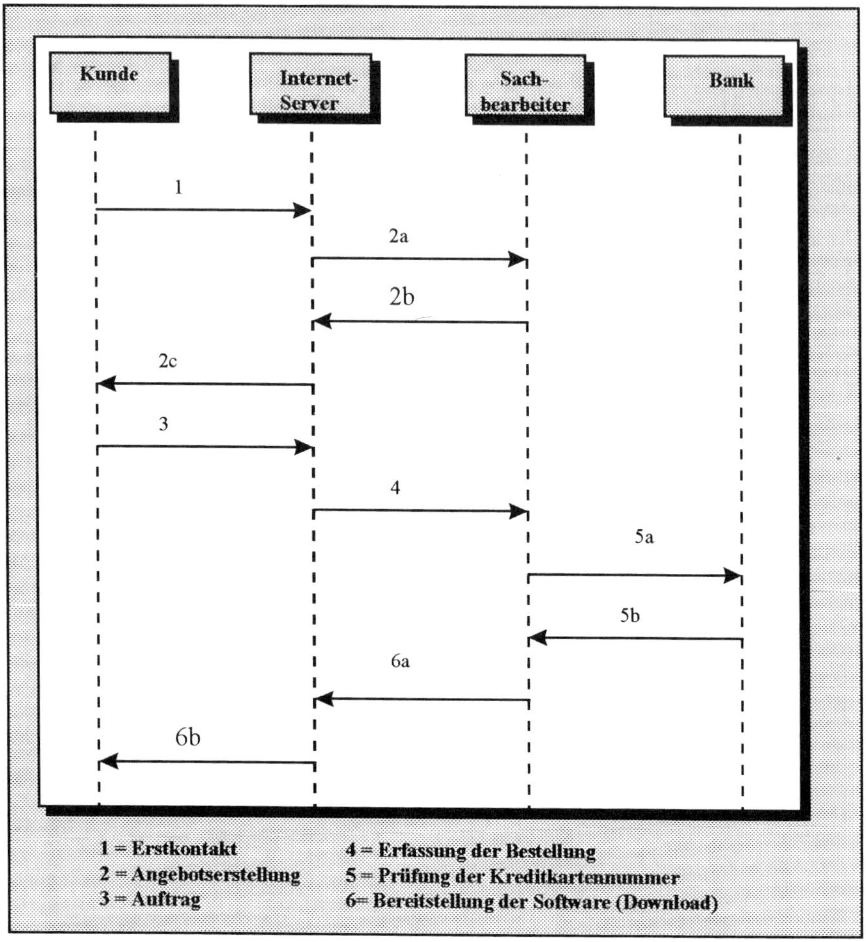

Abb. 183: Neuer Geschäftsprozeß

Wie die Beispiele bereits zeigen, können bei der Gestaltung von Geschäftsprozessen weitere Ziele erreicht werden:

- Maximierung der Kapazitätsauslastung
- Erhöhung der Flexibilität
- Verbesserung der Qualität
- Erhöhung der Termintreue
- Senkung von Kosten

Zwischen den Zielen Maximierung der Kapazitätsauslastung und Minimierung der Durchlaufzeiten besteht ein **Zielkonflikt**. Man spricht in diesem

Zusammenhang auch vom Dilemma der Ablauforganisation[98]. Dies sei an einem Beispiel aus der Produktion verdeutlicht: Um eine möglichst gute Kapazitätsauslastung zu erreichen, muß ein hoher Auftragsbestand vor jedem Arbeitsplatz bereitstehen, so daß die Gefahr von Leerlauf nicht gegeben ist. Damit erhöhen sich jedoch für den einzelnen Auftrag die Liege- und damit die Durchlaufzeiten. Interessant ist in diesem Zusammenhang, daß

- eine relativ geringe Absenkung der Bestände
- eine überproportionale Verkürzung der Durchlaufzeit
- bei nur kleinen Einbußen der Kapazitätsauslastung

bewirkt.

7.3 Methoden

Die Optimierung von Prozessen ist eine sehr schwierige Aufgabe, deren Lösung nur mit einer geeigneten Vorgehensmethodik möglich ist. Im folgenden wird deshalb eine allgemeingültige Methode behandelt, die hilft, komplexe Probleme zu bewältigen: das **Systemdenken**. Damit erarbeiten wir uns auch die Basis für die weiteren Ausführungen im Kap. 7.4. Darüber hinaus wird geklärt, welche Aspekte bei der Gestaltung von Geschäftsprozessen zu betrachten sind und in welchen Schritten man in einem Organisationsprojekt vorangeht.

7.3.1 Systemdenken

Für die planmäßige und systematische Vorgehensweise bei der Abwicklung organisatorischer Projekte hat es sich bewährt, die Erkenntnisse der Systemtheorie zu nutzen. Ein System hat die folgenden Merkmale:

- Es ist eindeutig gegenüber der Umwelt abgegrenzt.
- Bestandteile sind Elemente und Untersysteme.
- Zwischen Elementen und Untersystemen bestehen Beziehungen.
- Außerhalb des Systems existieren Übersysteme und die Systemumwelt.
- Was ein System ist, hängt von der jeweiligen Betrachtungsweise ab.

---

[98] Gutenberg, E., Die Produktion, 23. Aufl., Berlin u.a. 1979, S. 229.

Die genannten Eigenschaften treffen insbesondere auf das System Unternehmen zu, das wie folgt beschrieben werden kann:

System	Unternehmen
Elemente	Mitarbeiter, Aufgaben, Sachmittel, Informationen
Untersysteme	Abteilungen
Beziehungen	z.B. Beziehungen zwischen einzelnen Aufgaben
Systemumwelt	Wettbewerber, Lieferanten, Kunden
Übersystem	Branche

Abb. 184: Das Unternehmen als System

Um komplexe Systeme zu analysieren, sollte man folgendermaßen vorgehen[99]:

1. Systemgrenzen festlegen
2. Einflußgrößen ermitteln
3. Untersysteme definieren
4. Schnittstellen zwischen Untersystemen identifizieren
5. Schrittweise Konkretisierung des Untersuchungsbereichs (vom Groben zum Detail und von Außen nach Innen)

Fall:
Die Auftragsabwicklung soll optimiert werden. Ziele sind eine Verkürzung der Auftragsdurchlaufzeit, fehlerfreie Auslieferungen und eine möglichst kostengünstige Lösung, die mit den vorhandenen DV-Systemen kompatibel sein muß.

Aufgabe:
Das beschriebene Projekt ist unter Beachtung der systemtheoretischen Vorgehensweise bis zur 2. Detaillierungsebene zu planen.

Antwort:
Die Untersuchung erstreckt sich auf Vertrieb, Produktion und Rechnungswesen. Schnittstellen zur Beschaffung und insbesondere zu den Kunden müssen berücksichtigt werden (vgl. Abb. 185).

[99] Schmidt, G., Methoden und Techniken der Organisation, Gießen 1994.

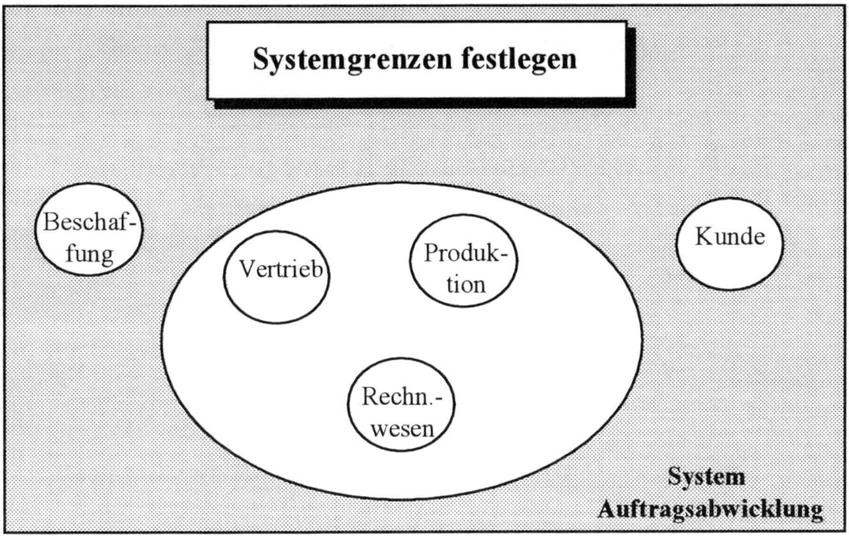

Abb. 185: Systemgrenzen festlegen

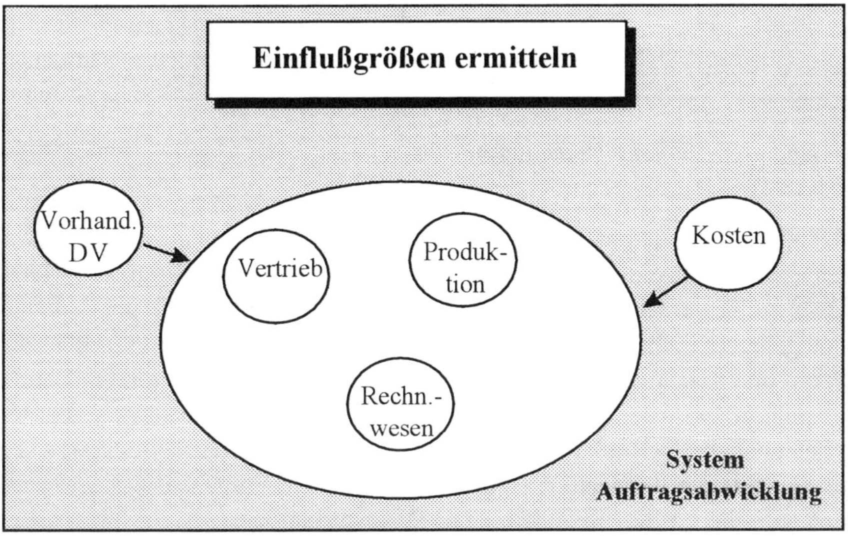

Abb. 186: Einflußgrößen ermitteln

Abb. 186 zeigt die wesentlichen Einflußfaktoren, die sich aus dem Projektauftrag entnehmen lassen, nämlich die Berücksichtigung der vorhandenen DV-Landschaft und möglichst geringe Kosten der Lösung. In Abb. 187 werden die in die Untersuchung einzubeziehenden Bereiche festgelegt.

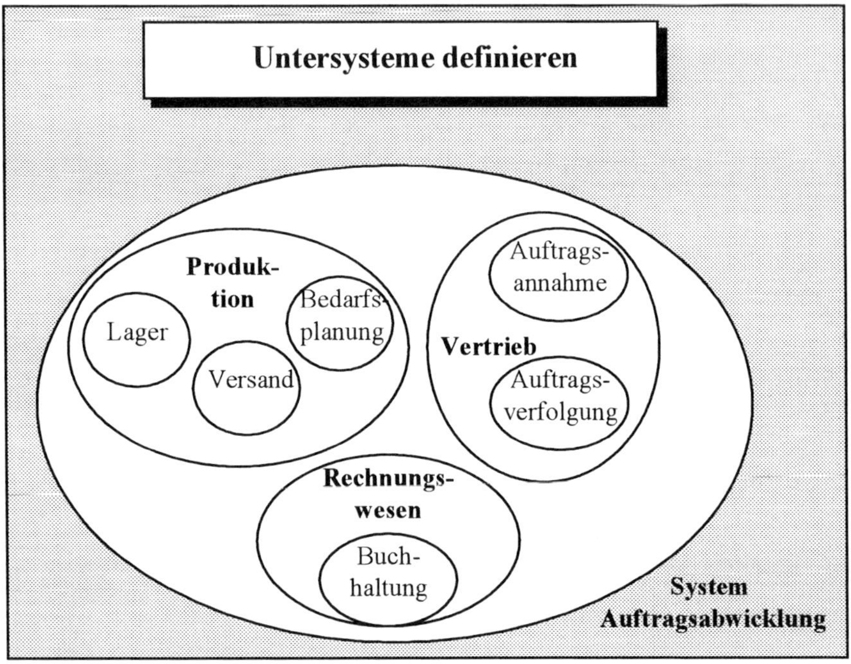

Abb. 187: Untersysteme definieren

Wichtige Informationsflüsse innerhalb des Untersuchungsbereichs und zu den externen Objekten Kunde und Beschaffung kann man durch eine Matrix (Abb. 188) verdeutlichen. In den Abb. 189 und 190 wird der Untersuchungsbereich sukzessive konkretisiert. Dabei geht man vom Groben zum Detail und von Außen nach Innen vor. Im Beispiel wurde bereits auf der 2. Detaillierungsebene abgebrochen. Grundsätzlich wird man jedoch den Untersuchungsbereich solange verfeinern, bis eine für die Analyse ausreichende Genauigkeit vorliegt. Aus der beschriebenen Vorgehensweise ergeben sich Vorteile für die organisatorische Projektarbeit:

- Frühzeitig kann geklärt werden, welche Bereiche im Unternehmen untersucht werden sollen und welche nicht.

Schnittstellen identifizieren

von \ an	Vertrieb	Beschaffung	Produktion	Rechn.-wesen	Kunde
Vertrieb		Aufträge	Aufträge	Liefer-daten	Auftrags-bestätig.
Beschaffung			verfügbare Lagerteile	Bestell-daten	
Produktion	Fertigstellung von Aufträgen	Daten zu Fremdbezugsteilen		Verbr.-mengen u. -zeiten	
Rechn.-wesen	Bonität der Kunden		Ausschuß-kosten		Rech-nungen
Kunde	Bestellung				

Abb. 188: Schnittstellen identifizieren

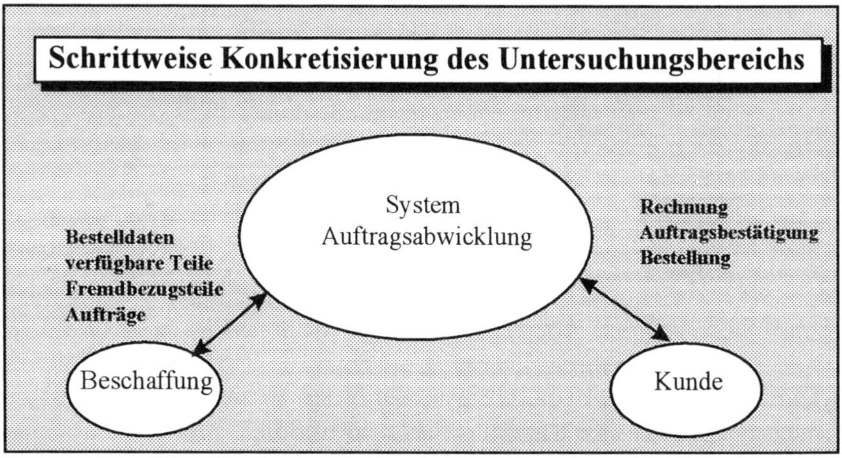

Abb. 189: 1. Ebene der Detaillierung

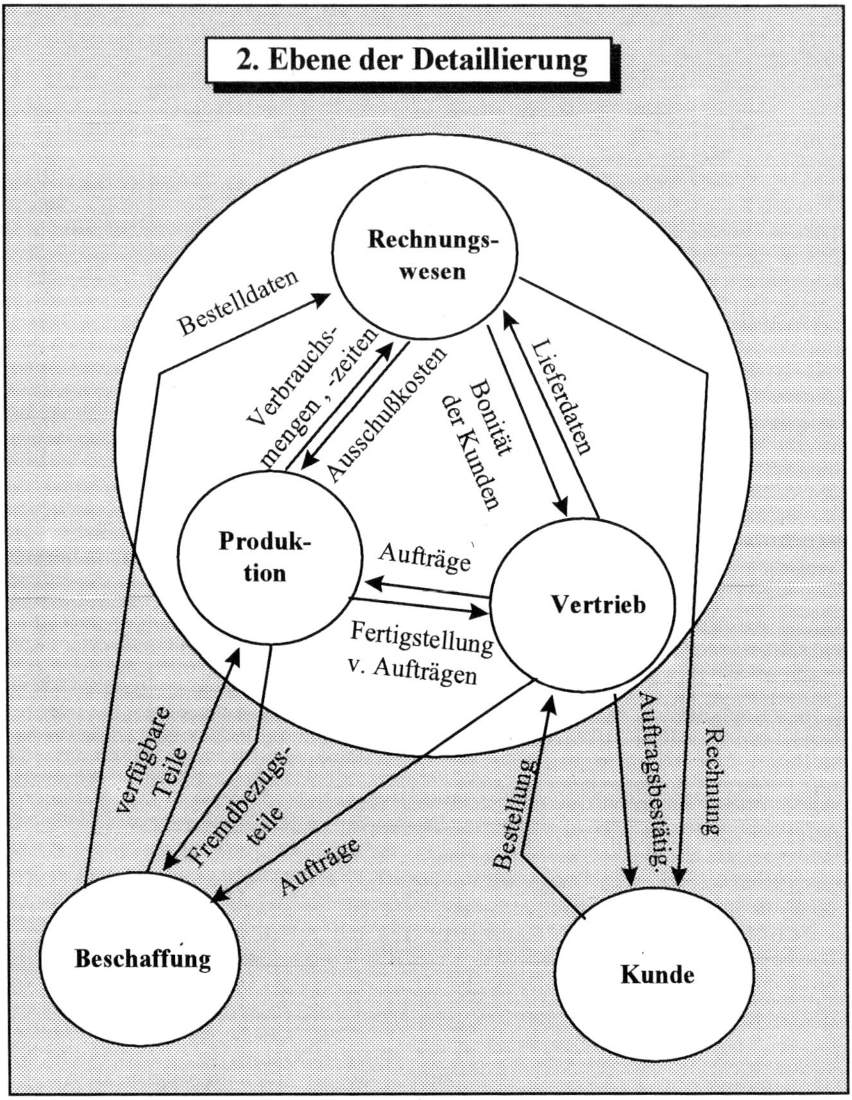

Abb. 190: 2. Ebene der Detaillierung

- Durch das Vorgehen vom Groben zum Detail werden komplexe Probleme beherrschbar. Der Überblick geht nicht verloren.
- Alle wichtigen Schnittstellen werden bei der Lösung berücksichtigt. Sogenannte Insellösungen treten nicht auf.

7.3.2 Gestaltungsaspekte

7.3.2.1 Aufgaben, Aufgabenträger, Sachmittel und Informationen

Ein kurzer Fall soll die unterschiedlichen Aspekte eines Prozesses verdeutlichen:
*Um einen Kundenauftrag zu bearbeiten, muß der **Sachbearbeiter** im Vertrieb den **Auftrag annehmen**. Dazu benötigt er u.a. Informationen über die **Bonität des Kunden**. Er kann dafür auf eine Kundendatenbank zurückgreifen, die auf seinem **PC** gespeichert ist. Nachdem auch die Lieferfähigkeit geprüft wurde, ist der Auftrag an die Abteilung Produktionsplanung weiterzugeben.*

Das Beispiel beinhaltet

- Aufgabenträger
- Aufgaben (und deren zeitlich-logischen Ablauf)
- Informationen
- Sachmittel

Man spricht in diesem Zusammenhang auch von den Elementen der Organisation. Sie müssen bei der Lösung jedes organisatorischen Problems berücksichtigt werden. Zwischen ihnen gibt es Beziehungen unterschiedlichster Art (vgl. Abb. 191):

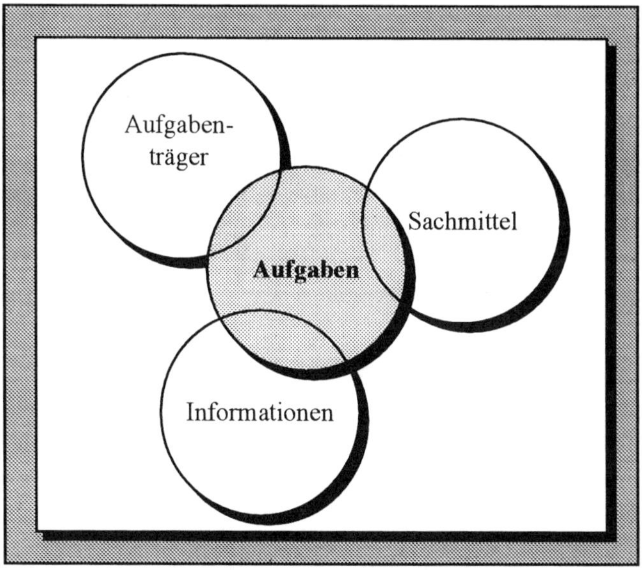

Abb. 191: Beziehungen zwischen den Elementen der Organisation

- Einem Aufgabenträger sind Aufgaben in einer bestimmten Art und Menge zugeordnet.
- Aufgaben werden mit Sachmitteln, z.B. einem DV-Programm, unterstützt.
- Der Aufgabenträger benötigt zur Erfüllung seiner Aufgaben Informationen.

Scheer verdeutlicht die integrierte Sichtweise eines Prozesses anschaulich mit seiner Architektur integrierter Informationssysteme[100]. Er unterscheidet dabei zwischen Daten-, Funktions- und Organisationssicht (vgl. Abb. 192; in Klammern sind die hier verwendeten Begriffe zugeordnet). Die Verbindung zwischen den zunächst isoliert betrachteten Sichten erfolgt durch die Steuerungssicht (entspricht der Ablaufdarstellung). Die Sachmittel sind im ARIS-Modell im Rahmen der betriebswirtschaftlichen Betrachtungsweise nur von untergeordneter Bedeutung. Sie werden erst bei der DV-Konzeption und Implementierung stärker berücksichtigt.

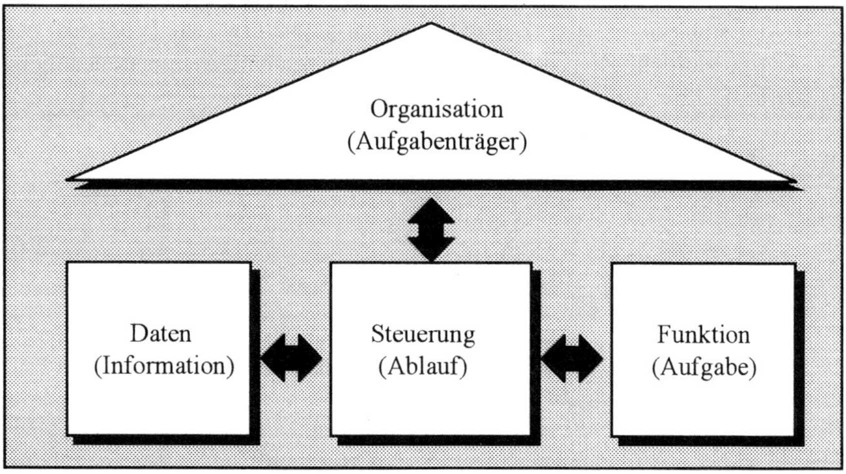

Abb. 192: Architektur integrierter Informationssysteme (ARIS)[101]

---

[100] Scheer, A.-W., Wirtschaftsinformatik, Berlin, Heidelberg 1995, S. 10 ff.

[101] In Anlehnung an Scheer, A.-W., Wirtschaftsinformatik, Berlin, Heidelberg 1995, S. 14.

7.3.2.2 Beschreibungsmerkmale eines Prozesses

Die verschiedenen Sichten auf einen Prozeß müssen mit Informationen über Mengen, Zeiten und Räumlichkeiten näher beschrieben werden. Abb. 193 enthält Fragen, mit denen diese Informationen erhoben werden können.

Inhalte			Beispiele
Menge	wieviel?		Anzahl Aufträge pro Tag
Zeit	wann?	Zeitpunkt	Sofort nach Eintreffen e. Auftrags
	wie lange?	Dauer	30 Minuten pro Auftrag
		Zeitraum	von Montag bis Freitag
Raum	wo?	Standort	Großraumbüro
	woher/ wohin?	Transportweg	Auslieferung direkt zum Kunden

Abb. 193: Beschreibungsmerkmale von Prozessen

7.3.3 Vorgehensweise bei Organisationsprojekten

Die Durchführung von Organisationsprojekten sollte systematisch und schrittweise erfolgen (vgl. Abb. 194). Am Anfang eines Projektes zur Gestaltung von Geschäftsprozessen ist durch einen möglichst genau spezifizierten **Auftrag** festzulegen, welche Ziele zu erfüllen sind, welche Ressourcen dem Projektteam zur Verfügung stehen und bis wann das Projekt abgeschlossen sein muß (vgl. Kap. 6.1.2).
Im Rahmen der **Erhebung und Analyse** ist es wesentlich, die Prozesse im Unternehmen zu erkennen und gegeneinander abzugrenzen. Danach sind diejenigen Prozesse zu bestimmen, die optimiert werden sollen. Naheliegend ist es, zunächst die Kernprozesse des Unternehmens zu verbessern. Das sind solche, die eine hohe Bedeutung im Wettbewerb um den Kunden besitzen. Andere Kriterien für die Auswahl von Prozessen sind mögliche Einsparungspotentiale, Einsatzmöglichkeiten neuer Technologien oder die voraussichtlichen Erfolgschancen einer Prozeßgestaltung[102].

[102] Servatius, H.-G., Business Process Reengineering - von externen Strukturen zu fließenden Prozessen, Stuttgart 1994, S. 52 f.

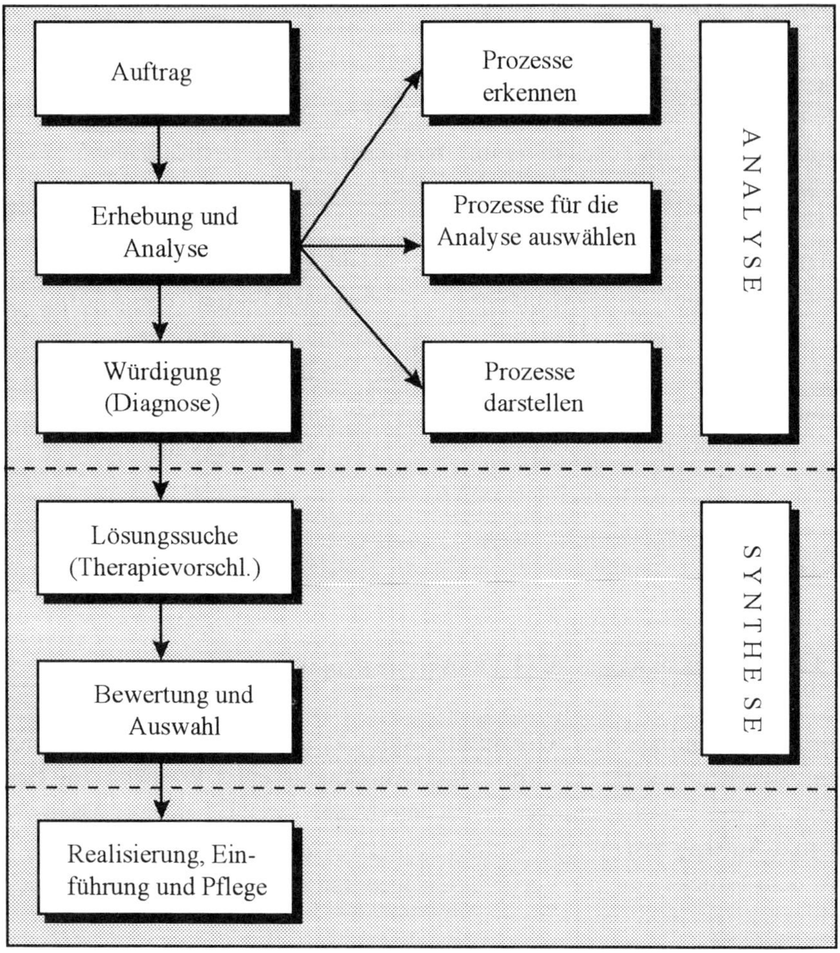

Abb. 194: Projektphasen bei der Gestaltung von Geschäftsprozessen

Für die Prozeßdarstellung wird eine hierarchische Differenzierung des Geschäftsprozesses in Teilprozesse, Arbeitsabläufe und Arbeitsgänge durchgeführt. Zusätzlich zu dieser Strukturbetrachtung muß die zeitlich-logische Anordnung der Arbeitsschritte erfaßt werden. Dabei sollte man auch Zeit-, Mengen-, Kosten- und Qualitätsinformationen sowie Räumlichkeiten und Sachmittel (insbesondere die DV-Ausstattung) berücksichtigen.
Bereits in diesem Stadium ist es hilfreich, sogenannte Referenzmodelle als Orientierungshilfe zu benutzen. Es handelt sich dabei um ideale Sollprozesse, die z.B. von Softwareanbietern erworben werden können.

Die Analyse sollte sich nicht auf das eigene Unternehmen beschränken. Vielmehr sind die Prozesse unternehmensübergreifend zu betrachten. Durch die Optimierung der zwischenbetrieblichen Kommunikation lassen sich enorme Einsparungen erzielen. Beispielsweise werden die Forderungen und Verbindlichkeiten zwischen den Tochtergesellschaften des BASF-Konzerns nicht mehr in Rechnung gestellt bzw. bezahlt, sondern gegeneinander aufgerechnet. Monatlich meldet man die offenen Verbindlichkeiten per Datenaustausch an ein zentrales Netting-Center und übermittelt sie von dort an die entsprechenden Gesellschaften[103]. Dieser Vorgang, den man als multinationales Netting bezeichnet, erfordert die Einbeziehung externer Prozesse in die Prozeßkettenbetrachtung. Ein weiteres Beispiel ist die Optimierung des Bestellprozesses. Einige große Handelsunternehmen lagern die Verantwortung für die eigene Bevorratung auf die Zulieferer aus. Diese Methode, auch Efficient Consumer Response (ECR) genannt, funktioniert nur bei einer unternehmensübergreifenden Gesamtbetrachtung aller am Bestellprozeß Beteiligten.

Die **Prozeßwürdigung** bewertet die erhobenen, geordneten und dargestellten Ergebnisse des Geschäftsprozesses. Die erkannten Probleme werden auf Ursachen zurückgeführt. Von besonderem Interesse sind Durchlauf- und Liegezeiten sowie mehrmaliges Bearbeiten desselben Vorgangs (z.B. durch unvollständige Unterlagen). Bei günstiger Datenlage können die Gesamtkosten des Prozesses ermittelt werden. Dadurch ergibt sich die Möglichkeit von Wirtschaftlichkeitsanalysen. Die Prozeßkostenrechnung erlaubt eine Diagnose der Kostensituation im Prozeß (vgl. Kap. 5.1).

Die **Lösungssuche** ist der erste Schritt der Prozeßgestaltung bzw. -synthese. Dabei werden verschiedene Prozeßvarianten entwickelt. Jede vorgeschlagene Version beinhaltet optimierte Abläufe und Maßnahmen für die Reorganisation der Daten, Aufgaben und Sachmittel. Besonders zu beachten ist die Neukonzeption der Aufbauorganisation. Im einzelnen sind die für den neuen Prozeß notwendigen Stellen nach Art und Menge zu bestimmen, Verantwortlichkeiten und der Abteilungsaufbau festzulegen sowie zentrale Unterstützungs- und Dienstleistungszentren (Stäbe) einzurichten.

Das Finden geeigneter Prozeßvarianten ist eine sehr kreative Aufgabe, die durch Kreativitätstechniken unterstützt wird. Auch DV-Tools können hilfreich sein. Sie ermöglichen es im Rahmen von Simulationen, die Auswirkungen von Veränderung der Prozeßausgangsgrößen zu bestimmen. Z.B.

---

[103] Wolff, D., Elektronischer Datenaustausch mit Geschäftspartnern, in: Scheer, A.-W. (Hrsg.), Rechnungswesen und EDV. 15. Saarbrücker Arbeitstagung 1994, Heidelberg 1994, S. 335 ff.

erkennt man die Konsequenzen einer geänderten Aufgabenverteilung im Hinblick auf Durchlaufzeiten und Kosten.
Liegen mehrere Alternativen für die Realisierung eines Prozesses vor, so müssen diese **bewertet** werden, um die vorteilhafteste Prozeßgestaltung **auswählen** zu können. Anschließend kann man die vorgeschlagenen Maßnahmen **realisieren**. Besondere Sorgfalt muß auf die Einführung des neugestalteten Prozesses gelegt werden. Offene Informationspolitik und frühzeitige Schulungen erhöhen die Motivation der Mitarbeiter, Änderungen mitzutragen.
Die **ständige Weiterentwicklung** der Unternehmensprozesse darf nicht vernachlässigt werden. Alle Mitarbeiter müssen für einen Prozeß der ständigen Verbesserung, auch als Kaizen oder CIP bezeichnet, gewonnen werden[104]. Ergänzend kann man Qualitätszirkel einrichten und das Vorschlagswesen optimieren.

7.4 Techniken

Techniken sind sozusagen die Werkzeuge im Werkzeugkasten des Controllers bzw. Organisators, mit denen er betriebliche Prozesse gestalten kann. Für jede Phase im Projektablauf stehen mehrere Verfahren zur Verfügung, aus denen man jeweils die passenden auswählen muß. In den folgenden Kap. werden bekannte und häufig verwendetet Techniken beschrieben.

7.4.1 Erhebung und Analyse

Für die **Erhebung** greift man in erster Linie auf Interviews und Fragebogen zurück, aber auch Multimomentstudien, Laufzettel und Selbstaufschreibungen werden eingesetzt.
Die Techniken für die **Analyse**, also die aussagekräftige Aufbereitung der erhobenen Daten, sollte man so auswählen, daß die verschiedenen Sichten auf einen Prozeß berücksichtigt werden. Die folgenden Ausführungen beinhalten deshalb jeweils Techniken für die Analysesicht der Aufgaben, der Aufgabenträger, der Informationen und der Abläufe (vgl. Abb. 195).

---

[104] Masaaki, I., Kaizen. Der Schlüssel zum Erfolg der Japaner im Wettbewerb, 7. Aufl., Frankfurt 1993.

Aufgaben	Aufgabengliederung, ABC-Analyse Pareto-, Ursache-Wirkungs-Diagramm
Aufgaben-träger	Organigramm, Funktionendiagramm
Informa-tionen	Kommunikationstabelle, -diagramm, -netzwerk Datenflußplan, Entity-Relationship-Modell,
Abläufe	Aufgabenfolgeplan, Ablaufdiagramm, Struktogramm, Entscheidungstabelle, Vorgangskettendiagramm, Ereignis-gesteuerte Prozeßkette

Abb. 195: Überblick über Erhebungs- und Analysetechniken

7.4.1.1 Aufgaben

7.4.1.1.1 Aufgabengliederung

Aufgaben- oder Funktionsgliederungen verschaffen einen Überblick über die Aufgaben im untersuchten Bereich. Erst danach ist es sinnvoll, die logische und zeitliche Folge dieser Aufgaben zu analysieren. Für die Gestaltung der Abläufe müssen die Aufgaben sehr fein gegliedert vorliegen[105] (vgl. Abb. 196).
Für die systematische Erhebung und Gliederung der Aufgaben ist es zweckmäßig, ein strukturiertes Interview zu führen. Da die zu erhebenden Aufgaben noch unbekannt sind, empfiehlt es sich, die Fragen im Hinblick auf logische Aufgabenbeziehungen zu stellen. Im folgenden Beispiel sollen die Aufgaben eines Sachbearbeiters im Vertrieb, der für die Bearbeitung von Aufträgen zuständig ist, erhoben werden.

[105] Schmidt, G., Methoden und Techniken der Organisation, Gießen 1994.

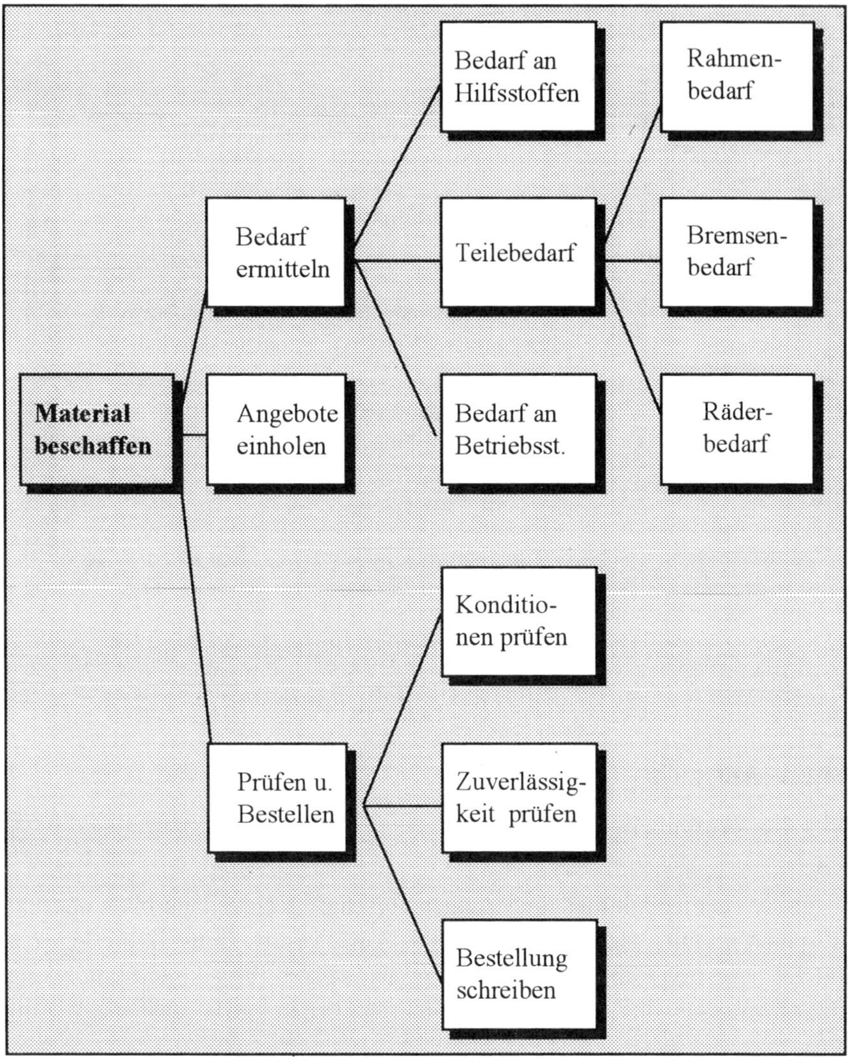

Abb. 196: Ergebnis einer Aufgabengliederung

Der Interviewer kann vier unterschiedliche Fragestellungen wählen:

Alternative 1

Frage:	Welche Teilaufgaben müssen erledigt werden?
Antwort:	Der Auftrag muß angenommen, geprüft und weitergeleitet werden.

Alternative 2

Frage: Welche Möglichkeiten haben Sie, Aufträge zu erfassen?
Antwort: Aufträge werden entweder vom Kunden automatisch in die DV-Anlage übermittelt oder der Vertriebssachbearbeiter gibt sie manuell in ein PC-Programm ein.

Alternative 3

Frage: Welche Bestandteile hat ein typischer Auftrag?
Antwort: Ein Auftrag besteht aus dem Auftragskopf mit den Stammdaten des Kunden, den Bestellpositionen und einer Fußzeile mit der Gesamtsumme des Auftrags.

Alternative 4

Frage : Welche unterschiedlichen Aufträge sind zu bearbeiten?
Antwort: Großkundenaufträge und sonstige Aufträge.

Die beispielhaft skizzierten Fragen führen zu den vier grundsätzlich möglichen Aufgabengliederungen:

⇨ UND-Gliederung der Verrichtung (Alternative 1 des Beispiels)
⇨ ODER-Gliederung der Verrichtung (Alternative 2 des Beispiels)
⇨ UND-Gliederung des Objekts (Alternative 3 des Beispiels)
⇨ ODER-Gliederung des Objekts (Alternative 4 des Beispiels)

Eine Gliederung ist auszuwählen und als Grundlage für weitere Fragen heranzuziehen.
Mit einer systematisch durchgeführten Aufgabenanalyse ist es möglich, Aufgaben vollständig und übersichtlich zu erfassen. Die Technik ist für viele Zwecke anwendbar. So können auch die in einem Projekt anfallenden Aufgaben oder der Aufbau eines Buches strukturiert werden.

7.4.1.1.2 ABC-Analyse

Typischerweise setzt man die ABC-Analyse für die Klassifizierung der

- Kunden nach Umsätzen
- Produkte nach Umsätzen
- Lagerartikel nach Wert ein.

Mit der ABC-Analyse kann man aber auch Aufgaben nach Kriterien wie Dauer, Fehlerhäufigkeit oder Kostenverursachung analysieren und ordnen. Untersucht man Aufgaben hinsichtlich ihrer Dauer mit der ABC-Analyse, so wird in vielen Fällen folgende Aufteilung sichtbar:

10 % aller Aufgaben repräsentieren **60 %** der gesamten Arbeitszeit (A-Aufgaben).
20 % aller Aufgaben repräsentieren **30 %** der gesamten Arbeitszeit (B-Aufgaben).
70 % aller Aufgaben repräsentieren **10 %** der gesamten Arbeitszeit (C-Aufgaben).

Es lohnt sich, die A-Aufgaben besonders gründlich zu analysieren, weil bei ihnen die größten Einsparungen möglich sind.
Das Ergebnis der ABC-Analyse kann übersichtlich mit Hilfe der **Lorenzkurve** dargestellt werden. Sie verdeutlicht die meist vorliegende Ungleichverteilung (vgl. Abb. 197).

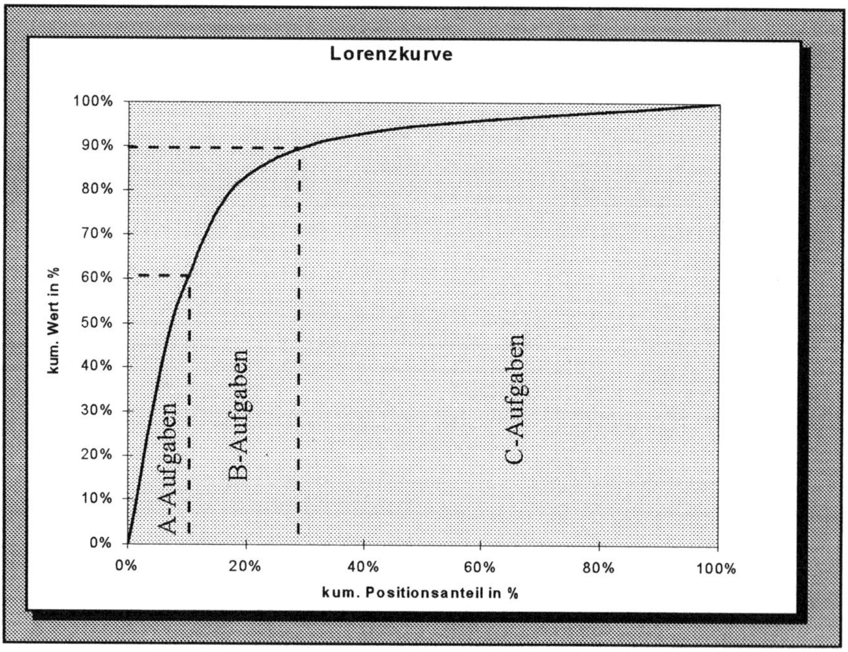

Abb. 197: Lorenzkurve für die Darstellung der ABC-Analyse

Bei der Durchführung einer ABC-Analyse geht man folgendermaßen vor:

1. Wertermittlung
   - Ermittlung des wertmäßigen Periodenverbrauchs
   - Ermittlung des prozentualen Wertanteils
2. Sortierung
   - Sortierung der Positionen nach fallendem Wert
   - Kumulation der prozentualen Wertanteile
3. Auswertung
   - Festlegung der Klassengrenzen
   - Grafische Darstellung

Fall:
Im Rahmen einer Tätigkeitsanalyse für die Vertriebsabteilung wurden 10 Aufgaben, deren Dauer und Personalkosten pro Stunde ermittelt.

Aufgabe	Dauer in Stunden/Monat	Stundensatz in DM
1	5	100,00
2	4	53,00
3	10	34,00
4	500	60,00
5	200	53,00
6	16	70,00
7	15	40,00
8	50	30,00
9	200	45,00
10	1000	30,00

Abb. 198: Ausgangsdaten der ABC-Analyse

Aufgabe:
Die Daten sind in Form einer ABC-Analyse zu untersuchen. Das Ergebnis ist auch grafisch darzustellen und zu erläutern.

Antwort:

1. Wertermittlung

Aufgabe	Wert in DM	Wertanteil in %
1	500	0,6
2	212	0,3
3	340	0,4
4	30.000	35,8
5	10.600	12,6
6	1.120	1,3
7	600	0,7
8	1.500	1,8
9	9.000	10,7
10	30.000	35,8
Summe	83.872	100,0

Abb. 199: Wertermittlung bei der ABC-Analyse

2. Sortierung

Aufgabe	Wert in DM	Wert kum. in DM	Wertanteil in %	Wertanteil kum. in %
4	30.000	30.000	35,8	35,8
10	30.000	60.000	35,8	71,6
5	10.600	70.600	12,6	84,2
9	9.000	79.600	10,7	94,9
8	1.500	81.100	1,8	96,7
6	1.120	82.220	1,3	98,0
7	600	82.820	0,7	98,7
1	500	83.320	0,6	99,3
3	340	83.660	0,4	99,7
2	212	83.872	0,3	100

Abb. 200: Sortierung bei der ABC-Analyse

3. Auswertung

Aufgabe	Wertanteil kum. in %	Positionsanteil kum. in %	Klassifizierung
4	35,8	10	A
10	71,6	20	B
5	84,2	30	B
9	94,9	40	B
8	96,7	50	C
6	98,0	60	C
7	98,7	70	C
1	99,3	80	C
3	99,7	90	C
2	100	100	C

Abb. 201: Auswertung der ABC-Analyse

Die ABC-Analyse verdeutlicht, daß lediglich 10 % aller Aufgaben fast 36 % der Personalkosten verursachen. Mit weiteren 30 % können bereits ca. 95 % der Personalkosten erklärt werden. Die restlichen 5% verteilen sich auf C-Aufgaben.

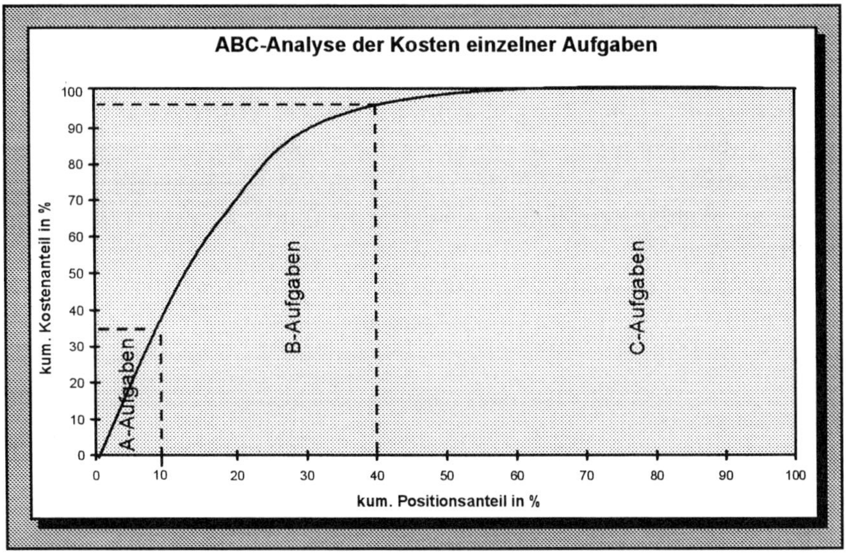

Abb. 202: Lorenzkurve für die Kosten der Aufgaben

Eine Erweiterung stellt die ABC/XYZ-Analyse dar. Dabei wird ein zusätzliches Analysekriterium verwendet. Z.B. könnte man die Kostenverursachung einzelner Aufgaben (ABC-Analyse) um deren Beitrag zur Sicherung der Wettbewerbsfähigkeit (XYZ-Analyse) ergänzen.

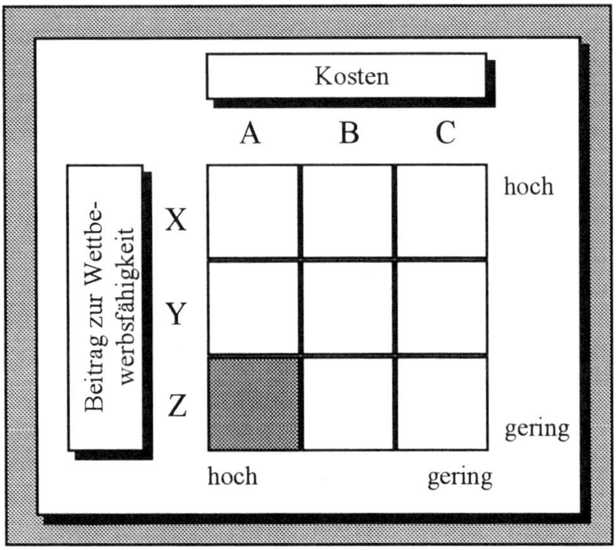

Abb. 203: Beispiel einer ABC/XYZ-Analyse

Das Beispiel der Abb. 203 gibt Hinweise für die Prozeßgestaltung. XC-Aufgaben (hoher Beitrag zur Wettbewerbsfähigkeit, geringe Kosten) sind vom Unternehmen selbst wahrzunehmen, während ZA-Aufgaben (geringer Beitrag zur Wettbewerbsfähigkeit, hohe Kosten) u.U. an externe Dienstleister vergeben werden sollten. Aufgaben mit hoher Kostenverursachung und hohem Beitrag zur Wettbewerbsfähigkeit (XA-Aufgaben) stellen Ansatzpunkte zur organisatorischen Optimierung dar.

7.4.1.1.3 Pareto- und Ursache-Wirkungs-Diagramm

Die folgende Fallbeschreibung verdeutlicht den Einsatz weiterer Hilfsmittel[106]: Das **Pareto-Diagramm** stellt die wesentlichen Ursachen eines Problems, geordnet nach der Priorität, als Balkendiagramm dar. Dadurch können Maßnahmen und Aktionen gezielt geplant werden. Das **Ursache-Wirkungs-Diagramm**, auch als Ishikawa- oder Fischgrätdiagramm bezeichnet, erklärt die Entstehung problematischer Situationen.

Fall:
In einer großen Bank wurden pro Tag 500 Telefonate mit Kunden registriert. Um den Kundenservice zu verbessern, untersuchte man über einen längeren Zeitraum die Abwicklung von Telefonaten. Dabei stellte sich heraus, daß Mitarbeiter Kundenanrufe häufig nicht sofort annahmen. Die meisten Kunden legten spätestens nach dem fünften Läuten auf. Einige Kunden waren so irritiert, daß sie nicht mehr anriefen.

Daraufhin setzte man sich das Ziel, auf einen Kundenanruf spätestens nach dem zweiten Läuten zu reagieren. Zunächst mußten die Gründe für das beschriebene Problem gefunden werden. Die Mitglieder der Projektgruppe dokumentierten die Ursachen mit einem Ursache-Wirkungs-Diagramm.

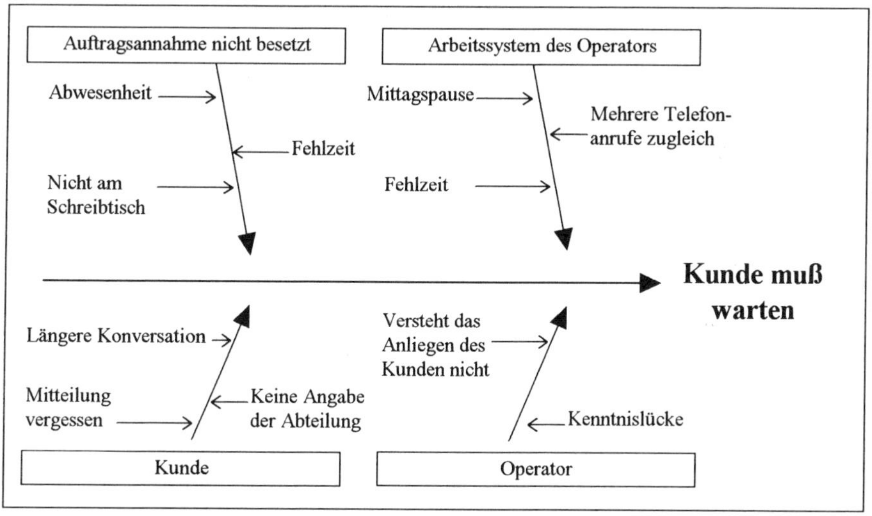

Abb. 204: Ishikawa-Diagramm zur Problemdarstellung

[106] Masaaki, I., Kaizen, 7. Aufl., Frankfurt 1993, S. 80 ff.

Um die vermuteten Ursachen des Problems zu verfizieren, hielten die Telefonisten mit Hilfe einer Strichliste ihre Beobachtungen während eines Zeitraums von zwölf Tagen fest. Folgende Ergebnisse wurden ermittelt:

	Ganze Abteilung unbesetzt	Empfänger nicht am Platz	Nur ein Telefonist		Summe
4. Juni	////	///// /	///// ///// /		24
5. Juni	/////	///// ///	///// ///// ////	. . .	32
6. Juni	///// /	////	///// ///// //		28
.	.	.	.		
15. Juni	/////	/////	///// ///		25

Abb. 205: Strichliste für die Ursachenermittlung

		Angaben pro Tag	Angaben gesamt	in % kumul.
A	Nur ein Telefonist (Partner nicht am Platz)	14,3	172	49,0
B	Empfänger nicht am Platz	6,1	73	71,2
C	Ganze Abteilung unbesetzt	5,1	61	87,1
D	Anrufer kann Abteilung und Empfänger nicht benennen	1,6	19	92,5
E	Geeigneter Ansprechpartner muß erst ermittelt werden	1,3	16	97,0
F	Andere Gründe	0,8	10	100,0
	Summe	29,2	351	

Abb. 206: Auswertung der Strichliste

Die Analyse ergab ein überraschendes Ergebnis. Die Ursache für lange Wartezeiten war in den meisten Fällen, daß die Telefonzentrale nur mit einem Telefonisten besetzt war (vgl. Abb. 207). Der Telefonist konnte die vielen gleichzeitig ankommenden Gespräche nicht alleine bewältigen. Daraufhin wurden folgende Maßnahmen eingeleitet:

- Bisher war die Mittagspause nur zweimal versetzt, so daß der eine von zwei Telefonisten während dieser Zeit alleine war. Die Bank führte eine dreifach versetzte Mittagspause ein. Dadurch war es möglich, einen Angestellten aus der Verwaltung während der Mittagszeit als Aushilfe einzusetzen.

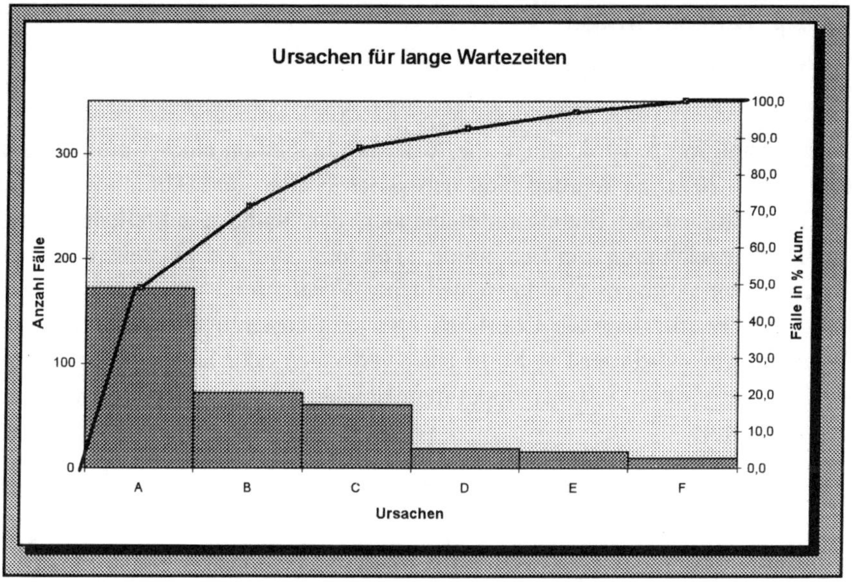

Abb. 207: Pareto-Diagramm für die Ursachenanalyse

- Mitarbeiter, die ihren Arbeitsplatz vorübergehend verlassen, mußten angeben, wohin sie gehen. Dadurch konnte der Telefonist Gespräche zielgerichtet weiterleiten.
- Die Telefonisten erhielten eine Liste mit den Namen und Funktionen aller Mitarbeiter.

Das Ergebnis der Maßnahmen wurde während einer zwölf Tage langen Kontrollperiode überprüft. Folgendes Ergebnis konnte festgestellt werden:

		Angaben gesamt	in %
A	Nur ein Telefonist (Partner nicht am Platz)	15	25,4
B	Empfänger nicht am Platz	17	28,8
C	Ganze Abteilung unbesetzt	20	33,9
D	Anrufer kann Abteilung und Empfänger nicht benennen	4	6,8
E	Geeigneter Ansprechpartner muß erst ermittelt werden	3	5,1
F	Andere Gründe	0	0,0
	Summe	59	100,0

Abb. 208: Ergebnis der Kontrolluntersuchung

7.4.1.2 Aufgabenträger

7.4.1.2.1 Organigramm

Das Organigramm verdeutlicht die Aufbauorganisation eines Unternehmens (vgl. Abb. 209). Ersichtlich sind neben den Stellen und Abteilungen auch die Beziehungen der Stellen untereinander, der Name des Stelleninhabers, die Kurzbezeichnung der Abteilung, Telefon- und Kostenstellennummer. Organigramme gibt es in unterschiedlicher Verdichtung für einzelne Abteilungen, Bereiche oder als Überblick über das gesamte Unternehmen. Das Organigramm wird meist in Form einer vertikalen oder horizontalen Baumstruktur dargestellt. Seltener findet man Block-, Sonnen- oder Ringsegmentorganigramme.

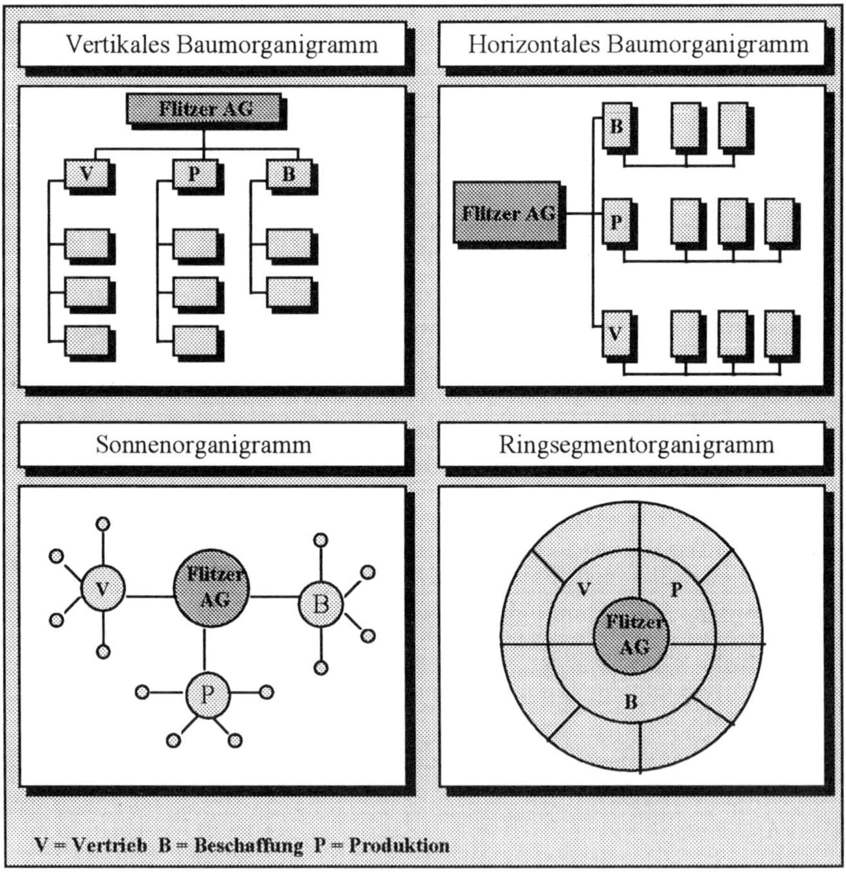

Abb. 209: Organigrammversionen

7.4.1.2.2 Funktionendiagramm

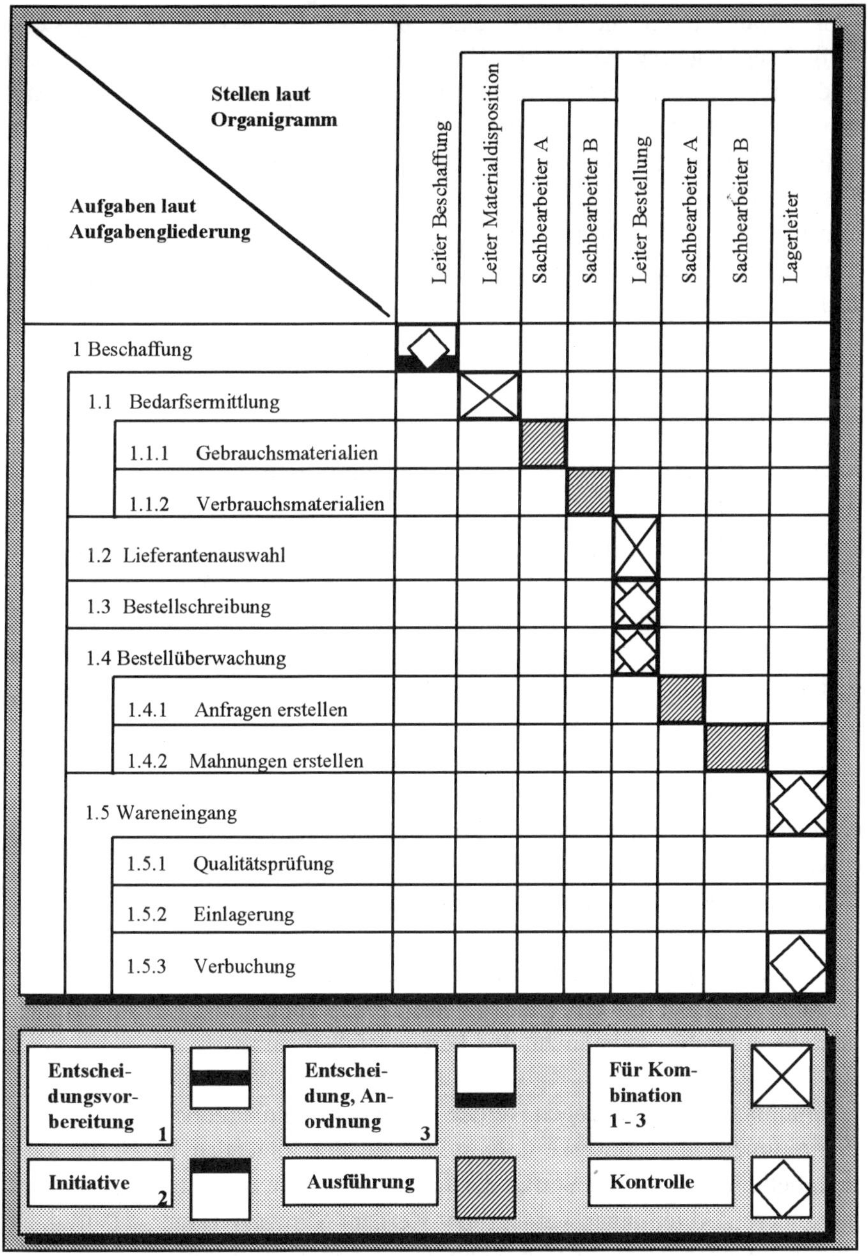

Abb. 210: Funktionendiagramm

Das Funktionendiagramm verbindet das Organigramm mit der Aufgabengliederung. Das abgebildete Funktionendiagramm enthält vertikal ein Blockorganigramm, horizontal eine ebenfalls in Blockform dargestellte Aufgabengliederung (vgl. Abb. 210). Außerdem wird durch Symbole oder Buchstaben verdeutlicht, inwiefern eine Stelle an der Erfüllung einer Aufgabe beteiligt ist. Z.B. trifft der Leiter der Beschaffung in Abb. 210 alle Entscheidungen über die Beschaffung und kontrolliert diese auch.
Das Funktionendiagramm ist eine übersichtliche Darstellungen, die viele Informationen auf einen Blick bietet. Allerdings ist die Erstellung besonders dann sehr aufwendig, wenn weder Aufgabengliederung noch Organigramme vorliegen.

7.4.1.3 Informationen und Daten

7.4.1.3.1 Kommunikationstabelle, -diagramm und -netzwerk

Büroarbeit ist durch intensiven Informationsaustausch geprägt. Mit Bürokommunikationssystemen, die Funktionen wie Electronic Mail, Videokonferenzen, elektronische Sprach- und Bildübermittlung bereitstellen, versucht man, kommunikative Aufgaben zu unterstützen. Vor der Einführung dieser Systeme müssen Analysen durchgeführt werden, um folgende Fragen zu klären:

- Wer kommuniziert mit wem wie intensiv?
- Welche Kanäle und Medien werden gegenwärtig benutzt?
- Welche Informationen werden zur Verfügung gestellt, und welchen Informationsbedarf haben die Stelleninhaber?

Durch die Beantwortung dieser Fragen kann man erkennen, welche öffentlichen und betriebsinternen Netze genutzt werden sollten und welche kommunikationsunterstützende Sachmittel bereitzustellen sind.

Kommunikationsbeziehungen werden durch Kommunikationstabellen, -diagramme und -netzwerke dargestellt. Mit der folgenden **Kommunikationstabelle** kann z.B. die Stärke der Kommunikation zwischen dem Einkauf und anderen Abteilungen verdeutlicht werden. Sie zeigt Dauer, Häufigkeit, zeitlichen Gesamtaufwand und Inhalt des Informationsaustausches.

Kommunikationsbeziehungen des Einkaufs

	Einkaufspreise			Auftragsdaten			Teiledaten			Sonstiges			Gesamt		
	Z	M	G	Z	M	G	Z	M	G	Z	M	G	Z	M	G
Materialwirtschaft															
Fertigung															
Kalkulation															
Konstruktion															
Lieferant															
Sonstiges															
Gesamt															

M = durchschnittlicher Zeitverbrauch pro Kontakt in Minuten, Z = Zahl der Kontakte, G = gesamter Zeitaufwand

Abb. 211: Kommunikationstabelle für den Einkauf

Verwandte Darstellungen sind das **Kommunikationsdiagramm** und das **Kommunikationsnetzwerk**. Sie verdeutlichen im Überblick die Ergebnisse der einzelnen Kommunikationstabellen und enthalten als Information:

- Kommunikationspartner
- Kommunikationsdauer oder Kommunikationshäufgkeit (in Mengenangaben oder grafisch)

Im abgebildeten Kommunikationsdiagramm kommuniziert der Leiter der Beschaffung 80 Stunden pro Monat. 40 Stunden davon mit dem Leiter der Materialdisposition, 30 Stunden mit dem Leiter der Bestellung und 10 Stunden mit dem Lagerleiter (vgl. Abb. 212).
Das Kommunikationsnetzwerk verdeutlicht die Dauer der Kommunikation durch die Stärke der einzelnen Verbindungslinien (vgl. Abb. 213).

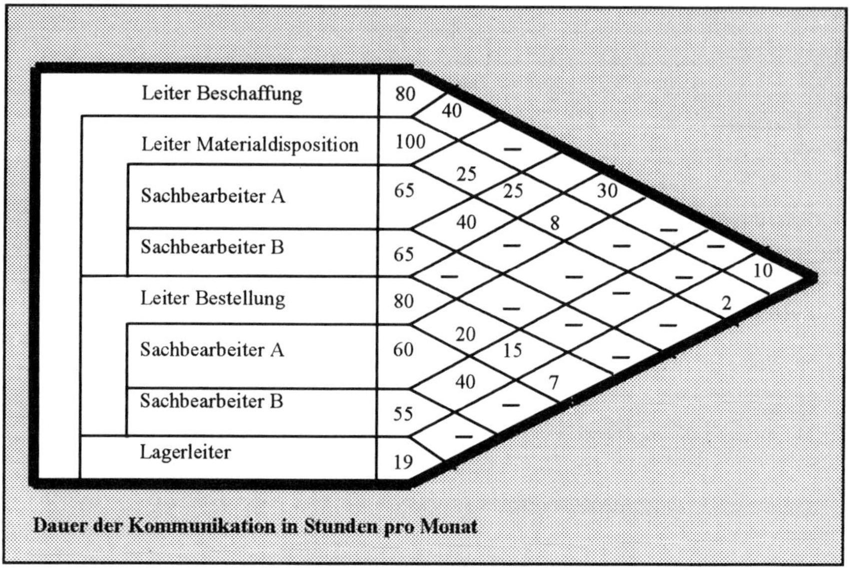

Abb. 212: Kommunikationsdiagramm für die Beschaffung

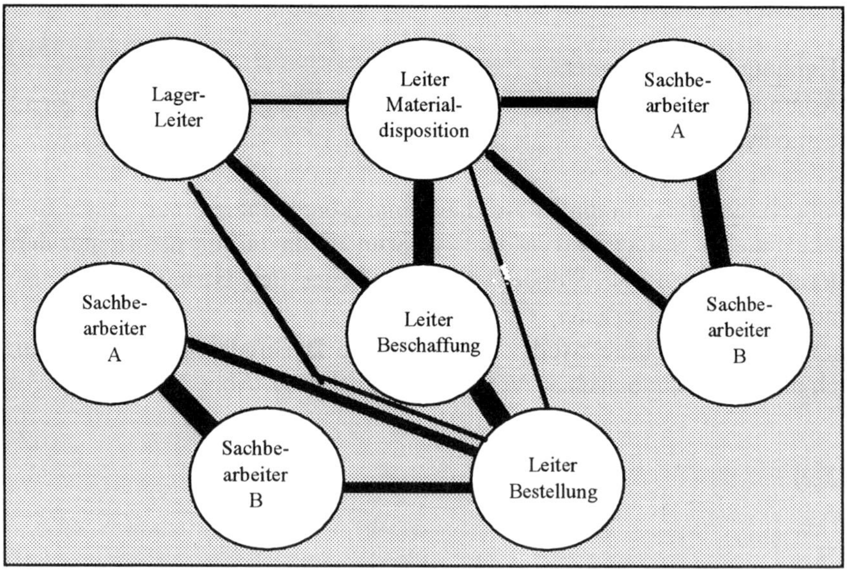

Abb. 213: Kommunikationsnetzwerk für die Beschaffung

7.4.1.3.2 Datenflußplan

Datenflußpläne zeigen in grafischer Form die Ein- und Ausgabedaten. Die Verarbeitung wird im Unterschied zum Programmablaufplan nur angedeutet (vgl. 7.4.1.4.1). Die im Datenflußplan verwendbaren Symbole sind in der DIN 66001 festgehalten. Häufig werden die folgenden Symbole benutzt:

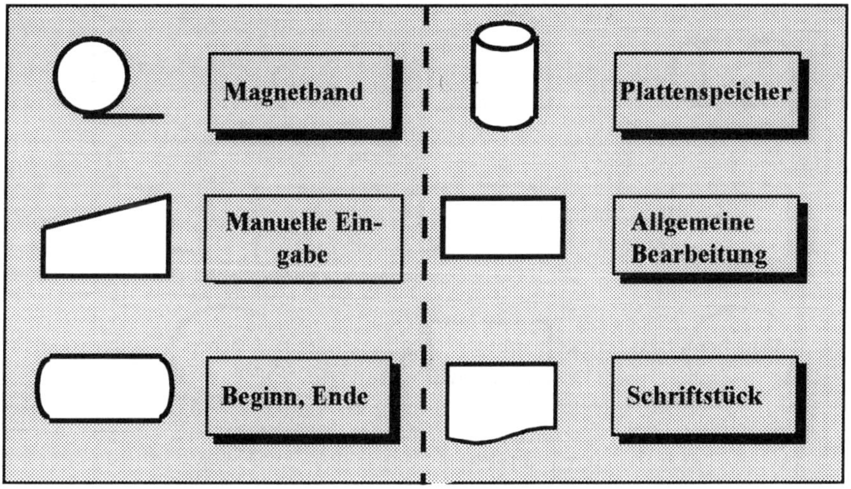

Abb. 214: Wichtige Symbole eines Datenflußplanes

Fall:
Die eingehenden Einzelbestellungen der Flitzer AG werden am Bildschirm erfaßt. Der Großhandel übermittelt seine Bestellungen direkt in ein Bestellprogramm. Dort werden die Bestände (Magnetplatte) fortgeschrieben, d. h. um die entnommenen Mengen verringert. Für alle Erzeugnisse, bei denen eine definierte Mindestmenge erreicht ist, wird die Liste Meldebestand ausgedruckt. Das System erstellt für die lieferfähigen Bestellungen auch Rechnungssätze. Außerdem werden die Rechnungsdaten (Kunde, Artikel, Menge, Preis, Gesamtsumme) auf Magnetplatte gespeichert und in das Finanzbuchhaltungssystem übertragen. Dieses Programm erzeugt aus dem vorhandenen Debitorenbestand eine aktualisierte Debitorendatei (Band) und eine Liste für die Kostenträgerrechnung, die an die Geschäftsleitung geht.

Aufgabe:
Erstellen Sie für die Bestellabwicklung der Flitzer AG einen Datenflußplan!

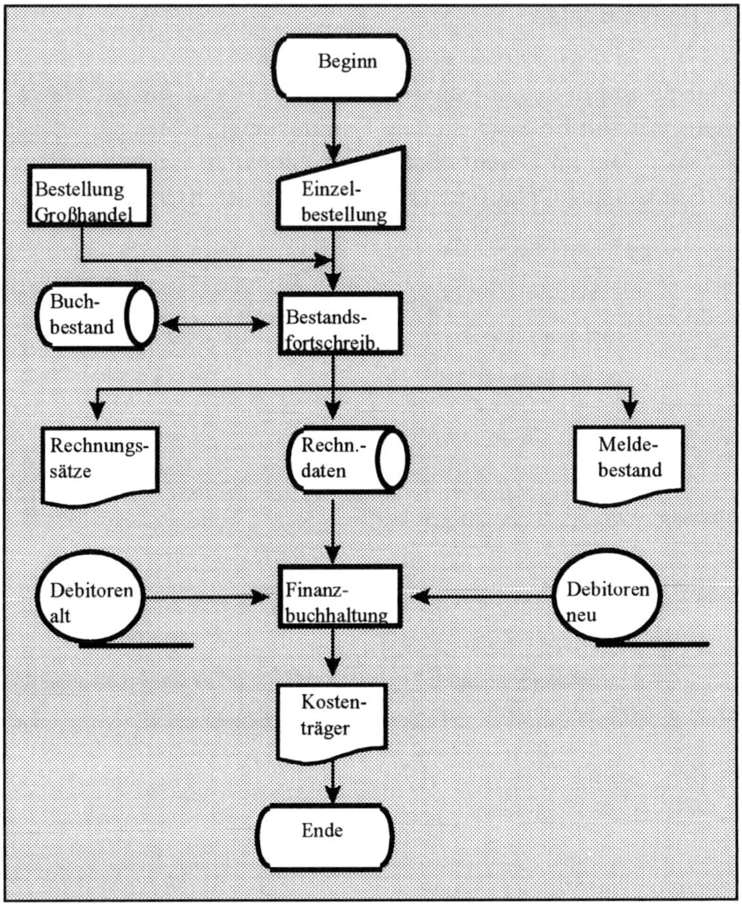

Abb. 215: Datenflußplan

7.4.1.3.3 Entity-Relationship-Modell (ERM)

Ein ERM beschreibt Datenstrukturen und Beziehungen zwischen verschiedenen Daten. ER-Diagramme gehören zu den am häufigsten verwendeten Hilfsmitteln, um betriebliche Daten transparent zu dokumentieren und zu modellieren. Die Datenmodellierung, also die Neugestaltung von Datenstrukturen, muß vor der DV-technischen Abbildung der Daten erfolgen.
Die folgende Abb. verdeutlicht die wichtigsten Begriffe eines ERM:

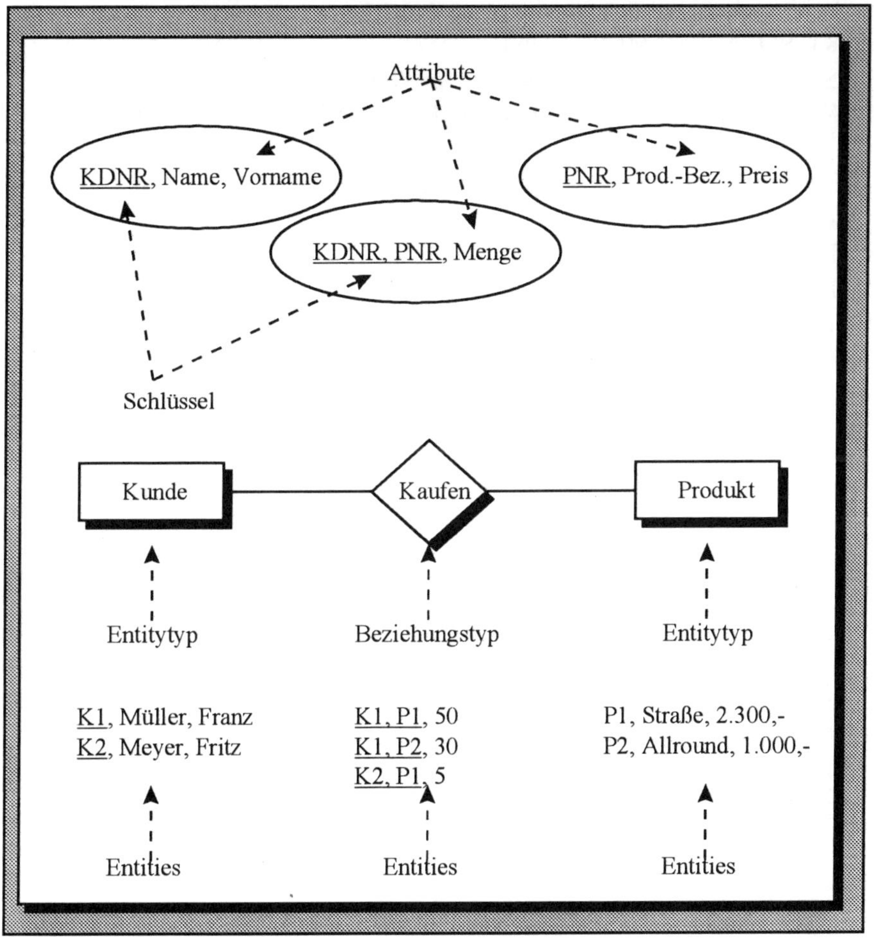

Abb. 216: Begriffe des Entity-Relationship-Modells[107]

Die nähere Beschreibung von Entity- und Beziehungstypen erfolgt durch Attribute. Den Wertebereich, den ein Attribut annehmen kann, nennt man Domäne. Zu unterscheiden sind Schlüssel- und Nichtschlüsselattribute. Schlüsselattribute identifizieren ein Objekt eindeutig.

[107] Brombacher, R., Effizientes Informationsmanagement - die Herausforderung von Gegenwart und Zukunft, in: Jacob, H. u.a. (Hrsg.), Integrierte Informationssysteme. Schriften zur Unternehmensführung, Wiesbaden 1991, S. 125.

- Schlüsselattribut des Objekttyps Kunde:
  KUNDENNUMMER (KDNR)
- Schlüsselattribut des Beziehungstyps kaufen:
  KUNDENNUMMER (KDNR) <u>und</u> PRODUKTNUMMER (PNR)

Zwischen den Entitytypen besteht eine der folgenden Beziehungen:

- 1:1-Beziehung (z.B. Auftrag - Rechnung)
- 1:n-Beziehung (z.B. Abteilung - Person)
- m:n-Beziehung (z.B. Kunde - Artikel)

Datenstrukturen können alternativ auch in Tabellenform dargestellt werden. Für jeden Entity- und Beziehungstyp legt man eine eigene Tabelle an, die pro Attribut jeweils eine Spalte aufweist.

Kunde

KDNR	Name	Vorname
K1	Müller	Franz
K2	Meyer	Fritz

kaufen

KDNR	PNR	Menge
K1	P1	50
K2	P2	30
K2	P1	5

Produkt

PNR	Prod.-Bez.	Preis
P1	Fahrrad Allround	1.000,-
P2	Fahrrad Straße	2.300,-

Abb. 217: Tabellarische Darstellung des ERM

Das ERM ist eine weit verbreitete Technik zur Darstellung von Datenstrukturen. Hilfreich sind die am Markt angebotenen Softwarepakete für die Datenmodellierung. Einschränkend muß erwähnt werden, daß ERM vor allem von DV-Spezialisten verwendet werden.

7.4.1.4 Abläufe

7.4.1.4.1 Aufgabenfolgeplan

Der Aufgabenfolgeplan bringt die (mit der Aufgabenanalyse gewonnenen) Teilaufgaben in eine zeitliche und logische Folge. Häufig werden die in Abb. 218 dargestellten Symbole benutzt.

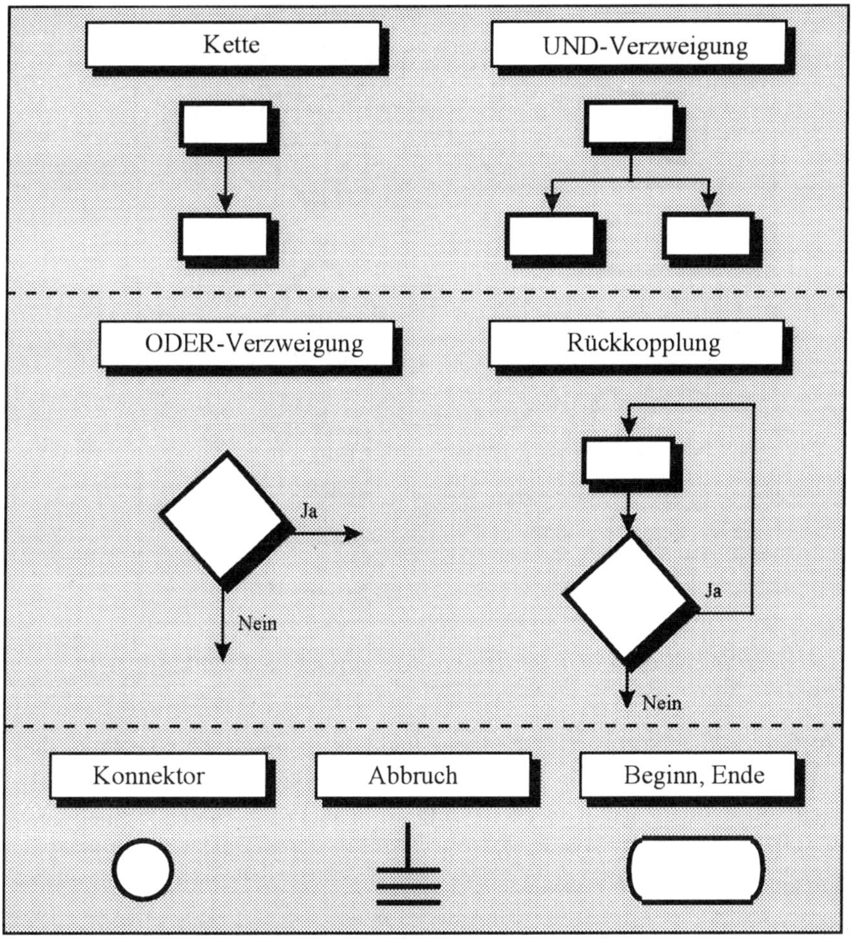

Abb. 218: Symbole des Aufgabenfolgeplans

Eng verwandt ist der Programmablaufplan (PAP). Es handelt sich dabei um eine DV-technische Darstellungstechnik, um den Programmablauf zu verdeutlichen. Er kann als spezielle Ausprägung des Aufgabenfolgeplans verstanden werden. Die Symbole des PAP sind in der DIN 66001 beschrieben. Abb. 219 zeigt den Unterschied zum Datenflußplan. Im Datenflußplan werden Ein- und Ausgabedaten dargestellt, die Verarbeitung ist sozusagen eine Black-Box. Dagegen verdeutlicht man im PAP, wie die Eingabe zur Ausgabe verarbeitet wird.

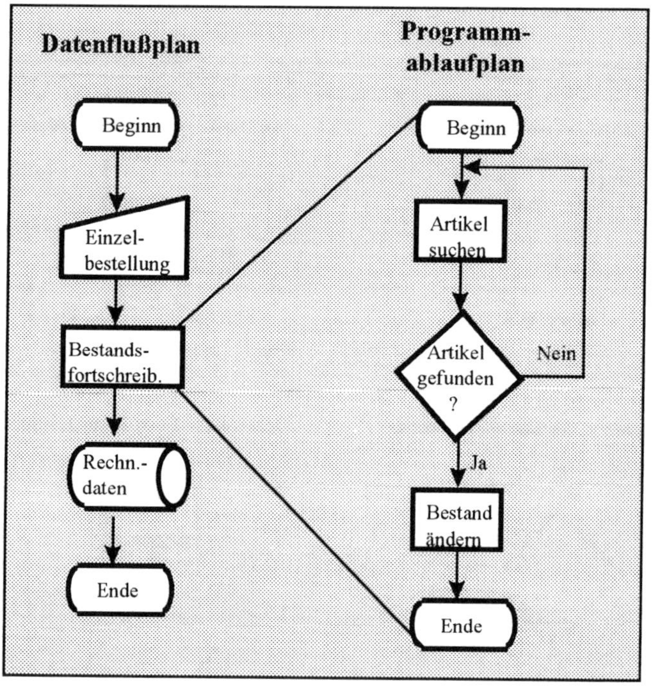

Abb. 219: Unterschied zwischen Datenfluß- und Programmablaufplan

Der Aufgabenfolgeplan ist eine einfache und häufig eingesetzte Technik, die von vielen Mitarbeitern der Fach- und DV-Abteilungen verstanden wird. Bei manueller Anwendung werden umfangreiche Pläne jedoch schnell unübersichtlich. Es bietet sich in diesem Fall an, auf spezielle PC-Software zurückzugreifen.

Fall:
Die Auftragsbearbeitung soll optimiert werden. Um den Ist-Ablauf zu erfassen, führt der Assistent der Geschäftsführung ein Interview mit dem Verkaufsleiter, dessen Wortlaut im folgenden wiedergegeben ist. Zur Dokumentation des Ist-Ablaufs und als Grundlage für Verbesserungsvorschläge soll ein Aufgabenfolgeplan erstellt werden.

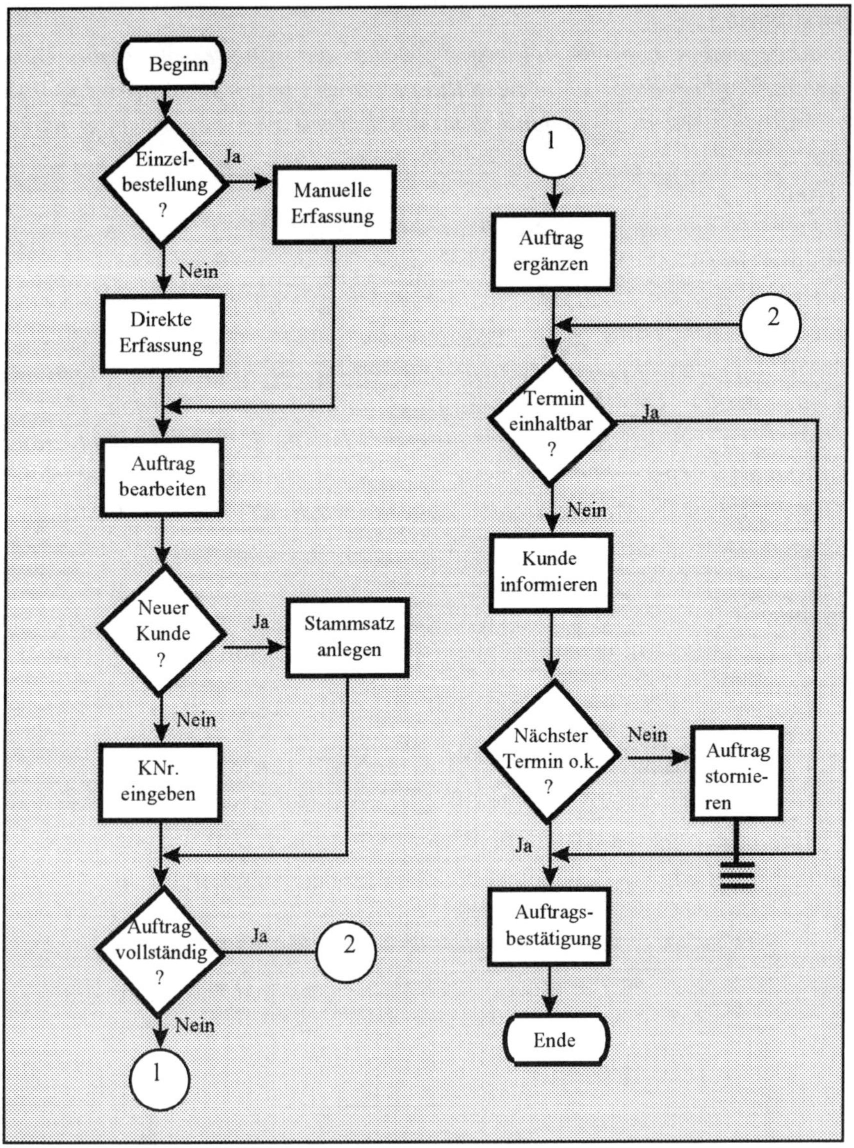

Abb. 220: Aufgabenfolgeplan der Auftragsbearbeitung

Assistent:

Wie wird der Auftrag in der Auftragsannahme bearbeitet?

Verkaufsleiter:
Die eingehenden Einzelbestellungen werden am Bildschirm erfaßt. Der Großhandel übermittelt seine Bestellungen direkt in ein Bestellprogramm. Der Auftrag wird anschließend vom Verkaufssachbearbeiter weiterbearbeitet.
Assistent:
Welche Aufgaben hat der Verkaufssachbearbeiter?
Verkaufsleiter:
Handelt es sich um einen bekannten Kunden, genügt es, dessen Kundennummer auf dem Auftrag zu ergänzen. Bei einem Neukunden muß ein Kundenstammsatz angelegt werden. Danach ist der Auftag auf Vollständigkeit zu prüfen. Unvollständige Aufträge müssen ergänzt werden. Weitere Prüfungen betreffen die Lieferfähigkeit. Ist die Lieferung nicht zum gewünschten Termin möglich, wird der Kunde informiert. Will er zum nächstmöglichen Termin beliefert werden, wird der Auftrag bestätigt. Ansonsten ist der Auftrag zu stornieren.

Aufgabe:
Erstellen Sie einen Aufgabenfolgeplan (Antwort siehe Abb. 220).

7.4.1.4.2 Ablaufdiagramm

Das Ablaufdiagramm, auch Laufkarte genannt, ordnet Stellen den einzelnen Ablaufschritten zu. Ein Beispiel ist in der folgenden Abb. dargestellt.

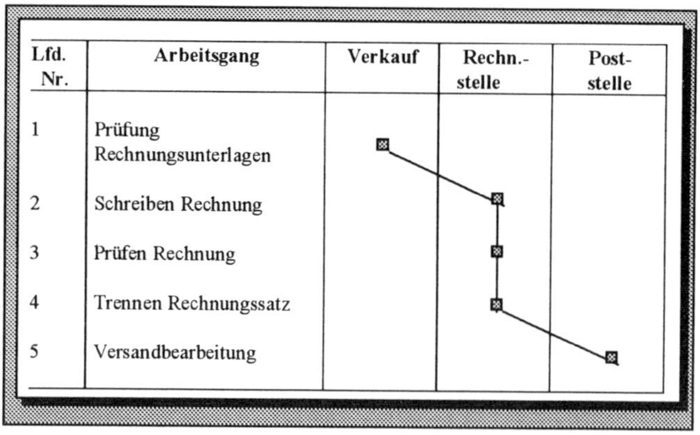

Abb. 221: Beispiel eines Ablaufdiagramms

7.4.1.4.3 Struktogramm

Struktogramme sind die moderne Form der Programmablaufpläne. Sie haben den Vorteil, daß unkontrollierte Sprünge von einem Programmteil zum anderen verhindert werden. Dadurch wird der Ablauf übersichtlicher. Die Symbole sind in der DIN 66261 beschrieben. Abb. 222 zeigt die häufig verwendeten Ablaufformen:

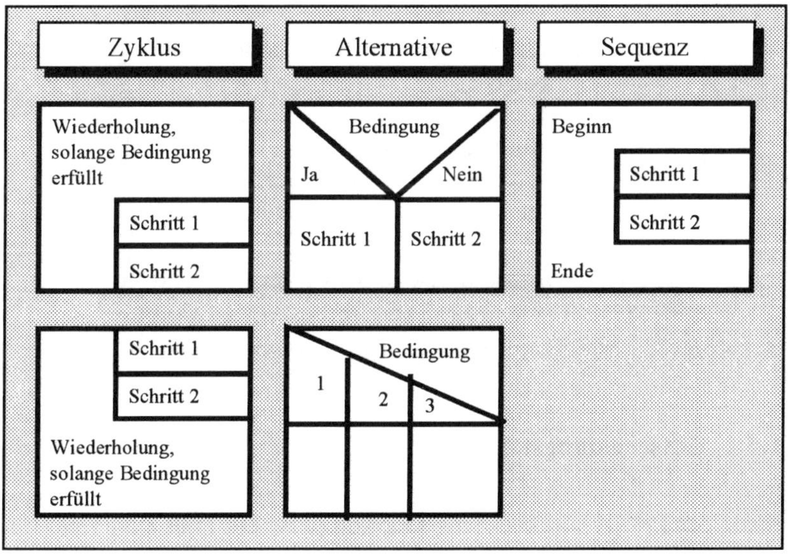

Abb. 222: Symbole des Struktogramms

Fall:
Bei jedem Auftrag muß geprüft werden, ob es sich um einen bekannten Kunden handelt. Es genügt in diesem Fall, dessen Kundennummer auf dem Auftrag zu ergänzen. Bei einem Neukunden muß ein Kundenstammsatz angelegt werden. Danach ist der Auftag weiterzuleiten.

Aufgabe:
Entwerfen Sie für den beschriebenen Ablauf ein Struktogramm!

Antwort:

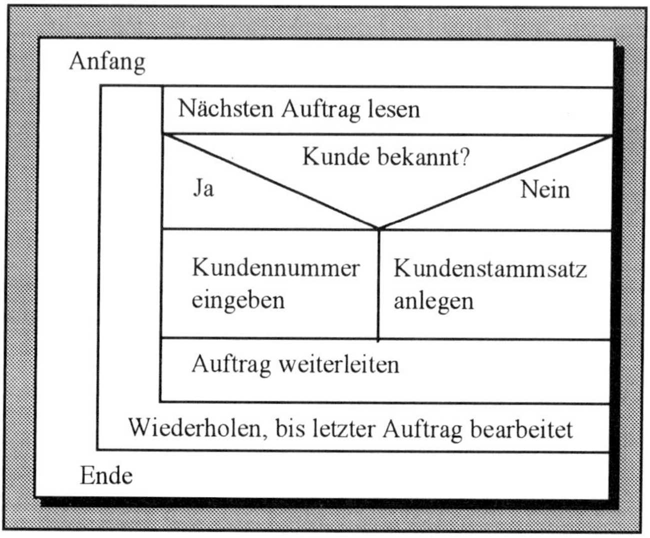

Abb. 223: Struktogramm der Auftragsbearbeitung

7.4.1.4.4 Entscheidungstabelle

Probleme der Praxis sind meistens sehr komplex. Oft muß man viele Bedingungen prüfen, um geeignete Maßnahmen bestimmen zu können. Aufgabenfolgepläne werden dann schnell unübersichtlich. Zur Darstellung komplexer Entscheidungssituationen kann die Entscheidungstabelle gewählt werden, deren Struktur in der Abb. 224 dargestellt ist. Um eine Entscheidungstabelle aufzubauen, geht man in folgende Schritten vor:

1. Bedingungen festlegen
2. Aktionen ermitteln
3. Zahl der Entscheidungsregeln R errechnen ($R = 2^x$, wobei x für die Anzahl der Bedingungen steht)
4. Bedingungsanzeiger setzen (Ja bzw. Nein)
5. Aktionsanzeiger setzen
6. Überflüssige Bedingungen streichen

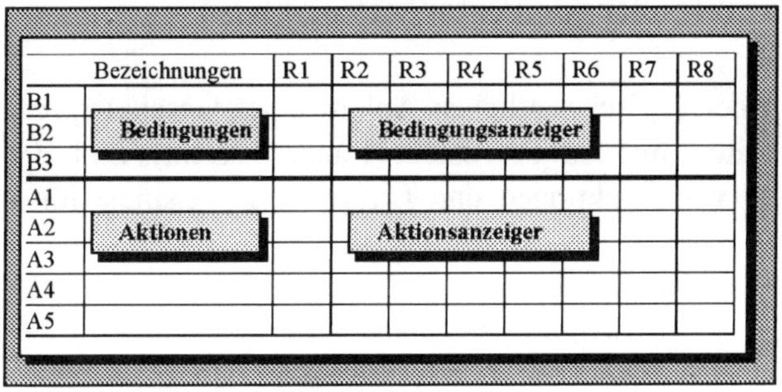

Abb. 224: Aufbau einer Entscheidungstabelle

Fall:

Die Bonität eines Kunden, bei dem bereits Zahlungsprobleme auftraten, prüft der Sachbearbeiter auf jeden Fall. Großkunden dürfen 2% Skonto abziehen. Kunden, mit denen bereits länger als 5 Jahre Geschäftsbeziehungen bestehen, ist ein Treuerabatt von 5% zu gewähren.

Aufgabe:

Formulieren Sie für die beschriebenen Bedingungen der Rabattgewährung eine Entscheidungstabelle!

	R1	R2	R3	R4	R5	R6	R7	R8
B1 Zahlungsprobleme	J	J	J	J	N	N	N	N
B2 Geschäftsbeziehung > 5 Jahre	J	J	N	N	J	J	N	N
B3 Großkunde	J	N	J	N	J	N	J	N
A1 Bonität prüfen	X	X	X	X	_	_	_	_
A2 2 % Skonto	X	_	X	_	X	_	X	_
A3 5% Treuerabatt	X	X	_	_	X	X	_	_

Abb. 225: Beispiel einer Entscheidungstabelle

7.4.1.4.5 Ereignisgesteuerte Prozeßkette (EPK)

Die EPK zeigt den logisch-zeitlichen Ablauf eines Geschäftsprozesses. Sie verbindet die Daten- und Aufgabensicht (Funktionssicht). Eine EPK besteht aus einer Folge von Funktionen und Ereignissen. Beispiele für Ereignisse sind:

- Kundenauftrag ist eingetroffen
- Arbeitsplan ist erstellt
- Verkaufspreis ist festgelegt
- Angebot ist abgelehnt

Bei der Konstruktion einer EPK werden im wesentlichen folgende Symbole verwendet[108]:

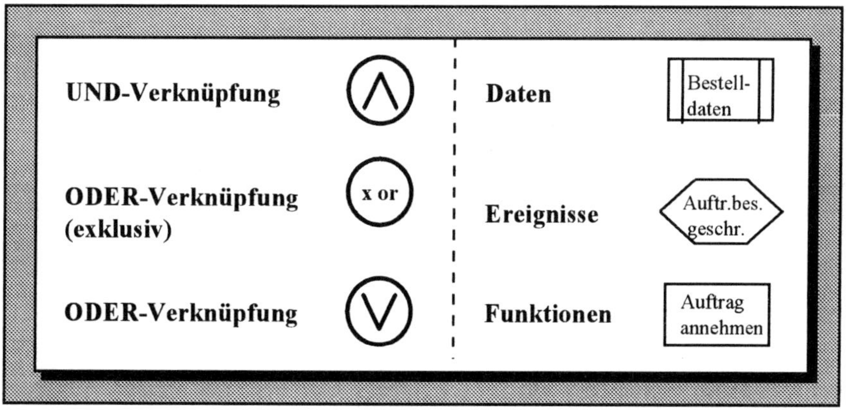

Abb. 226: Symbole der EPK

Ein Ereignis löst eine Funktion aus, kann aber auch das Ergebnis einer Funktion sein. Während die Funktion eine gewisse Zeit dauert, ist ein Ereignis immer auf einen Zeitpunkt bezogen. Da Ereignisse eine Funktion starten und den Zustand nach Abschluß einer Funktion beschreiben, beginnt und endet eine EPK immer mit einem Ereignis. Es ist darauf zu achten, daß bei der Formulierung eines Ereignisses das Objekt (z.B. *Angebot*) und die Verrichtung (z.B. *ist festgelegt*) einer Aufgabe genannt werden.

---

[108] Keller, G., SAP Business Workflow Management - Durchgängige Geschäftsprozeßoptimierung mit Hilfe des R/3-Systems, in: Scheer, A.-W. (Hrsg.), Rechnungswesen und EDV. 15. Saarbrücker Arbeitstagung 1994, Heidelberg 1994, S. 471 ff.

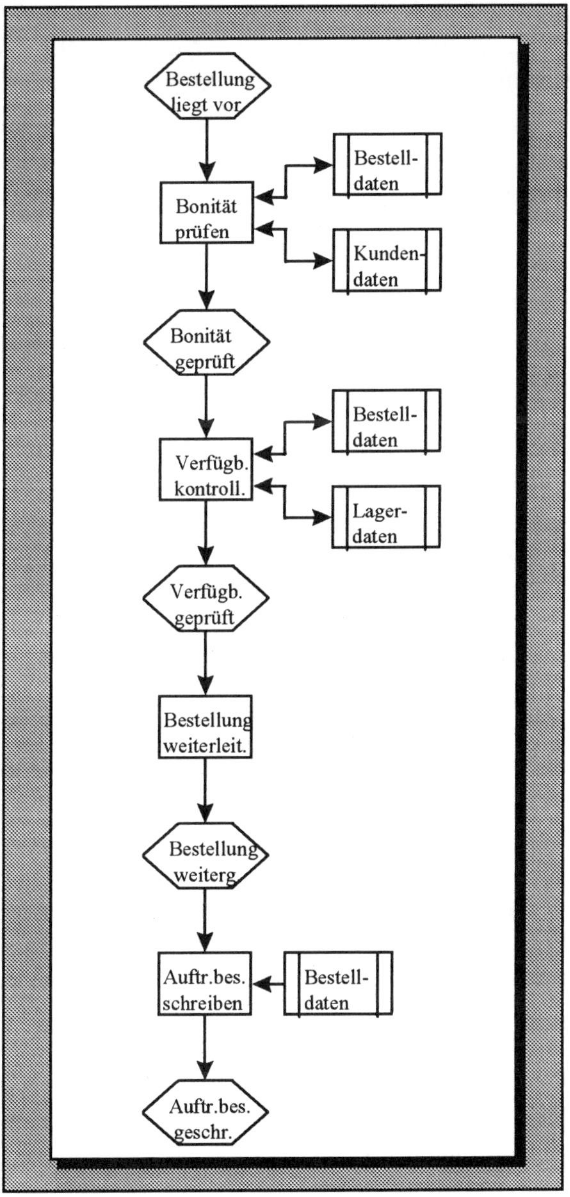

Abb. 227: Beispiel einer EPK

Von einem Ereignis können mehrere Funktionen gleichzeitig ausgehen, andererseits kann eine Funktion mehrere Ereignisse als Ergebnis haben. Diese

Fälle werden mit sogenannten Verknüpfungsoperatoren gekennzeichnet. Sie verdeutlichen die logischen Verknüpfungen der Ereignisse bzw. Funktionen: UND-Verknüpfung, ODER-Verknüpfung, exclusive ODER-Verknüpfung (von zwei Wegen kann nur einer gewählt werden, niemals beide).

7.4.1.4.6 Vorgangskettendiagramm (VKD)

Das Vorgangskettendiagramm wird verwendet, um die wesentlichen organisatorischen Sichtweisen eines Ablaufs kompakt auf einem hohen Verdichtungsniveau darzustellen[109]. Neben den Ablaufschritten werden auch die zuständigen Stellen und Abteilungen, die DV-Unterstützung und die verwendeten Daten dokumentiert. Ausgehend von den Erkenntnissen, die man mit dem Vorgangskettendiagramm gewinnt, werden weitere Techniken eingesetzt, um einzelne Aspekte der Darstellung zu vertiefen (siehe Ereignisgesteuerte Prozeßkette, ERM, Organigramm). Das Vorgangskettendiagramm erlaubt bereits, einzelne Schwachstellen zu identifizieren. Z.B. deuten häufige Aufgabenwechsel und Medienbrüche auf Verbesserungspotentiale hin. In der VKD müssen alle Zeichnungselemente in den vorgesehenen Spalten angeordnet werden, während die EPK eine freie Anordnung erlaubt.

Fall:
Die Kundenbestellung wird vom Vertrieb bearbeitet. Zunächst wird die Bonität des Kunden geprüft. Dazu werden die Kundenkartei und die Bestelldaten herangezogen. Anschließend muß anhand der Bestelldaten die Verfügbarkeit der gewünschten Produkte kontrolliert werden. Dies geschieht online im Lagerprogramm. Dort sind alle Lagerdaten gespeichert. Sind die Produkte lieferbar, wird die Bestellung per e-mail an die Abteilung Materialdisposition weitergeleitet. Außerdem erhält der Kunde eine Auftragsbestätigung, die mit einem Textverarbeitungssystem unter Zuhilfenahme der Bestelldaten geschrieben wird.

Aufgabe:
Stellen Sie den Ablauf mit Hilfe des Vorgangskettendiagramms dar!

---

[109] Scheer, A.-W., Wirtschaftsinformatik, Berlin, Heidelberg 1995, S. 63 f.

Antwort:

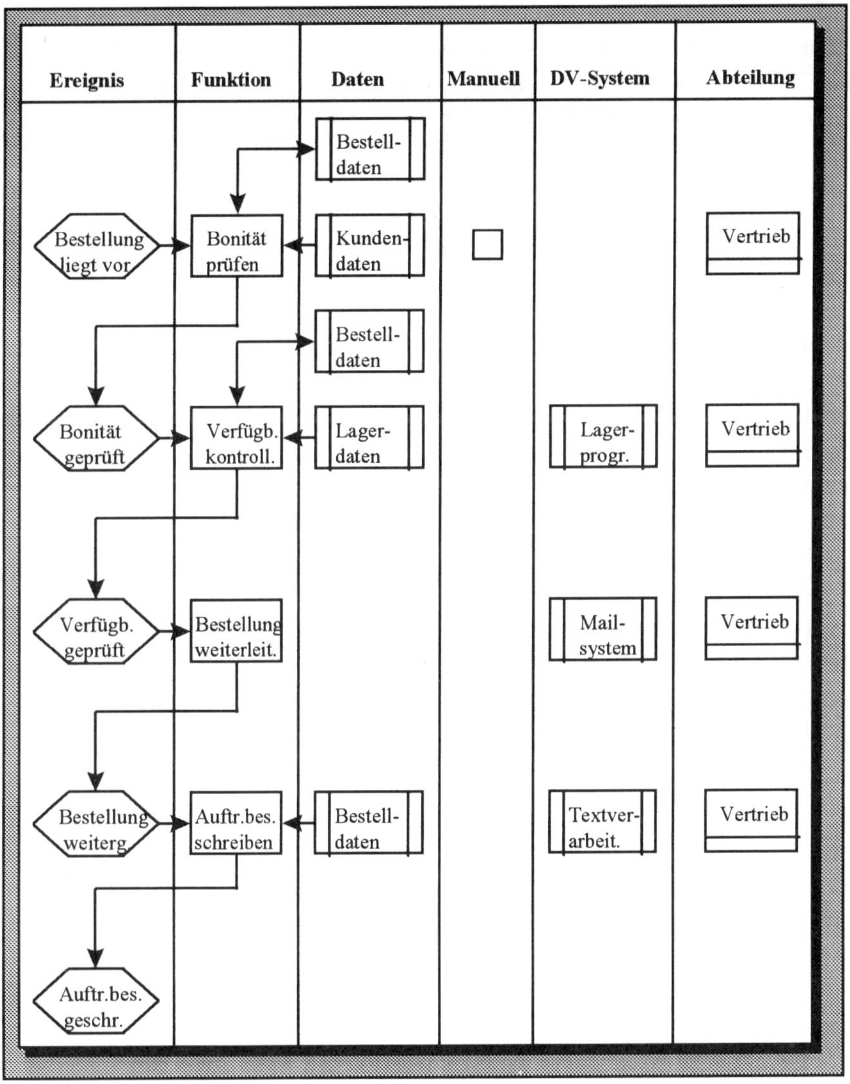

Abb. 228: Beispiel eines Vorgangskettendiagramms

7.4.2 Würdigung

Techniken der Würdigung unterstützen die Suche nach Stärken und Schwächen eines Prozesses. Zu unterscheiden sind unsystematische Verfahren (z.B. Prüffragenkataloge) und systematische Verfahren (z.B. Wertanalyse, Gemeinkostenwertanalyse und Zero-Base Budgeting).

7.4.2.1 Prüffragenkataloge

Prüffragenkataloge, auch als Checklisten bezeichnet, beinhalten Fragen, durch deren Beantwortung Schwachstellen offenkundig werden sollen. Checklisten können von Unternehmensberatungen erworben werden. Sie sind auch in diversen Fachpublikationen enthalten. Nicht zuletzt kann der erfahrene Projektmitarbeiter eigene Prüffragenkataloge zusammenstellen. Nachstehend einige Fragen aus einem Prüffragenkatalog für die Analyse von Aufgaben[110]:

1. Kommen einzelne Aufgaben so regelmäßig und häufig vor, daß sie besser einem spezialisierten Aufgabenträger zugewiesen werden sollten?
2. Ist die Reihenfolge der einzelnen Aufgaben zweckmäßig?
3. Sollte die Aufgabe besser an einem anderen Arbeitsplatz oder von einer anderen Stelle ausgeführt werden, z.B. um Kosten oder Wege zu sparen?
4. Ist der Arbeitsfluß so günstig gestaltet, daß die Durchlaufzeit möglichst gleich der Bearbeitungszeit ist?

Abb. 229: Beispiel einer Checkliste

---

[110] Acker, H., Organisationsanalyse, 7. Aufl., Baden-Baden, Homburg 1973.

7.4.2.2 Wertanalyse

Ursprünglich beschränkte man den Einsatz der Wertanalyse darauf, die Materialkosten eines Produktes zu senken[111]. Mittlerweile wurde der Einsatzbereich der Wertanalyse ausgeweitet. Man verwendet sie, um bereits existierende Kosten bei Erzeugnissen, Produktionsmitteln und Prozessen zu reduzieren (Wertverbesserung) oder um neu zu schaffende Erzeugnisse, Produktionsmittel und Prozesse zu analysieren (Wertgestaltung). Grundsätzlich verfolgt man das Ziel, das Verhältnis von Kosten und Wert zu optimieren. In Abb. 230 ist der Ablauf einer Wertanalyse nach der DIN 69910 aufgeführt:

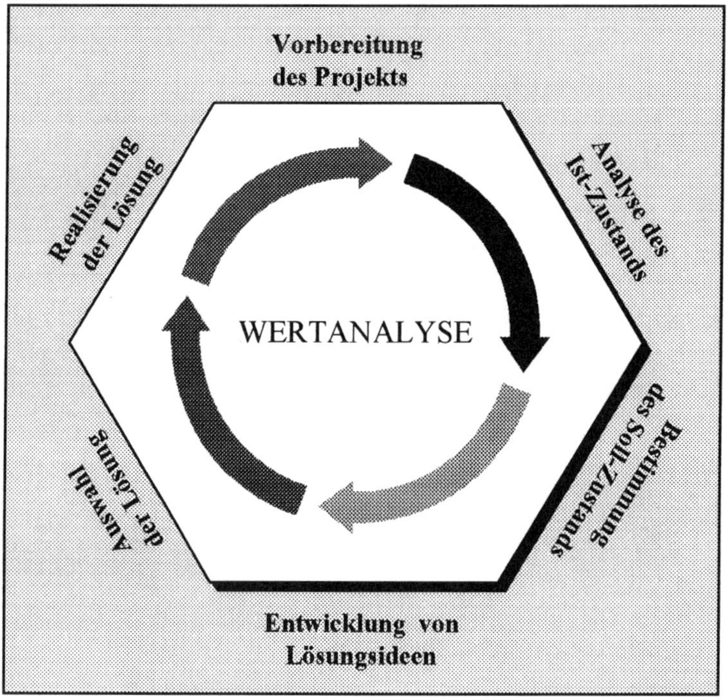

Abb. 230: Wertanalyseprozeß

Die **Projektvorbereitung** umfaßt vor allem die Zielsetzung, die Planung des Projektablaufs und die Bildung eines Projektteams. Im Rahmen der

---

[111] Müller, A., Gemeinkosten Management: Vorteile der Prozeßkostenrechnung, Wiesbaden 1992.

Analyse der Ausgangssituation müssen Kosteninformationen über das Wertanalyseobjekt beschafft und die Funktionen ermittelt werden. In der Funktionskostenmatrix ordnet man den einzelnen Komponenten eines Erzeugnisses differenziert nach Funktionen Kosten zu (vgl. Abb. 231). Es wird deutlich, wieviel Prozent der Gesamtkosten auf die einzelnen Funktionen entfallen.

	Einfache Bedienung		Preiswürdigkeit		Robustheit		Wiederverkaufswert		Summe Kosten
Komponenten	%	DM	%	DM	%	DM	%	DM	
Rahmen	30%	227,7	34%	254,5	25%	187,5	11%	80,4	750,0
Räder	33%	85,0	33%	85,0	17%	42,5	17%	42,5	255,0
Bremsen	27%	53,2	36%	70,9	27%	53,2	9%	17,7	195,0
Zubehör	30%	88,9	37%	111,1	26%	77,8	7%	22,2	300,0
Summe	**30%**	**454,7**	**35%**	**521,5**	**24%**	**361,0**	**11%**	**162,8**	**1500,0**

Abb. 231: Funktionskostenmatrix

Im nächsten Schritt muß man den **Soll-Zustand festlegen**. Dazu sind die gewünschten Zielfunktionen und Zielkosten zu definieren. Funktionen, die im Verhältnis zu ihrem Nutzen zu hohe Kosten verursachen, muß man wertanalytisch optimieren. Anschließend sollten möglichst viele **Lösungsideen** gesucht werden. Diese kreative Phase kann durch Techniken wie Brainstorming oder Methode 635 unterstützt werden (vgl. Kap. 7.4.3). Die gefundenen Lösungen muß man bewerten, damit die beste **Lösung ausgewählt** werden kann. Schließlich ist die **Realisierung** zu planen, einzuleiten und zu überwachen.

7.4.2.3 Gemeinkostenwertanalyse (GWA)

Die GWA ist eine spezielle Form der Wertanalyse, mit der das Ziel verfolgt wird, das Verhältnis von Kosten und Nutzen von **Verwaltungsleistungen** zu verbessern. Gemeinkosten werden abgebaut, indem man auf unnötige Leistungen verzichtet und notwendige Leistungen rationeller erbringt. In Abb. 232 wird die Vorgehensweise skizziert. Nach der Vorbereitung des GWA-Projektes müssen im Rahmen der Analyse die Leistungen des Untersuchungsbereichs und die Kosten festgelegt werden. Abb. 233 zeigt dies am Beispiel des Finanz- und Rechnungswesens[112].

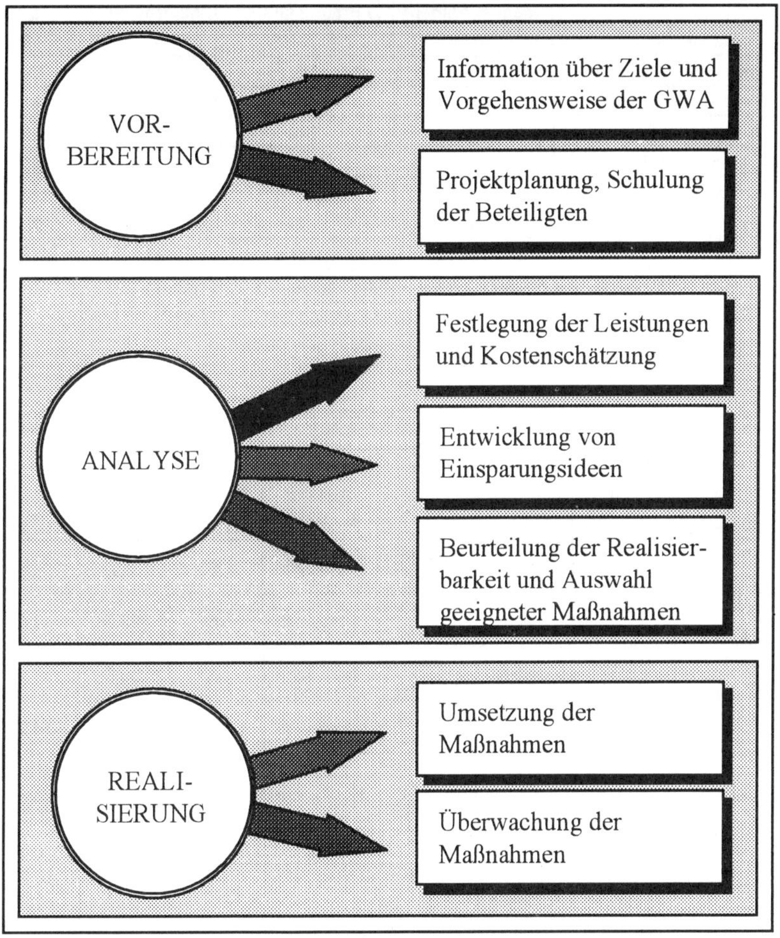

Abb. 232: Vorgehensweise bei einer GWA

[112] Kraemer, W., Felix, B., Erschließung von Kostensenkungspotentialen durch Gemeinkostenwertanalyse und Geschäftsprozeßoptimierung, in: Scheer, A.-W. (Hrsg.), Rechnungswesen und EDV. 15. Saarbrücker Arbeitstagung 1994, Heidelberg 1994, S. 288.

Gliederung der Aufgabenbereiche im Finanz- und Rechnungswesen

Aufgaben	Anteil an Gesamtaufgaben in %	Sach- und Personalkosten in TDM	Anzahl Mitarbeiter 1)	Anzahl Manntage pro Jahr
Debitorenbuchführung	10	112	4	220
Kreditorenbuchführung	40	524	8	880
Analagenbuchführung	10	139	2	220
Kostenrechnung	**20**	**189**	**4**	**440**
Controlling	10	104	3	220
Allg. Verwaltung	10	190	2	220
Summe	100	1258	23	2200

1) Der Bereich Finanz- und Rechnungswesen umfaßt insgesamt 10 Mitarbeiter.
Die Spalte "Anzahl Mitarbeiter" gibt die an einer Leistung beteiligten Mitarbeiter wider.
Pro Mitarbeiter werden 220 Manntage (=1 Mannjahr) gerechnet.

Festlegung der Leistungen und Kostenschätzung am Beispiel der Kostenr.

Leistungen	Output	Empfänger	Input	Anzahl/ Frequenz	Summe MT/Jahr	% vom Aufgabenber.	Kosten TDM
Stammdaten	Stellen-, Artenplan	Selbst	Organisation	1 pro Jahr	22	5,0	9,5
Artenplanung	Kostenplanung	Selbst	Fachabteilung	1 pro Jahr	99	22,5	42,5
Stellenplanung	Kostenplanung	Selbst	Artenplanung	1 pro Jahr	132	30,0	56,7
Datenpflege	Kostenplanung	Selbst	Diverse Daten	3 pro Jahr	33	7,5	14,2
BAB-Lauf	Kostenermittlung	Alle Fachabteilungen	Planung, Istkosten	12 pro Jahr	55	12,5	23,6
Soll-Ist-Vergleich	Abw.-ermittlung	Alle Fachabteilungen	BAB	12 pro Jahr	44	10,0	18,9
Kostenberichte	Abw.-ermittlung	Alle Fachabteilungen	SIV, BAB	12 pro Jahr	55	12,5	23,6
					440	100	189

Einsparungsideen für die Kostenrechnung

		Mögliche Einsparungen					Einsparungsempfehlung	
Leistungen	Maßnahme	Summe MT/Jahr	Kosten TDM	Negative Konsequenz	Realis. ja	Realis. teilw.	Summe MT/Jahr	Kosten TDM
Artenplanung	Leistungsreduktion	50,0	21,25	Mangelnde Flexibilität		x	44,0	18,70
Stellenplanung	Ablaufstraffung	66,0	28,40	zus. DV-Investititonen		x	44,0	18,93
		116,0	49,65				88,0	37,63

Abb. 233: Beispiel einer Gemeinkostenwertanalyse

Wichtige Phasen der GWA sind die Entwicklung von Einsparungsideen (Abb. 234) und die Beurteilung, inwiefern die vorgeschlagenen Maßnahmen realisierbar sind. Die Unternehmensberatung McKinsey fordert in diesem Zusammenhang Einsparungen von mindestens 40 %[113].

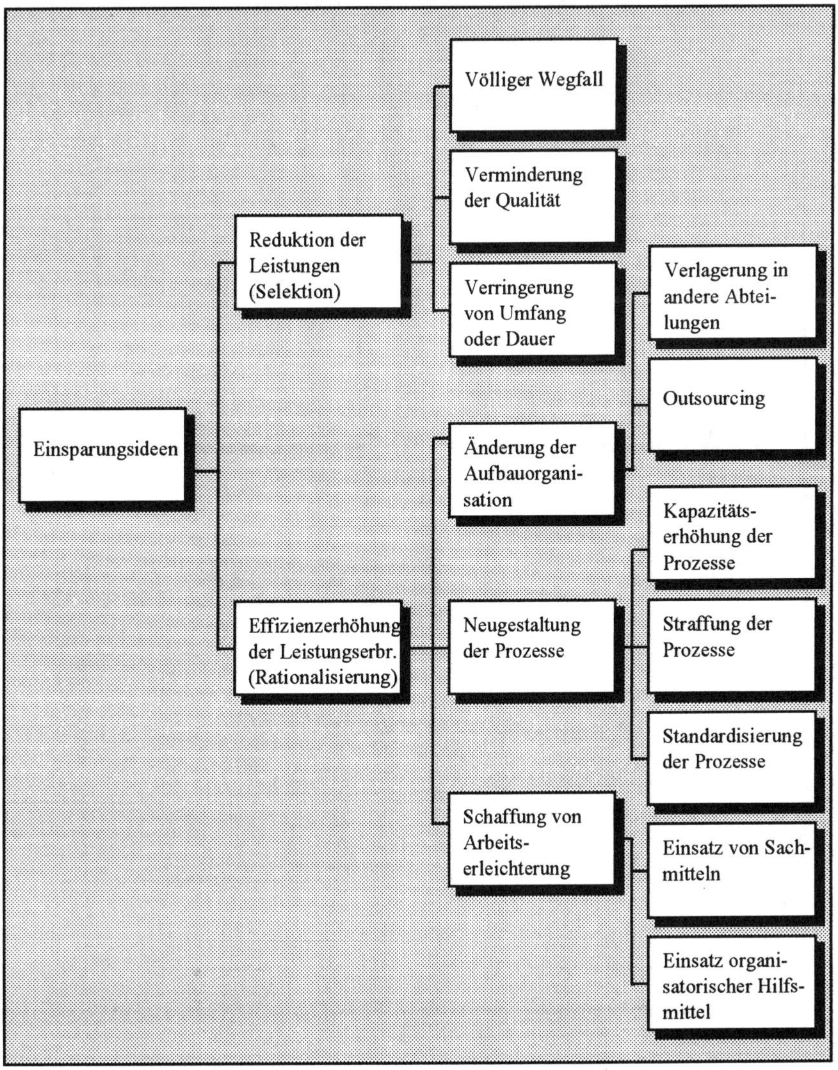

Abb. 234: Möglichkeiten zur Einsparung

113 Müller, A., Gemeinkosten Management: Vorteile der Prozeßkostenrechnung, Wiesbaden 1992, S.43.

Um die Termine exakt einzuhalten, werden die einzelnen Schritte sehr genau geplant. Der zeitliche Ablauf einer GWA ist in Abb. 235 dargestellt, wobei die Untersuchungseinheiten in maximal sechs Takte eingeteilt werden[114].

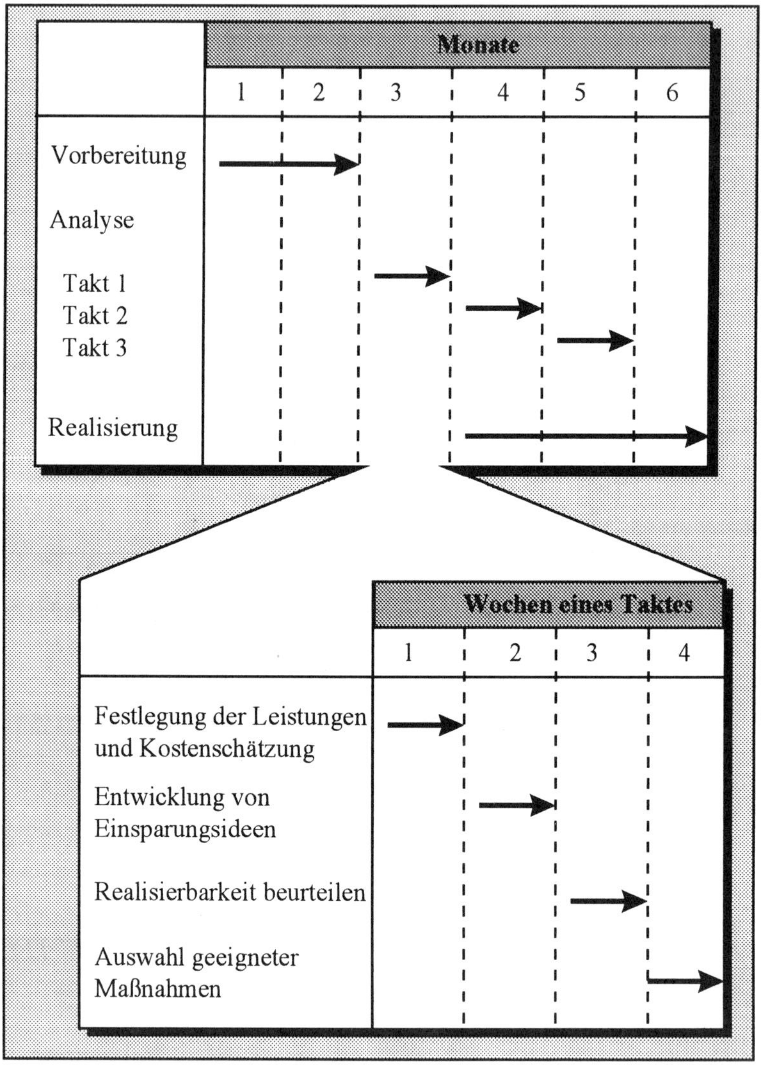

Abb. 235: Zeitlicher Ablauf einer GWA

---

[114] Letsch, M., Methoden und Verfahren der Gemeinkostensenkung. St. Gallen 1984, S. 21.

7.4.2.4 Zero-Base-Budgeting (ZBB)

Mit diesem vergleichsweise aufwendigen Verfahren will man ebenfalls Gemeinkosten senken und die Ressourcen im Unternehmen optimal verteilen.

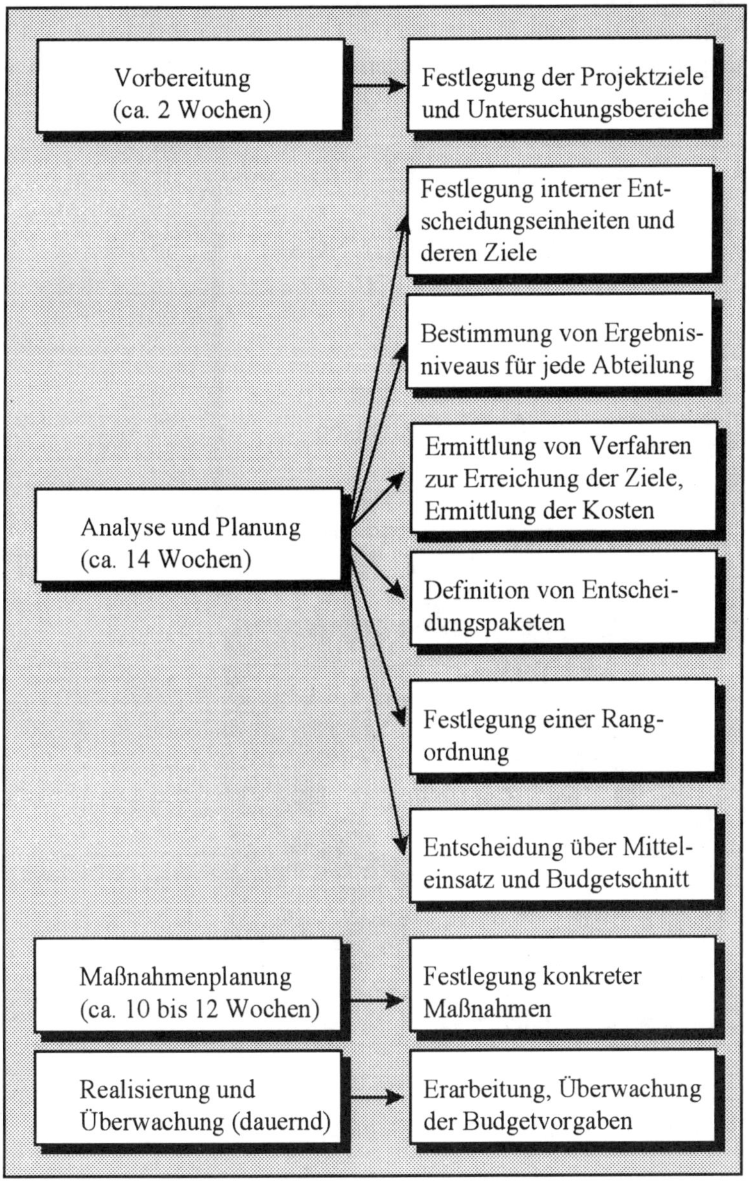

Abb. 236: Vorgehensweise bei ZBB-Projekten

Es werden ohne Rücksicht auf Entscheidungen und Budgets der Vergangenheit (ausgehend von Null) alle Kostenstellen bis zum kleinsten Gemeinkostenbereich analysiert (ausgehend von der Basis). Um die Widerstände der Mitarbeiter möglichst gering zu halten, ist deren frühzeitige Beteiligung am ZBB-Projekt wichtig. Der Ablauf von ZBB wird in Abb. 236 gezeigt[115]. Nach Festlegung der Projektziele und des Untersuchungsbereichs bildet man für eine genauere Untersuchung sogenannte Entscheidungseinheiten (vgl. Abb. 237).

Abb. 237. Bildung von Entscheidungseinheiten

[115] Letsch, M., Methoden und Verfahren der Gemeinkostensenkung. St. Gallen 1984, S. 36.

Auf Abteilungsebene müssen jeweils drei Ergebnisniveaus definiert werden (vgl. Abb. 238).

Niveau-stufe	Beschreibung	Kosten-prognose in %	Beispiel Abteilung Kostenrechnung
Minimal-niveau	Gerade noch akzeptables Arbeitsergebnis.	65	Umsatz- und Ergebnisdaten liegen 3 Wochen nach Monatsende vor.
Normal-niveau	Entspricht dem Ist-Zustand nach Rationalisierung.	95	Umsatz- und Ergebnisdaten liegen 5 Tage nach Monatsende vor.
Verbesserungs-niveau	Geht über das Normalniveau hinaus und stellt strategischen Nutzen dar.	115 - 120	Tagesaktuelle Umsatzdaten, wöchentliche Ergebnisberichte, Einführung eines Management-Informationssystems

Abb. 238: Beispiel für die Definition von Ergebnisniveaus

Pro Ergebnisniveau sind mindestens zwei Verfahren für die Zielerreichung und die zugehörigen Kosten zu ermitteln. Auf dieser Grundlage werden Entscheidungspakete definiert. Das sind die jeweils günstigsten Verfahren der Ergebnisniveaus. Die Entscheidungspakete aller Entscheidungseinheiten des Untersuchungsbereichs werden in eine Rangordnung gebracht. Kriterium ist ein möglichst optimales Verhältnis von Kosten und Nutzen. Dabei gilt grundsätzlich, daß Entscheidungspakete mit niedriger Niveaustufe zuerst eingeordnet werden. Da die finanziellen Mittel zur Realisierung der Entscheidungspakete begrenzt sind, wird ein Budgetschnitt vorgenommen. Abb. 239 verdeutlicht die Vorgehensweise.

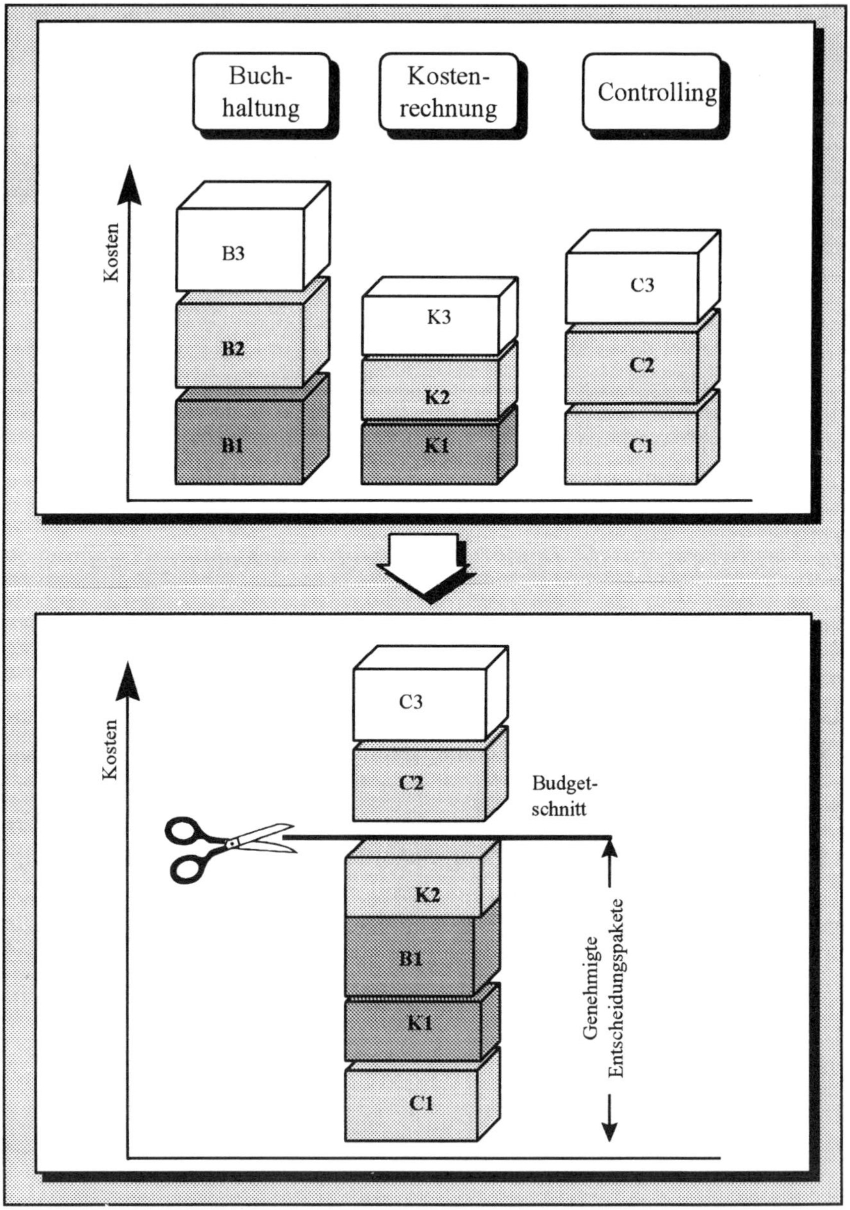

Abb. 239: Rangordnung der Entscheidungspakete und Budgetschnitt

7.4.3 Lösungssuche

Die Lösungssuche ist ein sehr kreativer Prozeß, der mit den unterschiedlichen Kreativitätstechniken unterstützt werden kann. Die bekanntesten Verfahren werden im folgenden kurz skizziert:

Brainstorming
Der Mensch neigt dazu, Bewährtes immer wieder anzuwenden. Dadurch werden ungewöhnliche Ideen für die Problemlösung nicht berücksichtigt. Das Ziel des Brainstorming ist, dieses starre Verhaltensmuster zu überwinden. Eine Gruppe von 5 bis 12 Teilnehmern sucht dabei gemeinsam nach neuen Einfällen. Folgende Regeln sind zu beachten[116]:

- Keine Kritik und keine Bewertung der vorgebrachten Ideen.
- Möglichst viele, besonders auch ungewöhnliche Einfälle sollen gesammelt werden.
- Die vorgebrachten Ideen sind weiterzuentwickeln.
- Dauer zwischen 20 und 40 Minuten.

Methode 635
Dieses Verfahren stellt eine Weiterentwicklung des Brainstorming dar. Die Ideen werden nicht mündlich, sondern schriftlich festgehalten. Die Bezeichnung 635 ergibt sich aus **6 Teilnehmern**, die **3 Ideen** aufschreiben und **5 mal weitergeben**. Aufbauend auf den vorliegenden Gedanken sind jeweils 3 weitere Ideen zu ergänzen. Die Methode 635 eignet sich besonders zur Weiterentwicklung der im Brainstorming gesammelten Ideen.

Morphologischer Kasten
Der morphologische Kasten ist eine Matrix, in deren Zeilen wichtige Einflußgrößen einer Problemlösung stehen (vgl. Abb. 240). Die Spalten enthalten für jede Einflußgröße die möglichen Ausprägungen. Die Sammlung der Ausprägungen kann durch Brainstorming erfolgen. Durch Kombination verschiedener Ausprägungen ist es möglich, kreative Lösungen für ein Problem zu entdecken[117].

---

[116] Knieß, M., Kreatives Arbeiten, München 1995.
[117] Pepels, W., Handbuch Moderne Marketingpraxis, Bd. 2: Die Instrumente im Marketing, Düsseldorf 1993, S. 116 f.

Ausprägungen / Einflußgrößen	1	2	3	4
Prozessor	133 MHz	166 MHz	200 MHz	Pentium II
Hauptspeicher	16 MB	32 MB	64 MB	128 MB
Plattenspeicher	2 GB	3 GB	4 GB	6 GB
Bildschirm	14 Zoll	15 Zoll	17 Zoll	21 Zoll
Betriebssystem	MS-DOS	Windows 95	OS/2	Win NT

Abb. 240: Morphologischer Kasten für die Auswahl eines PC

7.4.4 Bewertung und Auswahl

Hat man mehrere Lösungsalternativen, so müssen diese vor dem Hintergrund der Ziele bewertet werden, um die günstigste Variante bestimmen zu können. Die folgende Abb. 241 zeigt eine Übersicht über Bewertungsverfahren. Näher behandelt soll an dieser Stelle nur die Nutzwertanalyse werden.

Häufig reicht es nicht aus, nur „harte“ Bewertungskriterien wie Kosten für die Auswahl einer Lösung heranzuziehen. Gerade im betriebswirtschaftlichen Bereich müssen auch qualitative Einflußgrößen, wie z.B. Entscheidungsqualität, Mitarbeiterzufriedenheit, Zuverlässigkeit, und Serviceangebot berücksichtigt werden. In diesem Fall liefern die rein quantitativ ausgerichteten Wirtschaftlichkeitsverfahren kein befriedigendes Ergebnis. Eine bessere Entscheidungsgrundlage kann man sich mit der Nutzwertanalyse erarbeiten.

In der Nutzwertanalyse wird ein Punktwert für alle in Frage kommenden Alternativen, differenziert nach Zielen, ermittelt. Dieser Punktwert ist ein Indikator für den Nutzen einer Lösungsvariante.

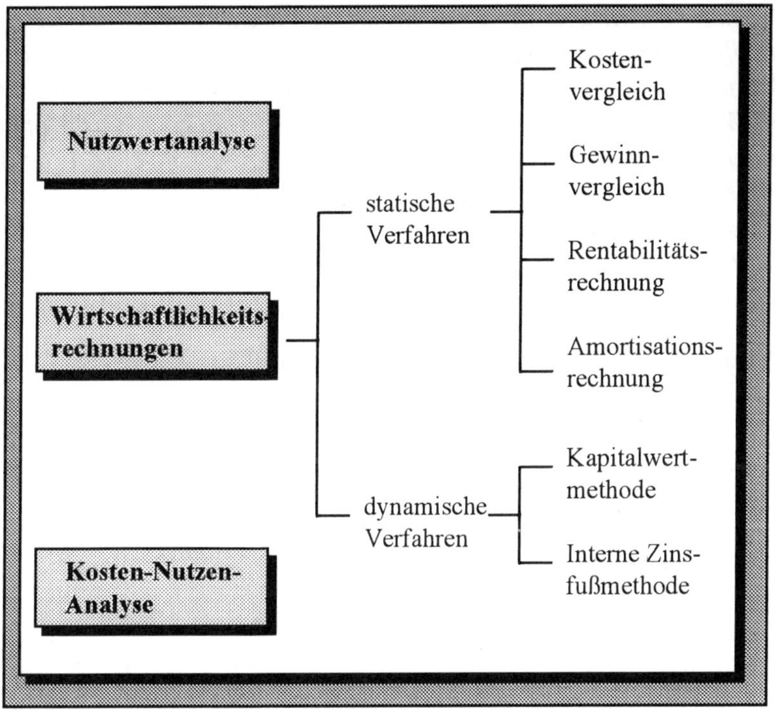

Abb. 241: Bewertungsverfahren

Die Nutzwertanalyse wird in sechs Schritten durchgeführt:
1. Ziele bestimmen
2. Ziele gewichten
3. Punkte für die Alternativen vergeben
4. Gewichte mit den zugehörigen Punkten multiplizieren
5. Gewichtete Punktgesamtsumme ermitteln
6. Sensitivität des Ergebnisses analysieren

Fall:
Die Flitzer AG möchte im Zuge der Gestaltung ihrer Geschäftsprozesse auch die DV-Unterstützung verbessern. Die alten Programme wurden vor 10 Jahren selbst programmiert und genügen nicht mehr den heutigen Anforderungen. Zwei Alternativen stehen zur Diskussion:
1. *Aufbauend auf den vorhandenen Anwendungen entwickelt die DV-Abteilung eine eigene maßgeschneiderte Lösung.*
2. *Es wird eine komplexe Standardsoftware eingeführt.*

Nachdem man sich über die Projektziele im klaren ist, wird mit der Nutzwertanalyse eine Bewertung der beiden Alternativen vorgenommen. Die Punkte und Gewichte erarbeiten die Entscheidungsträger gemeinsam in einem Workshop. Im Beispiel wird ein Gesamtgewicht von 100 auf die einzelnen Ziele verteilt. Die Zielerfüllung einer Alternative bewertet man mit Punkten zwischen 0 und 10. Das Ergebnis der im Beispiel verwendeten Nutzwertanalyse zeigt aufgrund der höheren Punktesumme, daß Standardsoftware einzuführen ist. Durch Änderungen der Ausgangsdaten könnte man feststellen, wie robust das Ergebnis ist (Sensitivitätsanalyse).

Muß-Ziele		Alternativen: Eigen-entwicklung		Alternativen: Standard-software	
Investitionssumme unter 2 Mio.		erfüllt		erfüllt	
Kann-Ziele	**G**	**P**	**GxP**	**P**	**GxP**
Organisatorische Ziele					
- Rationelles Arbeiten	6	10	60	5	30
- Benutzerfreundlichkeit	4	4	16	7	28
Softwareziele					
- Unterstützung der Geschäftsprozesse	25	10	250	7	175
- Fehlerfreiheit	5	4	20	10	50
- Zuverlässigkeit	10	5	50	10	100
- Zukunftssicherheit	5	6	30	10	50
- Service	3	6	18	8	24
- Datensicherheit	5	6	30	10	50
Hardwareziele					
- Vernetzungsmöglichkeiten	10	6	60	8	80
- Kompatibel zu vorhandener Hardware	5	10	50	0	0
Wirtschaftlichkeitsziele					
- Preis-/Leistungsverhältnis	15	6	90	8	120
- Laufende Kosten	7	7	49	9	63
Summe	100		723		770

G = Gewicht, P = Punkte

Abb. 242: Nutzwertanalyse

7.5 Aufgaben und Kontrollfragen zu Kapitel 7

Aufgabe 74:
Erklären Sie die wesentlichen Unterschiede zwischen der Organisation von Geschäftsprozessen und der traditionellen Organisation.

Aufgabe 75:
Welche wichtigen Ziele verfolgt man mit der Gestaltung von Prozessen? Was versteht man unter dem Dilemma der Ablauforganisation?

Aufgabe 76:
Beschreiben Sie die Problematik der Durchlaufzeit.

Aufgabe 77:
Beschreiben Sie das Unternehmen als System.

Aufgabe 78:
Erläutern Sie die Abwicklung von Projekten auf der Grundlage des Systemdenkens! Welche Vorteile bietet dieses Konzept?

Aufgabe 79:
Welche unterschiedlichen Gestaltungsaspekte sind bei der Organisation von Geschäftsprozessen zu berücksichtigen?

Aufgabe 80:
Mit welchen Merkmalen läßt sich ein Prozeß charakterisieren?

Aufgabe 81:
Ein wesentlicher Erfolgsfaktor der Projektarbeit ist der sorgfältig ausgearbeitete Projektauftrag. Dabei muß man insbesondere die Ziele des Projektes schriftlich fixieren.

a) Erstellen Sie für die *Beschaffung von Personal Computern* eine gewichtete Zielstruktur (eigenes Beispiel; vgl. Kap. 6.1.2)
b) Die gewichteten Ziele können dazu benutzt werden, die Lösungsalternativen zu bewerten. Überführen Sie Ihre Zielstruktur in eine Nutzwertanalyse, um zu entscheiden, welcher von den folgenden drei Personal Computern zu beschaffen ist:

   PC mit Pentium-Prozessor
   PC mit Pentium II-Prozessor
   Macintosh mit PowerPC.

Aufgabe 82:
In welchen Schritten geht man bei der Gestaltung von Geschäftsprozessen vor?

Aufgabe 83:
Erstellen Sie ein Datenmodell für folgenden Sachverhalt in graphischer und tabellarischer Form:
Das Prüfungsamt registriert alle Studenten in einer Kartei. Dokumentiert werden Name, Vorname, Matrikelnummer, Fachsemester, Studiengang, Abschluß und Anzahl der abgelegten Prüfungen.

7.6 Lösungen zu Kapitel 7

Aufgabe 74:
Ziel der prozeßorientierten Vorgehensweise ist meist eine radikale Umgestaltung der Organisation, um hohe Steigerungen der Effektivität zu erreichen. Für die Prozeßgestaltung ist es typisch, daß man sich nicht mehr an Abteilungsgrenzen orientiert, sondern funktionsübergreifend alle an der Abwicklung eines Prozesses beteiligten Organisationseinheiten berücksichtigt. Ein weiterer Unterschied ist darin zu sehen, daß bei traditioneller Vorgehensweise erst die Aufbauorganisation festgelegt wird. Anschließend werden Abläufe konzipiert. Bei prozeßorientierten Organisationsvorhaben gestaltet man die Prozesse vor der Stellenbildung.

Aufgabe 75:
Verkürzung der Durchlaufzeit, Maximierung der Kapazitätsauslastung, Erhöhung der Flexibilität, Verbesserung der Qualität, Erhöhung der Termintreue, Senkung von Kosten. Das Dilemma der Ablauforganisation besagt, daß die beiden Wichtigen Ziele Verkürzung der Durchlaufzeit und Erhöhung der Kapazitätsauslastung in einem Konkurrenzverhältnis stehen.

Aufgabe 76:
Die Durchlaufzeit besteht aus Bearbeitungs-, Liege- und Transportzeiten. Die reine Bearbeitungszeit beträgt oft nur 3-5% der gesamten Durchlaufzeit. Der hohe Anteil an Liege- und Transportzeiten resultiert vor allem aus der starken Arbeitsteilung.

Aufgabe 77:

System:	*Unternehmen*
Elemente:	*Mitarbeiter, Aufgaben, Sachmittel, Informationen*
Untersysteme:	*Abteilungen*
Beziehungen:	*Aufgaben der einzelnen Mitarbeiter*
Systemumwelt:	*Wettbewerber, Lieferanten, Kunden*
Übersystem:	*Branche*

Aufgabe 78:
Folgende Vorgehensweise ist bei der Abwicklung von Projekten sinnvoll:

1. *Systemgrenzen festlegen*
2. *Einflußgrößen ermitteln*
3. *Untersysteme definieren*

4. Schnittstellen identifizieren
5. Schrittweise Konkretisierung des Untersuchungsbereichs

Folgende Vorteile bietet das Systemdenken für die organisatorische Projektarbeit:

- *Frühzeitig kann geklärt werden, welche Bereiche im Unternehmen untersucht werden sollen und welche nicht.*
- *Komplexe Probleme werden beherrschbar. Vor allem wird dies durch ein Vorgehen vom Groben zum Detail unterstützt. Dadurch behält man den Überblick.*
- *Alle wichtigen Schnittstellen werden bei der Lösung berücksichtigt. Sogenannte Insellösungen treten nicht auf.*

Aufgabe 79:
Bei der Lösung organisatorischer Probleme sind unterschiedliche Sichtweisen zu berücksichtigen: Aufgaben, Aufgabenträger, Informationen und Sachmittel. Man spricht in diesem Zusammenhang auch von den Elementen der Organisation. Zwischen diesen Elementen gibt es Beziehungen unterschiedlichster Art, die man analysieren muß.

Aufgabe 80:
Zur Beschreibung der verschiedenen Sichtweisen eines Prozesses werden Angaben über Mengen, Zeiten und Räumlichkeiten bez. der Aufgaben, Aufgabenträger, Informationen und Sachmittel verwendet.

Aufgabe 81:
a) Muß-Ziele: Laufender Service, Schulung der Mitarbeiter

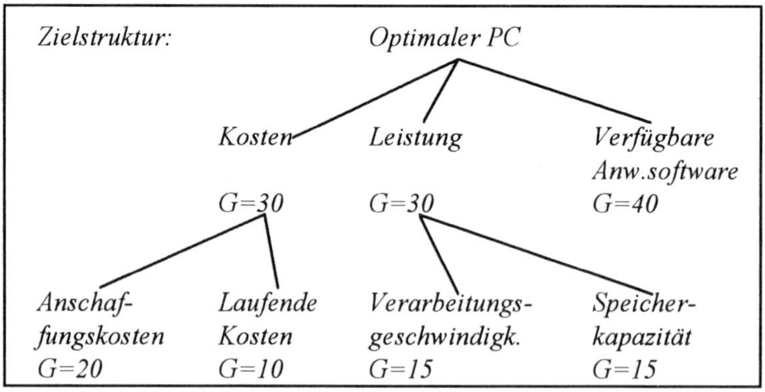

Abb. 243: Zielstruktur

b) Nutzwertanalyse (beste Alternative: PC mit Pentium II-Prozessor):

		Alternativen					
		Pentium		Pentium II		Mac	
Muß-Ziele							
- Laufender Service		X		X		X	
- Schulung		X		X		X	
Kann-Ziele	**Gew.**	**Pkt.**	**Prod.**	**Pkt.**	**Prod.**	**Pkt.**	**Prod.**
- Kosten							
Anschaffungskosten	20	10	200	6	120	4	80
Lfd. Kosten	10	10	100	8	80	8	80
- Leistung							
Verarbeitungsgeschw.	15	4	60	8	120	10	150
Speicherkapazität	15	6	90	8	120	9	135
- Verfügbare Anw.software	40	9	360	10	400	6	240
Summe			810		840		685

Abb. 244: Nutzwertanalyse

Aufgabe 82:

Die einzelnen Schritte der Prozeßgestaltung sind:
Auftrag, Erhebung und Analyse, Würdigung, Lösungssuche, Bewertung der Prozeßalternativen und Auswahl, Realisierung, Einführung und Pflege des neuen Prozesses.

Aufgabe 83:

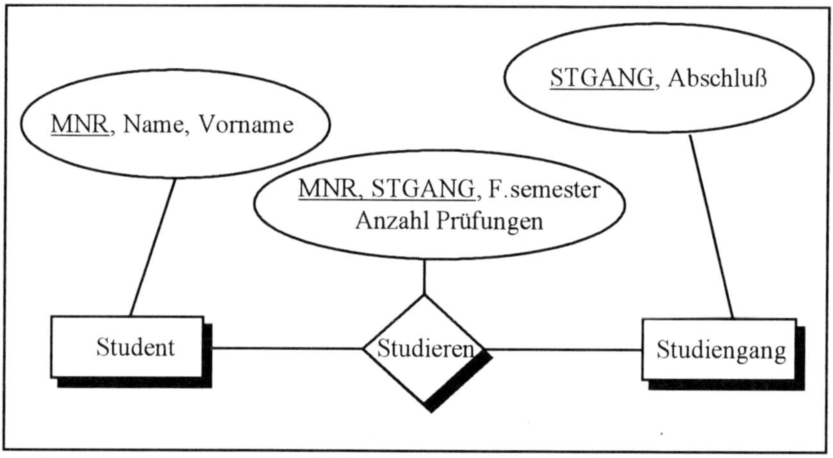

Abb. 245: Datenmodell in graphischer Form

Student

MNR	Name	Vorname
471	Müller	Franz
472	Meyer	Fritz

studieren

MNR	STGANG	F.-Semester	abg. Prüfung
K1	BW	2	12
K2	WI	3	13
K2	BW	2	11

Studiengang

STGANG	Abschluß
BW	Dipl.-Betriebswirt (FH)
WI	Dipl.-Wirtschaftsingenieur (FH)

Abb. 246: Datenmodell in tabellarischer Form

8 DV-Unterstützung für das Controlling

LERNZIELE

- Erkennen Sie die Problematik der Datenbereitstellung und -verarbeitung im Controlling.
- Sie erhalten einen Überblick über die Möglichkeiten des DV-Einsatzes im Controlling.
- Sie kennen die Ausprägungen der Integration von DV-Systemen.
- Sie wissen über fortschrittlich Methoden der Datenanalyse Bescheid.
- Sie lernen verschiedene Arten von DV-Systemen kennen und können deren Einsatzpotentiale für das Controlling beurteilen.

Die Verbindung von DV und Controlling ist sehr eng. So wurde erst durch die Vernetzung von technischen und kaufmännischen Rechnern und die starke Integration der Software ein qualitativ höherwertiges Controlling möglich. Es ist heute beispielsweise kein Problem, die Laufzeiten computergesteuerter Werkzeugmaschinen über Betriebsdatenerfassung in eine automatische und stets aktuelle Nachkalkulation einfließen zu lassen. Ein weiteres typisches Beispiel für die Beeinflussung des Controllings durch die DV sind relationale Datenbanken, durch die eine relative Einzelkosten- und Deckungsbeitragsrechnung erst praktisch einsetzbar ist. Die Beispiele ließen sich fast beliebig fortsetzen[118]. Andererseits treibt auch das Controlling neue DV-Entwicklungen voran. Genannt werden kann z.B. das Problem der zeitaufwendigen Suche und Aufbereitung entscheidungsrelevanter Informationen durch den Controller. Um dieses Problem zu beseitigen, entwickelte man seitens der DV erste Prototypen von Methodenbanken[119] und wissensbasierten Systemen[120]. Die letztgenannten Systeme sollten eine automatische Selektion und Aufbereitung der Daten, teilweise auch schon die Diagnose, übernehmen.

Die Verzahnung von Controlling und DV läßt sich bis in die 50 er und 60 er Jahre zurückverfolgen. Damals waren batchorientierte Programme, die ausschließlich auf Großrechnern liefen, vorherrschend. Der Benutzer hatte kaum Einfluß auf den Ablauf der Programme. Dies änderte sich Mitte der 70 er Jahre durch dialogorientierte Rechnungswesensoftware, die zunächst von SAP in Form des Systems R/2 auf dem Markt placiert wurde.

Heute ist das Controlling so stark wie nie zuvor durch den Einsatz der DV geprägt. Zuweilen hat man den Eindruck, daß sich der Controller mehr mit DV-Technologien beschäftigt, als mit der Weiterentwicklung der Controlling-Instrumente. Unbestritten ist jedoch, daß Controlling ohne effektive DV-Unterstützung nicht mehr möglich ist. Deswegen sollen in Kap. 8 fortschrittliche Controllingsysteme und deren Einsatzmöglichkeiten beschrieben werden.

---

[118] Mertens, P., Back-Hock, A., Fiedler, R., Verbindungen der Kosten- und Leistungsrechnung zur computergestützten Informations- und Wissensverarbeitung, Betriebswirtschaftliche Forschung und Praxis, (1990) 4, S. 268 ff.

[119] Haun, P., Entscheidungsorientiertes Rechnungswesen mit Daten- und Methodenbanken, Berlin u.a. 1987.

[120] Fiedler, R., CONTREX - Ein Beitrag zum wissensbasierten Controlling unter Verwendung der Modularsoftware SAP-RK, Diss., Nürnberg 1990 und Kraemer, W., Effizientes Kostenmanagement, Wiesbaden 1993.

8.1 Problematik der Datenbereitstellung und -verarbeitung im Controlling

Das Controlling hat die Aufgabe

- aktuelle und historische
- interne und externe
- entscheidungsorientierte und benutzerbezogene sowie
- fehlerfreie und konsistente

Daten bereitzustellen. In vielen Unternehmen treten dabei trotz DV-Unterstützung Probleme auf.

- **Wichtige Daten sind erst spät verfügbar.**
  Um auf Fehlentwicklungen rechtzeitig reagieren zu können, muß man die wesentlichen Daten frühzeitig analysieren. Im Handel sind z.B. Umsatzdaten täglich aktuell dem Management vorzulegen. Auch in Industrieunternehmen ist es sinnvoll, Deckungsbeiträge differenziert nach unterschiedlichen Zurechnungsobjekten möglichst wenige Tage nach Abschluß eines Monats verfügbar zu haben. Wünschenswert wäre es für ein aktives Controlling, wenn voraussichtliche Betriebsergebnisse aufgrund der vorliegenden Aufträge und Kundenanfragen ermittelt werden könnten. So wäre es dem Controlling möglich, schon im Vorfeld drohender Abweichungen mit Gegenmaßnahmen zu reagieren. In der Praxis sind wichtige Daten häufig jedoch erst einige Wochen nach Monatsabschluß verfügbar.

- **Historische Vergleichsdaten werden nur für wenige Monate bereitgestellt.**
  Für Analysezwecke ist es sinnvoll, historische Daten der letzten Jahre im Zugriff zu halten. Aufgrund der enorm großen Datenvolumina sind dazu nur wenige Unternehmen in der Lage.

- **Auf externe Daten kann nicht zurückgegriffen werden.**
  Es reicht nicht, die Analyse auf interne Daten zu beschränken. Vor allem im Vertrieb und für das Management sind auch Informationen über Marktanteile der Wettbewerber oder Paneldaten der Marktforschungsinstitute notwendig. Meist beschaffen sich die Unternehmen die externen Daten aufwendig in Papierform. Sinnvoll wäre jedoch eine Datenbasis,

in die automatisch neben den internen auch externe Daten fließen und für Auswertungszwecke zur Verfügung stehen.

- **Die Datenbereitstellung ist aufwendig.**
  Typisch ist eine Situation, in der Controller Daten aus vorgelagerten DV-Systemen in eine Tabellenkalkulation eintippen, weil die automatische Datenübernahme nicht möglich ist. Diese Aufgabe beansprucht häufig bis zu 90 Prozent der zur Verfügung stehenden Zeit, so daß die Analyse und die Einleitung von Gegenmaßnahmen nicht intensiv genug betrieben werden können[121].

- **Der Controller „ertrinkt" in einer Flut nicht relevanter Daten.**
  Die operativen DV-Systeme verwalten sehr große Datenmengen. Deswegen besteht die Notwendigkeit, die für die jeweilige Entscheidung notwendigen Daten zu filtern. Immer noch ist es jedoch üblich, mit umfangreichen DV-Listen zu arbeiten, die nur zu einem geringen Teil relevante Daten enthalten. Kurzfristige Ad-hoc-Fragestellungen sind damit nicht beantwortbar.

- **Die Datenaufbereitung ist nicht benutzerorientiert.**
  Die Benutzer von Informationssystemen stellen unterschiedliche Anforderungen an die Bedienung von DV-Systemen und deren Datenaufbereitung. Der spezialisierte Controller ist es gewohnt, effektiv mit reinen Zahlentabellen zu arbeiten. Er nutzt auch komplexe Software, die umfangreiche Bedienungskenntnisse voraussetzt. Dagegen verlangt das Management leicht zugängliche Daten in grafischer Aufbereitung.[122] Heutige DV-Systeme berücksichtigen dies nicht immer in ausreichendem Maße.

- **Die Daten werden fehlerbehaftet und inkonsistent bereitgestellt.**
  Die DV-Landschaft in vielen Unternehmen ist durch eine Vielzahl unterschiedlicher, historisch gewachsener Programme geprägt. Nicht kompatible DV-Systeme im operativen Bereich erschweren es, die für das Controlling benötigten Daten korrekt aufzubereiten.

---

[121] Kraemer, W., Effizientes Kostenmanagement, Wiesbaden 1993, S. 21 ff.

[122] Mertens, P., Neuere Entwicklungen des Mensch-Computer-Dialoges in Berichts- und Beratungssystemen, Zeitschrift für Betriebswirtschaft, 64 (1994) 1, S. 35 ff.

In einer solchen Situation liegt es nahe, durch eine kontrollierte Einführung neuer DV-Systeme den Mangel zu beseitigen. Dabei bietet es sich an, entsprechend den Anforderungen des Controlling ein optimales "Portfolio" unterschiedlicher Software zu wählen.
Im folgenden soll ausgehend von einem Überblick über die Anwendungsbereiche der DV und der Verdeutlichung verschiedener Integrationsformen betrieblicher DV-Systeme gezeigt werden, welche Software für das Controlling einsetzbar ist. In diesem Zusammenhang werden auch die jeweiligen Nutzeffekte und Defizite der unterschiedlichen Systeme beurteilt. Das Beispiel eines Unternehmens der Kfz-Zulieferindustrie soll verdeutlichen, wie ein Mix von Controllingunterstützungssystemen in der Praxis gestaltet werden kann.

8.2 Anwendungsbereiche der DV

Je nach Anwendungsbereich finden unterschiedliche DV-Systeme im Unternehmen Verwendung. Die Basis bilden die Administrations- und Dispositionssysteme[123]. Sie dienen der Datenerfassung, -verwaltung und -auswertung in allen betrieblichen Bereichen. Typische Nutzer sind Sachbearbeiter der verschiedenen Abteilungen. Typisches Merkmal für **Administrationssysteme** ist die Verarbeitung sehr großer Datenmengen. Z.T. müssen von diesen Systemen mehrere Millionen Datensätze im Rahmen der Lagerhaltung, der Produktionssteuerung oder des Rechnungswesens verwaltet werden. Dagegen bereiten **Dispositionssysteme** Entscheidungen vor oder automatisieren sie vollständig. Z.B. ermittelt ein Programm zur Bestelldisposition Bedarf, Bestellmenge und Lieferanten, druckt Bestelldokumente und überwacht die pünktliche und bestellmengengetreue Lieferung. Der Mensch überwacht nur noch. Administrations- und Dispositionssysteme lassen sich desweiteren entsprechend der zu verarbeitenden Daten in mengen- und wertorientierte Systeme unterteilen (vgl. Abb. 247). Darauf aufbauend erkennt man in Abb. 247 Systeme zur Unterstützung von Planungs- und Kontrollaufgaben. **Planungssysteme** werden zur Lösung schlecht strukturierbarer Probleme eingesetzt, wie sie z.B. bei der Ergebnisplanung anfallen.

[123] Mertens, P., Integrierte Informationsverarbeitung 1, Adminstrations- und Dispositionssysteme in der Industrie, 8. Aufl., Wiesbaden 1991, S. 10 ff.

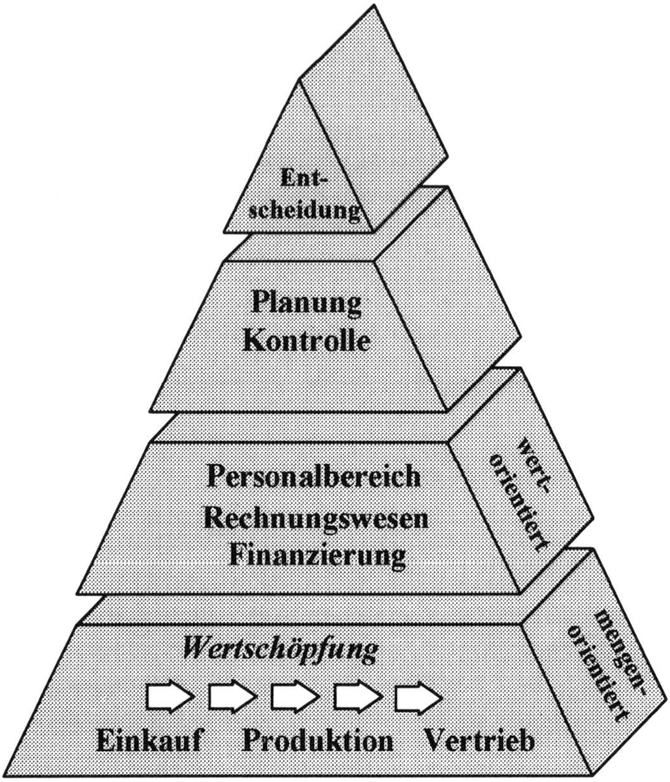

Abb. 247: Einsatzbereiche für DV-Systeme im Unternehmen

Sie arbeiten im Mensch-Maschine-Dialog. **Kontrollsysteme** sind das Gegenstück zu den Planungssystemen. Ihr Einsatzgebiet ist die Überwachung der Pläne (z.B. im Rahmen von Soll-Ist-Vergleichen). Kontrollsysteme können den Menschen bei der Selektion und Analyse entscheidungsrelevanter Daten, der Diagnose oder der Einleitung von Gegenmaßnahmen (Therapie) unterstützen (vgl. Abb. 248).
Auch zur Vorbereitung von Entscheidungen des (Top-)Managements existiert spezielle Software.

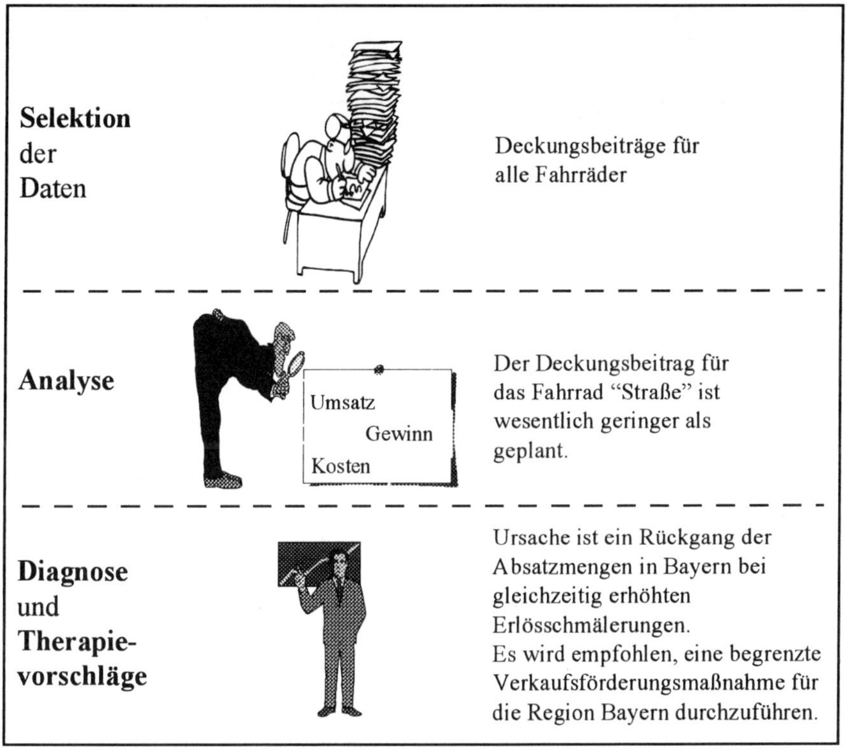

Abb. 248: Kontrollaufgaben im Controlling

Die folgenden Erläuterungen sollen auf Controlling-Informationssysteme eingeschränkt werden, insbesondere auf Software zur Unterstützung von Planungs- und Kontrollaufgaben (vgl. Abb. 249). Näher beleuchtet werden Basissoftware, Tabellenkalkulationsprogramme, Management-Informationssysteme (MIS), Executive Information Systeme (EIS) und wissensbasierte Systeme.

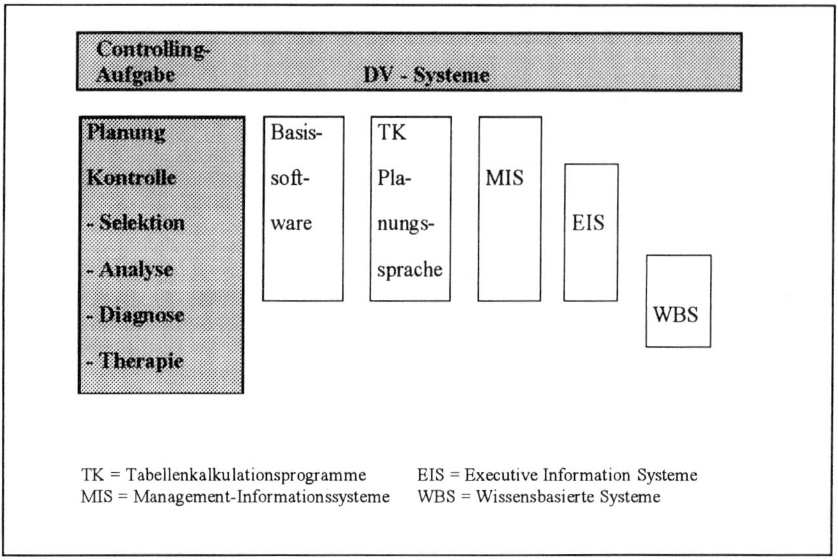

Abb. 249: Klassifizierung von DV-Systemen für das Controlling

8.3 Integration der betrieblichen DV-Systeme

Für die Bereitstellung controllingrelevanter Informationen ist es entscheidend, daß die betrieblichen DV-Systeme integriert sind. Unter Integration versteht man die ganzheitliche Verknüpfung aller betrieblichen Informationssysteme. In der Wirtschaftsinformatik unterscheidet man verschiedene Typen der integrierten DV[124]:

Datenintegration

- Programme sind so aufeinander abgestimmt, daß das datenempfangende Programm die Daten des liefernden Systems automatisch interpretieren kann.
- In einer weiterentwickelten Form werden alle Daten in einer gemeinsamen Datenbank gespeichert. Man versucht auch, verteilte Datenbanken zu realisieren. Die Daten werden dabei in dezentralen Datenbanken gehalten, auf die alle Programme Zugriff haben.

---

[124] Mertens, P., Integrierte Informationsverarbeitung 1, Adminstrations- und Dispositionssysteme in der Industrie, 8. Aufl., Wiesbaden 1991, S. 1 ff.

Methodenintegration
Die in den Programmsystemen enthaltenen Methoden werden aufeinander abgestimmt. Z.B. erwartet ein Modul, welches das Betriebsergebnis in Form einer Deckungsbeitragsrechnung ermittelt, vom Kalkulationsprogramm eine Trennung der Kostendaten in fix und variabel.

Programmintegration
Die Laufreihenfolge verschiedener Module muß festgelegt werden. Bevor z.B. die Kalkulation stattfindet, müssen die aktuellen Kostenstellensätze ermittelt werden.
Im Rahmen der Programmintegration ist auch eine einheitliche Benutzerschnittstelle sicherzustellen. Z.B. ist es wichtig, daß Bildschirmmasken, Kommandos oder Fehlermeldungen gleich aufgebaut sind. Hierzu gibt es Standards (vgl. die Anwendungsprogramme unter MS-Windows).

Horizontale Integration
Es werden Teilsysteme der betrieblichen Wertschöpfungskette verbunden (vgl. Abb. 247).

Vertikale Integration
Programme, die in der Informationspyramide unten angesiedelt sind, arbeiten mit den höher angeordneten Systemen zusammen. Z.B. werden die Daten der Administrationssysteme von den Planungs- und Kontrollsystemen weiterverarbeitet (vgl. Abb. 247). Im folgenden wird am Beispiel eines Instandhaltungsauftrags die horizontale und vertikale Integration von Produktions- und Logistiksystemen mit Programmen des Rechnungswesens verdeutlicht:

- Bei der Eröffnung von Instandhaltungsaufträgen erfolgt automatisch eine Vorkalkulation. Zusätzlich werden die benötigten Ressourcen abgeglichen:
  - Eigenleistung: Abgleich mit der aktuellen Kapazitätssituation der Werkstätten.
  - Material: Abgleich mit der Lagerverfügbarkeit.
  - Budget: Abgleich mit der aktuellen Mittelverfügbarkeit.

- Bei Auftragsfreigabe werden die erforderlichen Bedarfe an die beteiligten Fachbereiche übergeben:
  - Benötigte Materialien werden im Lager reserviert.
  - Fremdbezugsteile werden dem Einkauf in Form von Bestellanforderungen gemeldet.

- Zusätzliche Kapazitätsbelastungen durch den Instandhaltungsauftrag vermindern die verfügbare freie Kapazität.
- Das verfügbare Budget wird um die benötigten Mittel reduziert.

- Während der Überwachung des Auftrags werden Daten zurückgemeldet:
  - Zeitverbräuche werden per Betriebsdatenerfassung (BDE) auftragsbezogen erfaßt. Dadurch kann die Kapazitätssituation der Werkstatt sofort aktualisiert werden. Außerdem wird der Auftrag entsprechend belastet.
  - Materialentnahmen, die reservierte Bestände betrafen, bauen die Reservierungen automatisch ab.
  - Waren- und Rechnungseingänge aufgrund von Fremdbestellungen führen zu einer direkten Belastung des Auftrags.

- Wird bei einem innerbetrieblichen Auftrag das vorgegebene Budget überschritten, so sind im Rahmen eines aktiven Frühwarnsystems die Geschäftsvorfälle der vorgelagerten Systeme (Einkauf, Lager, Produktion) zu blockieren. Z.B. werden keine neuen Warenentnahmescheine für diesen Auftrag gedruckt.

- Bei der Auftragsabrechnung wird automatisch ein vollständig kontierter Buchhaltungsbeleg erstellt und in den relevanten Teilgebieten des Rechnungswesens fortgeschrieben:
  - Sachkontenbuchhaltung
  - Anlagenbuchhaltung (bei aktivierungspflichtigen Leistungen)
  - Kostenrechnung

Zwischenbetriebliche Integration

Viele Unternehmen streben eine Integration ihrer DV-Systeme an. Wenn diese hochintegrierten Systemen jedoch nicht in der Lage sind, mit den Programmen von Kunden oder Lieferanten zu kommunizieren, kann nur ein geringer Teil der erzielbaren Vorteile genutzt werden. Deswegen gibt es verstärkte Anstrengungen, die zwischenbetriebliche Kommunikation zu standardisieren. In der Kfz-Branche wird z.B. intensiv EDIFACT (Electronic Data Interchange for Administration, Commerce and Transport) genutzt, um Bestelldaten zwischen Zulieferbetrieben und Herstellern auszutauschen.

Integration unterschiedlicher Rechnerarchitekturen

In der Vergangenheit war die Großrechnerwelt von der Ebene der Abteilungsrechner und Personal Computer (PC) getrennt. Es existierten kaum

Verbindungen zwischen den Rechnerarchitekturen. Zentrale DV-Systeme auf dem Mainframe verursachen jedoch hohe Kosten, sind benutzerunfreundlich und inflexibel. Deswegen setzt man heute auf dezentrale Lösungen, in denen die Anwendung im Rechnernetz verteilt wird. Vorteilhaft ist es, die jeweiligen Stärken der Netzkomponenten zu nutzen. Meist erfolgt die Datenhaltung zentral durch den Großrechner (Server), während rechenintensive Aufgaben und die Präsentation auf die angeschlossenen Workstations (Clients) ausgelagert werden.

8.4 DV-gestützte Controllingsysteme

8.4.1 Basissysteme für Kostenrechnung und Controlling

Fortschrittliche Basissoftware wie das SAP-System R/3 hat mittlerweile einen sehr hohen Reifegrad erreicht (vgl. Abb. 250). Viele Unternehmen haben deshalb ihre veralteten, nicht integrierten und häufig batchorientierten Basissysteme für das Rechnungswesen abgelöst. Herausragende Kennzeichen heutiger Systeme werden im folgenden skizziert.

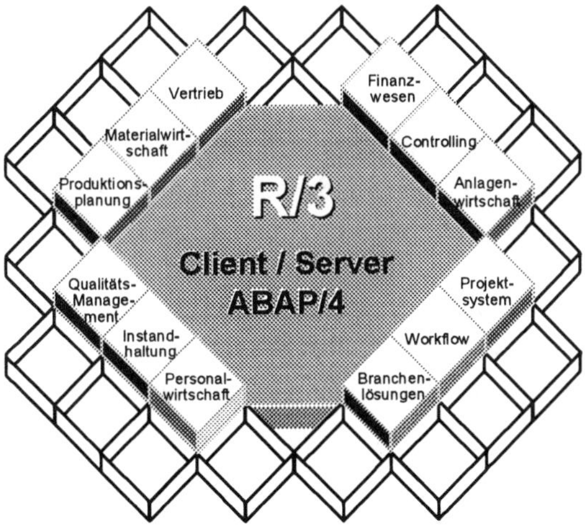

Abb. 250: SAP R/3 als Beispiel für ein integriertes Basissystem

Funktionalität

Diese Software soll als Administrations- und Dispositionssystem sowie für Planung und Analyse einsetzbar sein und ein breites Spektrum rechnungswesen- und controllingrelevanter Aufgaben abdecken. Die Entwicklung der letzten Jahre zeigt, daß große Anstrengungen unternommen wurden, um den Controller vor allem bei der Datenanalyse zu entlasten. Ein ausgefeiltes Berichtswesen unterstützt die Ursachenanalyse. Beispielsweise ist es in der Betriebsergebnisrechnung von SAP im Rahmen der Berichtsform Hitliste möglich, einfache Toleranzschwellen zu definieren oder Kostenträger, Regionen u.ä. geordnet nach der Höhe ihrer Abweichung im Bericht zu zeigen (vgl. Kap. 8.4.3.1). Sogenannte Reportcluster erlauben darüber hinaus den schnellen Zugriff auf zusammengehörige Informationen eines Controllingobjekts.

Neben den klassischen Kostenrechnungssystemen der Grenzplankostenrechnung bzw. der Einzelkosten- und Deckungsbeitragsrechnung werden auch laufend neuere Entwicklungen des Controllings, wie z.B. die Prozeßkostenrechnung, eingearbeitet[125]. Darüber hinaus arbeiten einige Softwarehäuser zusammen mit Hochschulen an unterschiedlichen Forschungsprojekten, deren Ergebnisse zukünftig die Software beeinflussen werden. Ein Beispiel hierfür ist das weiter unten erwähnte Expertensysteme BETREX zur Analyse der Kostenstellen und des Betriebsergebnisses.

Einschränkend muß erwähnt werden, daß die Funktionsvielfalt den Anwender auch überfordern kann. Das Berichtswesen ist in manchen Systemen sehr komplex und erfordert den Spezialisten. Andererseits sollte im Bereich der Analyse noch mehr Unterstützung durch die Software angeboten werden. Z.B. kann es vorkommen, daß sich kritische Teilabweichungen auf einer verdichteten Ebene kompensieren und deswegen auf den ersten Blick nicht auffallen. Hierauf sollte der Anwender automatisch hingewiesen werden. Im Rahmen des Soll-Ist-Vergleichs der Kostenstellenrechnung spalten viele Softwarepakete die Verbrauchsabweichung nicht mehr auf, obwohl erst der Ausweis von Spezialabweichungen eine differenzierte Aussage über Unwirtschaftlichkeiten zuläßt (vgl. Kap. 4.2.1.3).

[125] Kagermann, H., Verteilung integrierter Anwendungen, Wirtschaftsinformatik, 35 (1993) 5, S. 455 ff.

Integration

Einige Systeme, wie SAP R/3, decken alle Bereiche eines Unternehmens mit entsprechenden voll integrierten Modulen ab, deren Daten Realtime zur Verfügung stehen (vgl. Abb. 250). Grundlage der Integration sind gemeinsame Datenbanken, in denen die Urbelege ähnlich einer Grundrechnung gespeichert sind. Dadurch wird auch eine enge Verzahnung zwischen kaufmännischen und technischen Anwendungsbereichen möglich[126].

Client-Server-Konzept

Die SAP AG verfolgt mit ihrem R/3-System ein dreistufiges Client-Server-Konzept: Anwendungsprogramm, Datenhaltung und Benutzeroberfläche sind auf unterschiedlichen Rechnersystemen lokalisiert (vgl. Abb 251)[127].

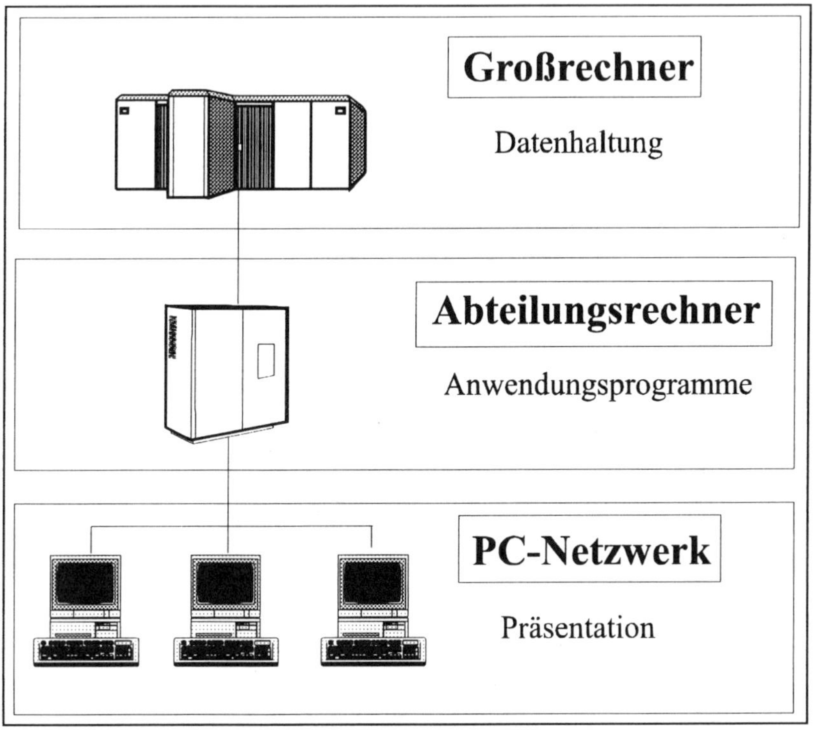

Abb. 251: Client-Server-Konzept für SAP R/3

[126] SAP (Hrsg.), System R/3. Controlling, Grundlagen und Gemeinkostenrechnung, Walldorf 1993, S. 2 ff.

[127] Stoi, R., von Wangenheim, S., Das System SAP R/3, Controlling, (1995) 4, S. 208 ff.

8.4.2 Data Warehouse

Der Begriff des Data Warehouse wurde vor zehn Jahren bei Prism Technologies von William Inmon geprägt und in der Folge vor allem im Rahmen des Information Warehouse-Konzeptes der IBM bekannt. Ein Data Warehouse ist eine zentrale Datenbank, die alle insbesondere für das Management relevanten Informationen aufnimmt. Datenquellen sind die operativen Systeme und externe Informationsquellen. Im Data Warehouse werden Daten bereinigt, verdichtet und über mehrerer Jahre gespeichert[128].

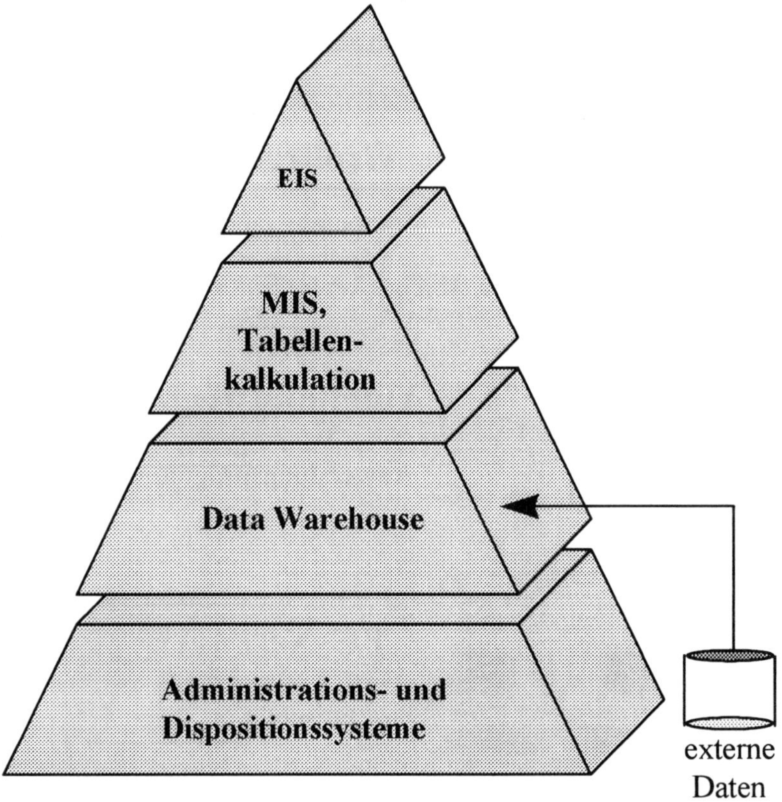

Abb. 252: Architektur eines Data Warehouse

[128] Mucksch, H., Holthuis, J., Das Data Warehouse-Konzept - ein Überblick, Wirtschaftsinformatik, 38 (1996) 4, S. 421 ff.

Für den Anwender stellt sich die Frage nach dem **Nutzen** eines Data Warehouse. Die Implementierung einer zusätzlichen Datenbank für reine Auswertungszwecke liegt schon deshalb nahe, weil es nicht sinnvoll ist, dem Anwender das Information Retrieval in einer Produktions-Datenbank zu erlauben. Die Rechnerbelastung würde enorm steigen, außerdem sind die vorhandenen Datenstrukturen dafür meist nicht geeignet. Deshalb legte man bereits in der Vergangenheit im Wege des Copy-Managements separate Datenbanken für Auswertungen der individuellen DV an.
Der Controller muß nun nicht mehr auf eine Vielzahl unterschiedlicher operativer Systeme zurückgreifen, sondern erhält die notwendigen Daten aus einer einheitlichen Datenbasis. Dadurch wird eine strikte Trennung zwischen operativen und entscheidungsunterstützenden Daten erreicht.
Die Datenaufbereitung für den Nutzer erfolgt mit entsprechenden Front-End-Tools wie z.B. Tabellenkalkulationsprogrammen und Management-Informationssystemen (MIS)[129]. Die meisten der bisher verwendeten MIS sind jedoch Insellösungen mit eigener Datenhaltung. Die notwendigen Daten werden z.B. über langsame und mühsam zu pflegende ASCII-Schnittstellen oder gar manuell in das Informationssystem übertragen. Außerdem ist vor allem bei rein PC-gestützten Systemen die Kapazität der MIS-eigenen Datenbanken sehr beschränkt. Bei einem Data Warehouse kann die aufwendige Einrichtung von Schnittstellen entfallen. Die Datenübertragung erfolgt weitgehend automatisch über schnelle Verbindungen. Daten für ad-hoc-Auswertungen werden in vielen Fällen bereits im Data Warehouse gespeichert sein, so daß diese nicht mehr neu zu beschaffen sind. Zusätzliche Möglichkeiten der Datenanalyse eröffnen sich aufgrund der großen zentral gespeicherten Datenmenge. Z.B. entdeckte ein deutsches Versicherungsunternehmen dadurch Verträge, bei denen aufgrund fehlerhafter Programmierung in den operativen Beständen ein zu niedriger Jahresbeitrag ausgewiesen wurde.
Auch die manchmal sehr aufwendige Anpassung der Endbenutzersysteme wird erleichtert (es wird berichtet, daß das Führungsinformationssystem für den Vorstandsvorsitzenden eines großen deutschen Konzerns von 20 Mitarbeitern gewartet werden muß). Neue Anforderungen und zusätzlichen Auswertungswünschen der Anwender können schnell berücksichtigt werden.

---

[129] Gertz, W., Front-end-Tools für Top-Entscheider, it Management, (1996) 9/10, S. 16 ff.

8.4.3 Endbenutzerwerkzeuge

8.4.3.1 Auswertungsmethoden von Endbenutzerwerkzeugen

Die große Menge der im Data Warehouse bereits für betriebswirtschaftliche Auswertungszwecke aufbereiteten Daten ermöglicht differenzierte Analysen mit den diversen Endbenutzerwerkzeugen. Dabei ist es für den Nutzer wichtig, daß effiziente Auswertungsmethoden bereitgestellt werden.

Exception Reporting
Die Generierung von Ausnahmeberichten ist eine häufig verwendete Standardmethode, um schnell beachtenswerte Datenkonstellationen zu erkennen. Der Benutzer stellt in der Software Schwellwerte ein, bei deren Überschreiten Hinweissignale ausgegeben werden. Typisch sind sogenannte Ampelfunktionen. Liegt eine Abweichung innerhalb der definierten Toleranzschwellen, wird die Farbe grün gewählt. An der Grenze werden Daten gelb und außerhalb des Toleranzbereichs rot angezeigt. Abb. 253 zeigt einen Ausnahmebericht mit Ampelfunktion. Die Toleranzschwelle wurde auf +/- 10% gesetzt.

Fahrraderlöse 1997

	Plan	Ist	Abweichung absolut	Abweichung in %
Scott	12000	9000	-3000	-25%
Gelände	20000	22000	2000	10%
Straße	21000	19000	-2000	-10%
Ulrich	14000	13500	-500	-4%

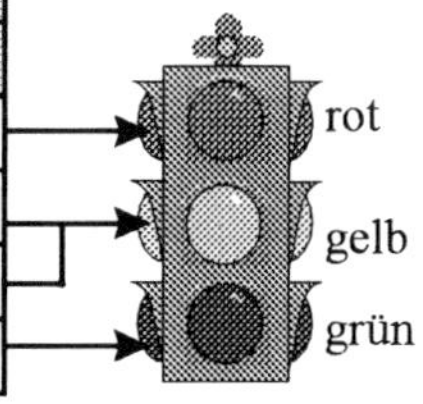

Abb. 253: Ausnahmebericht mit Ampelfunktion.

Fortschrittliche Systeme erlauben eine Kombination unterschiedlicher Schwellwerte. Beispielsweise kann man absolute und relative Grenzen definieren (vgl. Abb. 254). So werden Abweichungen vom Plan nur dann ausgewiesen, wenn sie z.B. mindestens 5 % <u>und</u> 10.000,- DM betragen. Damit verhindert man, daß das System auf unbedeutende absolute Abweichungen bei Überschreiten der relativen Schwelle hinweist. Zusätzlich ist eine Unterscheidung zwischen Abweichungen bei einzelnen Monatswerten und kumulierten Werten sinnvoll. Am Jahresanfang dürfen größere Differenzen auftreten als im Dezember, da noch die Möglichkeit der Kompensation gegeben ist.

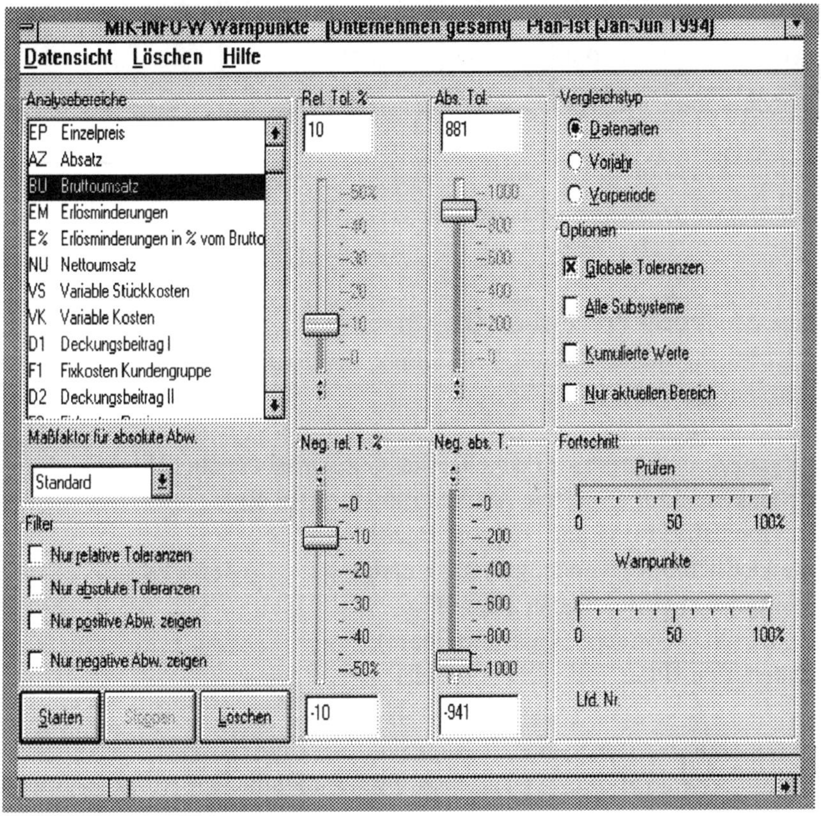

Abb. 254: Definition von Toleranzschwellen in MIK-Info

Das Modul für die Betriebsergebnisrechnung der R/3 Software von SAP bietet die Möglichkeit, sogenannte Hitlisten zu nutzen. Z.B. kann der Anwender die drei größten negativen Plan-Ist-Abweichungen der Erlöse aller Artikel als variable Ausnahme definieren (vgl. Abb. 255).

Fahrraderlöse 1997

	Plan	Ist	Abweichung	
			absolut	in %
Scott	12000	9000	-3000	-25%
Straße	21000	19000	-2000	-10%
Ulrich	14000	13500	-500	-4%

Abb. 255: Hitliste

Online Analytical Processing (OLAP)
Typische Fragestellungen im Controlling betreffen meist mehrere der folgenden Dimensionen:

- Organisationsstruktur (Teilkonzerne, Geschäftsbereiche, Werke)
- Produktstruktur (Sparten, Artikelgruppen, Artikel)
- Regionalstruktur (Land, Region, Bezirk)
- Kundenstruktur (Kundengruppe, Kunde)
- Wertgrößen (Erlös, Kosten usw.)
- Zeitstruktur (Monate, Quartale, Jahre)
- Datenarten (Plan, Soll, Ist, Forecast)

Die Frage *Wie hoch war der Deckungsbeitrag I für das Fahrrad Straße in Bayern im Juli 1996 im Ist?* läßt sich mit herkömmlichen Abfragesprachen für relationale Datenbanken nur sehr umständlich beantworten. OLAP-Systeme sind dafür besser geeignet. Mit ihnen lassen sich sehr flexibel mehrdimensionale Datenanalysen durchführen[130].
Der Benutzer definiert während der Auswertung dreidimensionale Sichten auf die Daten. Die Vorgehensweise läßt sich gut anhand eines Würfels demonstrieren, aus dem je nach Fragestellung, wie in Abb. 256 dargestellt, unterschiedliche Schichten herausgeschnitten werden. Diese Vorgehensweise wird auch als „slice and dice" bezeichnet.

[130] Jahnke, B., Groffmann, H.-D., On-Line Analytical Processing (OLAP), Wirtschaftsinformatik, 38 (1996) 3, S. 321 ff.

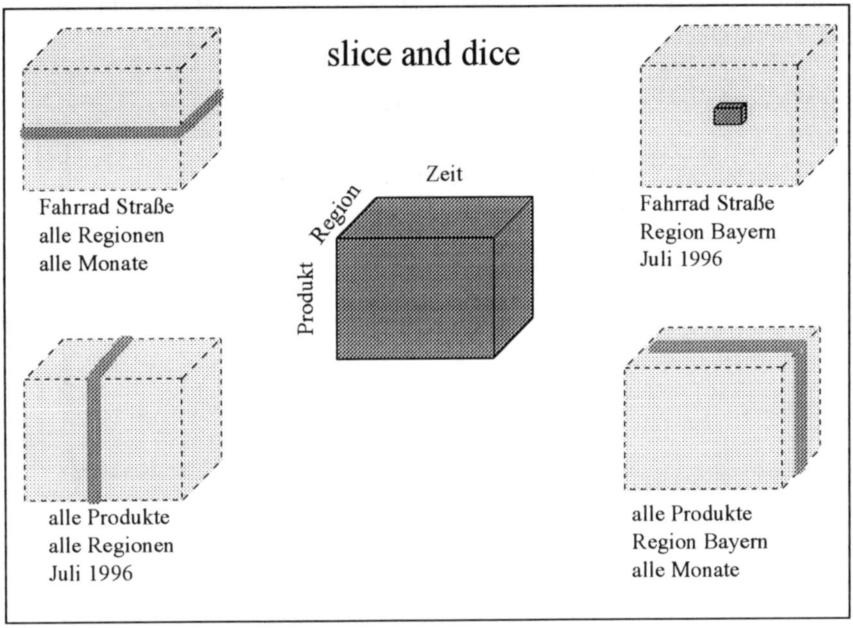

Abb. 256: Beispiel für die Datenanalyse mit OLAP

Navigation in Hierarchiebäumen

Viele Controllingsysteme bilden analyserelevante Dimensionen in Hierarchiebäumen ab, entlang derer die Datenauswertung erfolgt (vgl. Abb. 257). Der Anwender entscheidet sich während der Analyse für Knoten innerhalb einer Hierarchie, für die er Berichte anfordert. Die Vorgehensweise ist die, daß man einen ersten Übersichtsbericht (Staffelform) für einen verdichteten Knoten aufruft (vgl. Abb. 258). Bei Auffälligkeiten wird eine Berichtszeile aufgerissen, indem z.B. mittels einer Hitliste die Verteilung einer Abweichung auf die unter dem betrachteten Objekt liegenden Hierarchieknoten verdeutlicht wird. Daraufhin selektiert man das auffälligste Objekt und fordert dafür erneut einen Bericht in der Ausprägung Staffelform an. Man bezeichnet das sukzessive Detaillieren der Daten als Drill-Down und den Wechsel zwischen den beiden Berichtsformen als Flip-Flop-Verfahren. Einige wenige Systeme führen diese Art der Datenanalyse automatisch durch und präsentieren dem Benutzer den günstigsten Weg durch alle implementierten Hierarchiebäume[131].

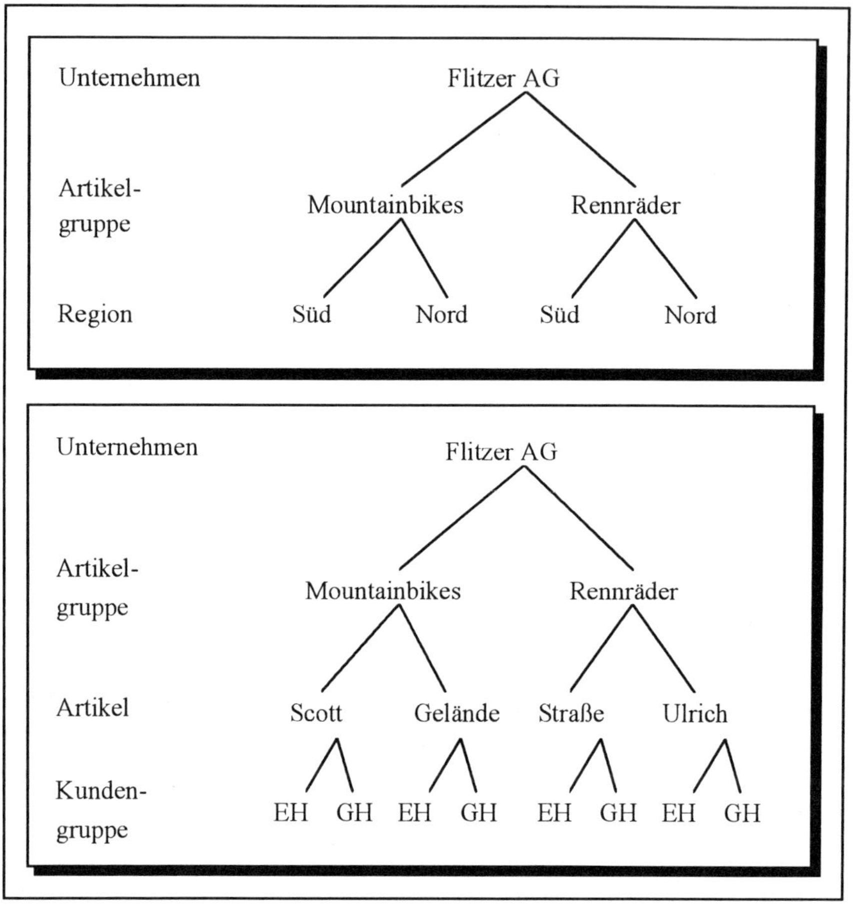

Abb. 257: Beispiel für Hierarchiebäume

[131] Heinrich, C., Hofmann, M., Entscheidungsunterstützung mit dem SAP Open Information Warehouse, Industrie Management, 12 (1996) 1, S. 21 ff.

Staffelform Flitzer AG				
			Abweichung	
	Plan	Ist	absolut	relativ
Bruttoerlös	265.294	235.500	29.794	11
Erlösschmälerungen	18.252	15.729	2.523	14
Nettoerlös	**247.042**	**219.771**	**27.271**	**11**
Variable Kosten	151.798	134.063	17.735	12
Deckungsbeitrag I	**95.244**	**85.708**	**9.536**	**10**
Fixe Kosten	55.000	55.000	0	0
Deckungsbeitrag II	**40.244**	**30.708**	**9.536**	**24**

Hitliste Flitzer AG				
			Abweichung	
	DB I-Plan	DB I-Ist	absolut	relativ
Mountainbikes	**56.026**	**40.813**	**15.213**	**27**
Rennräder	39.218	44.895	-5.677	-14
Summe	**95.244**	**85.708**	**9.536**	**10**

Staffelform Artikelgruppe Mountainbikes				
			Abweichung	
	Plan	Ist	absolut	relativ
Bruttoerlös	**132.647**	**67.286**	**65.361**	**49**
Erlösschmälerungen	14.040	12.099	1.941	14
Nettoerlös	**118.607**	**55.186**	**63.421**	**53**
Variable Kosten	62.581	14.373	48.208	77
Deckungsbeitrag I	**56.026**	**40.813**	**15.213**	**27**
Fixe Kosten	55.000	55.000	0	0
Deckungsbeitrag II	**1.026**	**-14.187**	**15.213**	**1.483**

Abb. 258: Berichte für die manuelle Navigation in Hierarchiebäumen

Data Mining
Erste Ansätze des Data Mining zeigen, daß eine weitgehend automatische Datenanalyse durch Verfahren der Mustererkennung möglich ist. Durch Data Mining werden Beziehungen zwischen Daten hergestellt, Zeitreihen analysiert, Daten klassifiziert und prognostiziert. Das Informationssystem macht dabei den Anwender auf bemerkenswerte Datenkonstellationen aufmerksam, die dieser selbst u.U. gar nicht erkannt hätte. Ein Data Mining-System könnte folgenden Hinweis erzeugen:
Beim Verkauf von Kinderfahrrädern in Bayern durch den Fachhandel wurde eine Umsatzsteigerung von 22 % und ein Anstieg der Rabatte auf 20 % festgestellt.
Beim Data Mining sind vorher festgelegte Analysewege in Form der Hierarchiebäume nicht nötig. Data Mining-Systeme greifen direkt auf Grunddaten des Data Warehouse zu.
Ein interessantes Data Mining-System ist das Programm Delta Miner. Es hilft, im Rahmen des Ergebniscontrolling den richtigen Analysepfad zu finden[132]. Die Ursachen einer Abweichung werden durch sukzessiven Drilldown immer weiter eingegrenzt. Das System generiert darüber hinaus hierarchiefreie Hitlisten auf der Basis des gesamten Datenbestands.

8.4.3.2 Tabellenkalkulationsprogramme und Planungssprachen

Tabellenkalkulationsprogramme wie MS-Excel oder Lotus-123 sind sehr komfortabel und besitzen einen großen Funktionsumfang (Verknüpfung unterschiedlicher Daten, diverse Simulationsmöglichkeiten, grafische Aufbereitung der Auswertungen und vieles andere). Sie werden dementsprechend häufig im Controlling eingesetzt, um Modelle beispielsweise zur Budgetplanung, Investitionsrechnung oder Kostenrechnung aufzubauen, Analysen durchzuführen und Berichte zu erstellen. Häufig selektiert der Controller relevante Daten aus unterschiedlichen Datenquellen, stellt diese über einen Download dem PC zur Verfügung und generiert mit der Tabellenkalkulation Spezialauswertungen, die mit den operativen Systemen nicht oder nur sehr umständlich durchführbar wären.

---

[132] Bissantz, N., Bereitstellung entscheidungsorientierter Informationen für effizientes Erfolgscontrolling - Erfahrungen mit Data-Mining-Ansätzen im Controlling, in: Carl, N., Fiedler, R. (Hrsg.), Strategisches Kosten- und Leistungsmanagement in Industrie, Handel/Dienstleistung, 3. Würzburger Controlling-Forum 1997, Würzburg 1997, S. IV-2 ff.

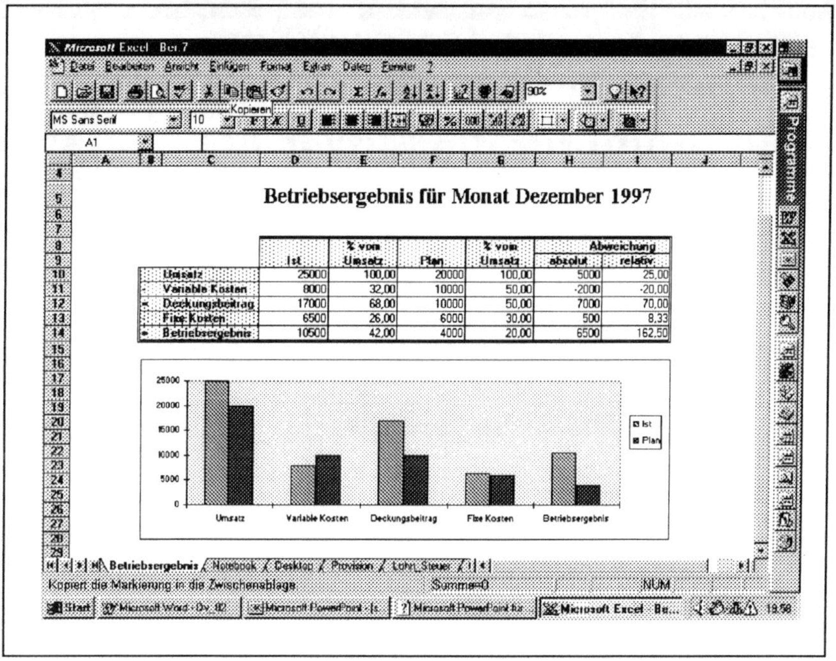

Abb. 259: Tabellenkalkulation MS-Excel

Besonders hilfreich ist es, immer wiederkehrende Auswertungen mit der sogenannten Makroprogrammiersprache zu automatisieren. Auf diesem Wege ist es auch möglich, individuelle Benutzeroberflächen für den gelegentlichen Anwender zu erstellen. Die Abb. 260 zeigt ein Beispiel aus einem Planungsmodell, das mit MS-Excel erstellt wurde. Es enthält Worksheets zur Absatz-, Umsatz- und Kostenplanung, einen Plan-Betriebsabrechnungsbogen, die Plankalkulation und -kostenträgerzeitrechnung sowie die Plandeckungsbeitragsrechnung für den Ausweis des internen Erfolgs. Ergänzt wurde das Modell um die Überleitung zum externen Ergebnis, die Plan GuV und die Planbilanz. Aufgrund der vielen integrativen Verknüpfungen des Planungsmodells sind aussagekräftige Auswertungen möglich, wie z.B. Break-Even-Analysen oder Simulationen.

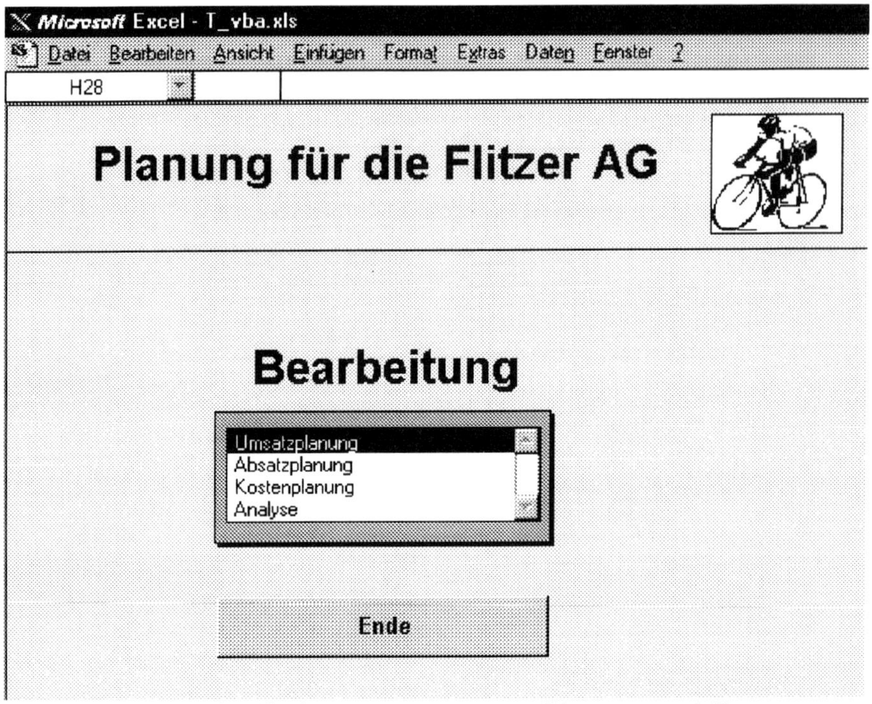

Abb. 260: Benutzoberfläche eines integrierten Planungsmodells

Bei umfangreichen Anwendungen stößt man mit Tabellenkalkulationssystemen schnell an Grenzen. Dann ist es vorteilhafter, eine **Planungssprache** einzusetzen. Es handelt sich dabei quasi um "den großen Bruder" der Tabellenkalkulation. Planungssprachen sind im Gegensatz zu Tabellenkalkulationsprogrammen nicht zellen- sondern zeilenorientiert; Rechenregeln, Daten und die Berichtsaufbereitung werden in separaten Bereichen verwaltet. Außerdem sind diese Programme drei- oder höherdimensional und ermöglichen damit eine optimale Abbildung betriebswirtschaftlicher Anwendungen.

8.4.3.3 Management-Informationssysteme

Bereits in den 70er Jahren erkannte man die Notwendigkeit, die Massendaten der administrativen DV-Systeme für das Management aufzubereiten. Statt umfangreicher Listen sollte die DV entscheidungsrelevante Informationen direkt am Bildschirm bereitstellen. Die Ansprüche an diese Systeme waren für damalige Verhältnisse enorm: ein Management-Informationssysteme (MIS) sollte unterschiedlichste Anwender umfassend mit Informationen versorgen. Die Voraussetzungen waren jedoch denkbar ungünstig: geringe Leistungsfähigkeit der Rechner, umständliche Bedienung der Software, inkonsistente und intransparente Daten. Deshalb scheiterte das Vorhaben zunächst. In den darauffolgenden Jahren wurden jedoch wieder zunehmend MIS angeboten, da ab Mitte der 80er Jahre leistungsfähige Personalcomputer mit komfortabler Oberfläche zur Verfügung standen, die auch von der Zielgruppe eines MIS bedient werden konnten. Außerdem rückte man von den ursprünglich sehr hohen Ansprüchen ab. Dies äußerte sich z.B. darin, daß man nun MIS erstellte, die auf bestimmte betriebliche Funktionen und Aufgaben spezialisiert waren, wie z.B. Vertriebs-Informationssysteme. Für die Anbieter von MIS wurde es mit der Zeit immer schwieriger, sich von den Wettbewerbern abzuheben. Vielleicht ist dies der Grund, weswegen man neue Begriffe schuf: neben den bekannten MIS, EIS (Executive Information Systems; wesentliche Kennzeichen sind die im Vergleich zu einem MIS weitaus komfortablere Benutzeroberfläche mit einfachster Bedienung und die eingeschränkten Analysemöglichkeiten) und DSS (Decision Support Systems) gab es nun CIS, EUS, FIS oder VIS. Auch MUS oder MIST konnte der Manager nutzen, um DV-gestützt an seine Informationen zu kommen. Die Verwirrung der Anwender hält bis heute an. In einer Untersuchung zeigte sich zudem, daß über die Hälfte der befragten Unternehmensvertreter (fast) keine Kenntnisse über MIS besitzt[133].

Die heute eingesetzten Management-Informationssysteme unterstützen den Controller und das mittlere Management bei der Analyse, Planung und Berichtserstellung. Sie werden z.B. im Vertrieb zur aktuellen Absatz- und Umsatzkontrolle oder in Produktion und Logistik als Informationssystem, das Kennzahlen über Ausschuß, Lieferrückstände u.ä. zur Verfügung stellt, verwendet.

In großen Unternehmen können mehrere MIS für unterschiedliche Organisationseinheiten implementiert sein. Es existiert z.B. für jedes Werk, für Vertrieb und Finanzen ein MIS. Deren verdichtete Daten werden zusam-

[133] Carl, N., Fiedler, R., Kern, C., Kessel, T., Praktischer Vergleich von PC-gestützten Managmentinformations-Systemen auf der Basis einer Anforderungsanalyse bei mittelständischen Betrieben, Arbeitspapier der Fachhochschule Würzburg-Schweinfurt-Aschaffenburg, Fachbereich Betriebswirtschaft, Würzburg 1995.

mengefaßt und einem Sparten-MIS zur Verfügung gestellt. Dieses wiederum bildet die Datengrundlage für ein Unternehmens-MIS[134].

MIS nutzen die Daten der operativen Basissysteme. Meist besitzen sie eine eigene Datenbank, die mit vorselektierten Daten regelmäßig (wöchentlich, monatlich) versorgt wird. Wichtige Kennzeichen eines MIS sind:

- Sehr komfortable Bedienung im Vergleich zu den operativen Basissystemen.
- Weitreichende grafische Darstellungsmöglichkeiten der Daten.
- Im Unterschied zu Tabellenkalkulationsprogrammen schnelle Auswertung auch umfangreicherer Datenbestände.
- Vorgefertigte Analysefunktionen wie Simulationen, Definition von Abweichungstoleranzen, automatische Warnpunkte bei Überschreiten der Toleranzgrenze, ABC-Analysen, Definition wichtiger Kennzahlen (z.B. ROI), vielfältige Datenvergleiche (Soll-Ist-Vergleich, Objektvergleich, Bildung von Indexreihen), Prognosemöglichkeiten.
- Ursachenanalysen auf der Basis hierarchisch aufgebauter Kennzahlenbäume.
- Mehrdimensionale Datenanalyse.

Auf dem Markt werden viele MIS angeboten. Neben Großrechner-basierten MIS stehen leistungsfähige Produkte auch für PC-Netze zur Verfügung[135]. Im folgenden sollen zwei MIS-Produkte mit unterschiedlichem Anwendungsschwerpunkt vorgestellt werden: Professional Planner kann als integriertes Planungssystem bezeichnet werden, während MIK-Info den Schwerpunkt bei der Kontrolle und Analyse der Daten hat.

---

[134] Hichert, R., Moritz, M., Informationen für Manager - Von der Datenfülle zum praxisnahen Management-Informationssystem, in: Hichert, R., Moritz, M. (Hrsg.), Management-Informationssysteme, Berlin u.a. 1992, S. 101 ff.

[135] Carl, N., Fiedler, R., Kern, C., Kessel, T., Praktischer Vergleich von PC-gestützten Management-Informationssystemen auf der Basis einer Anforderungsanalyse bei mittelständischen Unternehmen, Arbeitspapier der Fachhochschule Würzburg-Schweinfurt-Aschaffenburg, Fachbereich Betriebswirtschaft, Würzburg 1995.

◆ MIK-Info

MIK-INFO ist ein PC-basiertes MIS, das im Netzwerk unter MS-Windows oder OS/2 eingesetzt werden kann. Es wird strikt zwischen den Funktionen, dem Anwendungsmodell und den Daten getrennt[136].

Funktionen
MIK-Info stellt standardmäßig eine Reihe sofort und ohne Anpassung nutzbarer Funktionen bereit. Dazu gehören insbesondere die vielfältigen grafischen Aufbereitungsmöglichkeiten und die Unterstützung der Analyse mit Prognosen, Simulationen oder der Definition von Toleranzschwellen

Anwendungsmodell
Ein betriebsindividuelles Modell wird mit einem Generator erstellt. Meist übernimmt diese Aufgabe ein mit dem System vertrauter Controller. Ein Modell besteht aus Analysebereichen, Analysestrukturen und Subsystemen.

1. Analysebereiche
Typische Analysebereiche sind z.B. Bruttoumsatz, Absatzmengen, Kosten, verschiedene Bilanzpositionen, Anzahl Mitarbeiter.

2. Analysestrukturen
Es handelt sich bei der Analysestruktur um eine hierarchische Differenzierung der Analysebereiche. Beispielsweise wird der Gesamtabsatz eines Unternehmens nach Artikelgruppen und Artikel aufgesplittet. Der Absatz eines bestimmten Artikels wird dabei als Zeile bezeichnet. Durch die Verknüpfung aller Zeilen entsteht die Analysestruktur.

3. Subsysteme
Jedes Subsystem enthält Analysebereiche und Strukturen. Auch Subsysteme können hierarchisch strukturiert werden. Dadurch ist es möglich, in MIK-INFO dreidimensionale MIS-Strukturen abzubilden. Während die Analysestrukturen eher statischen Charakter haben, können Subssysteme leicht geändert werden.

---

[136] MIK (Hrsg.), Benutzerhandbuch MIK-Info, Konstanz 1994, S. 1-1 ff.

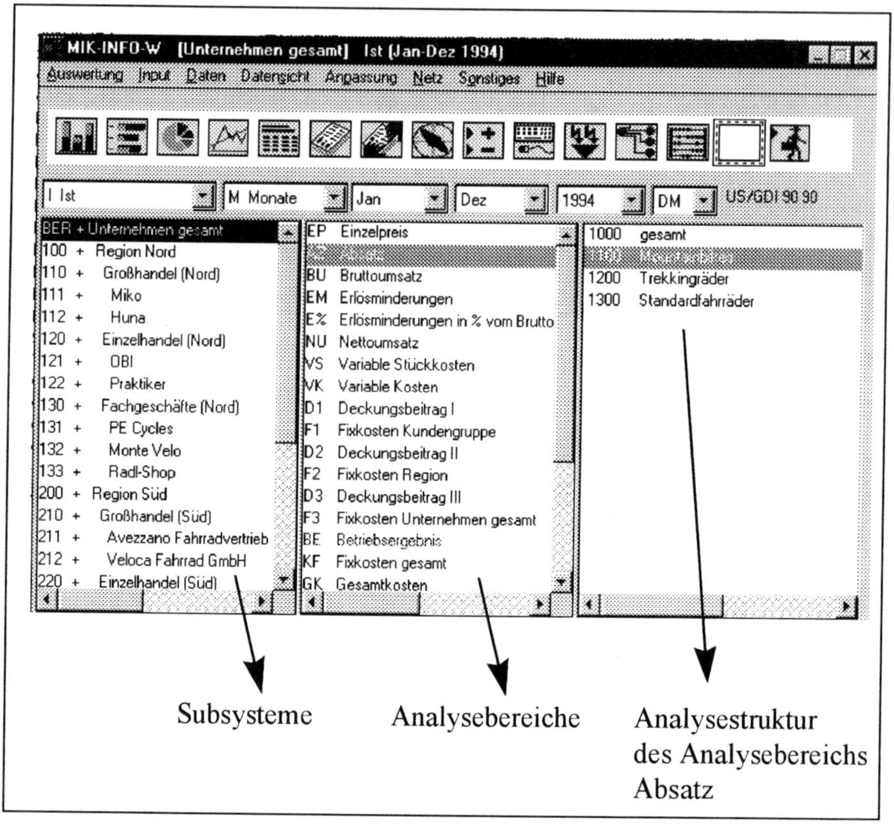

Abb. 261: Beispiel für ein individuelles Anwendungsmodell

Die Möglichkeiten der Verdichtung sind sehr flexibel. Z.B. kann man ein Unternehmen mit Vertriebsgesellschaften in unterschiedlichen Bundesländern als Subsystemhierarchie aufbauen (vgl. Abb. 262). Jedes Land repräsentiert ein eigenes Subsystem mit Analysebereichen (Deckungsbeiträge, Erlöse, Kosten usw.) und -strukturen (z.B. Analyse der Erlöse nach Artikelgruppen und Artikel).

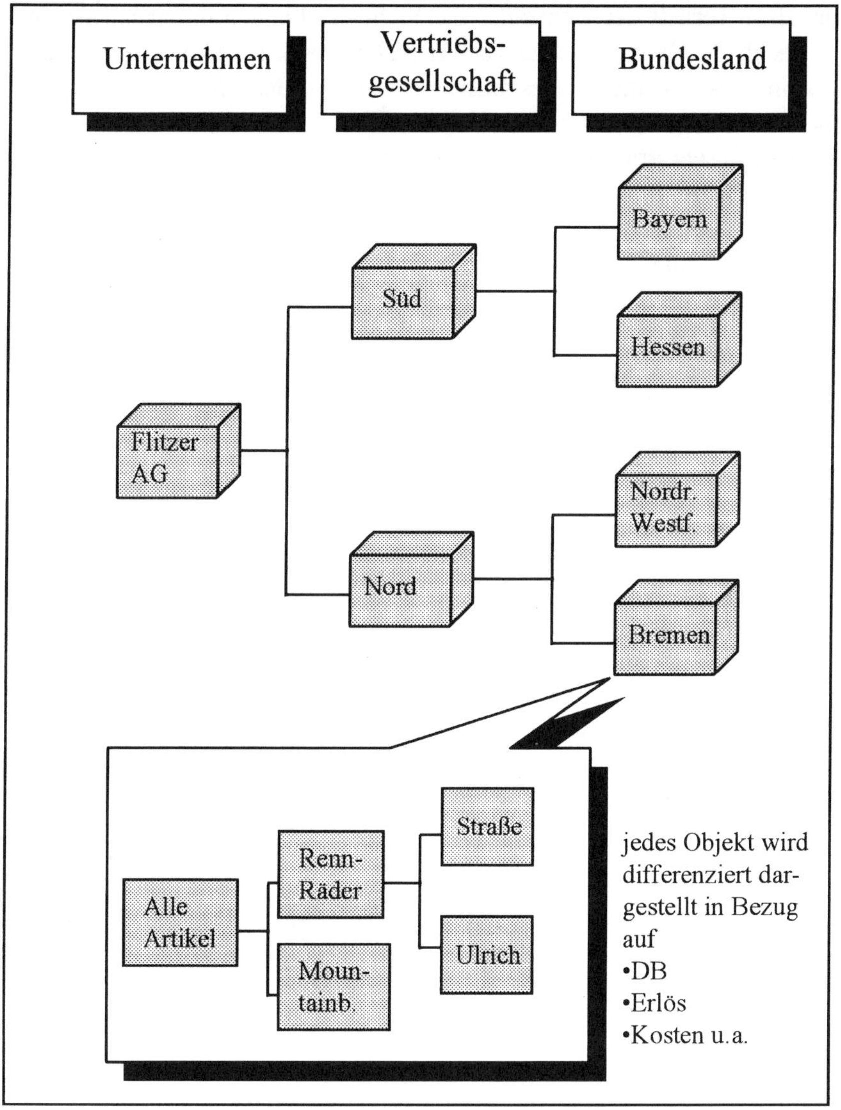

Abb. 262: Beispiel für eine Modellstruktur in MIK-Info

Eine typische Analyse könnte folgendermaßen ablaufen: Der Controller führt einen Plan-Ist-Vergleich des Deckungsbeitrags durch. Dabei entdeckt er anhand der kumulierten Daten eine erklärungsbedürftige Abweichung am Jahresende. Um die Gründe für die Abweichung zu erhalten, läßt er sich die Plan-Ist-Abweichungen des Absatz anzeigen und erkennt, daß 647 Einheiten weniger verkauft wurden, als geplant war. Für eine weitergehende Ursa-

chenanalyse verläßt der Controller die Sicht des Gesamtunternehmens und wendet sich der Analyse einzelner Artikelgruppen zu. Die Artikelgruppe Mountainbikes und hier insbesondere der Artikel Gelände zeigen einen signifikanten Rückgang der Absatzmenge um 570 bzw. 410 Einheiten.
Da MIK-Info sehr grafikorientiert ist, bietet es auch viele Diagrammformen: Säulen-, Balken-, Linien-, Kreis- und Flächendiagramme können in unterschiedlicher Aufbereitung genutzt werden. Die folgende Abb. zeigt ausgewählte und für den Controller interessante Darstellungsoptionen.

Darstellungs-optionen	Beschreibung
Indizieren	Die Werte einer Periode werden gleich 100% gesetzt. Alle anderen Perioden werden auf dieser Basis indiziert.
Normieren	Der Gesamtwert jeder Periode wird gleich 100% gesetzt. Innerhalb einer Säule werden die prozentualen Anteile aufgeführt.
Kumulieren	Für jede Periode wird die Summe der bisher aufgelaufenen Werte gezeigt.
Rollieren	Es werden immer die Werte des aktuellen Monats und der elf Vormonate aufbereitet.
Durchschnitt	Entlang der Zeitachse werden Durchschnitte der Werte für den aktuellen Datenzeitraum gebildet.
Abweichungen	Abweichungen zur Vorperiode werden relativ oder absolut präsentiert.

Abb. 263: Darstellungsoptionen in MIK-Info

Neben Plan-Ist-Vergleichen, sind flexible Zeit-, Objekt- und Kennzahlenvergleiche möglich.

- **Professional Planner**

Professional Planner ist eine PC-Software unter MS-Windows zur integrierten Erfolgs-, Finanz- und Liquiditätsplanung[137].

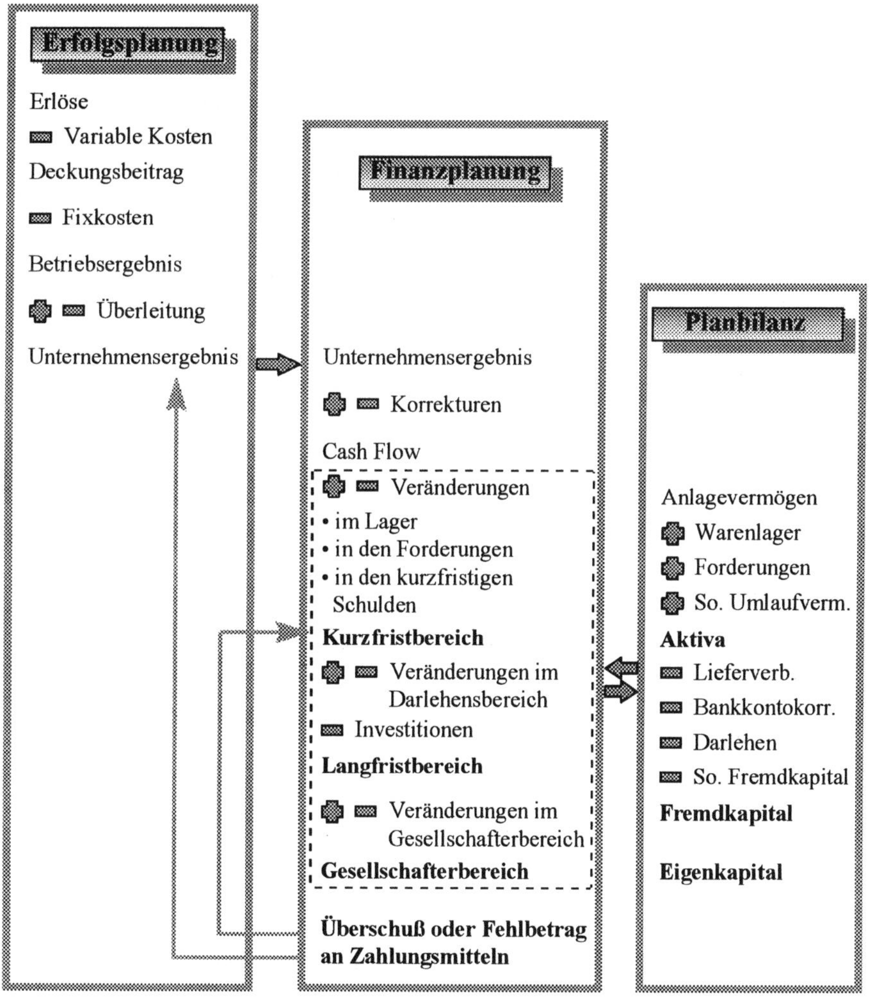

Abb. 264: Planung mit Professional Planner

[137] Blüm, S., Der Einsatz von Controlling-Software zur Analyse der Kreditfähigkeit von Unternehmen, in: Carl, N., Fiedler, R. (Hrsg.), Risikosteuerung in der Gesamtbank und DV-Lösungen, Würzburg 1996, S. IV.3.1 ff.

Sie enthält vielfältige Verknüpfungen der Teilpläne und eine betriebswirtschaftliche Logik, um deren Aufbau sich der Benutzer, wie dies bei Tabellenkalkulationsprogrammen notwendig ist, nicht mehr kümmern muß. Der Controller plant mit diesem Programm Umsätze, Aufwendungen, die Entwicklung der Forderungen und Verbindlichkeiten u.a.

Flitzer AG

Flitzer AG	Jahr 1997	1. Quartal 1997	2. Quartal 1997	3. Quartal 1997	4. Quartal 1997
Nettoerlöse	7.095.000	1.619.750	1.883.750	1.883.750	1.707.750
Rabatte	156.247	32.288	39.680	49.527	34.752
Skonti	30.000	7.500	7.500	7.500	7.500
Vertriebssonderkosten	50.000	10.050	14.250	14.250	11.450
WES / Material	4.472.000	992.000	1.208.000	1.208.000	1.064.000
Deckungsbeitrag	**2.386.753**	**577.912**	**614.320**	**604.473**	**590.048**
Aufwand	1.950.000	480.000	480.000	480.000	510.000
BKK-Sollzinsen	5.452	4.710	742	0	0
Ertrag	0	0	0	0	0
BKK-Habenzinsen	3.333	88	581	1.339	1.325
Ergebnis vor Steuern	**434.633**	**93.290**	**134.159**	**125.811**	**81.373**
Ertragsteuern	234.789	50.395	72.473	67.963	43.957
Ergebnis nach Steuern	**199.844**	**42.895**	**61.686**	**57.848**	**37.415**

Abb. 265: Erfolgsplan in Professional Planner

Bilanz

Flitzer AG	Anfangsbilanz 97	1. Quartal 97	2. Quartal 97	3. Quartal 97	4. Quartal 97
Anlagevermögen	2.000.000	2.100.000	2.000.000	1.900.000	1.800.000
Warenlager	400.000	460.334	362.335	422.669	324.670
H/F-Lager	333.333	333.333	333.333	333.333	333.333
Ford WLL	750.000	830.360	904.134	947.656	830.360
So Ford Erträge	100.000	218.550	211.000	216.400	194.800
So Ford Kredite	0	0	0	0	0
BKK aktiv	200.000	0	374.125	282.936	593.281
So Umlaufvermögen	150.000	150.000	150.000	150.000	150.000
ARA	0	30.000	60.000	90.000	120.000
Summe Aktiva	3.933.333	4.122.577	4.394.928	4.342.994	4.346.444
Eigenkapital	833.333	876.228	937.914	995.762	1.033.177
Rücklagen	150.000	150.000	150.000	150.000	180.000
Steuerrückstellung	50.000	100.395	172.868	240.831	284.789
So Rückstellungen	0	0	0	0	0
Verb WLL	600.000	343.850	748.266	592.250	624.066
So Verb Aufwendungen	300.000	497.745	505.879	544.151	464.411
So Verb Kredite	0	0	0	0	0
BKK passiv	0	214.359	0	0	0
Darlehen	2.000.000	1.940.000	1.880.000	1.820.000	1.760.000
PRA	0	0	0	0	0
Summe Passiva	3.933.333	4.122.577	4.394.928	4.342.994	4.346.444

Abb. 266: Planbilanz in Professional Planner

Sehr vorteilhaft sind die Simulationsmöglichkeiten. Bei Änderungen einer Position wird sofort die Auswirkung auf das geplante Ergebnis angezeigt. Beispielsweise können folgende Fragen beantwortet werden:

- Wie wirkt sich ein kürzeres Zahlungsziel auf den Gewinn und die Liquidität aus?
- Wie stark dürfen sich die Kosten erhöhen, um noch ein ausgeglichenes Ergebnis zu erzielen?
- Wie werden sich die Forderungen bei restriktiver Rabattgewährung entwickeln?

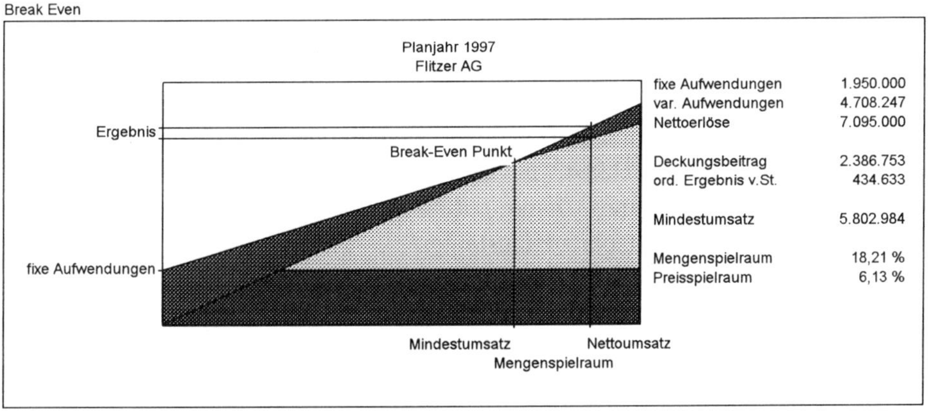

Abb. 267: Break-Even-Diagramm in Professional Planner

8.4.3.4 Executive Information Systeme

Executive Information Systeme (EIS) sind sehr komfortable MIS speziell für das Top-Management. Der Komfort wird daran deutlich, daß die Bedienung tastaturarm z.B. über Touchscreen oder Maus erfolgt. Die Oberfläche ist stark grafikorientiert. Meist sind vordefinierte und einfach strukturierte Berichtskataloge vorhanden.

Der Manager überwacht damit hoch verdichtete und bereichsübergreifende Daten, die im Vergleich zu MIS nur einer eingeschränkten Analyse mittels der sogenannten Drill-Down-Technik (vorstrukturierte Disaggregation verdichteter Daten) unterzogen werden können. So sind ein Zugriff auf Detaildaten, komplexe Entscheidungsmodelle und Simulationsrechnungen in den meisten Fällen nicht vorgesehen. Dafür bieten EIS Bürokommunikationsfunktionen, den Anschluß an externe Datenbanken und elektronische

Nachrichtendienste. Aufgebaut und gepflegt werden EIS in vielen Fällen von Mitarbeitern des Controllings mittels sogenannter EIS-Generatoren.[138]

Vertreter dieser Software sind beispielsweise Commander EIS der Comshare GmbH, Executive Decisions von IBM oder Command Center von Pilot Executive Software GmbH. Die genannten Pakete sind großrechnerorientiert, wobei die Präsentation oft am PC erfolgt. Das nachfolgend beschriebene SAP-EIS der SAP AG ist ein Beispiel für ein integriertes, client-server-basiertes EIS. Daneben existiert noch eine Reihe rein PC-gestützter Systeme, wie z.B. On Track der IMRS Deutschland GmbH oder MIK-EIS der MIK GmbH als Erweiterung des oben genannten MIS MIK-INFO. Zunehmend werden auch flexible Front-End-Tools angeboten, die das EIS aus unterschiedliche Datenbanken mit Daten versorgen können. Ein Beispiel ist Insight, das in der Lage ist, auf SAP-Daten, die MIK-Datenbank oder eine beliebige relationale Datenbank zuzugreifen. Das besondere an diesem Tool ist die Möglichkeit, daß es mittels eines Browser über das Intranet bedient werden kann. Damit entfällt die Notwendigkeit, spezielle EIS-Software am Arbeitsplatz zu installieren.

- **SAP-EIS**[139]

Die **Datenbasis** des SAP-EIS gliedert sich in betriebswirtschaftlich abgeschlossene Datenbereiche, die Aspekte genannt werden. DV-technisch ist ein Aspekt genau eine Datenbanktabelle. Alle Aspekte bilden zusammen den SAP-EIS-Datenpool. Für das Berichtswesen kann z.B. der individuelle Aspekt 'Konzernberichtswesen' definiert werden, der alle relevanten Informationen für das Berichtswesen eines Konzern enthält. Ein Aspekt besteht aus Merkmalen und Kennzahlen. Bei den Merkmalen handelt es sich um Ordnungsbegriffe, die zur Auswertung des Datenbestandes herangezogen werden. Merkmale sind beispielsweise die Teilkonzerne, die einzelnen Gesellschaften oder das Geschäftsjahr. Kennzahlen sind Größen wie Umsatz, Personalkosten oder Rohertrag pro Kopf. Die definierten Merkmale und Kennzahlen geben den Rahmen für die möglichen Auswertungen vor. Die

---

[138] Back-Hock, A., Beiträge der Daten-, Informations- und Wissensverarbeitung zur Weiterentwicklung des Internen Rechnungswesens und Controllings, Habilitationsschrift, Nürnberg 1993, S. 104.

[139] Klemm, M., Konzeption eines Konzernberichtswesens mit dem SAP EIS am Beispiel der FAG AG, unveröffentl. Diplomarbeit an der Fachhochschule Würzburg-Schweinfurt-Aschaffenburg, Würzburg 1997, S. 8 ff.

multidimensionale Analyse läßt sich mit Hilfe eines Datenwürfels grafisch darstellen.

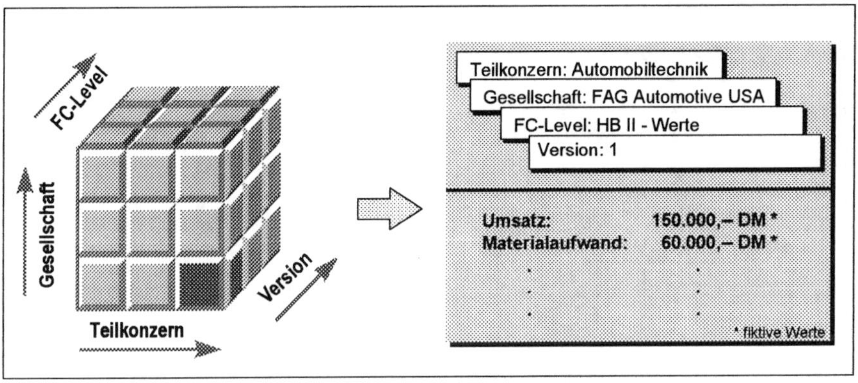

Abb. 268: Multidimensionale Analyse mit dem SAP-EIS

Durch die n-festgelegten Merkmale des Aspektes 'Konzernberichtswesen' wird ein n-dimensionaler Datenwürfel aufgespannt, der Ausgangspunkt für Drill-Down- und Aggregationsfunktionen in der Präsentation ist. Der Würfel auf der linken Seite in Abb. 268 stellt die möglichen Wertkombinationen der Merkmale dar. Die rechten Seite zeigt ein Auswertungsbeispiel.

Für den gelegentlichen Anwender mit minimalen Systemkenntnissen sind vorgefertigte Berichte im **Berichtsheft** des SAP-EIS abgelegt. Das Berichtsheft ist quasi der Ordner, in dem die Berichte dem jeweiligen Empfänger zugänglich gemacht werden. Der Betrachter wird durch die Berichte geführt, er hat jedoch in einem spezifischen Bericht keine interaktiven Auswertungsmöglichkeiten. Der Einstieg in das Berichtsheft erfolgt über ein grafisches Menü, das in Anlehnung an die organisatorische Struktur eines Unternehmens aufgebaut wird. Die eingerichteten Organisationseinheiten, wie z. B. Konzern, die Business Unit und die Gesellschaft, werden als Berichtsklassen bezeichnet. Die Struktur eines Berichtsheftes im EIS wird in der folgenden Abb. gezeigt.

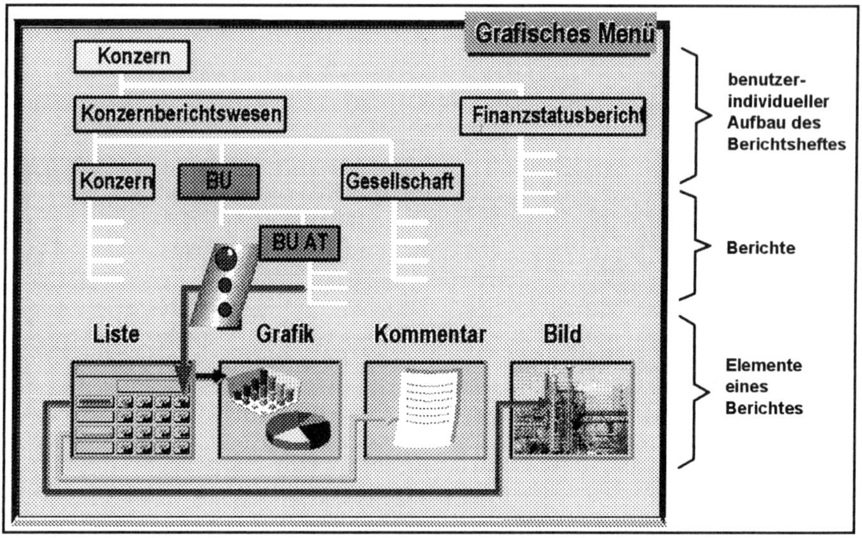

Abb. 269: Berichtsheft im SAP-EIS[140]

Der versierte Benutzer, also in erster Linie der Mitarbeiter aus dem Controlling, kann auch individuelle Recherchen durchführen und ein eigenes Berichtslayout zusammenstellen. Im Rahmen der Recherche ist es möglich, beliebig innerhalb des durch die Merkmale definierten mehrdimensionalen Datenwürfels zu navigieren.

Im SAP-EIS wird zwischen Ad-hoc- und Formularbericht unterschieden. Der **Ad-hoc-Bericht** dient dem Anwender vorwiegend zur Prüfung besonderer Sachverhalte oder einfach dazu, schnell und flexibel Sonderauswertungen zu neuen Fragestellungen durchzuführen. Ausgangspunkt ist die interaktive Selektion von Kennzahlen und Merkmalen. Das Ergebnis, ein bestimmter Ausschnitt aus der Datenbasis, wird in einem einfach strukturierten Bericht dargestellt. Der **Formularbericht** ist der Kern des Standardberichtswesens. Er ist frei definierbar und wird im Online-Dialog vom Anwender festgelegt. Der Aufbau von Formularberichten erfolgt zweistufig. Zunächst ist es erforderlich, die Grundstruktur des Berichtes in einem sogenannten Formular abzubilden. Danach müssen zur Erstellung des eigentlichen Berichtes die Parameter und Informationsinhalte in einer besonderen Maske bestimmt werden, wobei auf ein zugrundeliegendes Formular verwiesen wird. Somit können die Formulare in einer Vielzahl von Berichten mehrfach verwendet werden. Die Dynamisierung der Berichte

[140] In Anlehnung an SAP-eigene Unterlagen

wird dadurch erreicht, daß in den Formularen Variable verwendet werden können. Diese erlauben es dem Anwender z.B., einen bestimmten Bericht für beliebige Zeiträume zu definieren.

Das EIS bietet innerhalb der Berichterstattung eine Vielzahl von **Funktionen**, die den Anwender in die Lage versetzen, online, interaktiv und flexibel die zugrundeliegende Datenbasis zu analysieren, Schwachstellen und Auffälligkeiten gesondert zu betrachten und Ergebnisse zu visualisieren. Besondere Eigenschaften, die das EIS auszeichnen, sind neben der Drill-Down-Funktion das Exception Reporting, die Geschäftsgrafik und die Möglichkeit, über das SAP E-Mail Kommentare und Dokumente zu versenden.

Mit Hilfe der **Drill-Down-Funktion** kann sich der Anwender gemäß der Hierarchie der existierenden Merkmale in die zugrundeliegenden Details bewegen. Die Zahlen eines Berichtes können in die tieferen Aggregationsstufen aufgebrochen werden. Ausgehend von tieferen Stufen kann der Anwender seinen Weg wieder zurückverfolgen (Drill-Up).

Das SAP-EIS kann auch **Exception Reporting** durchführen. Bezogen auf eine frei wählbare Kennzahl ist es möglich, Ausnahmebedingungen in einem Bericht festzulegen. Die Exceptions bestehen aus zwei Schwellwerten, die den Toleranzbereich nach oben und nach unten markieren. Wenn ein Zahlenwert für dieses Objekt eine bestimmte Schwelle über- oder unterschreitet, wird dies durch eine entsprechende Farbe markiert. Der Anwender kann somit auf einen Blick erkennen, ob in den Berichten kritische Werte vorliegen. Die Abb. 269 weist für die Berichtsklasse BU AT eine rote Markierung aus, die auf eine negative Abweichung hinweist.
Jeder Bericht kann aus der Recherche heraus ins Berichtsheft übernommen werden.

Ein Nachteil der gegenwärtig angebotenen EIS ist, daß der Benutzer controllingrelevante Datenkonstellationen weitgehend selbst ermitteln muß. Auch die Ursachenanalyse der entdeckten Abweichungen ist nicht automatisiert. Es wäre wünschenswert, wenn die Software durch eigenständige Hinweise Unterstützung bieten könnte. Z.B. indem derjenige Kunde präsentiert wird, der für den Umsatzrückgang bei einem wichtigen Produkt verantwortlich ist. Diese Funktion übernehmen die nachfolgend beschriebenen wissensbasierten Systeme.

8.4.3.5 Wissensbasierte Systeme

Wissensbasierte Systeme (WBS), auch als Expertensysteme (XPS) bezeichnet, sind Softwaresysteme, die in einem eng abgegrenzten Anwendungsgebiet das Wissen eines menschlichen Experten besitzen. Sie können die konventionelle Controllingsoftware (Basissoftware, MIS, EIS) sinnvoll ergänzen, indem sie den Zugang zu komplexer Standardsoftware vereinfachen sowie die Daten auswerten und aufbereiten (z.B. auch in Textform). Plattner, Vorstandsmitglied der SAP AG, sah bereits sehr früh deren Aufgabe *"...nicht in der vollständigen und abgestimmten Lösung einer Aufgabe, sondern in der Erstellung von Vorschlägen und Hinweisen zur anschließenden Bearbeitung durch den Menschen."*[141].

BETREX (**Betr**iebsergebnis-**Ex**pertensystem), das an der Universität Erlangen-Nürnberg entwickelt wurde, soll den Benutzer der SAP-Software unterstützen[142] Der ungeübte SAP-Anwender ist oft überfordert, die relevanten Zahlenberichte zielgenau anzufordern und in vertretbarer Zeit durchzuarbeiten. Außerdem besteht die Gefahr, daß im umfangreichen Datenbestand wichtige Zusammenhänge übersehen werden. Beispielsweise erkennt man problematische Entwicklungen deshalb nicht, weil sich die zugrundeliegenden Abweichungen bei der Verdichtung kompensieren und bei oberflächlicher Betrachtung aggregierter Berichte nicht sichtbar sind. BETREX navigiert deshalb stellvertretend für den Anwender durch den Datenpool der SAP-Software und selektiert relevante Berichtsdaten. In seiner ursprünglichen Form generierte das System textliche Erklärungen (sogenannte Expertisen; vgl. Abb. 271).
Trotz der möglichen Vorteile konnten viele WBS das Stadium des Prototyps nicht überwinden. Die anfängliche Euphorie ist nicht mehr vorhanden. Dies dürfte vor allem an der noch nicht ausgereiften und schwer handhabbaren Softwaretechnologie für die Entwicklung solcher Systeme liegen. Allerdings sind wesentliche Erkenntnisse, die man im Rahmen der Forschung gewonnen hat, in konventionelle Controllingsoftware eingeflossen.

---

[141] Plattner, H., Neue Wege für das Controlling in einem hoch integrierten Anwendungssystem, in: Scheer, A.-W. (Hrsg.), Rechnungswesen und EDV, 8. Saarbrücker Arbeitstagung, Heidelberg 1987, S.79.

[142] Fiedler, R., Ein wissensbasiertes Controllingsystem auf der Basis einer kommerziellen Rechnungswesen-Standardsoftware, in: Spang, S., Kraemer, W. (Hrsg.), Expertensysteme, Entscheidungsgrundlage für das Management, Wiesbaden 1991, S. 141 ff.

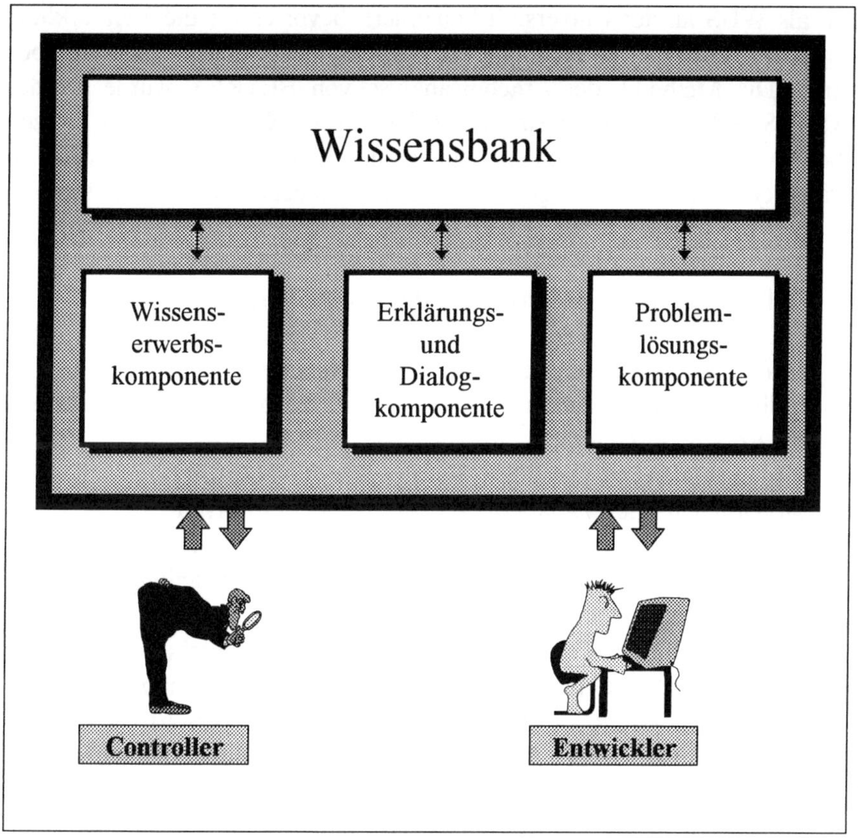

Abb. 270: Aufbau eines wissensbasierten Systems

Der Deckungsbeitrag ist geringer als geplant. Das Absatzgewicht hat sich zu Produkten verlagert, die einen niedrigen Deckungsbeitrag besitzen. Die Untersuchung der Kundenstruktur hat außerdem ergeben, daß eine Nachfrageverschiebung zu Kunden, die niedrige Produktdeckungsbeiträge bringen, stattgefunden hat.

Abb. 271: Beispiel einer textlichen Expertise

Beispielsweise wurde das Expertisesystem Unternehmensreport der DATEV e.G. als WBS an der Universität konzipiert, bevor es für die Vermarktung in großen Teilen mit konventionellen Programmiersprachen umgeschrieben wurde. Die Methodik der Ergebnisanalyse von BETREX wurde für das SAP-EIS und das System Delta Miner der M.I.S. AG übernommen. Derzeit arbeitet man daran, mit solchen Systemen den Mensch-Computer-Dialog zu optimieren. Dazu werden sogenannte Benutzermodelle mit XPS realisiert[143].

8.5 Fallbeispiel: DV-Unterstützung des Controllings

DV-Unterstützung des Monatlichen Geschäftsberichts

Das Fallbeispiel knüpft an das bereits in Kap. 2.3 beschriebene Unternehmen, die Robert Bosch GmbH, an.

Die Ausgangsdaten mit Umsätzen, Fertigwaren- und Auftragsbeständen für den Monatlichen Geschäftsbericht liefern die operativen Systeme des (Vertriebs-) Berichtswesens. Diese Datenbestände stehen in der Datenbank FOCUS zur Verfügung und können von der Controllingabteilung in vielfältiger Weise ausgewertet werden. Der Kern der monatlichen Berichterstattung der Werke an den Geschäftsbereich und vom Geschäftsbereich an die Zentrale wurde als PC-Lösung realisiert. Zum Einsatz kommt die Controlling-Software MICRO CONTROL (Nachfolger: Hyperion), die speziell für die Bedürfnisse großer Unternehmen mit dezentraler Datenerfassung entwickelt wurde und über umfangreiche Auswertungsmöglichkeiten verfügt. So sind Funktionen wie automatische Währungsumrechnung, Konsolidierung mit alternativen Organisationsstrukturen und Quotenkonsolidierung bereits integrative Bestandteile des Systems. Mit dem Einsatz dieser Software wird innerhalb der Bosch-Gruppe eine durchgängige DV-Unterstützung für die monatliche Berichterstattung erreicht. Dies ermöglicht eine schnelle Konsolidierung der Berichtsdaten nach einheitlichen Kriterien. Bereits am 4. Arbeitstag des Folgemonats verfügt das Controlling über erste Berichtsdaten des abgelaufenen Monats (sog. Eilmeldung). Der wesentlich umfangreichere Monatliche Geschäftsbericht wird zwischen dem 11. und 16. Arbeitstag des Folgemonats erstellt. Bereits wenige Stunden nachdem die Geschäftsbereiche sowie die Regional- und Tochtergesellschaften an die Konzernzentrale gemeldet haben, steht der weltweit konsolidierte Monatli-

[143] Uhr, W., Woywod, A., Bödker, V., Anforderungen potentieller Empfänger von Expertisen im Controlling - Ergebnisse einer empirischen Untersuchung und Ansatzpunkte für die Benutzermodellierung, Wirtschaftsinformatik, 38 (1996) 4, S. 411 ff.

che Geschäftsbericht zur Verfügung. Der Konsolidierungskreis und der DV-technische Ablauf der Berichterstattung sind aus der folgenden Abb. ersichtlich.

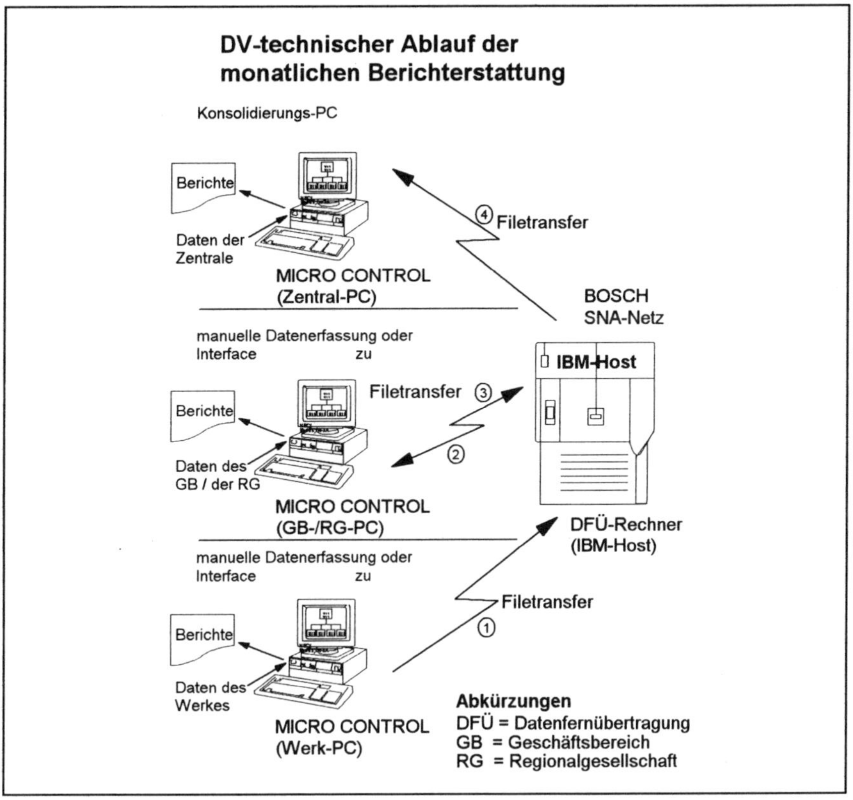

Abb. 272: DV-technischer Ablauf der monatlichen Berichterstattung

Der weltweite Datentransfer zwischen Werken, dem Geschäftsbereich und der Zentrale erfolgt in Form eines PC-Host-Dateitransfers über das Bosch-eigene Netz. Der Großrechner hat nur noch Protokoll- und Zwischenspeicherfunktion; die Berichtsdaten werden in den jeweiligen Controllingabteilungen auf einem Konsolidierungs-PC (mit MICRO CONTROL) weiterverarbeitet. Zentrale Bedeutung hat unter der Vielzahl von Auswertungen das sogenannte Eckdatenblatt, das über die wichtigsten Entwicklungen des Unternehmens in komprimierter Form Auskunft gibt. Dieses Eckdatenblatt wird automatisch aus den in MICRO CONTROL gespeicherten Berichtsdaten generiert und verlangt keine zusätzlichen Dateneingaben. Mit dem interaktiven Reportgenerator sind auch ad-hoc-Abfragen möglich. Wesentlich häufiger wird aber von den Anwendern die Schnittstelle zu Lotus 1-2-3 genutzt, da die Tabellenkalkulation in der Berichtsgestaltung noch flexibler und einfacher zu handhaben ist. Die grafische Aufbereitung der Berichtsdaten erfolgt über ein Interface zu Freelance Graphics.

DV-Unterstützung des Wirtschaftsplans

Während das Berichtswesen nach schnellen, standardisierten Softwareanwendungen verlangt, zeichnen sich DV-Lösungen für die operative Unternehmensplanung im Geschäftsbereich insbesondere durch die Fähigkeit aus, ad-hoc-Fragestellungen schnell zu beantworten, Simulationsrechnungen durchzuführen und häufig wechselnden Planungsschwerpunkten Rechnung tragen zu können. Daher dominieren im Bereich des Wirtschaftsplans eigenentwickelte Anwendungen, die mit FOCUS und Lotus 1-2-3 realisiert worden sind.

Mit FOCUS wurde das wesentliche Planungsmodell zur Absatz-, Umsatz-, Kosten- und Ergebnisplanung implementiert. Lotus 1-2-3 wird derzeit weniger für die Planung als vielmehr für die Aufbereitung der Planungsergebnisse (z.B. der Erstellung der Planungsformulare) verwendet.

Der Absatz bildet den Ausgangspunkt der Planung. Für jeden von einem Automobilhersteller entwickelten Motor werden durch den Verkauf die erwarteten Stückzahlen für die nächsten drei Jahre vorgegeben. Diese Stückzahlen werden anschließend mit Preisen und vorläufigen Kosten bewertet. Sie stehen dem Controlling über eine eigenentwickelte Datenbankanwendung in FOCUS für weitere Planungszwecke zur Verfügung. Anhand dieser Informationen werden beispielsweise Produktionsmengen für die einzelnen Werke geplant und Umsatzentwicklungen (z.B. nach Erzeugnissen, Kunden, Ländern) dargestellt. Der Abgleich dieser Mengen mit den vorhandenen Kapazitäten, Lagerbeständen, Personalressourcen und erforderlich werdenden Investitionen erfolgt durch die Werke (außerhalb der FOCUS-Anwendung). Die Werke melden die Ergebnisse ihrer Planung an den Geschäftsbereich zurück. Über ein Lotus-Interface werden diese Daten in die FOCUS-Anwendung eingelesen. Dort erfolgt eine automatisierte Konsolidierung der Werkpläne und die sukzessive Zusammenfassung der Planungsergebnisse in Absatz-, Umsatz-, Personal-, Investitions- und weiteren Teilplänen. Die verschiedenen ergebnisbeeinflussenden Vorgänge fließen in den Erfolgsplan.

8.6 Aufgaben und Kontrollfragen zu Kapitel 8

Aufgabe 84:
Welche wesentlichen Probleme der Datenbereitstellung und -verarbeitung treten im Controlling auf?

Aufgabe 85:
Wie kann man die DV-Systeme im Unternehmen unterteilen? Nennen Sie auch Beispiele für konkrete Softwareprodukte!

Aufgabe 86:
Erklären Sie die Bedeutung der Integration. Welche Arten der integrierten Datenverarbeitung kennen Sie?

Aufgabe 87:
Erläutern Sie einige Merkmale von Basissoftware.

Aufgabe 88:
Was versteht man unter einem Data Warehouse, und welche Vorteile bietet ein Data Warehouse bei der Bereitstellung von entscheidungsorientierten Informationen?

Aufgabe 89:
Beschreiben Sie kurz folgende Methoden der Datenselektion und -analyse:

- Exception Reporting
- OLAP
- Data Mining

Aufgabe 90:
Was versteht man unter einer Navigation in Hierarchiebäumen?

Aufgabe 91:
Wie erfolgt die Analyse auf der Grundlage von Hierarchiebäumen?

Aufgabe 92:
Beschreiben Sie die Einsatzbereiche und besonderen Vorteile von MIS. Worin besteht der Unterschied zu EIS?

Aufgabe 93:
Was sind Expertensysteme, und wie kann man sie im Controlling einsetzen?

Aufgabe 94:
Der Inhaber eines kleinen Industriebetriebs mit 120 Mitarbeitern beauftragt Sie, ein DV-System zur Ergebnis- und Liquiditätsplanung einzuführen. Das System soll auch umfangreiche Analysemöglichkeiten bieten, um kurzfristige Entscheidungen besser zu fundieren. Welches Programm würden Sie wählen. Begründen Sie ihren Vorschlag.

8.7 Lösungen zu Kapitel 8

Aufgabe 84:
- *Wichtige Daten sind erst spät verfügbar.*
- *Historische Vergleichsdaten werden nur für wenige Monate bereitgestellt.*
- *Auf externe Daten kann nicht zurückgegriffen werden.*
- *Die Datenbereitstellung ist aufwendig.*
- *Der Controller „ertrinkt" in einer Flut nicht relevanter Daten*
- *Die Datenaufbereitung ist nicht benutzerorientiert*
- *Die Daten werden fehlerbehaftet und inkonsistent bereitgestellt.*

Aufgabe 85:
- *Administrationssysteme*
- *Dispositionssysteme*
- *Planungssysteme*
- *Kontrollsysteme*

oder alternativ:

- *Basissoftware (z.B. SAP R/3)*
- *Tabellenkalkulationsprogramme (z.B. MS-Excel)*
- *Management-Informationssysteme (z.B. MIK-INFO)*
- *Executive Information Systeme (z.B. SAP-EIS)*
- *Wissensbasierte Systeme (z.B. BETREX)*

Aufgabe 86:
Unter Integration versteht man die ganzheitliche Verknüpfung aller betrieblichen Informationssysteme.

- *Datenintegration*
- *Methodenintegration*
- *Programmintegration*
- *Horizontale Integration*
- *Vertikale Integration*
- *Zwischenbetriebliche Integration*
- *Integration unterschiedlicher Rechnerarchitekturen*

Aufgabe 87:

- *Große Funktionsvielfalt*
- *Integration der unterschiedlichen Module*
- *Client-Server-Konzept, d.h. Verteilung einer Anwendung auf unterschiedliche Rechner.*

Aufgabe 88:

Ein Data Warehouse ist eine zentrale Datenbank, die alle insbesondere für das Management relevanten Informationen aufnimmt. Datenquellen sind die operativen Systeme und externe Informationsquellen. Im Data Warehouse werden Daten bereinigt, verdichtet und über mehrerer Jahre gespeichert.

Aufgabe 89:

Exception Reporting:

Unter Exception Reporting versteht man die Generierung von Ausnahmeberichten. Der Benutzer stellt in der Software Schwellwerte ein, bei deren Überschreiten Hinweissignale ausgegeben werden.

OLAP:

Mit OLAP lassen sich sehr flexibel mehrdimensionale Datenanalysen durchführen. Der Benutzer definiert während der Auswertung vieldimensionale Sichten auf die Daten. Die Vorgehensweise läßt sich gut anhand eines Würfels demonstrieren, aus dem je nach Fragestellung unterschiedliche Schichten herausgeschnitten werden (slice and dice).

Data Mining:

Mit Data Mining erfolgt eine weitgehend automatische Datenanalyse. Das Informationssystem macht dabei den Anwender auf bemerkenswerte Datenkonstellationen aufmerksam, die dieser selbst u.U. gar nicht erkannt hätte.

Aufgabe 90:
Viele Controllingsysteme bilden analyserelevante Dimensionen in Hierarchiebäumen ab, entlang derer die Datenauswertung erfolgt. Eine Hierarchie besteht z.B. aus den folgenden Objekten und deren Ausprägungen:

Sparte
|
Kundengruppe
|
Artikelgruppe

Aufgabe 91:
Der Anwender entscheidet sich während der Analyse für Knoten innerhalb einer Hierarchie, für die er Berichte anfordert. Die Vorgehensweise ist die, daß man einen ersten Übersichtsbericht (Staffelform) für einen verdichteten Knoten aufruft. Bei Auffälligkeiten wird eine Berichtszeile aufgerissen, indem z.B. mittels einer Hitliste die Verteilung einer Abweichung auf die unter dem betrachteten Objekt liegenden Hierarchieknoten verdeutlicht wird. Daraufhin selektiert man das auffälligste Objekt und fordert dafür erneut einen Bericht in der Ausprägung Staffelform an. Man bezeichnet das sukzessive Detaillieren der Daten als Drill-Down und den Wechsel zwischen den beiden Berichtsformen als Flip-Flop-Verfahren.

Aufgabe 92:
Management-Informationssysteme unterstützen den Controller und das mittlere Management bei der Analyse, Planung und Berichtserstellung. Sie werden z.B. im Vertrieb zur aktuellen Absatz- und Umsatzkontrolle oder in Produktion und Logistik als Informationssystem, das aktuelle Kennzahlen über Ausschuß, Lieferrückstände u.ä. zur Verfügung stellt, eingesetzt.
Executive Information Systeme (EIS) sind sehr komfortable MIS speziell für das Top-Management.

Aufgabe 93:
Wissensbasierte Systeme (WBS), auch als Expertensysteme (XPS) bezeichnet, sind Softwaresysteme, die in einem eng abgegrenzten Anwendungsgebiet das Wissen eines menschlichen Experten besitzen. Sie können die konventionelle Controllingsoftware (Basissoftware, MIS, EIS) sinnvoll ergänzen, indem sie den Zugang zu komplexer Standardsoftware vereinfachen sowie die Daten auswerten und aufbereiten.

Aufgabe 94:

Bei umfangreichen Anwendungen wie der Einführung eines DV-Systems zur Ergebnis- und Liquiditätsplanung stößt man bei Tabellenkalkulationsprogrammen schnell an die Grenzen. U.U ist es vorteilhafter, eine Planungssprache einzusetzen. Es handelt sich dabei quasi um "den großen Bruder" der Tabellenkalkulation. Aber auch mit Planungssprachen muß das Anwendungsmodell von einem Experten erstellt und gepflegt werden, der im kleinen Unternehmen nicht verfügbar ist. Es bietet sich an, einfache Standardsoftware wie Professional Planner oder das System Corporate Planning einzusetzen.

Diese Programme enthalten vorgefertigte Verknüpfungen der Teilpläne und eine betriebswirtschaftliche Logik, um deren Aufbau sich der Benutzer, wie dies bei Tabellenkalkulationsprogrammen notwendig ist, nicht mehr kümmern muß. Der Controller kann mit dieser Software problemlos und schnell Umsätze, Aufwendungen, die Entwicklung der Forderungen und Verbindlichkeiten u.a. planen, ohne sich mit der DV-Technik befassen zu müssen.

Literaturverzeichnis

Acker, H., Organisationsanalyse, 7. Aufl., Baden-Baden, Homburg 1973.

Back-Hock, A., Beiträge der Daten-, Informations- und Wissensverarbeitung zur Weiterentwicklung des Internen Rechnungswesens und Controllings, Habilitationsschrift, Nürnberg 1993.

Back-Hock, A., Lebenszyklusorientiertes Produktcontrolling, Berlin, Heidelberg, New York 1988.

Birker, K., Kosten- und Leistungsrechnung, Köln 1996.

Bissantz, N., Bereitstellung entscheidungsorientierter Informationen für effizientes Erfolgscontrolling - Erfahrungen mit Data-Mining-Ansätzen im Controlling, in: Carl, N., Fiedler, R. (Hrsg.), Strategisches Kosten- und Leistungsmanagement in Industrie, Handel/Dienstleistung, 3. Würzburger Controlling-Forum 1997, Würzburg 1997, S. IV-2 ff.

Blüm, S., Der Einsatz von Controlling-Software zur Analyse der Kreditfähigkeit von Unternehmen, in: Carl, N., Fiedler, R. (Hrsg.), Risikosteuerung in der Gesamtbank und DV-Lösungen, Würzburg 1996, S. IV-3.1 ff.

Bramsemann, R., Handbuch Controlling, 2. Aufl., München, Wien 1990.

Brombacher, R., Effizientes Informationsmanagement - die Herausforderung von Gegenwart und Zukunft, in: Jacob, H. u.a. (Hrsg.), Integrierte Informationssysteme. Schriften zur Unternehmensführung, Wiesbaden 1991, S. 125 ff.

Camp, R., Benchmarking, München, Wien 1994.

Carl, N., Fiedler, R., Management von DV-Projekten im Krankenhaus, in: Breinlinger-O'Reilly, J., Krabbe, M. (Hrsg.), Controlling für das Krankenhaus, Neuwied 1998 (in Vorbereitung).

Carl, N., Fiedler, R., Kern, C., Kessel, T., Praktischer Vergleich von PC-gestützten Managmentinformations-Systemen auf der Basis einer Anforderungsanalyse bei mittelständischen Betrieben, Arbeitspapier der Fachhochschule Würzburg-Schweinfurt-Aschaffenburg, Fachbereich Betriebswirtschaft, Würzburg 1995.

Carl, N., Kiesel, M., Unternehmensführung, Landsberg 1996.

Coenenberg, A. u.a., Abweichungsanalyse bei Projekten im F&E-Bereich, in: Männel, W. (Hrsg.), Handbuch Kostenrechnung, Wiesbaden 1992, S. 767 ff.

Computerwoche EXTRA vom 14.2.1997, S. 49 f.

CP Corporate Planning GmbH (Hrsg.), Strategic Planner: Strategisches Planungs- und Informationssystem (Handbuch), Hamburg 1996.

Däumler, K.-D., Grabe, J., Kostenrechnung 3. Plankostenrechnung, 4. Aufl., Herne, Berlin 1993.

Daum, A., Lawa, D., Projekt-Controlling: Aufgaben und Instrumente, in: Steinle, C., Bruch, H. (Hrsg.), Controlling, Stuttgart 1998, S. 894 ff.

Deyhle, A., Controller-Praxis. Führung durch Ziele, Planung und Controlling, Bd. 1: Unternehmensplanung und Controller-Funktion, 9. Aufl., Gauting 1992.

Egger, A., Winterheller, M., Kurzfristige Unternehmensplanung, 7. Aufl., Wien 1993.

Eichhübl, G., Kunesch, H., Operative Unternehmensplanung, in: Eschenbach, R. (Hrsg.), Controlling, Stuttgart 1995, S. 399 ff.

Fiedler, R., Data Warehouse als Basis für wirkungsvolles Controlling, in: Institute for International Research (Hrsg.), Wettbewerbsvorteile durch Data Warehouse, Wiesbaden 1997, o.S.

Fiedler, R., Vorwort zum 2. Würzburger Controlling-Forum, in: Carl, N., Fiedler, R. (Hrsg.), Fortschrittliches Controlling im Mittelstand und DV-Lösungen, Würzburg 1996, S. 3 f.

Fiedler, R., Wer braucht ein Data-Warehouse?, Computerwoche, 22 (1995) 39, S 8.

Fiedler, R., Wissensbasiertes Ergebniscontrolling, in: Männel, W. (Hrsg.), Handbuch Kostenrechnung, Wiesbaden 1992, S. 733 ff.

Fiedler, R., Ein wissensbasiertes Controllingsystem auf der Basis einer kommerziellen Rechnungswesen-Standardsoftware, in: Spang, S., Kraemer, W. (Hrsg.), Expertensysteme, Entscheidungsgrundlage für das Management, Wiesbaden 1991, S. 141 ff.

Fiedler, R., Deckungsbeitragsfluß- und Deckungsbeitragskontrollrechnungen, in: DSWR, (1991)1, S. 23 ff.

Fiedler, R., CONTREX - Ein Beitrag zum wissensbasierten Controlling unter Verwendung der Modularsoftware SAP-RK, Diss., Nürnberg 1990.

Fiedler, R., Gackstatter, U., DV-gestütztes Geschäftsbereichs-Controlling in einem Unternehmen der Kfz-Zulieferindustrie, Wirtschaftsinformatik, 37 (1995) 4, S. 355 ff.

Fiedler, R. u.a., Zur Unterstützung des Controlling durch wissensbasierte Analyse des Betriebsergebnisses, Die Betriebswirtschaft, 49 (1989) 3, S. 353 ff.

Gackstatter, U., Computergestütztes Planungsmodell. Versuch einer situationsadäquaten Gestaltung eines integrierten Controllinginstrumentariums zur Planungskoordination. Dargestellt am Beispiel eines Profit-Centers einer multinationalen Unternehmung. Diss., Univ. Hohenheim 1994.

Gaitanides, M., Prozeßorganisation. Entwicklung, Ansätze und Programme prozeßorientierter Organisationsgestaltung, München 1983.

Gälweiler, A., Zur Kontrolle strategischer Pläne, in: Steinmann, H. (Hrsg.), Planung und Kontrolle, München 1991, S. 383 ff.

Gertz, W., Front-end-Tools für Top-Entscheider, it Management, (1996) 9/10, S. 16 ff.

Götzinger, M., Michael, H., Kosten- und Leistungsrechnung, 6. Aufl., Heidelberg 1993.

Gutenberg, E., Die Produktion, 23. Aufl., Berlin u.a. 1979.

Hahn, D., Planungs- und Kontrollrechnung. Controllingkonzepte, 5. Aufl., Wiesbaden 1996.

Hammer, M., Champy, J., Business Reeningineering. Die Radikalkur für das Unternehmen. 2. Aufl., Frankfurt, New York 1994.

Haun, P., Entscheidungsorientiertes Rechnungswesen mit Daten- und Methodenbanken, Berlin u.a. 1987.

Hauschildt, J., Finanzvorstand, Treasurer, Controller, ZO, 41 (1972), S. 169 ff.

Heinrich, C., Hofmann, M., Entscheidungsunterstützung mit dem SAP Open Information Warehouse, Industrie Management, 12 (1996) 1, S. 21 ff.

Herter, R., Weltklasse mit Benchmarking: ein Werkzeug zur Verbesserung der Leistungsfähigkeit aller Unternehmensbereiche, Fortschrittliche Betriebsführung und Industrialengineering, 41. Jg. (1992) 5, S. 254 ff.

Hichert, R., Moritz, M., Informationen für Manager - Von der Datenfülle zum praxisnahen Management-Informationssystem, in: Hichert, R., Moritz, M. (Hrsg.), Management-Informationssysteme, Berlin u.a. 1992, S. 101 ff.

Horváth, P., Das Controllingkonzept, München 1991.

Horvath, P., Herter, R., Benchmarking: Vergleich mit den Besten der Besten, Controlling, 4. Jg. (1992) 1, S. 4 ff.

Horvath, P., Seidenschwarz, W., Zielkostenmanagement, Controlling, 4. Jg. (1992) 6, S. 142 ff.

Jahnke, B., Groffmann, H.-D., On-Line Analytical Processing (OLAP), Wirtschaftsinformatik, 38 (1996) 3, S. 321 ff.

Jorasz, W., Kosten- und Leistungsrechnung, Stuttgart 1996.

Kagermann, H., Verteilung integrierter Anwendungen, Wirtschaftsinformatik, 35 (1993) 5, S. 455 ff.

Kaplan, R., Norton, D., Balanced Scorecard. Strategien erfolgreich umsetzen, Stuttgart 1977.

Keller, G., SAP Business Workflow Management - Durchgängige Geschäftsprozeßoptimierung mit Hilfe des R/3-Systems, in: Scheer, A.-W. (Hrsg.), Rechnungswesen und EDV. 15. Saarbrücker Arbeitstagung 1994, Heidelberg 1994, S. 471 ff.

Keplinger, W., Erfolgsmerkmale im Projektmanagement, Zeitschrift für Organisation, (1992) 2, S. 99 ff.

Kilger, W., Flexible Plankosten- und Deckungsbeitragsrechnung, 10. Aufl., Wiesbaden 1993.

Klemm, M., Konzeption eines Konzernberichtswesens mit dem SAP EIS am Beispiel der FAG AG, unveröffentl. Diplomarbeit an der Fachhochschule Würzburg-Schweinfurt-Aschaffenburg, Würzburg 1997.

Klenger, F., Operatives Controlling, 4. Aufl., München, Wien 1997.

Knieß, M., Kreatives Arbeiten. München 1995.

Kolisch, R., Hempel, K., Auswahl von Standardsoftware, dargestellt am Beispiel von Programmen für das Projektmanagement, Wirtschaftsinformatik, 38 (1996) 4, S. 400 ff.

Kolks, F., Konfigurationsmanagement, Zeitschrift für Führung und Organisation, (1987), S. 250 ff.

Kraemer, W., Effizientes Kostenmanagement, Wiesbaden 1993.

Kraemer, W., Felix, B., Erschließung von Kostensenkungspotentialen durch Gemeinkostenwertanalyse und Geschäftsprozeßoptimierung, in: Scheer, A.-W. (Hrsg.), Rechnungswesen und EDV. 15. Saarbrücker Arbeitstagung 1994, S. 288 ff.

Krüger, W., v. Werder, A., Zentralbereiche als Auslaufmodell?, Zeitschrift für Führung und Organisation, 1 (1995), S. 6 ff.

Letsch, M., Methoden und Verfahren der Gemeinkostensenkung, St. Gallen 1984.

Litke, H.-D., Projektmanagement, 2. Aufl., München, Wien 1993.

Lohse, J.-M., Veränderungen, die an das Fundament gehen, Süddeutsche Zeitung vom 7. Januar 1995, S. 34.

Madauss, B., Handbuch Projektmanagement, 3. Aufl., Stuttgart 1990.

Männel, W., Kosten-, Erlös- und Ergebnisrechnung, Hallstadt o.J.

Männel, W., Kostenrechnung als Instrument der Unternehmensführung, in: Scheer, A.-W. (Hrsg.), Grenzplankostenrechnung, 2. Aufl., Wiesbaden 1990, S. 13 ff.

Männel, W., Zur Bedeutung der Prozeßkostenrechnung, in: Männel, W. (Hrsg.), Prozeßkostenrechnung, Bedeutung, Methoden, Branchenerfahrungen, Softwarelösungen, Wiesbaden 1995, S. 365 ff.

Masaaki, I., Kaizen. Der Schlüssel zum Erfolg der Japaner im Wettbewerb, 7. Aufl., Frankfurt 1993.

Matschke, M., Kolf, J., Historische Entwicklung, Begriff und organisatorische Probleme des Controlling, DB, 33 (1980), S. 601 ff.

Meier, A., Wettbewerbsvorteile durch prozeßorientierte Kalkulation, Workshop Industrie I, in: Carl, N./Fiedler, R. (Hrsg.) Fortschrittliches Controlling im Mittelstand und DV-Lösungen, Würzburg 1996, S. III-19.

Meinberg, U., Topolewski, F., Lau, C., Prozesse und Benchmarking, in: Carl, N., Fiedler, R. (Hrsg.), Fortschrittliches Controlling im Mittelstand und DV-Lösungen, Würzburg 1996, S. II-1 ff.

Mertens, P., Integrierte Informationsverarbeitung 1, Adminstrations- und Dispositionssysteme in der Industrie, 8. Aufl., Wiesbaden 1991.

Mertens, P., Neuere Entwicklungen des Mensch-Computer-Dialoges in Berichts- und Beratungssystemen, Zeitschrift für Betriebswirtschaft, 64 (1994) 1, S. 35 ff.

Mertens, P., Back-Hock, A., Fiedler, R., Verbindungen der Kosten- und Leistungsrechnung zur computergestützten Informations- und Wissensverarbeitung, Betriebswirtschaftliche Forschung und Praxis, (1990) 4, S. 268 ff.

Mertens, P., Fiedler, R., Sinzig, W., Wissensbasiertes Controlling des Betriebsergebnisses, in: Scheer, A.-W. (Hrsg.): Rechnungswesen und EDV. 10 Saarbrücker Arbeitstagung 1989, Heidelberg 1989, S. 154 ff.

MIK (Hrsg.), Benutzerhandbuch MIK-Info, Konstanz 1994.

Mucksch, H., Holthuis, J., Das Data Warehouse-Konzept - ein Überblick, Wirtschaftsinformatik, 38 (1996) 4, S. 421 ff.

Müller, A., Gemeinkosten Management: Vorteile der Prozeßkostenrechnung, Wiesbaden 1992.

Nordsieck, F., Betriebsorganisation, Betriebsaufbau und Betriebsablauf, 4. Aufl., Stuttgart 1992.

Olfert, K., Kostenrechnung, 9. Aufl., Ludwigshafen 1994.

Peemöller, V., Controlling. Grundlagen und Einsatzgebiete, 2. Aufl., Herne, Berlin 1992.

Pepels, W., Handbuch Moderne Marketingpraxis, Bd. 2: Die Instrumente im Marketing, Düsseldorf 1993.

Pfeiffer, W., Bischoff, P., Produktlebenszyklus - Instrument jeder strategischen Produktionsplanung, in: Steinmann, H. (Hrsg.), Planung und Kontrolle, München 1981, S. 133 ff.

Picot, A., Rohrbach, P., Organisatorische Aspekte von Workflow-Systemen, Information Management, (1995) 1, S. 28 ff.

Plattner, H., Neue Wege für das Controlling in einem hoch integrierten Anwendungssystem, in: Scheer, A.-W. (Hrsg.), Rechnungswesen und EDV, 8. Saarbrücker Arbeitstagung, Heidelberg 1987, S. 79 ff.

Preißler, P., Controlling, 8. Aufl., München 1996.

Preißler, P., Entscheidungsorientierte Kosten- und Leistungsrechnung, Landsberg 1995.

Rambold, C., Herterich, R., Mohn, P., Die Einführung der Standardsoftware von SAP dauerte rund zwei Jahre, Computerwoche, (1996) 50, S. 19 f.

REFA (Hrsg.), Anforderungsermittlung (Arbeitsbewertung), 2. Aufl., München 1991.

REFA (Hrsg.), Methodenlehre des Arbeitsstudiums, Teil 2: Datenermittlung, 7. Aufl., München 1992.

Reichmann, T., Controlling mit Kennzahlen und Managementberichten, 4. Aufl., München 1995.

Reichmann, T., Lachnit, L., Planung, Steuerung und Kontrolle mit Hilfe von Kennzahlen, Zeitschrift für betriebswirtschaftliche Forschung, 28. Jg. (1976), S. 705 ff.

Riebel, P. u.a., Fortschritte bei der Realisierung der Einzelkostenrechnung mit dem SAP-System, Controlling, (1992) 2, S. 100 ff.

Riebel, P., Sinzig, W., Zur Realisierung der Einzelkosten- und Deckungsbeitragsrechnung mit einer relationalen Datenbank, Zeitschrift für betriebswirtschaftliche Forschung,, 33 (1981) 6, S. 462 ff.

Roventa, P., Portfolio-Analyse und strategisches Management, München 1997.

SAP (Hrsg.), System R/3. Controlling, Grundlagen und Gemeinkostenrechnung, Walldorf 1993.

Scheer, A.-W., Wirtschaftsinformatik, Berlin, Heidelberg 1995.

Scheffler, H. E., Strategische Planung im Konzern, in: Jacob, H. (Hrsg.), Strategisches Management 2, Schriften zur Unternehmensführung, Band 30, Wiesbaden 1983, S. 23 ff.

Schmidt, A., Kostenrechnung, Grundlagen der Vollkosten-, Deckungsbeitrags-, Plankostenrechnung, Stuttgart 1996.

Schmidt, G., Methoden und Techniken der Organisation, Gießen 1994.

Schmidt, G., Organisationstechniken, in: Frese, E. (Hrsg.), Handwörterbuch der Organisation, Stuttgart 1992, Spalte 1688 ff.

Schwetz, R., Büro im Wandel, Heidelberg 1990.

Seidenschwarz, W., Target Costing - Schnittstellenbewältigung mit Zielkosten, in: Horvath, P. (Hrsg.), Synergien durch Schnittstellencontrolling, Stuttgart 1992, S. 185 ff.

Seidenschwarz, W., Target Costing, München 1993.

Serfling, K., Controlling, 2. Aufl., Stuttgart, Berlin, Köln 1992.

Servatius, H.-G., Business Process Reengineering - von externen Strukturen zu fließenden Prozessen, Stuttgart 1994.

Sommerlatte, T., F & E-Controlling aus strategischer und operativer Perspektive, in: Steinle, C., Bruch, H. (Hrsg.), Controlling, Stuttgart 1998, S. 694 ff.

Steinmann, H., Schreyögg, G., Management. Grundlagen der Unternehmensführung, 3. Aufl., Wiesbaden 1993.

Stoi, R., von Wangenheim, S., Das System SAP R/3, Controlling, (1995) 4, S. 208 ff.

Tolan, K., Informationsversorgung des Managements auf der Grundlage des Benchmarking, in: Carl, N., Fiedler, R. (Hrsg.), Fortschrittliches Controlling im Mittelstand und DV-Lösungen, Würzburg 1996, S. II-9 ff.

Uhr, W., Woywod, A., Bödker, V., Anforderungen potentieller Empfänger von Expertisen im Controlling - Ergebnisse einer empirischen Untersuchung und Ansatzpunkte für die Benutzermodellierung, Wirtschaftsinformatik, 38 (1996) 4, S. 411 ff.

Vetter, R., Wiesenbauer, L., Fähigkeiten eines Projektleiters, Office Management, (1992) 1-2, S. 43 ff.

Vikas, K., Neue Konzepte für das Kostenmanagement, 2. Aufl., Wiesbaden 1993.

Vormbaum, H., Rautenberg, H., Plankostenrechnung, Baden-Baden, Bad Homburg 1985.

Weber, J., Controllership versus Controlling, Controlling, (1997) 3, S. 182.

Wolf, S., Rebel, T., Schwachstellen eliminiert. Internet: Neue Wege für den Softwarebetrieb, Computerwoche EXTRA v. 14.2.1997, S. 35 ff.

Wolff, D., Elektronischer Datenaustausch mit Geschäftspartnern, in: Scheer, A.-W. (Hrsg.), Rechnungswesen und EDV. 15. Saarbrücker Arbeitstagung 1994, Heidelberg 1994, S. 335 ff.

ZVEI (Hrsg.), ZVEI-Kennzahlensystem, Frankfurt 1970.

Stichwortverzeichnis

M

N

O

P

R